여러분의 합격을 응원하는
해커스공무원의 특별 혜택

KB147372

FREE **공무원 행정학 특강**

해커스공무원(gosi.Hackers.com) 접속 후 로그인 ▶ 상단의 [무료강좌] 클릭 ▶ 좌측의 [교재 무료특강] 클릭

OMR 답안지[PDF]

해커스공무원(gosi.Hackers.com) 접속 후 로그인 ▶
상단의 [교재·서점 → 무료 학습 자료] 클릭 ▶ 본 교재의 [자료받기] 클릭

▲ 바로가기

해커스공무원 온라인 단과강의 **20% 할인쿠폰**

BBEEE5694D36XZ7H

해커스공무원(gosi.Hackers.com) 접속 후 로그인 ▶ 상단의 [나의 강의실] 클릭 ▶
좌측의 [쿠폰등록] 클릭 ▶ 위 쿠폰번호 입력 후 이용

* 등록 후 7일간 사용 가능(ID당 1회에 한해 등록 가능)

해커스 회독증강 콘텐츠 **5만원 할인쿠폰**

BFBDCD4D4F8U8RM9

해커스공무원(gosi.Hackers.com) 접속 후 로그인 ▶ 상단의 [나의 강의실] 클릭 ▶
좌측의 [쿠폰등록] 클릭 ▶ 위 쿠폰번호 입력 후 이용

* 등록 후 7일간 사용 가능(ID당 1회에 한해 등록 가능)
* 월간 학습지 회독증강 행정학/행정법총론 개별상품은 할인쿠폰 할인대상에서 제외

합격예측 온라인 모의고사 응시권 + 해설강의 수강권

3327D43E8628CDX3

해커스공무원(gosi.Hackers.com) 접속 후 로그인 ▶ 상단의 [나의 강의실] 클릭 ▶
좌측의 [쿠폰등록] 클릭 ▶ 위 쿠폰번호 입력 후 이용

* ID당 1회에 한해 등록 가능

모바일 자동 채점 + 성적 분석 서비스

교재 내 수록되어 있는 문제의 채점 및 성적 분석 서비스를 제공합니다.

* 세부적인 내용은 해커스공무원(gosi.Hackers.com)에서 확인 가능합니다.

바로 이용하기 ▶

쿠폰 이용 관련 문의 1588-4055

단기 합격을 위한
해커스 커리큘럼

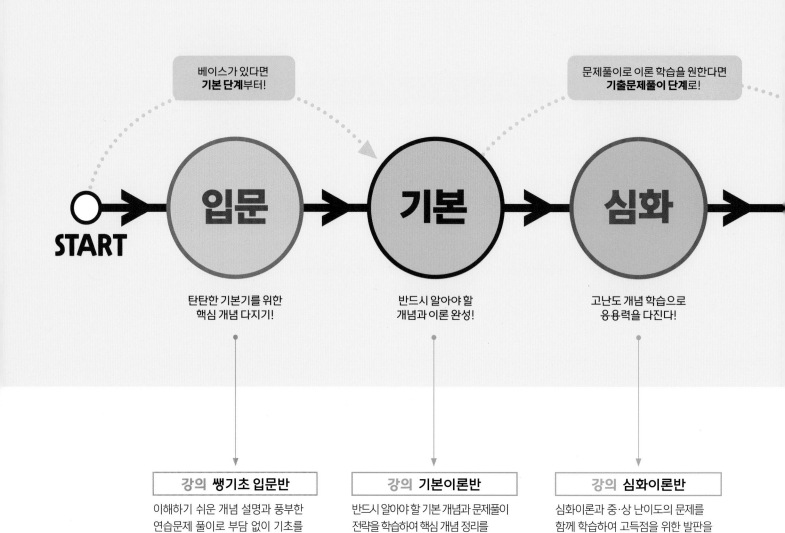

베이스가 있다면 **기본 단계부터!**

문제풀이로 이론 학습을 원한다면 **기출문제풀이 단계로!**

START

입문 → **기본** → **심화**

탄탄한 기본기를 위한
핵심 개념 다지기!

반드시 알아야 할
개념과 이론 완성!

고난도 개념 학습으로
응용력을 다진다!

강의 쌩기초 입문반

이해하기 쉬운 개념 설명과 풍부한
연습문제 풀이로 부담 없이 기초를
다질 수 있는 강의

강의 기본이론반

반드시 알아야 할 기본 개념과 문제풀이
전략을 학습하여 핵심 개념 정리를
완성하는 강의

강의 심화이론반

심화이론과 중·상 난이도의 문제를
함께 학습하여 고득점을 위한 발판을
마련하는 강의

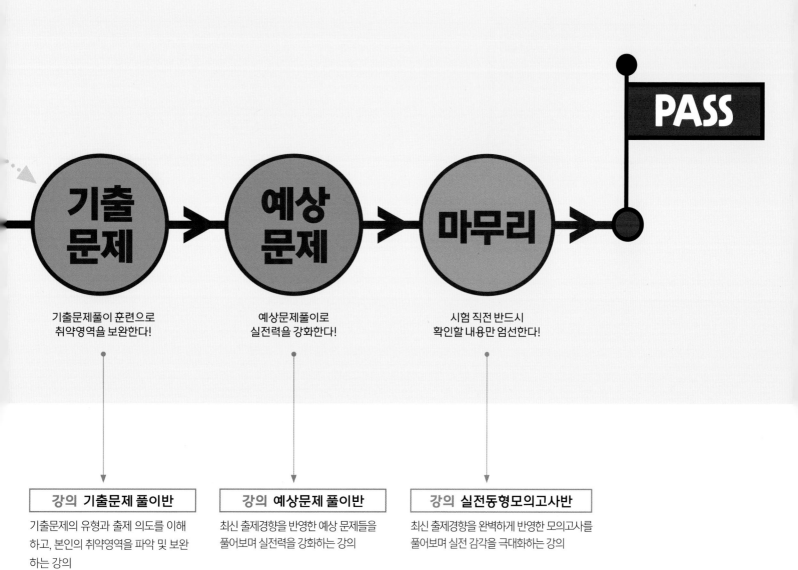

PASS

기출문제

기출문제풀이 훈련으로
취약영역을 보완한다!

예상문제

예상문제풀이로
실전력을 강화한다!

마무리

시험 직전 반드시
확인할 내용만 엄선한다!

강의 기출문제 풀이반

기출문제의 유형과 출제 의도를 이해
하고, 본인의 취약영역을 파악 및 보완
하는 강의

강의 예상문제 풀이반

최신 출제경향을 반영한 예상 문제들을
풀어보며 실전력을 강화하는 강의

강의 실전동형모의고사반

최신 출제경향을 완벽하게 반영한 모의고사를
풀어보며 실전 감각을 극대화하는 강의

강의 봉투모의고사반

시험 직전에 실제 시험과 동일한 형태의
모의고사를 풀어보며 실전력을 완성하는 강의

해커스공무원
현 행정학

실전동형모의고사 2

: 들어가며

공무원 난이도에 딱 맞는 모의고사

해커스가 공무원 행정학 시험의 난이도·경향을
완벽 반영하여 만들었습니다.

얼마 남지 않은 시험까지 모의고사를 풀며 실전 감각을 유지하고 싶은 수험생 여러분을 위해, 공무원 행정학 시험의 최신 출제 경향을
완벽 반영한 교재를 만들었습니다.

『해커스공무원 현 행정학 실전동형모의고사 2』를 통해
18회분 모의고사로 행정학 실력을 완성할 수 있습니다.

실전 감각은 하루아침에 완성할 수 있는 것이 아닙니다. 실제 시험과 동일한 형태의 모의고사를 여러 번 풀어봄으로써 정해진 시간 안에
문제가 요구하는 바를 정확하게 파악하는 연습을 해야 합니다. 18회분의 실전동형모의고사를 풀고 각 선지에 대한 상세한 해설을 통해
푼 문제를 확실하게 확인한다면, 눈에 띄게 향상된 행정학 실력을 발견할 수 있을 것입니다.

『해커스공무원 현 행정학 실전동형모의고사 2』는
공무원 행정학 시험에 최적화된 교재입니다.

제한된 시간 안에 문제 풀이는 물론 답안지까지 작성하는 훈련을 할 수 있도록 OMR 답안지를 수록하였습니다. 또한 최근 출제된 중요한
기출문제만을 선별하여 '최종점검 기출모의고사' 3회분으로 재구성하였습니다. 시험 직전, 실전과 유사한 훈련 및 출제 경향의 파악을
통해 효율적인 시간 안배를 연습하고 학습을 효과적으로 마무리할 수 있습니다.

공무원 합격을 위한 여정,
해커스공무원이 여러분과 함께 합니다.

실전 감각을 키우는 모의고사

실전동형모의고사

01회	실전동형모의고사	8	**10**회	실전동형모의고사	62
02회	실전동형모의고사	14	**11**회	실전동형모의고사	68
03회	실전동형모의고사	20	**12**회	실전동형모의고사	74
04회	실전동형모의고사	26	**13**회	실전동형모의고사	80
05회	실전동형모의고사	32	**14**회	실전동형모의고사	86
06회	실전동형모의고사	38	**15**회	실전동형모의고사	92
07회	실전동형모의고사	44	**16**회	실전동형모의고사	98
08회	실전동형모의고사	50	**17**회	실전동형모의고사	104
09회	실전동형모의고사	56	**18**회	실전동형모의고사	110

최종점검 기출모의고사

01회	최종점검 기출모의고사	120
02회	최종점검 기출모의고사	126
03회	최종점검 기출모의고사	132

해설집 [책 속의 책]

 OMR 답안지 추가 제공

해커스공무원(gosi.Hackers.com) ▶
사이트 상단의 '교재·서점' ▶ 무료 학습 자료

：이 책의 특별한 구성

문제집 구성

01 회 실전동형모의고사

제한시간: 15분 시작 시 분 ~ 종료 시 분 소요 확인 개 / 20개

01 다음 중 시장에 대한 정부개입의 논거에 대한 설명으로 옳지 않은 것은?

02 다음에서 설명하는 정책유형으로 옳은 것은?

03 사이어트와 마치(Cyert & March)의 회사모형(연합모형)에 대한 설명으로 옳지 않은 것은?

04 립스키(Lipsky)의 일선관료제론에 대한 설명으로 옳은 것은?

실전동형모의고사

· 공무원 행정학 시험과 동일한 유형의 실전동형모의고사 18회분 수록

· 15분의 제한된 문제 풀이 시간을 통해 효율적인 시간 안배 연습 가능

---

01 회 Review

문항	정답	CHAPTER	Self Check	난이도	문항	정답	CHAPTER	Self Check	난이도
01	②	현대 행정의 이해	O/△/X	●●○	11	②	행정학개론	O/△/X	●●○
02	②	정책학의 개관	O/△/X	●●○	12	①	조직관리 및 개혁론	O/△/X	●●○
03	④	정책결정론	O/△/X	●○○	13	④	현대 행정의 이해	O/△/X	●○○
04	④	정책분석	O/△/X	●●○	14	③	공직의 분류	O/△/X	●●○
05	①	행정학의 접근방법과 주요이론	O/△/X	●○○	15	①	조직구조론	O/△/X	●●○
06	①	인적자원관리(인사행정)의 기초이론	O/△/X	●●○	16	③	공직의 분류	O/△/X	●●○
07	③	정책평가론	O/△/X	●●○	17	①	국가재정의 기초이론	O/△/X	●○○
08	①	조직관리 및 개혁론	O/△/X	●●○	18	③	국가재정의 기초이론	O/△/X	●●○
09	②	예산제도의 발달과 개혁	O/△/X	●●○	19	①	지방자치단체와 국가의 관계	O/△/X	●●○
10	⑦	조직구조론	O/△/X	●●○	20	③	지방자치단체의 재정	O/△/X	●●○

[Self Check] 문제를 맞힌 정도를 스스로 점검하여 O/△/X 중에 표시하고 난이도를 참고하여 복습

핵심지문 OX 01회 실전동형모의고사에서 꼭 외워야 할 핵심 지문을 다시 확인해보시기 바랍니다.

01 경제주체가 가격결정자가 아니라 가격순응자로 행동할 때, 정부개입이 필요하다. [ ]
02 의사가 진료행위는 시간·기술·재능·정책의 가치과 발생과정을 파악하고 설명하는 데 많이 사용되는 방법이다. [ ]
03 프로그램화된 처리는 단위사업을 간의 간이적용 제기해도록하며 재원운용의 효율성을 제고하기 위해 제도이다. [ ]
04 행정개혁은 행정을 인위적·계획적으로 변화시키려는 행정과 외부의 개혁 주도자들에 의해 개획과 전략적으로 추진되어야 한다. [ ]
05 정무직이란 공직을 위한 것으로 법적 근거 없이 이루어지는 것이 보통이다. [ ]
06 직위란 직무는 동일하나 신분이나, 관리도, 계열도가 상이한 직업의 군이다. [ ]
07 보조기관은 행정관의 지원하여 행정목 임무로 하는 기관에 부속하여 그 기관을 지원하는 행정기관을 말한다. [ ]
08 예산구조나 과목이 단순하여 국민들이 쉽게 이해할 수 있도록 복잡성의 원칙은 행정성의 원이다. [ ]
09 예비비는 추가경정예산과 마찬가지로 예산 한정성의 원칙의 예외적 제도이다. [ ]
10 재량확 지수는 자체지자자지가 기초자치단체 개정수준을 지급하는지를 해결할 수 있다. [ ]

[정답] 01 X 가격결정자로 행동할 때, 정부개입이 필요하다. 02 ○ 03 ○ 04 ○ 05 X ...
06 X 직렬에 대한 설명이다. 07 ○ 보조기관에 대한 설명이다. ...

회차별 Review

· 각 회차별 정답, 출제 CHAPTER, 난이도를 빠르게 확인 가능

· 각 회차의 주요 지문을 OX문제로 변형한 핵심지문 OX 수록

행정학 | 01회 | 1쪽

행정학

문 1. ㄱ ~ ㅁ의 행정이론이 등장한 시기를 순서대로 바르게 나열한 것은?

ㄱ. 정부와 공무원에 참여하는 다양한 참여자들의 네트워크를 중시하고, 절차는 전체 네트워크를 관리하는 조정자의 입장에 있다고 하였다.
ㄴ. 미국 행정부의 '지적 위기'를 지적하면서 인간중심적·탈기술·탈 습사회 존재로 전제하고, 공공재적 공급이 서비스 기관 간 정부와 고객의 선택에 의해 이루어지는 시스템을 제안하였다.
ㄷ. 정치는 국가의 의지를 표명하고 정책을 구현하는 것이며, 행정은 이를 실천하는 관리활동으로서 정치와 행정의 차이를 분명히 하였다.
ㄹ. 왈도(Waldo)를 중심으로 가치와 행태성을 중시하면서 사회의 문제해결에 대한 현실 적합성을 갖는 새로운 행정학의 정립을 시도하였다.

① ㄷ → ㄹ → ㄱ → ㄴ
② ㄷ → ㄹ → ㄴ → ㄱ
③ ㄹ → ㄷ → ㄱ → ㄴ
④ ㄹ → ㄷ → ㄴ → ㄱ

문 2. 행정현상에 대한 접근방법의 설명으로 가장 옳지 않은 것은?

① 과학적 방법은 동작연구, 시간연구 등에서 같이 행정현상에 존재하는 규칙성을 찾아내 보편적인 법칙성을 도출하는 데 가장 유용한 방법이 제도이다.
② 생태론적 접근방법은 행정변수 중에서 특히 환경변화와 사람의 행태를 연구대상으로 한다.
③ 역사적 접근방법은 법리·제도적 접근방법과 제도화 구조에 보다 초점을 맞추는 것으로 볼 수 있다.
④ 시스템적 방법의 장점은 시스템을 이루는 부분들 각각의 기능과 부분 간 유기적 상호작용을 잘 이해할 수 있다는 데 있다.

문 3. 정부예산팽창이론에 대한 설명으로 옳지 않은 것은?

① 바그너(Wagner)는 경제발전에 따라 국민의 욕구 부응을 위한 공공재의 수요 증가로 인해 정부부문이 증가한다고 주장한다.
② 피코크(Peacock)와 와이즈맨(Wiseman)은 전쟁과 같은 사회적 변동이 끝난 후에도 공무지출에서 그 이전 수준으로 되돌아가지 않는 '대체효과'가 있음으로 설명하고 있다.
③ 보몰(Baumol)은 정부부문과 민간부문 간의 생산성 격차를 통해 정부예산의 팽창 원인을 설명하고 있다.
④ 파킨슨(Parkinson)은 공무원들이 자신들의 권력 극대화를 위해 필요 이상으로 자기 부처의 예산을 추구함에 따라 정부예산이 지속적으로 증가한다고 주장한다.

문 4. 정책의제설정모형에 대한 설명으로 옳지 않은 것은?

① 내부접근형(inside access model)에서 정부기관 내부의 집단 혹은 정책결정자와 빈번히 접촉하는 집단은 공중의제화하는 것을 꺼린다.
② 동원형(mobilization model)에서는 주로 정부 내 지도층이지나 고위정책결정자가 주도적으로 정부의제를 받는다.
③ 외부주도형(outside initiative model)은 다원화된 정치체제에서 많이 나타난다.
④ 공고화형(consolidation model)은 대중의 지지가 낮은 정책문제에 대한 정부 주도의 해결을 설명한다.

최종점검 기출모의고사

· 최근 출제된 기출문제 중 출제 가능성이 높은 문제만을 선별하여 최종점검 기출모의고사 3회분 수록

· 시험 직전 기출모의고사 풀이를 통해 최신 출제 경향을 파악하여 효과적인 학습 마무리 가능

상세한 해설

빠른 정답 확인

모든 문제의 정답과 출제 단원을 표로 빠르게 확인 가능

❯ 정답

01	③ PART 3	06	① PART 5	11
02	① PART 1	07	③ PART 4	12
03	④ PART 1	08	③ PART 2	13
04	④ PART 7	09	② PART 3	14

❯ 취약 단원 분석표

단원	맞힌 답의 개수
PART 1	/ 4
PART 2	/ 4
PART 3	/ 3
PART 4	/ 3

취약 단원 분석표

스스로 취약한 단원(PART)을 분석하여 시험 직전 더 학습하여야 하는 PART를 확인

09

❯ 정답

p. 56

01	③ PART 3	06	① PART 5	11	④ PART 3	16	④ PART 2
02	① PART 1	07	③ PART 4	12	③ PART 6	17	③ PART 1
03	④ PART 1	08	③ PART 2	13	② PART 4	18	① PART 5
	④ PART 3		④ PART 2	14	④ PART 2	19	④ PART 2
	② PART 5	15	② PART 1			20	② PART 7

/ PART 3 행정조직론 / PART 4 인사행정론 / PART 5 재무행정론

❯ 취약 단원 분석표

단원	맞힌 답의 개수
PART 1	/ 4
PART 2	/ 4
PART 3	/ 3
PART 4	/ 3
PART 5	/ 3
PART 6	/ 1
PART 7	/ 2
TOTAL	/ 20

---

01 파킨슨(Parkinson)의 법칙 정답 ③

① [×] 정보배증의 법칙
⇨ 파킨슨(Parkinson)의 법칙이란 부하배증의 법칙과 업무배증의 법칙에 의하여 본질적인 업무량의 증가와는 관계없이 공무원의 수가 늘어난다 (공무원 수 증가의 법칙)는 관료제의 병리적 현상을 지칭하는 것으로, 정보배증의 법칙과는 거리가 멀다.
② [○] 예산배증의 법칙
⇨ 정부의 인력은 본질적 업무량과는 상관없이 과잉증대된다. 따라서 과다한 인건비로 인해 정부의 예산이 팽창된다.
③ [○] 부하배증의 법칙
④ [○] 업무배증의 법칙
⇨ 부하가 배증됨에 따라 파생적 업무가 발생하여 본질적 업무와는 관련 없이 업무량이 증가하게 된다.

상세한 해설

· 모든 문제의 핵심 출제 키워드 제시
· 해설 학습을 통해 이론 복습의 효과를 기대할 수 있도록 모든 지문의 해설을 수록

파킨슨(Parkinson)의 법칙

인원배증의 법칙	· 제1법칙으로, 1955년에 발표함 · 조직이란 업무량과 관계없이 자체적으로 팽창해 나가려는 속성을 지니고 있음
예산배증의 법칙	· 제2법칙으로, 1960년에 발표함 · 예산도 인원과 마찬가지로 증가하는 속성이 있으며 결코 점진적으로 삭감할 수 없음
기구배증의 법칙	· 제3법칙으로, 1962년에 발표함 · 조직은 소규모일수록 좋으며 기구나 조직이 배증되면 비효율만 증대됨

핵심 이론

자주 출제되는 문제를 해결하기 위해 필요한 핵심 이론을 요약하여 제시

② [○] 중앙인사관장기관의 장, 임용권자 또는 임용제청권자는 상담을 신청 받은 경우에는 소속 공무원을 지정하여 상담하게 하고, 심사를 청구 받은 경우에는 관할 고충심사위원회에 부쳐 심사하도록 하여야 하며, 그 결과에 따라 고충의 해소 등 공정한 처리를 위하여 노력하여야 한다.
⇨ 「국가공무원법」 제76조의2 제2항에 규정되어 있다.

③ [○] 중앙인사관장기관의 장, 임용권자 또는 임용제청권자는 기관 내 성폭력 범죄 또는 성희롱 발생 사실의 신고를 받은 경우에는 지체 없이 사실 확인을 위한 조사를 하고 필요한 조치를 하여야 한다.
⇨ 「국가공무원법」 제76조의2 제8항에 규정되어 있다.

④ [×] 공무원의 고충을 심사하기 위하여 중앙인사관장기관에 중앙고충심사위원회를, 임용권자 또는 임용제청권자 단위로 보통고충심사위원회를 두되, 중앙고충심사위원회의 기능은 중앙징계위원회에서 관장한다.
⇨ 「국가공무원법」 제76조의2 제4항에 따르면 중앙고충심사위원회의 기능은 중앙징계위원회가 아니라 소청심사위원회에서 관장한다.

03 복수차관제 정답 ④

① [○] 기획재정부
⇨ 기획재정부는 차관 2명을 두는 복수차관제를 시행하는 부처이다(「정부조직법」 제26조 제2항).
② [×] 행정안전부
⇨ 행정안전부는 복수차관제를 시행하는 부서가 아니며, 「정부조직법」상 장관 1명과 차관 1명을 두고 있다.
③ [○] 문화체육관광부
⇨ 문화체육관광부는 차관 2명을 두는 복수차관제를 시행하는 부처이다 (「정부조직법」 제26조 제2항).
④ [○] 외교부
⇨ 외교부는 차관 2명을 두는 복수차관제를 시행하는 부처이다(「정부조직법」 제26조 제2항).

관련법령

「정부조직법」상 복수차관제
제26조(행정각부) ② 행정각부에 장관 1명과 차관 1명을 두되, 장관은 국무위원으로 보하고, 차관은 정무직으로 한다. 다만, 기획재정부·과학기술정보통신부·외교부·문화체육관광부·산업통상자원부·보건복지부·국토교통부에는 차관 2명을 둔다.

관련법령

문제 풀이에 참고하면 더 좋을 관련법령 수록

관련법령

「정부조직법」상 복수차관제
제26조(행정각부) ② 행정각부에 장관 1명과 차관 1명을 두되, 장관은 국무위원으로 보하고, 차관은 정무직으로 한다. 다만, 기획재정부·과학기술정보통신부·외교부·문화체육관광부·산업통상자원부·보건복지부·국토교통부에는 차관 2명을 둔다.

실전동형 모의고사

01회 | 실전동형모의고사   **02회** | 실전동형모의고사   **03회** | 실전동형모의고사

04회 | 실전동형모의고사   **05회** | 실전동형모의고사   **06회** | 실전동형모의고사

07회 | 실전동형모의고사   **08회** | 실전동형모의고사   **09회** | 실전동형모의고사

10회 | 실전동형모의고사   **11회** | 실전동형모의고사   **12회** | 실전동형모의고사

13회 | 실전동형모의고사   **14회** | 실전동형모의고사   **15회** | 실전동형모의고사

16회 | 실전동형모의고사   **17회** | 실전동형모의고사   **18회** | 실전동형모의고사

잠깐! 실전동형모의고사 전 확인사항

실전동형모의고사도 실전처럼 문제를 푸는 연습이 필요합니다.

✔ 휴대전화는 전원을 꺼주세요.

✔ 연필과 지우개를 준비하세요.

✔ 제한시간 15분 내 최대한 많은 문제를 정확하게 풀어보세요.

매 회 실전동형모의고사 전, 위 사항을 점검하고 시험에 임하세요.

01회 실전동형모의고사

제한시간 : 15분 시작 시   분 ~ 종료 시   분 점수 확인 개 / 20개

01 다음 중 시장에 대한 정부개입의 논거에 대한 설명으로 옳지 않은 것은?

① 가격에 의하지 않고 다른 경제주체에게 영향을 주는 외부효과의 경우 정부개입이 필요하다.
② 경제주체가 가격설정자가 아니라 가격수용자로 행동할 때, 정부개입이 필요하다.
② 경제주체가 가격설정자가 아니라 가격수용자로 행동할 때, 정부개입이 필요하다.
③ 개별 경제주체의 독립된 행위의 결과 발생하는 경기변동을 치유하기 위해 정부개입이 필요하다.
④ 비경합성과 비배제성이 있는 공공재(公共財)는 정부가 공급해야 한다.

02 다음에서 설명하는 정책유형으로 옳은 것은?

> • 가치 배분이란 측면에서 효과가 작다. 즉, 대외적인 가치 배분에는 영향을 주지 않는다.
> • 대내적으로 각 부서 간에 '게임의 법칙'이 일어나며, 총체적 기능과 권위적 성격을 특징으로 한다.
> • 물관리 등의 수자원관리업무가 환경부로 일원화되었다.

① 재분배정책(redistributive policy)
② 구성정책(constitutional policy)
③ 규제정책(regulatory policy)
④ 분배정책(distributive policy)

03 사이어트와 마치(Cyert & March)의 회사모형(연합모형)에 대한 설명으로 옳지 않은 것은?

① 개인 차원의 만족모형이 조직이나 집단 차원에 적용된 모형이다.
② 거래관행 또는 표준운영절차를 통하여 불확실성을 회피한다.
③ 모순되는 목표는 순차적으로 해결하며, 갈등은 준해결 상태에 머문다.
④ 대안이 가져올 결과를 문제삼지 않으며, 추구하는 목표가 비교적 장기적이다.

04 립스키(Lipsky)의 일선관료제론에 대한 설명으로 옳은 것은?

① 면대면(面對面) 업무보다 서면으로 처리하는 업무가 대부분이다.
② 고객을 범주화하여 선별하지 않는다.
③ 일선관료들은 업무과다와 자원부족에 직면하지 않는다.
④ 공직자가 권위에 대한 위협과 도전을 받는다.

05 다음 설명하고 있는 행정학의 주요 접근방법을 고르면?

> • 사건 · 기관 · 제도 · 정책의 기원과 발생과정을 파악하고 설명하는 데 많이 사용하는 방법이다.
> • 주로 발생론적 설명방식을 사용하는 일종의 사례연구이다.

① 역사적 접근방법
② 법률 · 제도적 접근방법
③ 신제도주의 접근방법
④ 공공선택론적 접근방법

07 다음의 내용에서 정책평가자가 가장 우려해야 할 변수로 옳은 것은?

> 학습시간량으로 학업성취도를 예상하고자 할 때, 학습방법에 따라서 예상치가 달라지게 된다.

① 조절변수(moderator variable)
② 혼란변수(confounding variable)
③ 허위변수(spurious variable)
④ 억제변수(suppressor variable)

06 유연근무제(flexible work place)에 대한 설명으로 옳지 않은 것은?

① 근로자가 개인 여건에 따라 근무시간과 형태를 조절할 수 있는 제도이다.
② 시간선택제 근무(part time work)는 통상적인 근무시간(주 40시간)보다 짧은 시간을 근무하는 제도이다.
③ 원격근무제(telework)는 주 40시간을 유지하면서 근무시간을 자율 조정하는 제도이다.
④ 탄력근무제는 시차출퇴근형, 근무시간선택형, 집약근무형 등이 있다.

08 변혁적 리더십에 대한 설명으로 옳지 않은 것은?

① 조직의 목표달성에만 초점을 두는 경향이 있으며, 구성원들을 전인체(whole person)가 아닌 일차원적인 욕구 수준에 머물러 있는 존재로 여긴다.
② 자유, 정의, 평등, 인도주의와 같은 보다 높은 이상과 도덕적 가치를 강조함으로써 부하들의 의식을 일깨운다.
③ 레이니와 왓슨(Rainey & Watson)은 변혁적 리더십이 고위관리자나 정치가뿐만 아니라 중간관리자에게도 나타날 수 있다고 주장한다.
④ 변혁적 리더는 구성원들에게 자신의 조직생활을 반성 · 개선하고 지속적으로 혁신과 변화를 추구하도록 독려하여야 한다.

09 프로그램예산(program budget)제도에 대한 설명으로 옳지 않은 것은?

① 연관성이 높은 몇 개의 단위사업(activity)을 하나로 묶어 포괄적으로 관리하는 것을 말한다.
② 예산운용의 초점이 성과 중심보다는 투입 중심이다.
③ 프로그램의 관리자가 상당한 자율성을 가지고 사업수행을 위해 예산을 지출할 수 있게 한다.
④ 단위사업들 간의 칸막이를 제거함으로써 재정운용의 효율성을 제고하기 위한 제도이다.

10 최근 개정된 「공공기관의 운영에 관한 법률 시행령」에 따른 공기업의 지정요건으로 옳지 않은 것은?

① 직원 정원 300명 이상
② 총수입액 200억 원 이상
③ 자산규모 20억 원 이상
④ 총수입액 중 자체수입액이 차지하는 비중이 2분의 1 이상

11 행정개혁에 대한 설명으로 옳지 않은 것은?

① 행정을 인위적·계획적으로 변화시키려는 것이므로 개혁 주도자들에 의해 계획적·전략적으로 추진되어야 한다.
② 조직관리의 기술적인 속성과 함께 권력투쟁, 타협, 설득이 병행되는 정치적·사회적 과정으로, 행정 내부에서만 이루어지는 것이 아니라 행정 외부의 정치세력들과 상호 연결되어 있다.
③ 반드시 의도한 결과만을 초래하는 것이 아니라 의도하지 않은 결과를 초래할 수도 있으며 부작용과 저항, 나아가 개혁의 실패까지도 나타날 수 있다.
④ 생태적 속성을 지닌 비연속적 과정으로, 새로운 개혁 조치들이 개혁집단에 의해 주도되어 집행되는 제도로서 정착되기 위해서는 단기적·집약적인 노력이 필요하다.

12 전략적 관리(strategic manamement)에 대한 설명 중 옳지 않은 것은?

① 전략적 기획에 비하여 계획수립과 집행에 더 많은 관심을 기울인다.
② 조직의 강점과 약점 및 환경의 기회와 위협요인을 분석하여 최적의 전략을 수립한다.
③ 장기적 목표를 달성하기 위하여 거래적 리더십을 강조하는 관리기법이다.
④ 계획의 단기적 안목, 조직의 보수성, 관리자들의 자율성 제약 등은 전략적 관리의 성공을 저해하는 요인이다.

13 정부규제에 대한 설명으로 옳지 않은 것은?

① 시장실패에 따른 경제의 불확실성을 제거한다.
② 정부규제의 영역에는 경제적 규제와 사회적 규제가 있으며, 배분적 효율성과 환경보호를 목적으로 한다.
③ 공익을 위한 것으로, 법적 근거 없이 이루어지는 것이 일반적이다.
④ 경쟁성과 공정성의 확보, 외부효과의 해소를 목적으로 한다.

14 다음 중 직위분류제의 구성요소를 옳게 연결한 것을 고르면?

> ㄱ. 한 사람의 공무원에게 부여할 수 있는 직무와 책임
> ㄴ. 직무의 종류·곤란도 등이 유사하여 인사상 동일하게 다룰 수 있는 직위의 군
> ㄷ. 직무의 종류는 유사하나 곤란도·책임도가 상이한 직급의 군
> ㄹ. 직무의 성질이 유사한 직렬의 군

	ㄱ	ㄴ	ㄷ	ㄹ
①	직렬	직급	직군	직류
②	직렬	직위	직군	직류
③	직위	직급	직렬	직군
④	직위	직급	직류	직군

15 『행정기관의 조직과 정원에 관한 통칙』에 의한 각 기관의 정의로 옳지 않은 것은?

① 중앙행정기관은 국가의 행정사무를 담당하기 위하여 설치된 행정기관으로서 그 관할권의 범위가 전국에 미치는 행정기관을 말한다. 그 관할권의 범위가 전국에 미치기 때문에 다른 행정기관에 부속하여 이를 지원하는 행정기관도 포함한다.
② 특별지방행정기관은 일선기관으로 특정한 중앙행정기관에 소속되어, 당해 관할구역 내에서 시행되는 소속 중앙행정기관의 권한에 속하는 행정사무를 관장하는 국가의 지방행정기관을 말한다.
③ 부속기관은 행정권의 직접적인 행사를 임무로 하는 기관에 부속하여 그 기관을 지원하는 행정기관을 말한다.
④ 자문기관은 부속기관 중 행정기관의 자문에 응하여 행정기관에 전문적인 의견을 제공하거나, 자문을 구하는 사항에 관하여 심의·조정·협의하는 등 행정기관의 의사결정에 도움을 주는 행정기관을 말한다.

16 『공직자윤리법』에 근거하여 재산공개의무가 있는 공직자로 옳지 않은 것은?

① 공기업의 장, 부기관장 및 상임감사
② 시·도 경찰청장
③ 헌법재판소 헌법연구관
④ 고등법원 부장판사급 이상의 법관

17 다음에서 설명하는 예산의 전통적 원칙으로 옳은 것은?

> • 예산구조나 과목이 단순하여 국민들이 쉽게 이해할 수 있도록 편성되어야 한다는 원칙이다.
> • 예산공개의 전제조건이 된다.

① 통일성의 원칙
② 엄밀성의 원칙
③ 명확성의 원칙
④ 완전성의 원칙

18 예산의 원칙과 그에 대한 예외로 옳은 것은?

① 통일성의 원칙 – 특별회계, 기금, 목적세, 국고채무부담행위
② 사전의결의 원칙 – 준예산, 명시이월, 긴급재정명령, 이체
③ 한정성의 원칙 – 예비비, 추가경정예산, 이용과 전용, 이월
④ 완전성의 원칙 – 순계예산, 기금, 현금출자, 전대차관

19 여러 자치단체를 포괄하는 단일정부를 설립하여 그 정부의 주도로 사무를 광역적으로 처리하는 광역행정방식으로 옳은 것은?

① 연합방식
② 통합방식
③ 공동처리방식
④ 행정협의회방식

20 다음에서 설명하는 우리나라의 지방재정관리로 옳은 것은?

> • 지방자치단체가 기초적인 재정수요를 자체적으로 해결할 수 있는 능력을 어느 정도 가지고 있는지를 추정하는 지표이다.
> • 산정은 '기준재정수입액/기준재정수요액'으로 한다.
> • 용도는 보통교부세 교부 여부의 판단기준으로 사용되며, 1이 넘으면 우수한 것으로 평가된다. 만약 1 이하인 경우 부족분에 대하여 지방교부세 중 보통교부세라는 일반재원을 통해 중앙정부가 교부한다.

① 지방재정자립도
② 재정자주도
③ 재정력 지수
④ 종주화 지수

01회 실전동형모의고사
모바일 자동 채점 + 성적 분석 서비스
바로 가기 (gosi.Hackers.com)

QR코드를 이용하여 해커스공무원의 '모바일 자동 채점 + 성적 분석 서비스'로 바로 접속하세요!

* 해커스공무원 사이트의 가입자에 한해 이용 가능합니다.

01회 / Review

문항	정답	CHAPTER	Self Check	난이도
01	②	현대 행정의 이해	○/△/×	●●○
02	②	정책학의 개관	○/△/×	●●○
03	④	정책결정론	○/△/×	●●○
04	④	정책집행론	○/△/×	●●○
05	①	행정학의 접근방법과 주요이론	○/△/×	●○○
06	③	인적자원관리(임용, 능력발전, 사기부여)	○/△/×	●●○
07	①	정책평가론	○/△/×	●●○
08	①	조직관리 및 개혁론	○/△/×	●●○
09	②	예산제도의 발달과 개혁	○/△/×	●●○
10	③	조직구조론	○/△/×	●●○

문항	정답	CHAPTER	Self Check	난이도
11	④	행정개혁론	○/△/×	●○○
12	③	조직관리 및 개혁론	○/△/×	●●○
13	③	현대 행정의 이해	○/△/×	●○○
14	③	공직의 분류	○/△/×	●○○
15	①	조직구조론	○/△/×	●●○
16	③	공직의 분류	○/△/×	●●○
17	③	국가재정의 기초이론	○/△/×	●●○
18	③	국가재정의 기초이론	○/△/×	●●○
19	②	지방자치단체와 국가의 관계	○/△/×	●○○
20	③	지방자치단체의 재정	○/△/×	●●○

[Self Check] 문제에 대한 이해 정도를 스스로 점검하여 ○(문제 이론의 내용을 정확히 알고 있음) / △(개념이 헷갈리거나 정확히 알지 못함) / ×(생소하거나 학습하지 못한 이론)으로 구분하여 표시합니다.

핵심지문 OX

01회 실전동형모의고사에서 꼭 되짚어야 할 핵심 지문을 다시 확인해보시기 바랍니다.

01 경제주체가 가격설정자가 아니라 가격수용자로 행동할 때, 정부개입이 필요하다. (   )

02 역사적 접근방법은 사건 · 기관 · 제도 · 정책의 기원과 발생과정을 파악하고 설명하는 데 많이 사용하는 방법이다. (   )

03 프로그램예산제도는 단위사업들 간의 칸막이를 제거함으로써 재정운용의 효율성을 제고하기 위한 제도이다. (   )

04 행정개혁은 행정을 인위적 · 계획적으로 변화시키려는 것이므로 개혁 주도자들에 의해 계획적 · 전략적으로 추진되어야 한다. (   )

05 정부규제는 공익을 위한 것으로 법적 근거 없이 이루어지는 것이 보통이다. (   )

06 직류란 직무의 종류는 유사하나, 곤란도 · 책임도가 상이한 직급의 군이다. (   )

07 보조기관은 행정권의 직접적인 행사를 임무로 하는 기관에 부속하여 그 기관을 지원하는 행정기관을 말한다. (   )

08 예산구조나 과목이 단순하여 국민들이 쉽게 이해 할 수 있도록 편성되어야 한다는 원칙은 명확성의 원칙이다. (   )

09 예비비, 추가경정예산, 이용과 전용, 이월은 예산 한정성의 원칙의 예외에 해당한다. (   )

10 재정력 지수는 지방자치단체가 기초적인 재정수요를 자체적으로 해결할 수 있는 능력을 어느 정도 가지고 있는지를 추정하는 지표이다. (   )

[정답] **01** × 가격설정자로 행동할 때, 정부개입이 필요하다. **02** ○ **03** ○ **04** ○ **05** × 정부규제는 국민의 권리를 제한하고 의무를 부과한다는 점에서 법적 근거가 요구된다. **06** × 직렬에 대한 설명이다. **07** × 보조기관이 아닌 부속기관이다. **08** ○ **09** ○ **10** ○

02회 실전동형모의고사

01 다음의 설명과 가장 적합한 것을 고르면?

> • 인권, 안전, 환경 , 양질의 일자리 창출, 상생협력 등 공공의 이익과 공동체 발전에 기여하는 가치이다.
> • 예를 들어 명절기간 동안 고속도로 무료 이용, 연안여객선 준공영제, 도로 다이어트 정책 등이 있다.

① 본질적 가치
② 수단적 가치
③ 경제적 가치
④ 사회적 가치

02 행정이념 중 가외성에 대한 설명으로 옳지 않은 것은?

① 가외성은 능률성과 조화를 이루지만 권한과 책임에 대한 문제를 야기하기도 한다.
② 가외성은 불확실한 상황에 대한 적응성을 제고한다.
③ 가외성은 유동적이고 불확실한 상황에서의 신뢰성과 안전성을 확보하게 한다.
④ 동일한 기능이 여러 기관에서 협력적으로 수행되는 것은 중첩성(overlapping)이다.

03 다음 중 피들러(Fiedler)가 주장한 상황적합성이론의 상황요인으로 옳은 것만을 모두 고르면?

> ㄱ. 리더와 부하와의 관계
> ㄴ. 조직구조
> ㄷ. 부하의 특성
> ㄹ. 직위권력
> ㅁ. 부하의 만족도
> ㅂ. 과업구조

① ㄱ, ㄷ, ㅂ
② ㄱ, ㄹ, ㅂ
③ ㄴ, ㄷ, ㅁ
④ ㄴ, ㄹ, ㅁ

04 다음에 제시된 클링너(Klingner)의 인력계획과정을 순서대로 나열한 것으로 옳은 것은?

> ㄱ. 조직목표의 설정
> ㄴ. 실제적 인력 수요 결정
> ㄷ. 인력 확보방안의 실행
> ㄹ. 인력 총수요 예측
> ㅁ. 인력 확보방안의 결정
> ㅂ. 통제자료의 준비
> ㅅ. 인력 총공급 예측
> ㅇ. 평가 및 환류

① ㄱ → ㄴ → ㅁ → ㄹ → ㄷ → ㅂ → ㅅ → ㅇ
② ㄱ → ㄹ → ㅅ → ㄴ → ㅁ → ㄷ → ㅂ → ㅇ
③ ㄱ → ㄹ → ㅅ → ㄴ → ㅂ → ㅁ → ㄷ → ㅇ
④ ㄱ → ㅅ → ㄹ → ㄴ → ㅁ → ㄷ → ㅂ → ㅇ

05 다음 기사와 관련있는 윌슨(Wilson)의 규제정치모형으로 옳은 것은?

> 최근 시행된 'https 차단'에 거센 반발이 이는 가운데 근본적 근절을 위해서는 사회적 공감대가 형성되어야 한다는 의견이 지배적이다. 정부는 디지털성범죄 대책의 일환으로 지난 11일 불법도박·음란물사이트에 대한 접속 차단을 강화하는 'https 차단'을 시행했다. 방송통신위원회와 방송통신심의위원회는 심의를 통해 https(보안접속)을 무력화하는 'SNI(Server Name Indication) 필드 차단' 방식으로 유해사이트 접근을 막기로 했다. …(중략)…
> 지금까지 SNI 방식으로 차단된 유해사이트는 895곳에 달한다. 차단된 사이트 중 대부분(776곳)이 불법도박사이트다. 하지만 관심은 불법성인사이트 차단에 쏠린다. 일각에서는 "성인물 감상 자유 박탈", "정부 감청" 등을 주장하는 반발이 빗발치고 있다.
>
> 출처: 파이낸셜투데이(http://www.ftoday.co.kr)

① 기업가적 정치
② 고객 정치
③ 이익집단 정치
④ 대중적 정치

06 현행 우리나라 「지방자치법」상 지방의회의 권한에 대한 내용으로 옳지 않은 것은?

① 지방자치단체의 장이나 관계 공무원은 지방의회나 그 위원회가 행정사무처리상황의 보고를 요구하면 출석·답변하여야 한다. 다만, 특별한 이유가 있으면 지방자치단체의 장은 관계 공무원에게 출석·답변하게 할 수 있다.
② 지방의회는 조례의 제정·개정 및 폐지, 기금의 설치·운용, 청원의 수리와 처리 등에 관한 사항을 의결한다.
③ 지방의회는 매년 1회 그 지방자치단체의 사무에 대하여 시·도에서는 14일의 범위에서, 시·군 및 자치구에서는 9일의 범위에서 감사를 실시한다.
④ 지방의회는 재적의원 3분의 2 이상의 출석과 출석의원 3분의 2 이상의 찬성으로 그 지방자치단체장을 불신임할 수 있다.

07 다음의 내용과 가장 관련 있는 정책결정모형으로 옳은 것은?

> • 이 모형은 와이너(Wiener)에 의하여 창시되고 애쉬비(Ashby)가 계승하였다.
> • 스타인부르너(Steinbruner)는 이를 시스템 공학에 응용하여 관료제에서 이루어지는 정책결정을 단순하게 묘사하려고 했다.

① 사이버네틱스모형
② 정책딜레마모형
③ 쓰레기통모형
④ 정책의 창 모형

08 다음 각 사례에 해당하는 내적 타당도 저해요인으로 옳은 것은?

> ㄱ. '오염방지시설의 의무화'라는 정책효과를 평가할 때, 실험 기간 중 불경기로 인하여 폐수의 방출량이 급격히 줄어들었다.
> ㄴ. 철강제품의 생산량을 측정할 때, 처음에는 무게로 측정하다가 나중에는 생산 개수로 측정하였다.

	ㄱ	ㄴ
①	역사적 요인	측정요소
②	성숙효과	측정요소
③	역사적 요인	측정도구의 변화
④	성숙효과	측정도구의 변화

09 탭스콧(Tapscott)이 주장한 지식정보화사회의 리더십에 대한 설명으로 옳지 않은 것은?

① 상호 연계적 리더십을 형성하고 발휘하는 데 있어서 최고관리자의 역할을 강조한다.

② 조직구성원 전체의 명백하고 공유된 비전과 끊임없는 학습의지를 강조한다.

③ 개인적 역량의 기능분화를 통한 전문화가 이루어질 수 있는 리더십의 발휘를 강조한다.

④ 조직구성원 누구나 리더로서의 기능을 수행해야 하는 네트워크화된 지능을 강조한다.

10 정책과정의 참여자에 대한 설명으로 옳은 것은?

① 의회나 정당은 외부 · 공식적 참여자에 해당한다.

② 최근에는 정책형성 참여자의 폭이 점차 확대되고 있다.

③ 행정국가 현상이 발생하면서 의회와 사법부의 참여 경향이 강화되고 있다.

④ 중앙과 지방의 의사소통문제로 인하여 지역주민의 참여 가능성은 작아지고 있다.

11 샤인(Schein)이 제기한 복잡한 인간관과 관리전략에 대한 설명으로 옳지 않은 것은?

① 인간은 복잡한 욕구를 가졌을 뿐만 아니라 그 욕구는 변하기 쉬우며, 구성원의 역할에 따라 욕구가 달라진다.

② 인간의 욕구가 계층별로 배열되어 있지만 때와 장소 등 상황에 따라서 달라질 수도 있고, 조직생활의 경험을 통해 새로운 욕구를 학습한다.

③ 조직구성원의 변전성(變轉性)과 개인차를 파악하여 변화에 대해 인정해 주고 존중해야 한다.

④ 조직관리는 구성원에 대한 지시와 통제보다는 개인과 조직의 목표를 통합시킬 수 있는 전략을 우선적으로 취하여야 한다.

12 근대 관료제 운영 메커니즘에 대한 설명으로 옳지 않은 것은?

① 선출직 관료에 의한 임명직 관료의 통제를 통해 정부의 대응성을 높일 수 있다.

② 관료의 독립성과 자율성이 높아지면 기술적 합리성이나 능률성이 증진될 수 있다.

③ 윌슨(Wilson)은 관료제를 수단성으로 이해함으로써 민주성과 능률성을 조화시키려 하였다.

④ 베버(Weber)는 관료제를 권력의 도구나 정치적 이해관계에서 탈피된 객관적 도구로 보기보다는 국민에 대한 봉사자로 간주하였다.

13 행정개혁과정에서 발생하는 저항을 극복하기 위한 기술적·공리적 전략으로 옳지 않은 것은?

① 개혁의 점진적 추진
② 개혁방법과 기술의 수정
③ 적절한 시기의 선택
④ 참여의 확대와 의사소통의 원활화

14 시험의 효용성에 대한 설명으로 옳지 않은 것은?

① 신뢰성은 시험결과로 나온 성적의 일관성을 의미한다.
② 동시적 타당성 검증은 시험성적과 근무실적에 대한 자료를 동시에 수집하여 상관관계를 검토한다.
③ 타당성이 높을수록 근무성적이 우수한 사람을 선발할 수 있다.
④ 신뢰성은 타당성의 필요조건이 아닌 충분조건이다.

15 예산의 성립 여부에 따른 예산의 종류 및 그에 대한 설명으로 옳지 않은 것은?

① 수정예산이란 정부가 예산안을 국회에 제출한 후 예산이 아직 최종의결되기 전(前)에 국내외의 사회·경제적 여건의 변화로 예산안의 내용 중 일부를 변경할 필요성이 있을 때 편성하는 예산이다.
② 추가경정예산은 본예산과 별개로 성립되기 때문에 예산 단일성의 원칙에 위배되지만, 일단 성립되면 본예산과 추가경정예산은 하나로 통합되어 운영된다.
③ 가예산이란 법정기일 내 예산이 성립하지 못한 경우 1개월 이내의 예산을 국회의 의결을 거쳐 집행하는 것으로서 우리나라 제2공화국 때의 제도이다.
④ 준예산은 새로운 회계연도가 개시될 때까지 예산이 국회에서 의결되지 못한 때 정부가 국회에서 예산안이 의결될 때까지 전년도 예산에 준하여 경비를 지출할 수 있는 예산이다.

16 다음 설명에 해당하는 윌다브스키(Wildavsky)의 예산유형으로 옳은 것은?

예산유형은 각국의 경제력, 재정적 예측능력, 정치제도, 엘리트의 가치체계 및 지출규모 등에 따라 달라질 수 있는데, 이는 자원이 궁핍하고 재정의 예측능력이 부족한 총체적 희소성 상황에 처한 저개발국가에서 주로 나타난다.

① 반복적(repetitive) 예산운영
② 점증적(incremental) 예산운영
③ 보충적(supplement) 예산운영
④ 세입적(revenue) 예산운영

17 예산의 전통적 원칙의 예외를 설명한 것으로 옳은 것은?

① 예산순계는 예산 완전성 원칙의 예외이다.
② 명시이월은 예산 사전의결 원칙의 예외이다.
③ 순계예산은 예산 통일성 원칙의 예외이다.
④ 총괄예산은 예산 명확성 원칙의 예외이다.

18 공무원의 근무성적평정제도에 대한 설명으로 옳지 않은 것은?

① 우리나라는 5급 이하의 근무성적평가에서 상급자 중심의 강제배분법을 실시한다.
② 근무성적평정의 목적으로는 공무원의 능력 발전, 시험의 타당성 측정 등이 있다.
③ 근무성적평정의 기준이 일정하지 않은 경우에 발생하는 오류를 규칙적 오류라고 한다.
④ 근무성적평정의 항목은 근무실적 및 직무수행능력으로 하되, 소속장관이 필요하다고 인정하는 경우 직무수행태도를 항목에 추가할 수 있다.

19 지방공공서비스 공급에 대한 설명으로 옳지 않은 것은?

① 영국에서는 의무경쟁입찰제도가 최고가치경쟁제도로 전환되었다.
② 사바스(Savas)의 분류에 따르면, 계약·허가·보조금 등은 지방정부가 공급을 결정하고 민간부문이 생산을 담당하는 공급 유형에 속한다.
③ 니스카넨(Niskanen)의 예산극대화모형에 따르면, 관료들의 행태 때문에 지방정부의 예산규모가 사회적으로 효율적인 수준보다 더 커질 수 있다.
④ 시민공동생산 논의는 시민과 지역주민을 정규생산자로 파악하는 데에서 출발한다.

20 아른스타인(Arnstein)의 주민참여 8단계론에 대한 설명으로 옳지 않은 것은?

① 쉐리 아른스타인(Sherry Arnstein)은 1969년 미국도시계획저널에 발표한 『시민참여의 사다리』란 논문에서 주민참여의 정도에 따라 8가지 형태로 주민참여 단계를 나눈 바 있다.
② 비참여는 본래 목적이 주민을 참여시키는 데 있는 것이 아니라 지방자치단체가 참여자를 교육시키거나 치료(치유)하는 단계로서 조작, 치유단계가 있다.
③ 명목적 참여는 주민이 정보를 제공받아 권고·조언하고 공청회 등에 참여하여 정책결정과 관련한 의견을 제시하고 결정할 수 있는 단계로서 정보제공, 상담, 유화단계가 있다.
④ 주민권력은 기존의 권력체계가 주민과 지방자치단체에 재배분되며, 일정한 권한과 책임이 주민에게 맡겨져 주민이 정책결정에 있어서 주도권을 획득하는 단계로서 협력, 권한위임, 주민통제단계가 있다.

02회 / Review

문항	정답	CHAPTER	Self Check	난이도
01	④	행정의 가치와 이념	O/△/×	●○○
02	①	행정의 가치와 이념	O/△/×	●●○
03	②	조직관리 및 개혁론	O/△/×	●●●
04	②	인적자원관리(임용, 능력발전, 사기부여)	O/△/×	●●●
05	④	현대 행정의 이해	O/△/×	●●○
06	④	지방행정의 조직	O/△/×	●●○
07	①	정책결정론	O/△/×	●○○
08	③	정책평가론	O/△/×	●●●
09	③	조직관리 및 개혁론	O/△/×	●●○
10	②	정책학의 개관	O/△/×	●●○

문항	정답	CHAPTER	Self Check	난이도
11	④	조직행태론	O/△/×	●●○
12	④	조직구조론	O/△/×	●●○
13	④	행정개혁론	O/△/×	●●○
14	④	인적자원관리(임용, 능력발전, 사기부여)	O/△/×	●○○
15	③	국가재정의 기초이론	O/△/×	●●○
16	①	예산결정이론	O/△/×	●●○
17	④	국가재정의 기초이론	O/△/×	●●○
18	③	인적자원관리(임용, 능력발전, 사기부여)	O/△/×	●●○
19	④	현대 행정의 이해	O/△/×	●●○
20	③	지방자치와 주민참여	O/△/×	●●○

[Self Check] 문제에 대한 이해 정도를 스스로 점검하여 O(문제 이론의 내용을 정확히 알고 있음) / △(개념이 헷갈리거나 정확히 알지 못함) / ×(생소하거나 학습하지 못한 이론)으로 구분하여 표시합니다.

핵심지문 OX

02회 실전동형모의고사에서 꼭 되짚어야 할 핵심 지문을 다시 확인해보시기 바랍니다.

01 가외성은 불확실한 상황에 대한 적응성을 제고한다. (   )

02 피들러(Fiedler)의 상황적합성이론에서 상황변수는 리더와 부하와의 관계, 직위권력, 과업구조이다. (   )

03 지방의회는 조례의 제정ㆍ개정 및 폐지, 기금의 설치ㆍ운용, 청원의 수리와 처리 등에 관한 사항을 의결한다. (   )

04 사이버네틱스모형은 분석적 합리성이 완전히 존재하지 않는 상태에서의 습관적ㆍ적응적 의사결정을 다룬 모형이다. (   )

05 탭스콧(Tapscott)은 개인적 역량의 기능분화를 통한 전문화가 이루어질 수 있는 리더십의 발휘를 강조한다. (   )

06 의회나 정당은 정책과정의 외부ㆍ공식적 참여자에 해당한다. (   )

07 샤인(Schein)이 제기한 복잡한 인간관에 따르면, 조직구성원의 변전성과 개인차를 파악하여 변화에 대해 인정해주고 존중해야 한다. (   )

08 선출직 관료에 의한 임명직 관료의 통제를 통해 정부의 대응성을 높일 수 있다. (   )

09 가예산은 새로운 회계연도가 개시될 때까지 예산이 국회에서 의결되지 못한 때 정부가 국회에서 예산안이 의결될 때까지 전년도 예산에 준하여 경비를 지출할 수 있는 예산이다. (   )

10 총괄예산은 예산 명확성 원칙의 예외이다. (   )

[정답] **01** O **02** O **03** O **04** O **05** × 다양한 개인들의 역량이 효과적으로 결합될 수 있는 리더십의 발휘를 강조한다. **06** × 정당은 외부ㆍ비공식적 참여자에 해당한다.
07 O **08** O **09** × 준예산에 대한 설명이다. **10** O

03회 실전동형모의고사

제한시간 : 15분 **시작** 시 분 ~ **종료** 시 분 **점수 확인** 개 / 20개

01 예산집행의 신축성 확보방안과 관련이 가장 적은 것은?

① 총액예산
② 예비타당성조사
③ 추가경정예산
④ 준예산

02 다음에서 설명하는 디징(Diesing)이 분류한 합리성의 유형으로 옳은 것은?

> • 비교가 가능한 대립되는 두 가지 이상의 목적의 존재를 전제로 한다.
> • 비용과 편익을 측정·비교하여 목적을 달성하는 과정과 관련된다.

① 정치적 합리성
② 경제적 합리성
③ 사회적 합리성
④ 기술적 합리성

03 사회자본의 특징으로 옳지 않은 것은?

① 사회자본은 사회구성원 상호 간의 이익을 위해 조정 및 협동을 촉진하는 규범, 신뢰, 네트워크로 정의한다.
② 사회자본은 지속적인 교환과정을 거쳐서 유지되고 재생산되며, 사회적 교환관계는 상이한 가치의 부등가교환이다.
③ 사회자본은 구성원들 간의 신뢰를 회복하게 하는 조정역할을 하며, 사회적 관계에서 거래비용을 감소시켜주는 기능도 수행한다.
④ 사회자본은 형성되기가 어려운 반면 한번 형성되면 장기간 지속되는 특성을 갖고 있으며, 국가 간의 이동성과 대체성이 높은 편이다.

04 다음 살라몬(salamon)의 정책수단 중 강제성이 높은 것을 고르면?

① 손해책임법
② 정보제공
③ 조세지출
④ 사회적 규제

05 ○○도는 각 시·군별로 쓰레기 소각장을 설치하기 위하여 350억 원의 예산을 확보하였다. 4개 대안의 비용과 편익의 현재가치가 다음과 같을 때, 배정된 350억 원의 예산범위 내에서 대안을 선정하는 경우 가장 합리적인 대안선정 조합으로 옳은 것은? (단, 순현재가치법(NPV)에 의함)

대안	비용	편익
A	160	230
B	180	275
C	220	300
D	120	170

① A, B
② A, C
③ B, C
④ B, D

06 시민단체가 활발하게 전개하는 대표소송, 예산감시, 국정감사 모니터링 등 시민통제의 장점으로 옳지 않은 것은?

① 행정의 대응성을 제고한다.
② 대의제 민주주의의 장점을 극대화한다.
③ 제도적 견제와 균형의 사각지대를 메운다.
④ 정부와 국민 간 정보의 비대칭성을 완화한다.

07 계급제와 직위분류제에 대한 설명으로 옳지 않은 것은?

① 계급제는 일반행정가의 양성에, 직위분류제는 전문행정가의 양성에 용이하다.
② 계급제는 사람 중심, 직위분류제는 직무 중심의 공직분류기법이다.
③ 계급제는 구직자의 사기앙양에, 직위분류제는 재직자의 사기앙양에 기여한다.
④ 최근에는 고위공무원단제도와 같은 양자의 접근 현상이 나타나고 있으며, 이는 관리융통성모형(management flexibility model)에 해당한다.

08 리더십의 유형에 대한 설명으로 옳은 것은?

① 배스(Bass)는 거래적 리더십의 요인으로 업적에 따른 보상과 예외관리를 제시한다.
② 변혁적 리더십의 요소로는 카리스마적 리더십, 영감적 리더십, 전체적 단합, 지적 자극 등이 있다.
③ 변혁적 리더십은 감정 및 가치관이나 상징적인 행태의 중요성 등을 강조하는 거래적 리더십에 비해 합리적 과정이나 교환 과정의 중요성을 강조한다.
④ 서번트 리더십에서 봉사란 부하들을 육성하고 지지하지만 위임하는 것은 포함하지 않는다.

09 우리나라의 책임운영기관에 대한 설명으로 옳지 않은 것은?

① 정부기관으로서 정부투자기관과는 달리 법인이 아니며, 소속직원은 공무원으로서 신분보장을 받는다.
② 정부기업의 성격을 지니며, 「정부기업예산법」이 적용된다.
③ 행정안전부장관은 기획재정부 및 해당 중앙행정기관의 장과 협의하여 책임운영기관을 설치할 수 있다.
④ 책임운영기관장은 소속책임운영기관 공무원에 대한 일체의 임용권을 가지며, 그 일부를 기관장에게 위임할 수 있다.

10 다음에서 설명하는 인사행정제도로 옳은 것은?

- 기존의 일률적인 근무시간으로 인하여 비능률성을 극복하고 공무원 자신의 자기 개발의 기회를 부여한다.
- 공직의 생산성을 높이기 위해서 근무시간이나 출·퇴근 시간을 자율적으로 조정할 수 있도록 하는 제도이다.

① Top-down 방식
② 유연근무제(flexible work place)
③ Job-positing
④ 360도 feedback 평가

11 동기부여이론과 이를 주장한 학자의 연결으로 옳지 않은 것은?

① 앨더퍼(Alderfer) - ERG이론
② 아담스(Adams) - 형평성(공정성)이론
③ 맥그리거(McGregor) - 미성숙·성숙이론
④ 허즈버그(Herzberg) - 욕구충족이원론

12 규제를 대상에 따라 분류할 때, 다음 제시된 사례에 해당하는 규제로 옳은 것은?

- 환경오염을 방지하기 위하여 특정한 유형의 환경통제 기술을 사용할 것을 요구한다.
- 작업장의 안전을 확보하기 위하여 반드시 안전장비를 착용하게 한다.

① 관리규제
② 수단규제
③ 성과규제
④ 산출규제

13 대표관료제와 관련된 학자들에 대한 설명으로 옳은 것은?

① 크랜츠(Kranz)는 1944년 『대표관료제』를 통해 관료제의 구성적 측면을 강조하며, 진정한 관료제는 사회 내의 지배적인 여러 세력을 그대로 반영하는 대표관료제라고 정의하였다.

② 모셔(Mosher)는 관료제의 개념을 비례대표로까지 확대하여, 관료제 내의 출신집단별 구성비율이 총인구 구성비율과 일치해야 할 뿐만 아니라, 나아가 관료제 내의 모든 직무분야와 계급의 구성비율까지도 총인구 비율에 비례해야 한다는 비례대표성을 주장하였다.

③ 킹슬리(Kingsley)는 대표관료제를 관료들이 출신 집단의 이익을 위해 적극적으로 행동할 것을 기대하는 적극적 대표관료제와 사회의 인구 구성적 특징을 상징적으로 반영할 뿐이라는 소극적 대표관료제로 나누었는데, 대표의 적극적 측면에 대해서는 의문을 제기하였다.

④ 라이퍼(Riper)는 국민들의 가치도 대표관료제에 반영하여야 한다는 가치대표성을 강조하였다.

14 다음에서 설명하는 예산의 전통적 원칙에 대한 예외로 옳지 않은 것은?

> 회계장부가 너무 많으면 재정구조를 이해하기 어렵기 때문에 예산은 가능한 한 단일의 회계 내에서 정리되어야 한다.

① 특별회계
② 기금
③ 예비비
④ 추가경정예산

15 예산의 품목별분류의 단점으로 옳지 않은 것은?

① 투입 측면에만 초점을 맞추어 편성되므로 정부가 투입을 통해 달성하고자 하는 사업과 지출에 따른 성과나 효과에 대해서는 파악하기 어렵다.

② 정책이나 사업계획의 수립에 큰 도움을 주지 못한다.

③ 사업 간의 비교가 가능하지만 국민들이 이해하기에는 어렵다.

④ 총괄계정에 적합하지 못하며, 예산집행의 신축성을 저해한다.

16 조합주의(Corporatism)에 대한 설명으로 옳지 않은 것은?

① 조합주의는 다양한 집단 간의 경쟁을 특징으로 한다.

② 국가조합주의는 국가의 우월한 권력을 인정한다.

③ 사회조합주의는 이익집단의 자발적 시도로 형성된다.

④ 신조합주의는 다국적 기업이 국가와 동맹관계를 유지하면서 정책에 참여한다고 본다.

17 이익집단 위상변동모형에 대한 설명으로 옳지 않은 것은?

① 행정의 제도적 맥락과 이슈 맥락에 따라 정책변동은 물론, 이익집단의 기복과 변동을 가져온다는 무치아로니(Mucciaroni)의 모형이다.

② 변동의 원인은 크게 제도적 맥락과 이슈 맥락으로 나누어지는데, 제도적 맥락과 이슈 맥락이 서로 다른 방향으로 작용할 때 이슈 맥락에 더욱 큰 영향을 받는다고 본다.

③ 제도적 맥락은 입법부나 행정부의 지도자들을 포함한 구성원들의 특정한 정책이나 산업에 대하여 가지고 있는 선호나 행태를 말한다.

④ 이슈 맥락은 정책의 유지 또는 변동에 영향을 미치는 환경적 요인과 같은 정책요인을 의미한다.

18 길버트(Gilbert)의 행정통제의 유형 중 외부 · 공식적 통제로 옳지 않은 것은?

① 입법부에 의한 통제
② 사법부에 의한 통제
③ 감사원에 의한 통제
④ 옴부즈만에 의한 통제

19 지방재정자립도에 대한 설명으로 가장 옳은 것은?

① 일반회계 중 의존재원의 비율
② 자주재원 중 의존재원의 비율
③ 일반회계 중 자주재원의 비율
④ 의존재원 중 자주재원의 비율

20 특별지방행정기관에 대한 설명으로 옳은 것은?

① 중앙의 관리감독과 통제가 어려워진다.
② 국가업무의 효율적 · 광역적 추진에 불리하다.
③ 지방자치단체의 권한과 책임을 강화하는 제도이다.
④ 주민의 혼란과 불편의 문제가 제기된다.

03회 / Review

문항	정답	CHAPTER	Self Check	난이도
01	②	예산과정론	O/△/×	●○○
02	②	행정의 가치와 이념	O/△/×	●○○
03	④	행정학의 접근방법과 주요이론	O/△/×	●●○
04	④	정책학의 개관	O/△/×	●●●
05	①	정책결정론	O/△/×	●●○
06	②	행정책임과 행정통제	O/△/×	●●○
07	③	공직의 분류	O/△/×	●●○
08	①	조직관리 및 개혁론	O/△/×	●●○
09	④	조직구조론	O/△/×	●●○
10	②	인적자원관리(임용, 능력발전, 사기부여)	O/△/×	●○○

문항	정답	CHAPTER	Self Check	난이도
11	③	조직행태론	O/△/×	●○○
12	②	현대 행정의 이해	O/△/×	●●○
13	④	인사행정의 기초이론 및 제도	O/△/×	●●●
14	③	국가재정의 기초이론	O/△/×	●○○
15	③	국개재정의 기초이론	O/△/×	●●○
16	①	정책의제설정 및 정책과정에 대한 이론	O/△/×	●●○
17	②	정책변동론과 기획론	O/△/×	●●●
18	③	행정책임과 행정통제	O/△/×	●○○
19	③	지방자치단체의 재정	O/△/×	●○○
20	④	지방자치단체와 국가의 관계	O/△/×	●●○

[Self Check] 문제에 대한 이해 정도를 스스로 점검하여 O(문제 이론의 내용을 정확히 알고 있음) / △(개념이 헷갈리거나 정확히 알지 못함) / ×(생소하거나 학습하지 못한 이론)으로 구분하여 표시합니다.

핵심지문 OX
03회 실전동형모의고사에서 꼭 되짚어야 할 핵심 지문을 다시 확인해보시기 바랍니다.

01 사회자본은 지속적인 교환과정을 거쳐서 유지되고 재생산되며 사회적 교환관계는 상이한 가치의 부등가교환이다. (   )

02 살라몬(salamon)의 정책수단 중에서 사회적 규제와 경제적 규제는 정부가 직접 수행하고 강제력이 작용하는 강제성이 높은 정책수단이다. (   )

03 시민통제는 대의제 민주주의의 장점을 극대화한다. (   )

04 서번트 리더십에서 봉사란 부하들을 육성하고 지지하며, 위임하는 것을 포함한다. (   )

05 책임운영기관은 정부기관으로서 정부투자기관과는 달리 법인이 아니며, 소속직원은 공무원으로서 신분보장을 받는다. (   )

06 유연근무제는 공직의 생산성을 높이기 위해서 근무시간이나 출·퇴근시간을 자율적으로 조정할 수 있도록 하는 제도이다. (   )

07 환경오염을 방지하기 위하여 특정한 유형의 환경통제기술을 사용할 것을 요구하는 것은 관리규제에 해당한다. (   )

08 예비비는 예산의 단일성의 원칙에 대한 예외에 해당한다. (   )

09 예산의 품목별분류는 사업 간의 비교가 가능하지만 국민들이 이해하기에는 어렵다. (   )

10 특별지방행정기관은 지방자치단체의 권한과 책임을 강화하는 제도이다. (   )

[정답] **01** O **02** O **03** × 시민통제는 간접민주주의인 대의제 민주주의의 장점을 극대화하는 것이 아닌 단점을 보완해 주는 기능을 한다. **04** O **05** O **06** O **07** × 수단규제에 해당한다. **08** × 예비비는 단일성의 원칙이 아닌 양적 한정성 원칙의 예외이다. **09** × 사업 간의 비교가 불가능하다. **10** × 중앙부처의 지시에 따라 행정을 집행하기 때문에 지방자치단체의 권한과 책임을 약화시킨다.

04회 실전동형모의고사

제한시간 : 15분 | **시작** 시 분 ~ **종료** 시 분 **점수 확인** 개 / 20개

01 다음에 해당하는 지방세의 원칙을 옳게 연결한 것을 고르면?

> ㄱ. 지방세는 가급적 모든(많은) 주민이 경비를 나누어 부담하여야 한다.
> ㄴ. 지방세는 주민에게 공평(동등)하게 부담되어야 한다.

	ㄱ	ㄴ
①	부담분임의 원칙	부담보편의 원칙
②	부담보편의 원칙	부담분임의 원칙
③	부담분임의 원칙	보편성의 원칙
④	부담보편의 원칙	탄력성의 원칙

02 미국의 행정학의 성립에 대한 사상적 기초에 대한 설명으로 옳은 것은?

① 해밀턴(Hamilton)은 『연방주의자』라는 논문을 발표하였으며, 정치권력의 근원을 국가로 보아 강력한 연방정부의 역할을 강조하였다.
② 제퍼슨(Jefferson)은 사적 이익집단 간의 갈등이 정치과정의 핵심이라고 보고, 사적 이익집단들의 상호 견제와 균형에 의해 국민의 자유가 더욱 잘 보장될 것이라고 주장하였다.
③ 매디슨(Madison)은 행정의 단순성과 아마추어리즘, 행정의 대응성과 민주성을 강조하며 엽관주의를 공식적으로 표방하였다.
④ 잭슨(Jackson)은 정치권력의 근원을 국민으로 보았기 때문에 강력한 중앙정부보다는 지방분권과 민주성을 강조하였다.

03 최근 정부개혁의 배경이 되고 있는 이론들과 주요 개념을 연결한 것으로 옳지 않은 것은?

① 대리인이론 – 도덕적 해이
② 공공선택론 – 예산극대화
③ 거래비용경제학 – 역선택
④ 신공공관리론 – 결과 중심 관리

04 「주민조례발안에 관한 법률」에서 주민조례청구 요건으로 옳지 않은 것은?

① 특별시 및 인구 800만 이상의 광역시·도: 청구권자 총수의 200분의 1
② 인구 800만 미만의 광역시·도, 특별자치시, 특별자치도 및 인구 100만 이상의 시: 청구권자 총수의 150분의 1
③ 인구 50만 이상 100만 미만의 시·군 및 자치구: 청구권자 총수의 100분의 1
④ 인구 10만 이상 50만 미만의 시·군 및 자치구: 청구권자 총수의 80분의 1

05 다음의 내용과 관련된 재정관련제도를 고르면?

> • 의무지출이나 세입감소 등 비용이 수반되는 정책을 만들 때에는 재원 확보 방안을 함께 마련해야 하는 제도이다.
> • 우리나라의 경우 비용을 수반하는 정부 입법은 「국가재정법」에 따라 최소한의 재원 조달 방안을 함께 제출해야 하나, 의원 입법은 국회 예산정책처에서 작성한 비용추계서만 첨부하면 가능하다.

① 재정지출총량제도
② 재정준칙(fiscal rules)제도
③ 페이고(Paygo)제도
④ 지출통제예산제도(expenditure-control budgeting)

06 다음에서 설명하는 정책분석기법으로 옳은 것은?

> • 정책효과를 예측하기 위한 기법으로, 현재의 상태로부터 정책대안이 집행되기까지의 과정에서 일어나게 될 일련의 사건들을 추정·작성하는 것을 의미한다.
> • 예를 들어, 불확실한 상황하에서 기업의 투자안에 대해 분석을 행하는 경우 투자안에 영향을 주는 변수의 변화에 대한 투자안 위험의 민감도와 그 변수의 가능한 값의 범위를 모두 고려해 투자안을 분석한다.

① 정책델파이(policy delphi)
② 브레인스토밍(brainstorming)
③ 시나리오 작성(scenario writing)
④ 교차영향분석(cross-impact matrix)

07 다음 중 정책집행과 관련하여 정책대상집단의 순응에 영향을 미치는 요인으로 옳은 것만을 모두 고르면?

> ㄱ. 정책의 명료성
> ㄴ. 정책의 일관성
> ㄷ. 정책결정기관의 정통성
> ㄹ. 정책결정에 소요된 비용
> ㅁ. 정책집행자에 대한 신뢰감

① ㄱ, ㄴ, ㄷ
② ㄱ, ㄴ, ㄹ
③ ㄱ, ㄴ, ㄷ, ㅁ
④ ㄱ, ㄴ, ㄷ, ㄹ, ㅁ

08 예산제도 도입과 관련된 기관 혹은 인물의 연결로 옳지 않은 것은?

① 품목별예산제도 – 태프트(Taft) 위원회
② 성과주의예산제도 – 후버(Hoover) 위원회
③ 계획예산제도 – 히치(Hitch)와 맥킨(McKean)
④ 영기준예산제도 – 랜드(RAND) 연구소

09 탈관료제 조직유형 중 학습조직에 대한 설명으로 옳지 않은 것은?

① 조직구성원에 의해 지식이 창출되고 이에 기초해 조직 혁신이 이루어지며, 조직의 환경적응력과 경쟁력이 증대되어 나가는 조직을 말한다.

② 효율성을 핵심가치로 하는 전통적인 조직과는 달리 학습조직에서의 핵심가치는 문제해결이다.

③ 학습조직의 단일모형은 없으며, 학습조직의 개념은 수평조직·네트워크조직·가상조직 등 다양한 조직유형으로 실현될 수 있다.

④ 학습조직은 부서 간 경계를 최소화하며, 적응적 학습은 미래지향적 학습이다.

10 다음에서 설명하는 근무성적평정상의 오류로 옳은 것은?

- 하나의 특징을 잡으면 그 특징으로부터 연상되는 일정한 관념에 맞추어 대상을 완전히 이해한 것으로 짐작하는 것이다.
- 포장이 세련된 상품을 고급품으로 인식하거나, 근무평정을 산정할 때 성격이 차분한 직원에게 업무수행능력의 정확성 면에서 높은 평점을 주는 것이 그 예이다.

① 논리적 오류(logical fallacies)
② 규칙적 오류(systematic error)
③ 연쇄효과(halo effect)
④ 상동오차(stereotype)

11 우리나라 공무원의 임용과 근무성적평정에 대한 설명으로 옳은 것은?

① 4급 이상 공무원은 근무성적평가를, 5급 이하 공무원은 직무성과계약을 적용한다.

② 다면평가는 근무성적평정에 있어서 신뢰성과 객관성을 제고하기 곤란하다.

③ 공무원 인사기록카드에는 학력, 신체사항에 대한 정보를 기재한다.

④ 공무원 복지포인트는 모든 공무원을 대상으로 시행되는 제도이다.

12 다음 제시된 퀸과 로보그(Quinn & Rohrbaugh)의 효과성 모형 중 ㄱ~ㄹ에 들어갈 모형을 옳게 연결한 것을 고르면?

구분	조직	인간
통제	ㄱ	ㄴ
유연성(신축성)	ㄷ	ㄹ

	ㄱ	ㄴ	ㄷ	ㄹ
①	합리목표	내부과정	개방체제	인간관계
②	내부과정	합리목표	개방체제	인간관계
③	합리목표	내부과정	인간관계	개방체제
④	내부과정	합리목표	인간관계	개방체제

13 고위공무원단 등의 개방형 임용이 확대되고 있는데, 이와 같은 개방형 임용의 효과로 옳지 않은 것은?

① 공직 사회의 침체를 방지하고 자극을 통한 전문성 확보에 기여한다.
② 정부의 인적 자원의 활용범위를 확대시킨다.
③ 정치적 리더십의 약화를 가져온다.
④ 채용과정에서 높은 수준의 실적기준 적용으로 성과주의적 관리를 촉진시킨다.

15 다음에서 설명하는 예산결정이론으로 옳은 것은?

- 점증주의이론의 한계를 비판하면서 제시되었다.
- 사후적 분석으로는 적절하지만, 발생시점을 정확하게 예측하지 못하기 때문에 미래지향적 측면에서 한계가 있다.

① 합리적 예산결정이론
② 공공선택이론
③ 다중합리성모형
④ 단절균형모형

14 전자거버넌스의 방안으로 UN에서 구분하는 전자적 시민 참여유형의 발전단계를 옳게 나열한 것은?

ㄱ. e-information(전자정보화)
ㄴ. e-consultation(전자자문)
ㄷ. e-decision making(전자결정)

① ㄱ → ㄴ → ㄷ
② ㄱ → ㄷ → ㄴ
③ ㄴ → ㄱ → ㄷ
④ ㄴ → ㄷ → ㄱ

16 나카무라(Nakamura)와 스몰우드(Smallwood)는 정책결정자와 정책집행자와의 관계를 다섯 가지 유형으로 구분하였는데, 다음에서 설명하는 유형으로 옳은 것은?

- 결정자가 명확한 정책목표를 설정하고 집행자들은 설정된 목표의 소망성에 동의한다.
- 결정자는 집행자에게 정책목표를 달성할 것을 지시하고 행정적(관리적) 권한을 위임한다.
- 집행자는 목표달성에 필요한 행정적·기술적 역량과 협상력을 가지고 있다.
- 실패 사례로 레이들로(Laidlaw)의 미국 이민정책과 1966년 미국 경제개발청의 오클랜드 사업계획이 있다.

① 고전적 기술자형
② 지시적 위임가형
③ 재량적 실험가형
④ 관료적 기업가형

17 총체적 품질관리(TQM)에 대한 설명으로 옳지 않은 것은?

① 관리자와 전문가에 의해 고객의 수요가 규정된다.
② 통제유형은 예방적·사전적 성격을 띤다.
③ 결점이 없을 때까지 개선활동을 지속적으로 되풀이한다.
④ 재화·용역의 부가가치를 극대화하는 데 유리한 분권적 조직구조를 선호한다.

18 다음에서 설명하는 용어로 옳은 것은?

> • 일정한 기준과 절차에 따라 업무, 응용, 데이터, 기술 보안 등 조직 전체의 정보화 구성요소들을 통합적으로 분석한다.
> • 이들 간의 관계를 구조적으로 정리한 체계 및 이를 바탕으로 정보시스템을 효율적으로 구성하기 위한 방법이다.

① 데이터 마이닝(data mining)
② 인트라넷(intranet)
③ 정보자원관리(IRM)
④ 정보기술아키텍처(ITA)

19 허즈버그(Herzberg)의 욕구충족이원론에 대한 설명으로 옳지 않은 것은?

① 불만과 만족은 별개의 차원에 있으며, 만족하지 못하는 상태가 불만인 것은 아니다.
② 보수, 작업조건, 상관과 부하와의 관계는 위생요인에 해당하며, 승진, 직무, 책임감은 동기요인에 해당한다.
③ 위생요인과 동기요인은 서로 연관되어 있어서 위생요인이 충족될 경우 동기요인의 충족을 가져온다.
④ 위생요인의 충족 시에는 단기적으로 불만을 줄일 수 있으며, 동기요인의 충족 시에는 생산성의 향상을 가져온다.

20 지방재정과 관련하여 설치된 지방보조금심의위원회에 대한 설명으로 옳지 않은 것은?

① 지방보조금에 관한 사항을 전문적으로 심의하기 위하여 지방자치단체의 장 소속으로 지방보조금심의위원회를 둔다.
② 지방보조금심의위원회는 위원장 1명을 포함한 15명 이내의 위원으로 구성하되, 성별을 고려하여야 한다.
③ 지방보조금심의위원은 민간위원과 공무원으로 임명 또는 위촉하되, 공무원인 위원이 전체의 3분의 1을 초과하여서는 아니 된다.
④ 위원장은 민간위원 중에서 호선한다. 민간위원의 임기는 3년 이내에서 조례로 정하며, 한 차례만 연임할 수 있다.

04회 / Review

문항	정답	CHAPTER	Self Check	난이도
01	①	지방자치단체의 재정	O/△/×	●●●
02	①	행정과 행정학의 발달	O/△/×	●●○
03	③	조직과 환경	O/△/×	●●○
04	④	지방자치와 주민참여	O/△/×	●●○
05	③	국가재정의 기초이론	O/△/×	●●●
06	③	정책결정론	O/△/×	●○○
07	③	정책집행론	O/△/×	●●○
08	④	예산제도의 발달과 개혁	O/△/×	●●○
09	④	조직구조론	O/△/×	●●○
10	③	인적자원관리(임용, 능력발전, 사기부여)	O/△/×	●●○

문항	정답	CHAPTER	Self Check	난이도
11	④	인적자원관리(임용, 능력발전, 사기부여)	O/△/×	●●○
12	①	행정의 가치와 이념	O/△/×	●●●
13	③	공직의 분류	O/△/×	●●○
14	①	정보화와 행정	O/△/×	●●●
15	④	예산결정이론	O/△/×	●●○
16	②	정책집행론	O/△/×	●●○
17	①	조직관리 및 개혁론	O/△/×	●●○
18	④	정보화와 행정	O/△/×	●●○
19	③	조직행태론	O/△/×	●●○
20	③	지방자치단체의 재정	O/△/×	●○○

[Self Check] 문제에 대한 이해 정도를 스스로 점검하여 O(문제 이론의 내용을 정확히 알고 있음) / △(개념이 헷갈리거나 정확히 알지 못함) / ×(생소하거나 학습하지 못한 이론)으로 구분하여 표시합니다.

핵심지문 OX 04회 실전동형모의고사에서 꼭 되짚어야 할 핵심 지문을 다시 확인해보시기 바랍니다.

01 해밀턴(Hamilton)은 『연방주의자』라는 논문을 발표하였으며, 정치권력의 근원을 국가로 보아 강력한 연방정부의 역할을 강조하였다. (   )

02 페이고(Paygo)제도는 비용이 수반되는 정책을 만들 때에는 반드시 재원 확보 방안을 함께 마련해야 한다는 원칙이다. (   )

03 시나리오 작성(scenario writing)은 정책효과를 예측하기 위한 한 기법으로, 현재의 상태로부터 정책대안이 집행되기까지의 과정에서 일어나게 될 일련의 사건들을 추정 · 작성하는 것을 의미한다. (   )

04 효율성을 핵심가치로 하는 전통적인 조직과는 달리 학습조직에서의 핵심가치는 문제해결이다. (   )

05 다면평가는 근무성적평정에 있어서 신뢰성과 객관성을 제고하기 곤란하다. (   )

06 개방형 임용은 정치적 리더십의 약화를 가져온다. (   )

07 UN에서 구분한 전자적 시민참여유형의 발전단계는 e-information → e-management → e-decision making 순이다. (   )

08 단절균형모형은 점증주의이론의 한계를 비판하면서 제시되었다. (   )

09 총체적 품질관리(TQM)는 재화 · 용역의 부가가치를 극대화하는 데 유리한 분권적 조직구조를 선호한다. (   )

10 지방보조금심의위원은 민간위원과 공무원으로 임명 또는 위촉하되, 공무원인 위원이 전체의 3분의 1을 초과하여서는 아니 된다. (   )

[정답] **01** O **02** O **03** O **04** O **05** × 근무성적평정의 객관성과 신뢰성을 제고하기 용이하다. **06** × 임용체제를 개방하면 임용권자의 임용 기능이 확대되고 재량권도 커질 수 있으므로, 정치적 리더십의 강화를 통해 조직 장악력이 강화된다. **07** × e-management가 아니라 e-consultation이다. **08** O **09** O **10** × 4분의 1을 초과하여서는 아니 된다.

05회 실전동형모의고사

제한시간 : 15분 **시작** 시 분 ~ **종료** 시 분 **점수 확인** 개 / 20개

01 조직구조의 설계를 위한 구성요소 중 공식화에 대한 설명으로 옳지 않은 것은?

① 공식화란 조직 내의 규칙, 절차, 지시 및 의사전달이 표준화된 정도를 말한다.
② 공식화의 정도가 높을수록 구성원 간의 분쟁을 감소시킬 수 있다.
③ 공식화의 정도가 높을수록 구성원의 행태에 관한 예측 가능성이 낮아진다.
④ 공식화는 문서화 정도와 관련되어 있으며, 레드 테이프(red tape)와 같은 부정적 문제를 유발하기도 한다.

02 정책분석 및 평가의 기준에 대한 설명으로 가장 옳은 것은?

① 능률성은 비용과 관련시켜 목표달성도를 평가하는 기준이다.
② 효율성과 효과성은 서로 대치되는 평가기준이다.
③ 대응성은 조직 내부집단의 만족도와 관련된 효과성을 평가하는 기준이다.
④ 적절성은 설정된 목표에 따라 달라질 수 있는 상대적인 측정이다.

03 다음 내용과 관련 있는 개념으로 옳은 것은?

> 규제를 입안하는 과정에서 예상하지 못한 허점을 메우기 위해 다른 규제의 양이 계속 늘어나는 현상, 즉 잘못된 정부의 규제가 또 다른 규제를 낳는다.

① 끈끈이 인형효과(tar baby effect)
② 피터의 원리(Peter's principle)
③ 파킨슨의 법칙(Parkinson's law)
④ 규제의 역설(paradox of regulation)

04 티부가설(Tiebout hypothesis)의 기본 가정으로 옳지 않은 것은?

① 다수 지역사회의 존재와 완전한 정보가 전제되어야 한다.
② 지역 간 이동에 필요한 거래비용 등 제약 없이 지역 간 이동이 가능해야 한다.
③ 공공재 생산을 위한 단위당 평균비용이 지역마다 동일해야 한다는 것으로, 규모의 경제가 작용하지 않아야 한다는 규모수익 불변의 원리가 지켜져야 한다.
④ 지방정부의 서비스 프로그램에 대한 정보가 주민 모두에게 알려져야 하며, 조세는 신장성이 높은 소득세로 부과한다.

05 다음에서 설명하는 개념으로 가장 옳지 않은 것은?

> 사회에서 개인들의 사익추구 행위는 가격의 신호기능을 통해 자동적으로 사회 전체의 이익달성으로 이어진다.

① 보이지 않는 손(invisible hand)
② 공유지의 비극(The Tragedy of the Commons)
③ 자원배분의 효율성
④ 자유방임주의(laissez-faire)

06 다음 사례와 관련있는 목표 변동의 유형으로 옳은 것은?

> 우리나라의 88 올림픽 조직위원회는 1988년 서울올림픽을 성공적으로 개최하여 대단원의 막을 내렸다. 그 후 1989년 4월 생활체육 인프라 확충, 체육 복지 여건 조성, 전문체육 및 국제체육 지원을 통한 국위선양과 국민사기 진작을 목표로 국민체육진흥공단으로 변경되었다.

① 목표의 비중 변동
② 목표의 승계
③ 목표의 다원화
④ 목표의 전환

07 동기부여이론 중 매슬로우(Maslow)의 욕구이론에 대한 설명으로 옳지 않은 것은?

① 최하위 욕구는 생리적 욕구이며 최상위 욕구는 자아실현욕구이다.
② 하위욕구는 상위욕구에 비해 구체성이 높다.
③ 다섯 가지 욕구가 서로 독립되어 있다.
④ 하위단계부터 순차적으로 욕구가 일어나며 이미 충족된 욕구는 동기유발요인으로 보기 어렵다.

08 2024년 현재 공공기관 지정내역으로 옳지 않은 것은?

① 시장형 공기업 – 한국전력공사
② 준시장형 공기업 – 한국도로공사
③ 기금관리형 준정부기관 – 소상공인시장진흥공단
④ 위탁집행형 준정부기관 – 서민금융진흥원

09 우리나라의 지방자치단체의 사무에 대한 설명으로 옳지 않은 것은?

① 지방자치단체의 사무는 자치사무와 위임사무로 구분하며, 위임사무는 다시 단체위임사무와 기관위임사무로 구분하는 것이 일반적이다.

② 자치사무의 경비는 원칙적으로 지방자치단체가 전액 부담하고, 기관위임사무의 경비는 원칙적으로 국가가 전액 부담한다.

③ 자치사무에 대한 국가의 감독은 사전·예방적 감독이 허용되고, 기관위임사무에 대한 감독은 사후·교정적 감독의 성격을 갖는다.

④ 기관위임사무의 사무처리의 주체는 지방자치단체장으로, 국가의 일선행정기관의 성격을 갖는다.

10 주민자치의 활성화를 위한 주민자치위원회와 주민자치회의 설명으로 옳은 것은?

① 기존 주민자치회의 주민자치위원회로의 전환이 추진되고 있다.

② 읍·면·동장과 대등한 지위로 격상된 주민자치위원회는 주민총회 개최 등 대표성 강화와 함께 다양한 마을 사업을 계획하고 추진하는 역할을 담당한다.

③ 주민자치위원회는 주민대표성 확보를 위한 주요기구이다.

④ 주민자치회는 지방자치단체와 대등한 협력적 관계이다.

11 변화하는 환경에 적응하여 조직목표 달성을 원활히 하기 위해서 학습조직의 중요성이 강조되고 있다. 이러한 학습조직을 활성화하기 위한 방안으로 옳지 않은 것은?

① 조직구성원 간 지식의 공유를 활발히 하는 것이 바람직하다.

② 조직의 과거 성공에 기반한 정례화된 경험학습에만 의존하는 것은 바람직하지 않다.

③ 조직 내 정보의 효율적 전달을 위하여 집권화된 조직구조를 가지는 것이 바람직하다.

④ 조직구성원들이 스스로 학습 담당자라는 인식을 가지도록 해야 한다.

12 계급제와 직위분류제에 대한 설명으로 가장 옳지 않은 것은?

① 계급제는 일반적으로 계급 간의 사회적 평가, 보수, 성분, 교육면에서 심한 차이를 두고, 계급 간의 승진을 어렵게 하는 특징을 띤다.

② 계급제는 사람을 중심으로 공직분류를 하는 것으로서 공무원 개개인의 자격과 능력을 기준으로 계급을 분류하는 것을 말한다.

③ 직위분류제는 담당 직책이 요구하는 능력을 소유한 자를 임용할 수 있다는 점에서 채용시험, 전직, 승진 등에서 좀 더 합리적 기준을 제공한다.

④ 직위분류제는 공무원의 채용에서 신축적이고 적응성이 높아 계급제에 비해 직업공무원제의 수립에 상대적으로 더 유리하다.

13 영기준예산제도(ZBB)의 한계로 옳지 않은 것은?

① 구성원의 참여 부족
② 경직성 경비에 대한 적용상의 한계
③ 과다한 시간과 노력이 소요
④ 기득권자의 저항 우려

14 다음 우리나라의 역대 정부의 행정개혁들을 시대별 순서로 옳게 나열한 것은?

> ㄱ. 행정쇄신위원회
> ㄴ. 정부 3.0
> ㄷ. 정부혁신지방분권위원회
> ㄹ. 열린 혁신

① ㄱ → ㄴ → ㄷ → ㄹ
② ㄱ → ㄷ → ㄴ → ㄹ
③ ㄴ → ㄱ → ㄷ → ㄹ
④ ㄴ → ㄷ → ㄱ → ㄹ

15 직위분류제 수립절차를 올바르게 나열한 것은?

> ㄱ. 준비단계
> ㄴ. 직무평가
> ㄷ. 직무분석
> ㄹ. 직무조사
> ㅁ. 직급명세서의 작성
> ㅂ. 정급

① ㄱ - ㄴ - ㄷ - ㄹ - ㅁ - ㅂ
② ㄱ - ㄷ - ㄴ - ㄹ - ㅁ - ㅂ
③ ㄱ - ㄹ - ㄷ - ㄴ - ㅁ - ㅂ
④ ㄱ - ㄹ - ㄴ - ㄷ - ㅁ - ㅂ

16 예산심의와 관련된 주체들의 행태와 관련하여 옳지 않은 것은?

① 상임위원회는 해당 부처의 사업내용을 잘 알기 때문에 적극적으로 삭감지향적이다.
② 대통령은 예산심의에 대해서 일반적으로 균형적 입장을 취한다.
③ 여당은 당정협의회 등을 통해 의사가 상당히 반영되기 때문에 가급적 무수정 통과를 지향한다.
④ 야당은 정치적 이익을 극대화하는 기회로 활용하기 위해 여당보다 적극적이다.

17 공공선택론(public choice theory)에 대한 설명으로 옳지 않은 것은?

① 1962년에 뷰캐넌(Buchanan)과 털록(Tullock)이 출간한 『국민합의의 분석: 입헌민주주의의 논리적 근거 (The Calculus of Consent: Logical Foundations of Constitutional Democracy)』와 관련이 있다.

② 정부를 공공재의 생산자로, 시민을 소비자로 규정한다.

③ 다중공공관료제와 같은 제도적 장치를 중시하며, 이를 통한 지역이기주의를 극복하기에 유용하다.

④ 연역적 접근방법을 적용하며 방법론적 전체주의적 입장을 따른다.

18 행정안전부는 재직자들에게 인사고과시험을 보게 한 다음 이를 직무수행능력과 비교하려 측정하려고 한다. 다음 중 이에 해당하는 시험의 타당도는?

① 내용 타당도

② 예측적 타당도

③ 동시적 타당도

④ 구성 타당도

19 예산집행과정에 대한 설명으로 옳은 것은?

① 긴급배정은 계획의 변동이나 여건의 변화로 인하여 당초의 연간정기배정계획보다 지출원인행위를 앞당길 필요가 있을 때, 해당 사업에 대한 예산을 분기별 정기 배정계획과 관계없이 앞당겨 배정하는 제도이다.

② 예산의 이체는 법령의 제정·개정·폐지 등으로 그 직무와 권한에 변동이 있을 때, 관련되는 예산의 귀속을 변경시키는 것을 말한다.

③ 예비비는 『국고금 관리법』에 의하여 기획재정부장관이 관리한다.

④ 국고채무부담행위에 대한 국회의 의결은 국가로 하여금 다음 연도 이후에 지출할 수 있는 권한을 부여하는 것이다.

20 사회실험 중 진실험에 대한 설명으로 옳지 않은 것은?

① 실험집단에서의 허위변수나 혼란변수의 개입을 통제한다.

② 무작위로 배정해서 동질성을 확보한다.

③ 준실험에 비해 실행가능성이 낮다.

④ 준실험에 비해 외적 타당도가 높다.

05회 실전동형모의고사
모바일 자동 채점 + 성적 분석 서비스
바로 가기 (gosi.Hackers.com)

QR코드를 이용하여 해커스공무원의 '모바일 자동 채점 + 성적 분석 서비스'로 바로 접속하세요!

* 해커스공무원 사이트의 가입자에 한해 이용 가능합니다.

05회 / Review

문항	정답	CHAPTER	Self Check	난이도	문항	정답	CHAPTER	Self Check	난이도
01	③	조직구조론	○/△/×	●●○	11	③	조직구조론	○/△/×	●●○
02	④	정책평가론	○/△/×	●●○	12	④	공직의 분류	○/△/×	●●○
03	①	현대 행정의 이해	○/△/×	●●○	13	①	예산제도의 발달과 개혁	○/△/×	●●○
04	④	지방자치단체와 국가의 관계	○/△/×	●●○	14	②	행정개혁론	○/△/×	●●●
05	②	현대 행정의 이해	○/△/×	●○○	15	③	공직의 분류	○/△/×	●●○
06	②	정책학의 개관	○/△/×	●●○	16	①	예산과정론	○/△/×	●●○
07	③	조직행태론	○/△/×	●○○	17	④	행정학의 접근방법과 주요이론	○/△/×	●●○
08	②	조직구조론	○/△/×	●●●	18	③	인적자원관리(임용, 능력발전, 사기부여)	○/△/×	●●○
09	③	지방자치단체의 사무	○/△/×	●●○	19	②	예산과정론	○/△/×	●●○
10	④	지방자치와 주민참여	○/△/×	●●○	20	④	정책평가론	○/△/×	●●○

[Self Check] 문제에 대한 이해 정도를 스스로 점검하여 ○(문제 이론의 내용을 정확히 알고 있음) / △(개념이 헷갈리거나 정확히 알지 못함) / ×(생소하거나 학습하지 못한 이론)으로 구분하여 표시합니다.

핵심지문 OX

05회 실전동형모의고사에서 꼭 되짚어야 할 핵심 지문을 다시 확인해보시기 바랍니다.

01 정책분석 및 평가의 기준 중 적절성은 설정된 목표에 따라 달라질 수 있는 상대적인 측정이다. (   )

02 티부(Tiebout)가설의 기본가정 중 규모수익 불변의 원리는 공공재 생산을 위한 단위당 평균비용이 지역마다 동일해야 한다는 것으로 규모의 경제가 작용하지 않아야 한다. (   )

03 매슬로우(Maslow)의 욕구이론에 따르면, 하위단계부터 순차적으로 욕구가 일어나며 이미 충족된 욕구는 동기유발요인이 된다. (   )

04 자치사무에 대한 국가의 감독은 사전 예방적 감독이 허용된다. (   )

05 주민자치회는 지방자치단체와 대등한 협력적 관계이다. (   )

06 학습조직을 활성화하기 위해 조직구성원들이 스스로 학습 담당자라는 인식을 가지도록 해야 한다. (   )

07 계급제는 일반적으로 계급 간의 사회적 평가, 보수, 성분, 교육면에서 심한 차이를 두며 계급 간 승진을 어렵게 한다. (   )

08 직위분류제의 수립절차는 '준비단계 – 직무조사 – 직무분석 – 직무평가 – 직급명세서의 작성 – 정급'의 순서로 이루어진다. (   )

09 공공선택론은 다중공공관료제와 같은 제도적 장치를 중시하며 이를 통한 지역이기주의를 극복하기에 유용하다. (   )

10 예비비는 「국고금 관리법」에 의하여 기획재정부장관이 관리한다. (   )

[정답] **01** ○ **02** ○ **03** × 이미 충족된 욕구는 동기유발요인으로 보기 어렵다. **04** × 자치사무에 대한 국가의 감독은 사후 교정적 감독의 성격이다. **05** ○ **06** ○ **07** ○ **08** ○ **09** ○ **10** × 「국가재정법」에 의한다.

06회 실전동형모의고사

01 지방재정에 대한 설명으로 가장 옳지 않은 것은?

① 지방자치단체의 자주재원은 지방세와 지방교부세이며, 의존재원은 세외수입과 국고보조금 등이 있다.

② 지방재정자립도는 지방자치단체의 재정상황과는 무관하게 의존재원이 적으면 적을수록 재정자립도는 높게 나타난다.

③ 일반적으로 일반재원의 비중이 커지면 지출 선택의 범위가 넓어져 재정운영의 자주성과 탄력성이 커진다.

④ 지방재정자립도는 예산 규모에서 지방세 수입과 세외수입의 합계액이 차지하는 비율을 의미한다.

02 뉴거버넌스의 주요 모형인 피터스(Peters)의 미래국정모형 중 참여적 정부모형에 대한 설명으로 가장 옳은 것은?

① 특정한 정책영역에 항구적인 관할권을 지닌 전통적인 형태의 조직에 의존하기보다는 기존 조직의 신축성을 증대시키거나 소멸시키는 것이 바람직한 결과를 낳게 됨을 강조한다.

② 정부관료제는 시민에 봉사하기 위해 직무에 최선을 다하려는 희생적이고도 재능 있는 사람들로 구성된 것으로 가정한다.

③ 책임운영기관과 같은 준자치적인 조직들이 상부로부터의 정책이나 이념적 지시에 순응할 것을 기대한다.

④ 공공조직이 보다 수평적으로 전환됨으로써 조직의 고위층과 최하위층 간 계층의 수가 많지 않아야 한다는 것을 강조한다.

03 점증모형에 대한 설명으로 옳은 것은?

① 완전한 합리적인 결정을 통한 최적의 대안을 선택하기가 어려우며, 현실적으로 만족할만한 수준에서 결정이 이루어진다고 본다.

② 불확실한 상황 속에서 우연히 정책결정이 이루어진다고 본다.

③ 합리모형의 비현실성을 비판하며, 대안선택은 기존의 정책이나 결정을 순차적·부분적으로 수정·개선해 나간다고 본다.

④ 조직을 서로 다른 목표들을 지닌 구성원들의 연합체로 가정한다.

04 조직과 환경과의 관계에 관한 이론에 대한 연결로 옳은 것은?

	분석수준	환경과의 관계
① 구조적 상황이론	개별조직	임의론
② 전략적 선택이론	조직군	결정론
③ 조직군생태학이론	개별조직	결정론
④ 공동체생태학이론	조직군	임의론

05 최근 전세계적으로 재정건전성의 문제가 중시되고 있는데 이에 따른 재정준칙(fiscal rules)에 대한 설명으로 옳지 않은 것은?

① 재정수입, 재정지출, 재정수지, 국가채무 등 총량적 재정규율에 대한 법적 구속력을 부여함으로써 구체적인 재정운용목표로 재정 규율을 준수하는 것을 말한다.

② 2020년 문재인 정부가 한국형 재정준칙을 마련하였고, 윤석열 정부는 2025년 시행을 목표로 「국가재정법」 개정을 추진 중이며, 도입할 준칙은 재정수지준칙과 국가채무준칙이다.

③ 재정수지준칙은 매 회계연도마다 또는 일정 기간 재정수지를 균형이나 일정 수준으로 유지하도록 하는 준칙이다.

④ 국가채무준칙은 국가채무의 규모에 상한선을 설정하는 준칙으로, 한도 설정은 절대규모의 비율로 설정된다.

06 다음 사례에서 설명하는 목표변동의 유형으로 옳은 것은?

우리나라는 해외선수들의 선전과 국내 프로축구의 활성화를 계기로 개최 예정인 2022년 카타르 월드컵의 목표를 16강에서 8강으로 설정하였다.

① 목표의 확장(Goal Expansion)
② 목표의 승계(Goal Succession)
③ 목표의 대치(Goal Displacement)
④ 목표의 결합(Goal Combination)

07 다면평가제도의 장점으로 가장 옳지 않은 것은?

① 평가대상자의 자기 개발을 촉진하는 교육효과로 말미암아 능력발전에 기여할 수 있다.

② 조직의 계층적 구조가 완화되고 팀워크가 강조되는 조직유형에 부합되는 제도이며, 집권적 인사평가를 분권화하는 데 기여한다.

③ 인간관계가 평가의 중심이 되기 때문에 조직 내 포퓰리즘의 활성화에 기여한다.

④ 조직 내의 모든 사람과 원활한 의사소통을 증진시키는 효과가 있다.

08 「국가재정법」에 규정된 예산의 원칙으로 가장 옳지 않은 것은?

① 정부는 「성별영향평가법」 제2조 제1호에 따른 성별영향평가의 결과를 포함하여 예산이 여성과 남성에게 미치는 효과를 평가하고, 그 결과를 정부의 예산편성에 반영하기 위하여 노력하여야 한다.

② 정부는 예산이 「기후위기 대응을 위한 탄소중립·녹색성장 기본법」 제2조 제5호에 따른 온실가스 감축에 미치는 효과를 평가하고, 그 결과를 정부의 예산편성에 반영하기 위하여 노력하여야 한다.

③ 정부는 재정을 운용함에 있어 재정지출 및 조세지출의 성과를 제고하여야 한다.

④ 정부는 예산과정의 합법성과 예산과정에의 국민참여를 제고하기 위하여 노력하여야 한다.

09 비덩(Vedung)의 정책도구로 볼 수 없는 것은?

① 규제적 도구(sticks)
② 유인적 도구(carrots)
③ 정보적 도구(sermons)
④ 재정적 도구(finances)

11 행정통제에 대한 연결로 옳지 않은 것은?

① 내부 · 비공식통제 – 비공식집단, 대표관료제
② 내부 · 공식통제 – 대통령, 국무총리에 의한 통제
③ 외부 · 공식통제 – 입법통제, 사법통제
④ 외부 · 비공식통제 – 정당, 교차기능조직에 의한 통제

10 비용편익분석과 비용효과분석에 대한 설명으로 옳지 않은 것은?

① 비용편익분석은 어떤 프로젝트와 관련된 편익과 비용들을 모두 금전적 가치로 환산한 후, 이 결과를 토대로 프로젝트의 소망성을 평가하는 방법을 말한다.
② 비용편익분석에서 실질적 비용, 보조금, 세금 등은 비용에 포함하고, 매몰비용은 비용에서 제외한다.
③ 비용효과분석은 비용을 화폐단위로 측정하지만 화폐단위로 측정하기 어려운 정책의 효과는 화폐가 아닌 측정가능한 산출물 단위로 산정하여 분석하는 기법이다.
④ 비용효과분석은 산출물을 금전적 가치로 환산하기 어렵거나 산출물이 동일한 사업의 평가에 주로 이용되고 있다.

12 조직의 성과관리 중 균형성과표(BSC)에 대한 설명으로 옳지 않은 것은?

① 균형성과표는 재무적 관점과 비재무적 관점의 균형을 강조한다.
② 균형성과표를 정부부문에 적용시키는 경우 가장 중요한 변화는 재무적 관점보다 학습과 성장의 관점이 강조되어야 한다는 점이다.
③ 균형성과표를 조직에 적용시키는 경우 4대 관점뿐만 아니라 인적 자원을 추가하는 관점도 있고, 종업원 만족 및 환경이나 커뮤니티 관점을 추가하는 관점도 있다.
④ 균형성과표는 과정과 결과 중 어느 하나를 강조하는 것이 아니라 이들 간의 인과성을 바탕으로 통합적 균형을 추구한다.

13 우리나라의 프로그램예산제도에 대한 설명으로 옳지 않은 것은?

① 정부는 「국가재정법」을 제정하여 2007년부터 예산체계를 기존의 품목별 예산에서 프로그램별 예산으로 전환하였으며, 예산운용의 초점을 투입보다는 성과 중심에 둔다.

② 프로젝트는 동일한 정책을 수행하는 프로그램의 묶음이다. 정부는 프로그램예산제도를 통하여 기존에 다양한 회계와 기금에 흩어져 있던 사업의 총예산을 일목요연하게 파악할 수 있는 성과를 거두는 것에 목적을 둔다.

③ 프로그램예산의 도입취지는 비용정보 및 성과관리 개념을 예산체계에 도입함으로써 성과가 높은 사업으로 재원을 배분하여 재정의 효율성을 제고하는 데 있다.

④ 프로그램예산은 중앙정부의 기능을 중심으로 분야-부문-프로그램-단위사업의 상하계층구조에 따라 예산을 편성하는 예산기법이다.

14 근무성적평정과정에는 평정결과를 왜곡시키는 여러 오류가 게재될 가능성이 있는데, 이와 같이 평가과정에서 발생하는 오류로 옳지 않은 것은?

① 연쇄효과
② 성숙효과
③ 시간적 오류
④ 관대화 경향

15 행정과 경영 및 정치와의 관계에 관한 입장 중 옳지 않은 것은?

① 정치행정일원론은 부패된 정치로부터 행정을 분리시켜 능률성을 증진시켰다.

② 정치행정일원론의 대두배경은 사회문제를 처방하기 위한 행정의 현실적 요청 때문이었다.

③ B. Bozeman은 공공성의 상대성을 강조하여 신공공관리론의 행정의 경영화를 지지하였다.

④ 신공공관리론은 행정의 경영화를 강조하였고, 거버넌스는 행정의 지나친 경영화에는 반대하고 행정의 정치화에 좀 더 주력하였다.

16 퀸과 로보그(Quinn & Rohrbaugh)의 이론에 의하면 조직의 효과성 측정모형은 성장단계에 따라서 달라져야 하는데, 이에 대한 연결로 옳지 않은 것은?

① 인간관계모형 - 공동체단계
② 개방체제모형 - 창업단계
③ 내부과정모형 - 공식화단계
④ 합리목표모형 - 정교화단계

17 계획예산제도(PPBS)에 대한 설명으로 옳은 것은?

① 예산편성에 조직구성원의 참여가 이루어진다는 것이 특징이다.
② 장기계획을 예산과 연계시켜 각 대안을 최소 수준, 현행 수준, 증가 수준으로 나누어 분석한다.
③ 장기적 시계(time horizon)를 갖고 있으나 예산절약에는 무관심하다.
④ 프로그램구조(program structure)는 사업범주(category) → 하위사업범주(subcategory) → 사업요소(element)로 세분화할 수 있다.

19 현행 지방교부세에 대한 설명으로 옳지 않은 것은?

① 보통교부세는 일반재원이고, 특별교부세, 부동산교부세, 소방안전교부세는 특정재원이다.
② 지방교부세는 국고보조금에 비해 중앙의 조건과 통제가 약한 편이다.
③ 현행 내국세 비율의 19.24%를 교부하고 있으며, 소방안전교부세가 추가되었다.
④ 지방자치단체 간의 재정불균형을 조정하기 위한 수평적 재정조정의 성격을 가지고 있다.

18 인사행정상의 임용에 대한 설명으로 옳지 않은 것은?

① 채용후보자명부의 유효기간은 5급은 5년, 6급 이하는 2년의 범위에서 대통령령 등으로 정한다.
② 시보제도는 5급은 1년, 6급 이하 공무원은 6개월로 시보기간을 규정하고 있다.
③ 행정기관 소속 5급 이상 공무원 및 고위공무원단에 속하는 일반직공무원은 소속장관의 제청으로 인사혁신처와 협의를 거쳐 국무총리를 경유하여 대통령이 임용한다.
④ 시보기간 중 근무성적이 양호한 경우에는 정규공무원으로 임용되며, 불량한 경우에는 면직이 가능하다.

20 공기업의 개념에 대한 학설로 옳지 않은 것은?

① 소유주체설은 공기업의 소유를 강조하는 입장으로서 전통적인 이론이다.
② 관리주체설은 공기업의 지배를 강조하는 입장으로서 비교적 최근의 이론이다.
③ 우리나라의 경우 준시장형 공기업을 공기업에 포함시키고 있으므로 소유주체설의 입장에서 공기업을 정의한다.
④ 미국의 경우 민유민영의 공기업을 인정하므로 관리주체설의 입장이다.

06회 / Review

문항	정답	CHAPTER	Self Check	난이도
01	①	지방자치단체의 재정	○/△/×	●●○
02	④	행정학의 접근방법과 주요이론	○/△/×	●●○
03	③	정책결정론	○/△/×	●●●
04	④	조직과 환경	○/△/×	●●○
05	④	국가재정의 기초이론	○/△/×	●●●
06	①	정책학의 개관	○/△/×	●●○
07	③	인적자원관리(임용, 능력발전, 사기부여)	○/△/×	●●○
08	④	국가재정의 기초이론	○/△/×	●●○
09	④	정책학의 개관	○/△/×	●●○
10	②	정책결정론	○/△/×	●○○

문항	정답	CHAPTER	Self Check	난이도
11	④	행정책임과 행정통제	○/△/×	●●○
12	②	조직관리 및 개혁론	○/△/×	●●○
13	②	예산제도의 발달과 개혁	○/△/×	●●○
14	②	인적자원관리(임용, 능력발전, 사기부여)	○/△/×	●●○
15	①	행정과 행정학의 발달	○/△/×	●●○
16	④	행정의 가치와 이념	○/△/×	●○○
17	④	예산제도의 발달과 개혁	○/△/×	●●○
18	①	인적자원관리(임용, 능력발전, 사기부여)	○/△/×	●●○
19	①	지방자치단체의 재정	○/△/×	●●○
20	③	조직구조론	○/△/×	●●○

[Self Check] 문제에 대한 이해 정도를 스스로 점검하여 ○(문제 이론의 내용을 정확히 알고 있음) / △(개념이 헷갈리거나 정확히 알지 못함) / ×(생소하거나 학습하지 못한 이론)으로 구분하여 표시합니다.

핵심지문 OX
06회 실전동형모의고사에서 꼭 되짚어야 할 핵심 지문을 다시 확인해보시기 바랍니다.

01 지방재정에서 일반재원의 비중이 적어지면 지출 선택의 범위가 넓어져 재정운영의 자주성과 탄력성이 커진다. (   )

02 피터스(Peter)의 참여적 정부모형은 특정한 정책영역에 항구적인 관할권을 지닌 전통적인 형태의 조직에 의존하기보다는 기존 조직의 신축성을 증대시키거나 소멸시키는 것이 바람직한 결과를 낳게 됨을 강조한다. (   )

03 점증모형의 대안선택은 기존의 정책이나 결정을 순차적 · 부분적으로 수정 · 개선해 나간다고 본다. (   )

04 재정준칙(fiscal rules)은 재정수입, 재정지출, 재정수지, 국가채무 등 총량적 재정규율에 대한 법적 구속력을 부여함으로써 구체적인 재정운용목표로 재정 규율을 준수하는 것을 말한다. (   )

05 정부는 예산이 「기후위기 대응을 위한 탄소중립 · 녹색성장 기본법」 제2조 제5호에 따른 온실가스 감축에 미치는 효과를 평가하고, 그 결과를 정부의 예산편성에 반영하기 위하여 노력하여야 한다. (   )

06 재정적 도구는 비덩(Vedung)의 정책도구 중 하나에 해당한다. (   )

07 입법통제, 사법통제는 외부 · 공식통제에 해당한다. (   )

08 균형성과표는 비재무적 관점보다 재무적 관점을 강조한다. (   )

09 연쇄효과는 근무성적평정에서 특정 평정요소의 결과가 다른 평정요소에 영향을 미쳐 유사한 수준으로 평가결과가 나타나는 것을 말한다. (   )

10 우리나라의 경우 준시장형 공기업을 공기업에 포함시키고 있으므로 소유주체설의 입장에서 공기업을 정의한다고 볼 수 있다. (   )

[정답] **01** × 일반재원의 비중이 커질 경우이다. **02** × 신축적 정부모형에 대한 설명이다. **03** ○ **04** ○ **05** ○ **06** × 재정적 도구는 비덩(Vedung)의 정책도구와 관련이 없다. **07** ○ **08** × 비재무적 관점과 재무적 관점의 균형을 강조한다. **09** ○ **10** × 관리주체설의 입장을 따르고 있다고 볼 수 있다.

07회 실전동형모의고사

01 다음에서 설명하는 개념으로 옳은 것은?

> 비용편익분석에서의 바람직한 가격은 사회적 가치를 적절하게 반영하고 있어야 하지만, 시장의 실패로 인하여 시장가격을 믿을 수 없거나 사용할 수 없을 때 비용과 편익의 화폐가치에 대해 주관적인 판단을 하는 방법이나 절차이다.

① 잠재가격(shadow price)
② 기회비용(opportunity cost)
③ 소비자 잉여(consumer's surplus)
④ 서베이 분석(survey analysis)

02 다음 미국 지방정부의 기관구성 형태에 대한 설명으로 옳지 않은 것은?

① 강시장-의회형은 시장이 강력한 정치적 리더십을 행사하며 시행정에 대한 전반적인 책임을 수행한다.
② 약시장-의회형은 의회가 입법권과 행정권을 가지고 집행부(시장)을 감독한다.
③ 위원회형(commission)은 주민들의 간선으로 구성된 위원회가 입법권과 행정권을 행사한다.
④ 의회-시지배인형(council-manager)은 시지배인(manager)이 행정에 대한 전반적인 권한과 책임을 지며 시장은 의전지도자, 즉 상징적 존재로서 의례적·명목적 기능만 수행한다.

03 균형인사정책의 하나로 다양성 관리(diversity management)에 대한 설명으로 옳지 않은 것은?

① 다양한 속성(성, 연령, 국적, 기타 개인적 차이)이나 다양한 가치·발상을 받아들여 기업의 활성화를 위한 조직문화 변혁을 목표로 하는 전략이며, 기업과 고용된 개인의 성장·발전으로 이어지게 하려는 전략이다.
② 다양성(diversity)은 한 집단 내에 개인들이 보유하고 있는 각기 다른 특성, 신념, 상대적 위치 등을 보유하고 있는 상태를 말하며 다양성은 외적인 요소에 의한 '표면적 다양성'과 내적인 요소에 의한 '내면적 다양성'으로 구분된다.
③ 개인별 맞춤형 관리, 일과 삶의 균형(워라밸), 우리나라의 균형인사정책(대표관료제) 등이 대표적인 관리 방안이다.
④ 우리나라의 균형인사정책을 통한 조직 내 다양성 증대는 실적주의와 조화를 이룬다.

04 신제도주의이론에 대한 설명으로 옳지 않은 것은?

① 신제도주의에서 제도는 독립변수일 수도 있고 종속변수일 수도 있다.
② 합리적 선택 신제도주의에 의하면 행위자의 선호는 외생적 선호라고 가정한다.
③ 역사적 신제도주의는 개체주의적 입장을 취하며, 주로 중범위 수준에서 분석을 수행한다.
④ 사회학적 신제도주의는 제도의 변화 원인으로 동형화와 적절성의 논리를 강조한다.

05 로위(Lowi)는 강제력의 행사방법과 강제력의 적용 영역의 차이에 따라 정책을 네 가지 유형별로 제시하였는데, 다음 A~D에 들어갈 정책의 특징으로 옳은 것은?

강제력의 적용영역 강제력의 행사방법	개별적 행위	행위의 환경
간접적	A	B
직접적	C	D

① A - 선거구 조정, 정부조직이나 기구 신설, 공직자 보수 등에 관한 정책이 포함된다.
② B - 정책내용이 세부단위로 쉽게 구분되고, 각 단위는 다른 단위와 별개로 처리될 수 있다.
③ C - 피해자와 수혜자가 명백하게 구분되며, 정책결정자와 집행자가 서로 결탁하여 갈라먹기식(log-rolling)으로 정책을 결정하는 것이 용이하다.
④ D - 중앙정부 차원에서 집권적으로 결정되며, 전 사회구성원들의 공감대가 필요하다.

06 우드워드(J. Woodward)는 기술적 복잡성을 기준으로 조직이 사용하는 기술을 유형화하였다. 이에 대한 설명으로 옳지 않은 것은?

① 대량생산체제를 지니고 있는 조직은 유기적 구조형태를 나타낸다.
② 단일소량생산체제는 작업이 매우 비반복적일 경우에 사용된다.
③ 연속공정생산체제는 기술적 복잡성이 가장 높은 경우에 사용된다.
④ 대량생산체제는 표준화된 제품을 생산하는 데 사용된다.

07 합리적 정책결정모형에 대한 설명으로 옳지 않은 것은?

① 정책결정에 있어서 문제의 인지와 정의, 목표의 설정, 대안의 비교·평가, 최적대안의 선택 등 일련의 행위가 진행된다.
② 목표와 수단이 상호조정될 수 있다.
③ 분석방법은 주로 계량적인 방법에 의존하고, 모든 가치를 수량적으로 표현한다.
④ 정책결정에 있어서 인간의 심리나 인간사회의 동태적 요소들을 고려하지 않는다.

08 공동생산, 제3섹터 등의 방식은 공공서비스를 공공부문과 민간부문이 공동으로 생산하는 최근의 거버넌스(governance)양태이다. 이에 대한 설명으로 옳지 않은 것은?

① 정부실패(government failure)에 대한 새로운 문제해결 방안의 하나로서 제기되었다.
② 행정서비스의 체질개선을 통하여 주민에 대한 행정책임을 명확하게 하고 있다.
③ 사회적 요구에 대한 정부의 대응력(responsiveness)을 향상시킬 수 있다.
④ 서비스의 비용을 시민에게 전가하거나 추가비용을 정부가 부담하는 경우도 생긴다.

09 예산제도에 대한 설명으로 옳지 않은 것은?

① 품목별예산제도는 예산편성이 단순하여 입법통제가 용이하다.

② 성과주의예산제도는 관리 중심의 예산제도로서 시민이 이해하기가 용이하다.

③ 계획예산제도는 각 행정기관 중심의 할거주의를 지양하고, 국가적 차원의 자원배분이 용이하다.

④ 영기준예산제도는 상향식 예산편성방식으로서 예산액의 계속적인 점증을 초래한다.

10 다음과 같은 질문을 통해서 예산결정이론의 필요성을 역설했던 학자로 옳은 것은?

> "어떠한 근거로 X달러를 B사업 대신 A사업에 배분하도록 결정하는가?"

① 윌다브스키(Wildavsky)

② 린드블롬(Lindblom)

③ 키(V. O. Key)

④ 에치오니(Etzioni)

11 다음 사례와 관련 있는 근무성적평정상의 오류로 볼 수 있는 것은?

> 김과장은 하반기의 근무성적평정에서 과원 이주무관을 평가하는 데 있어서 이주무관의 개인적 요인은 과대평가하고, 상황적 요소는 과소평가하는 경향을 보였다.

① 선택적 지각의 오류

② 방어적 지각의 오류

③ 이기적 착오의 오류

④ 근본적 귀속의 오류

12 진성리더십(Authentic leadership)에 대한 설명으로 옳지 않은 것은?

① 미국 에너지 기업인 엔론(Enron) 사태와 같이 경영진들의 비윤리적인 사건들로 인해 신뢰할 만한 리더십에 대한 필요성이 강조되면서 2000년 이후에 등장한 개념이다.

② 리더의 진정성을 강조하는 리더십으로, 명확한 자기인식에 기초하여 확고한 가치와 원칙을 세우고 투명한 관계를 형성하여 조직구성원들에게 긍정적인 영향을 미치는 리더십이다.

③ 진성리더십은 일반적으로 자아인식, 내면화된 도덕적 신념, 균형 잡힌 정보처리, 관계의 투명성이라는 네 가지 차원으로 이루어진다.

④ 진성리더십은 확실성이 높은 행정환경에서 사회가 원하는 리더십 상을 보여주는 모델로 평가된다.

13 임금피크제의 유형과 특징에 대한 설명으로 옳지 않은 것은?

① 정년보장형의 경우 정년이 늦어짐에 따라 정년퇴직자가 감소하여 신규채용이 어렵기 때문에 세대 간의 갈등을 초래할 수 있다.

② 임금피크제에는 정년의 연장 여부 및 대상자의 고용형태를 기준으로 한 정년보장형, 정년연장형, 고용연장형 등이 있다.

③ 개인은 고용안정성 증대와 탄력적인 인건비 운용이 가능하기 때문에 국가적 성장 잠재력을 유지 및 강화할 수 있다.

④ 임금피크제는 근로자의 계속 고용을 위하여 일정 연령을 기준으로 임금을 조정하고, 소정기간 동안의 고용을 보장하는 제도를 말한다.

14 다음에서 설명하고 있는 사회간접자본(SOC)에 대한 민자유치방식으로 옳은 것은?

> • 정부와 민간이 시설 투자비와 운영비용을 일정 비율로 나누는 새로운 민자사업 방식이다.
> • 민간이 사업 위험을 대부분 부담하거나 정부가 부담하는 기존 방식을 보완하는 제도로 도입되었다.
> • 손실과 이익을 절반씩 나누기 때문에 상대적으로 민간이 부담하는 사업 위험이 낮아진다.
> • 최근 포스코 건설로 민자유치가 결정된 '신안산선'에 이 방식이 적용되었다.

① BTO

② BTL

③ BTO-rs

④ BTO-a

15 행태주의와 제도주의에 대한 설명으로 옳지 않은 것은?

① 행태주의 접근방법은 사회로부터 행정체제에 대한 투입을 중시한다.

② 행태주의 접근방법은 행정과 정치현상에서 개별 국가의 특수성을 중시한다.

③ 1950년대까지 정치와 정부 연구의 주류를 이루었던 구제도주의는 정부의 공식적 구조에만 관심을 가졌다.

④ 1970년 이후 부활한 신제도주의는 인간이 제도를 만들지만 아울러 거시적인 제도가 인간의 미시적인 행동을 제약한다고 본다.

16 비용편익분석의 평가기준 중 내부수익률에 대한 설명으로 가장 옳은 것은?

① 내부수익률은 순현재가치(NPV)가 1이 되도록 하는 할인율이다.

② 내부수익률은 할인율을 알고 있을 때 적용한다.

③ 내부수익률보다 사회적 할인율이 높아야 타당성이 있다.

④ 내부수익률보다 순현재가치(NPV)가 더 정확하다고 평가한다.

17 비공식조직의 효용으로 옳지 않은 것은?

① 불만과 갈등 극복을 통해 구성원들의 심리적 안정감 형성에 기여한다.

② 비공식조직은 공식조직의 응집력을 높이는 작용을 한다.

③ 각 구성원이 지켜야 할 행동규범을 확립하여 사회적 통제의 기능을 수행한다.

④ 비공식조직의 커뮤니케이션을 공식적 정책결정에 이용함으로써 공식조직의 기능을 보완할 수 있다.

18 옴부즈만(Ombudsman)제도에 대한 설명으로 옳지 않은 것은?

① 세계 최초의 옴부즈만은 1809년 미국의 의회 옴부즈만이다.

② 입법부가 행정부를 감시·통제하기 위한 제도이다.

③ 옴부즈만은 법적으로 확립되고, 기능적으로 자율적이다.

④ 일반적으로 옴부즈만은 독립적 조사권, 시찰권 등의 권한을 가지고 있다.

19 우리나라 세계잉여금에 대한 설명으로 옳지 않은 것은?

① 지방교부세 및 지방교육재정교부금의 정산에 사용할 수 있다.

② 공적자금상환이나 추가경정예산안의 편성에 사용할 수 있다.

③ 사용하거나 출연한 금액을 공제한 잔액은 다음 연도의 세입에 이입하여야 한다.

④ 사용 또는 출연은 국회의 사전 동의를 받아야 한다.

20 다음에서 나타나는 주민참여제도에 대한 설명으로 옳지 않은 것은?

> 2020년 2월, ○○시의 시민사회단체는 선거관리위원회에 원자력발전소 유치의 찬반 여부를 묻기 위한 주민투표를 시행할 것을 촉구하고 나섰다.

① 국가 또는 다른 지방자치단체의 권한 또는 사무에 속하는 사항도 주민투표 대상이다.

② 전체 투표수가 주민투표권자 총수의 4분의 1에 미달되는 때에는 찬성과 반대 양자를 모두 수용하지 아니하거나, 양자택일의 대상이 되는 사항 모두를 선택하지 아니하기로 확정된 것으로 본다.

③ 재외국민의 경우, 국내거소 신고 등 일정 요건하에 주민투표권이 부여될 수 있다.

④ 지방자치단체의 장 및 지방의회는 주민투표결과 확정된 사항에 대해 2년 이내에는 이를 변경하거나 새로운 결정을 할 수 없다.

**07회 실전동형모의고사
모바일 자동 채점 + 성적 분석 서비스
바로 가기 (gosi.Hackers.com)**

QR코드를 이용하여 해커스공무원의 '모바일 자동 채점 + 성적 분석 서비스'로 바로 접속하세요!

* 해커스공무원 사이트의 가입자에 한해 이용 가능합니다

07회 / Review

문항	정답	CHAPTER	Self Check	난이도	문항	정답	CHAPTER	Self Check	난이도
01	①	정책결정론	○/△/×	●●○	11	④	인적자원관리(임용, 능력발전, 사기부여)	○/△/×	●○○
02	③	지방행정의 조직	○/△/×	●●●	12	④	조직관리 및 개혁론	○/△/×	●●○
03	④	인사행정의 기초이론 및 제도	○/△/×	●●●	13	①	인적자원관리(임용, 능력발전, 사기부여)	○/△/×	●●○
04	③	행정학의 접근방법과 주요이론	○/△/×	●●○	14	③	예산과정론	○/△/×	●●●
05	④	정책학의 개관	○/△/×	●●○	15	②	행정학의 접근방법과 주요이론	○/△/×	●●○
06	①	조직의 기초이론	○/△/×	●●○	16	④	정책평가론	○/△/×	●●○
07	②	정책결정론	○/△/×	●●○	17	②	조직구조론	○/△/×	●●○
08	②	행정학의 접근방법과 주요이론	○/△/×	●●○	18	①	행정책임과 행정통제	○/△/×	●●○
09	④	예산제도의 발달과 개혁	○/△/×	●●○	19	④	예산과정론	○/△/×	●●●
10	③	예산결정이론	○/△/×	●○○	20	①	지방자치와 주민참여	○/△/×	●●●

[Self Check] 문제에 대한 이해 정도를 스스로 점검하여 ○(문제 이론의 내용을 정확히 알고 있음) / △(개념이 헷갈리거나 정확히 알지 못함) / ×(생소하거나 학습하지 못한 이론)으로 구분하여 표시합니다.

핵심지문 OX 07회 실전동형모의고사에서 꼭 되짚어야 할 핵심 지문을 다시 확인해보시기 바랍니다.

01 타운 미팅(town meeting)은 미국의 여러 주(州)에서 실시되고 있는 간접적인 주민참여의 형태이다. (   )

02 위원회형(commission)은 주민들의 간선으로 구성된 위원회가 입법권과 행정권을 행사한다. (   )

03 합리적 선택 신제도주의에 의하면, 행위자의 선호는 내생적 선호라고 가정한다. (   )

04 품목별예산제도는 예산편성이 단순하여 입법통제가 용이한 장점이 있다. (   )

05 윌다브스키(Wildavsky)는 정책결정의 점증모형을 연구한 학자이다. (   )

06 진성리더십은 명확한 자기인식에 기초하여 확고한 가치와 원칙을 세우고 투명한 관계를 형성하는 리더십이다. (   )

07 임금피크제에는 정년의 연장 여부 및 대상자의 고용형태를 기준으로 한 정년보장형, 정년연장형, 고용연장형 등이 있다. (   )

08 공식조직은 각 구성원이 지켜야 할 행동규범을 확립하여 사회적 통제의 기능을 수행한다. (   )

09 일반적으로 옴부즈만제도는 독립적 조사권, 시찰권, 소추권 등의 권한을 가지고 있다. (   )

10 주민투표의 경우, 전체 투표수가 주민투표권자 총수의 3분의 1에 미달되는 때에는 개표를 하지 아니한다. (   )

[정답] **01** × 직접적인 주민참여의 형태이다. **02** × 주민들의 직선으로 구성된 위원회가 입법권(의결기능)과 행정권(집행기능)을 행사한다. **03** × 외생적 선호라고 가정한다. **04** ○ **05** × 정책결정의 점증모형을 연구한 학자는 린드블럼(Lindlom)이다. **06** ○ **07** ○ **08** × 비공식조직의 효용이다. **09** ○ **10** × 4분의 1이다.

08회 실전동형모의고사

제한시간 : 15분 시작   시   분 ~ 종료   시   분 점수 확인   개 / 20개

01 지방자치단체에서 직접 설치·경영하는 지방공기업 대상 사업으로 가장 옳지 않은 것은?

① 자동차운송사업
② 마을상수도사업
③ 토지개발사업
④ 지방도로사업

02 공직부패의 원인에 대한 시각 및 접근법의 설명으로 옳지 않은 것은?

① 권력문화적 접근은 공권력의 남용이나 독재 등 미분화된 권력문화를 부패의 원인으로 본다.
② 제도적 접근은 사회의 법과 제도상의 결함이나 운영상의 문제를 부패의 원인으로 본다.
③ 사회문화적 접근은 특정한 지배적 관습이나 경험적 습성이 부패를 조장한다고 본다.
④ 시장·교환적 접근은 시장실패 등 시장경제의 근본적인 모순을 부패의 원인으로 본다.

03 공무원의 연금조성방식에 대한 설명으로 옳지 않은 것은?

① 기금제는 적립방식을 사용하는 데 공직기간 중 보수의 일부를 갹출하고 여기에 정부의 부담금을 합하여 적립하며 한국, 미국의 방식에 해당한다.
② 비기금제는 부과방식을 사용하는 데 현재 재직 중인 공무원으로부터 갹출한 수입과 당해 정부예산에서 연금급여 지출에 소요되는 재원을 충당하여 당해 연도의 연금급여를 조달하며 프랑스, 독일 등 유럽국가의 방식에 해당한다.
③ 적립방식은 각 세대가 독립하여 세대 간 소득재분배를 인정하지 않기 때문에 고령화와 같은 인구 구성 변화에 대해 영향을 받지 않으므로 후세대의 부담이 증가되지 않는다.
④ 부과방식은 연금수혜자가 계속 누적되고 평균수명의 연장에 따라 기금고갈의 위기가 발생하게 되며, 인플레이션, 임금수준의 변동과 같은 경제적 위험에 대처하기 어렵다.

04 다음 내용과 관련 있는 행정학의 접근방법으로 가장 옳은 것은?

- 사회문제해결을 위한 행정의 가치지향성 및 정책지향성 강조
- 현실적합성의 신조(credo of relevance) 및 실천

① 생태론적 접근방법(ecological approach)
② 행태론적 접근방법(behavioral approach)
③ 후기 행태론적 접근방법(post-behavioral approach)
④ 현상학적 접근방법(phenomenological approach)

05 다음 중 지방공무원으로 옳은 것만을 모두 고르면?

> ㄱ. 경기도 행정부지사
> ㄴ. 충청남도 정무부지사
> ㄷ. 경상북도 교육청 부교육감
> ㄹ. 강남구 부구청장

① ㄱ, ㄴ
② ㄱ, ㄷ
③ ㄴ, ㄷ
④ ㄴ, ㄹ

07 다음에서 설명하는 예산의 전통적 원칙으로 옳은 것은?

> • 특정한 수입과 특정한 지출이 연계되어서는 안 된다는
>   원칙이다. 즉, 국가의 모든 수입은 일단 국고에 편입
>   되고 여기서부터 모든 지출이 이루어져야 한다.
> • 예외로는 특별회계, 기금, 목적세, 수입대체경비 등이
>   있다.

① 완전성의 원칙
② 정확성의 원칙
③ 통일성의 원칙
④ 단일성의 원칙

06 정보격차를 해소하기 위한 보편적 서비스(universal service) 정책의 특징에 대한 설명으로 옳지 않은 것은?

① 훈련과 지원(training & support)은 사람들의 일상적인 삶의 제도적 맥락 속에서 통합된 방식으로 적절한 훈련과 지원을 제공하여 사람들이 기술의 부족 때문에 접근가능성에서 배제되지 않도록 하여야 한다.
② 접근성(access)은 살고 있거나 일하고 있는 장소에 관계없이 접속하기를 원하는 모든 사람들을 위한 접속을 제공하여야 한다.
③ 활용가능성(usability)은 정보시스템이 다른 대안들에 비해 상대적으로 비용 효과적이고, 보편적으로 사용가능하여야 하며, 빈부격차 등 경제적인 이유 때문에 배제되지 않도록 하여야 한다.
④ 유의미한 목적성(meaningful purpose)은 정보시스템이 대부분의 사람들을 위해 개인적으로나 사회적으로 의미 있는 일을 위한 토대로서의 역할을 할 수 있도록 제공되어야 한다.

08 포스트모더니즘의 경향과 가장 거리가 먼 것은?

① 구성주의
② 타자성(他者性)
③ 다수결주의
④ 가치상대주의

09 「지방자치법」상 특별지방자치단체에 대한 내용으로 옳지 않은 것은?

① 2개 이상의 지방자치단체가 공동으로 특정한 목적을 위하여 광역적으로 사무를 처리할 필요가 있을 때에는 특별지방자치단체를 설치할 수 있다. 이 경우 특별지방자치단체를 구성하는 지방자치단체는 상호 협의에 따른 규약을 정하여 구성하고, 지방자치단체의 지방의회 의결을 거쳐 행정안전부장관의 승인을 받아야 한다.

② 행정안전부장관은 규약에 대하여 승인하는 경우 관계 중앙행정기관의 장 또는 시·도지사에게 그 사실을 알려야 한다.

③ 행정안전부장관이 국가 또는 시·도 사무의 위임이 포함된 규약에 대하여 승인할 때에는 승인 후에 관계 중앙행정기관의 장 또는 시·도지사에게 알려야 한다.

④ 특별지방자치단체를 설치하기 위하여 국가 또는 시·도 사무의 위임이 필요할 때에는 구성 지방자치단체의 장이 관계 중앙행정기관의 장 또는 시·도지사에게 그 사무의 위임을 요청할 수 있다.

10 정책집행모형 중 립스키(Lipsky)의 일선관료제 이론에 대한 설명으로 옳지 않은 것은?

① 일선관료(street-level bureaucrats)는 시민들과 직접 대면하면서 정책을 집행하는 사람이다.

② 일선관료들은 자원이 부족한 상황에도 불구하고 과중한 업무부담을 가진다.

③ 일선관료들은 모호하고 대립적인 기대들이 존재하는 업무 환경 때문에 정책목표를 달성할 수 없는 경우가 많다.

④ 인간적인 측면에서 일선관료들이 담당해야 할 업무가 많으나, 재량권이 부족하여 업무가 지연된다.

11 다음 중 커와 저미어(Kerr & Jermier)가 주장한 리더십 대체물접근법에 대한 설명으로 옳지 않은 것만을 모두 고르면?

> ㄱ. 리더십을 불필요하게 만드는 요인은 리더십의 중화물이다.
> ㄴ. 리더의 필요성을 감소시키는 요인은 리더십의 대체물이다.
> ㄷ. 조직이 제공하는 보상에 대한 무관심은 리더십의 대체물이다.
> ㄹ. 리더가 통제할 수 없는 보상은 리더십의 중화물이다.
> ㅁ. 엄격한 규칙과 절차는 리더십의 대체물이다.
> ㅂ. 리더와 부하 간 긴 공간적 거리는 리더십의 중화물이다.

① ㄱ, ㄴ, ㄷ, ㄹ
② ㄱ, ㄴ, ㄷ, ㅁ
③ ㄱ, ㄴ, ㄷ, ㄹ, ㅂ
④ ㄱ, ㄴ, ㄷ, ㅁ, ㅂ

12 다음에서 설명하는 메이(J. May)의 정책의제설정모형으로 옳은 것은?

> • 사회적으로 대중적 지지가 높을 것으로 기대될 때 정부가 긍정적인 여론을 활용하여 정책의제설정을 주도하는 모형이다.
> • 최근 발생하고 있는 학교폭력문제, 왕따문제 등이 그 예이다.

① 외부주도형
② 동원형
③ 내부주도형
④ 공고화(굳히기)형

13 예산과정상의 점증주의모형에 대한 설명으로 옳지 않은 것은?

① 비용편익분석, 선형계획법 등 계량적 모형을 이용하여 예산을 배정하는 것이 사업목표를 효과적으로 달성할 수 있다고 본다.

② 합리주의와 달리 결정과 관련된 모든 요소를 검토할 수 없다고 본다.

③ 기존의 예산과 조금 차이가 나는 대안을 검토하여 그 가운데 하나를 선택하게 된다.

④ 점증주의는 결정자의 인식 능력의 한계를 전제로 하며, 결정상황을 제약하는 비용·시간 등의 요소를 감안하여 결정의 복잡한 문제를 단순화시키자는 것이다.

14 다음과 가장 관련 있는 정책분석기법으로 옳은 것은?

> • 1970년대 사티(Thomas Saaty) 교수에 의해 개발되어 광범위한 분야의 예측에 활용되어 왔다.
> • 기본적으로 시스템 이론에 기초를 두고 있으며 불확실성을 나타내는 데 확률 대신 우선순위를 사용하며, 우리나라의 예비타당성조사에서 정책적 타당성을 평가하는 데 유용하다.
> • 두 대안의 상호비교가 불가능한 경우에는 사용할 수 없다.

① 계층화분석법(AHP)

② 민감도 분석

③ 교차영향분석

④ 비용편익분석

15 지방자치단체의 구역변경에 대한 내용으로 옳지 않은 것은?

① 지방자치단체의 명칭과 구역변경 및 폐치분합을 할 때는 법률로 정한다.

② 지방자치단체 한자 명칭의 변경이나 관할구역 경계변경은 대통령령으로 정한다.

③ 지방자치단체를 폐지한 경우 새로 그 지역을 관할하게 된 지방자치단체가 종전의 지방자치단체의 사무와 재산을 승계한다.

④ 지방자치단체를 폐지하거나 설치하거나 나누거나 합칠 때 또는 명칭이나 구역을 변경할 때에는 관계 지방자치단체의 의회의 의견을 듣고, 「주민투표법」에 따라 주민투표를 실시하여야 한다.

16 다음에서 설명하는 기관으로 옳은 것은?

> 부하는 오직 한 사람의 상관으로부터 명령을 받고 보고하도록 하는 명령통일의 원리와 관련이 깊은 기관의 유형이다.

① 계선기관(line agency)

② 막료기관(staff agency)

③ 위원회(committee)

④ 자문기관(advisory board)

17 공직의 분류에서 신분보장이 되는 공무원으로 옳은 것은?

① 국회수석전문위원
② 헌법재판소 헌법연구관보
③ 감사원 사무차장
④ 국가정보원 기획조정실장

19 최근 강조되고 있는 스마트사회 및 스마트정부에 대한 설명으로 옳지 않은 것은?

① 국정운영은 정부 주도가 아닌 창의적 국민파워 기반의 개방형 국정운영으로의 변화가 필요하다.
② 재난이 발생하기 전 신속하게 예측하여 사전에 예방할 수 있는 정부이다.
③ 개인 수요보다는 시민집단 수요 중심의 맞춤형 전자정부 서비스 제공을 강조한다.
④ 정부는 국민이 요구하기 전에 먼저 알아서 서비스를 제공한다.

18 행정학의 접근법에서 고전적 접근법과 행태적 접근법의 차이로 옳은 것은?

① 고전적 접근법이 인간 지향적이라면 행태적 접근법은 기계 지향적이다.
② 고전적 접근법이 심리 지향적이라면 행태적 접근법은 물질 지향적이다.
③ 고전적 접근법이 종업원 지향적이라면 행태적 접근법은 생산 지향적이다.
④ 고전적 접근법이 전문화 지향적이라면 행태적 접근법은 직무확충 지향적이다.

20 조직구조의 유형에 대한 설명으로 옳지 않은 것은?

① 기능구조는 조직 전체의 업무를 공동기능별로 부서화하는 것으로서, 수평적 조정의 필요성이 높을 때 효과적인 조직구조이다.
② 사업구조는 산출물에 기반을 둔 사업부서화 방식의 조직형태로서, 성과책임성의 소재가 분명하여 성과관리체계에 유리하다.
③ 매트릭스구조는 기능구조와 사업구조를 결합한 조직형태로서, 신축성과 적응성이 요구되는 불안정하고 급변하는 조직 환경에 효과적이다.
④ 네트워크구조는 조직 자체의 기능은 핵심역량 위주로 합리화하고 여타 기능은 외부기관들과 교환관계를 통해 수행하는 조직구조방식이다.

08회 Review

문항	정답	CHAPTER	Self Check	난이도
01	②	지방자치단체의 재정	○/△/×	●○○
02	④	공무원의 근무규율과 인사행정개혁	○/△/×	●●○
03	④	인적자원관리(임용, 능력발전, 사기부여)	○/△/×	●●○
04	④	행정학의 접근방법과 주요이론	○/△/×	●○○
05	④	공직의 분류	○/△/×	●●●
06	③	정보화와 행정	○/△/×	●●○
07	③	국가재정의 기초이론	○/△/×	●●○
08	③	행정학의 접근방법과 주요이론	○/△/×	●○○
09	③	지방자치단체와 국가의 관계	○/△/×	●●○
10	④	정책집행론	○/△/×	●●○

문항	정답	CHAPTER	Self Check	난이도
11	②	조직관리 및 개혁론	○/△/×	●●●
12	④	정책의제설정 및 정책과정에 대한 이론	○/△/×	●○○
13	①	예산결정이론	○/△/×	●●○
14	①	정책결정론	○/△/×	●○○
15	④	지방행정의 기초이론	○/△/×	●○○
16	①	조직구조론	○/△/×	●●○
17	③	공직의 분류	○/△/×	●●○
18	④	행정학의 접근방법과 주요이론	○/△/×	●●○
19	③	정보화와 행정	○/△/×	●●○
20	①	조직구조론	○/△/×	●●○

[Self Check] 문제에 대한 이해 정도를 스스로 점검하여 ○(문제 이론의 내용을 정확히 알고 있음) / △(개념이 헷갈리거나 정확히 알지 못함) / ×(생소하거나 학습하지 못한 이론)으로 구분하여 표시합니다.

핵심지문 OX

08회 실전동형모의고사에서 꼭 되짚어야 할 핵심 지문을 다시 확인해보시기 바랍니다.

01 연금조성방식 중 부과방식은 인플레이션, 임금수준의 변동과 같은 경제적 위험에 대처하기 어렵다. (   )

02 후기 행태론적 접근방법은 사회문제해결을 위한 행정의 가치지향성 및 정책지향성 강조한다. (   )

03 포스트모더니즘 행정학은 다른 사람을 인식적 객체로서가 아니라 도덕적 타자로서 인정한다. (   )

04 2개 이상의 지방자치단체가 공동으로 특정한 목적을 위하여 광역적으로 사무를 처리할 필요가 있을 때에는 특별지방자치단체를 설치할 수 있다. (   )

05 립스키(Lipsky)의 일선관료제이론에 따르면, 일선관료들은 자원이 부족한 상황에도 불구하고 과중한 업무부담을 가진다. (   )

06 공고화형은 대중적 지지가 높을 것으로 기대될 때 정부가 여론을 활용하여 정책의제설정을 주도하는 모형이다. (   )

07 민감도 분석이란 어떤 사건이 일어날 확률에 기초하여 미래의 어떤 사건이 일어날 확률에 대해서 식견 있는 판단을 이끌어 내는 기법이다. (   )

08 감사원 사무차장은 차관급으로 신분보장이 되지 않는 정무직공무원이다. (   )

09 행정학의 접근법 중 고전적 접근법이 전문화 지향적이라면, 행태적 접근법은 직무확충 지향적이다. (   )

10 스마트 전자정부는 재난이 발생하기 전 신속하게 예측하여 사전에 예방할 수 있는 정부이다. (   )

[정답] **01** × 임금수준의 변동과 같은 경제적 위험에 대처하기 어려운 것은 적립방식의 단점이다. **02** × 비배제성의 특성이 있기 때문에 무임승차자 문제가 나타난다.
03 ○ **04** ○ **05** ○ **06** ○ **07** × 교차영향분석에 대한 설명이다. **08** × 일반직 1급(고위공무원단 가등급)으로 원칙적으로 신분이 보장되는 경력직공무원이다.
09 ○ **10** ○

09회 실전동형모의고사

제한시간 : 15분 **시작** 시 분 ~ **종료** 시 분 **점수 확인** 개 / 20개

01 리더십이론에 대한 설명으로 옳지 않은 것은?

① 자질이론은 다른 사람과 구별되는 리더의 기본적 특성인 리더의 신체적 특성, 지적능력, 성격 등을 통해서 누가 리더가 되는가를 연구하였다.

② 행태이론은 행태주의의 영향을 받아서 눈에 보이지 않는 특성보다는 실제 리더들이 어떻게 행동하는지에 대해서 연구한다.

③ 아이오와 대학, 미시간 대학, 오하이오 대학 연구는 리더십의 상황이론을 연구한 리더십모델이다.

④ 블레이크(Blake)와 머튼(Mouton)은 미시간과 오하이오 대학의 연구결과에 자극을 받아 오늘날 경영개발계획에 널리 적용되는 관리망모형을 개발하였다.

02 다음 제시된 예시와 공공서비스 성과지표의 연결로 옳은 것을 고르면?

```
ㄱ. 포장된 도로
ㄴ. 도로포장을 위해 이용된 자원
ㄷ. 주민의 삶의 질 향상
ㄹ. 차량의 통행속도 증가율
```

	ㄱ	ㄴ	ㄷ	ㄹ
①	산출	투입	영향	결과
②	영향	산출	투입	결과
③	산출	투입	결과	영향
④	결과	산출	영향	투입

03 '국민에 대한 복지의 증진을 통한 삶의 질 향상'을 국정운영의 목표로 할 경우, 이에 가장 부합되는 행정이념으로 옳은 것은?

① 합리성

② 능률성

③ 효율성

④ 민주성

04 우리나라의 「지방자치법」에서 지방자치단체장 및 보조기관에 대해 규정한 내용으로 옳지 않은 것은?

① 특별시의 부시장 정수는 대통령령으로 정한다.

② 지방자치단체장의 임기는 4년이며, 재임은 3기에 한한다.

③ 지방자치단체장은 지방의회의 의결이 지체될 경우 선결처분을 할 수 있다.

④ 지방자치단체의 행정기구와 공무원의 정원은 행정안전부령으로 정하는 기준에 따라 그 지방자치단체의 조례로 정한다.

05 켈리(Kelly)의 귀인이론에서 설명하는 귀인의 성향으로 옳은 것은?

① 여러 사람이 동일한 상황에서 동일하게 행동하는 정도가 높다면, 그 행동의 원인을 내적 요소에 귀인하려는 경향이 나타난다.
② 개인이 다른 시간에도 동일하게 행동하는 정도가 높다면, 그 행동의 원인을 외적 요소에 귀인하려는 경향이 나타난다.
③ 개인이 다른 상황에서 동일하게 행동하는 정도가 높다면, 그 행동의 원인을 내적 요소에 귀인하려는 경향이 나타난다.
④ 개인이 다른 상황에서 상이하게 행동하는 정도가 높다면, 그 행동의 원인을 내적 요소에 귀인하려는 경향이 나타난다.

06 다음 중 수입대체경비가 위배하는 예산의 원칙으로 옳은 것만을 모두 고르면?

> ㄱ. 예산 공개성의 원칙
> ㄴ. 예산 완전성의 원칙
> ㄷ. 예산 통일성의 원칙
> ㄹ. 예산 단일성의 원칙
> ㅁ. 예산 한정성의 원칙
> ㅂ. 예산 사전의결의 원칙

① ㄴ, ㄷ
② ㄷ, ㄹ
③ ㄱ, ㄹ, ㅁ
④ ㄴ, ㄷ, ㅂ

07 공무원의 징계에 대한 설명으로 옳지 않은 것은?

① 징계로 파면처분을 받은 때부터 5년이 지나지 아니한 자와 징계로 해임처분을 받은 때부터 3년이 지나지 아니한 자는 공무원으로 임용될 수 없다.
② 금품 및 향응 수수, 공금의 횡령·유용으로 징계 해임된 경우, 재직기간이 5년 이상인 사람의 퇴직급여는 4분의 1을 감액하여 지급한다.
③ 금품 및 향응 수수, 공금의 횡령·유용으로 징계 해임된 경우, 재직기간이 5년 미만인 사람의 퇴직급여는 6분의 1을 감액하여 지급한다.
④ 탄핵 또는 징계에 의하여 파면된 경우, 재직기간이 5년 미만인 사람의 퇴직급여는 4분의 1을 감액하여 지급한다.

08 다음의 정책사례에 적합한 정책결정모형으로 가장 옳은 것은?

> 국토교통부가 총 30조 원의 자본을 투자하여 제3기 신도시를 개발하려고 하는 경우, 시중 금리가 연 4% 정도의 이윤이 있을 것이 예견되면 4% 내외의 수준에서 적정한 것으로 판단하여 보다 높은 이윤을 얻을 수 있는 기회나 대안의 모색을 중지한다.

① 린드블룸(Lindblom)과 윌다브스키(Wildavsky)의 점증모형
② 에치오니(Etzioni)의 혼합주사모형
③ 마치(March)와 사이어트(Cyert)의 연합모형
④ 코헨(Cohen)과 올슨(Olsen)의 쓰레기통모형

09 탈관료제 조직 중 학습조직에 대한 설명으로 옳지 않은 것은?

① 학습조직은 조직을 바라보는 새로운 관점, 새로운 사고방식으로의 전환을 의미한다. 따라서 학습조직의 단일모형은 없으며, 학습조직의 개념은 다양한 조직유형으로 실현될 수 있다.

② 학습조직에서 '학습'은 개인 차원의 업무추진활동에서 발생하는 자연적인 비공식적 학습(Informal Learning)을 강조하는 것이 아니라 개인 차원의 공식적인 학습(Formal Learning)을 강조한다.

③ 효율성을 핵심 가치로 하는 전통적인 조직과는 달리 학습조직에서의 핵심 가치는 문제해결(problem solving)이다.

④ 학습조직이 성공하기 위해서는 강한 문화와 사려 깊은 리더십이 필요하다.

10 우리나라의 예산과정에 대한 설명으로 옳은 것은?

① 예산편성은 헌법상 회계연도 개시 120일 전까지 행정부가 편성하여 국회에 제출하여야 한다.

② 국회는 회계연도 개시 30일 전까지 예산을 심의·의결하여야 하며, 의결되지 않은 경우 준예산을 편성하여야 한다.

③ 국회의 예산 심의과정에서 증액된 부분은 부처별 한도액 제한을 받는다.

④ 국회 심의 후의 예산은 당초 행정부가 제출한 예산보다 증액되기도 한다.

11 성과중심주의에 입각한 성과관리의 효용 및 한계에 대한 설명으로 옳지 않은 것은?

① 목표성취도에 유인기제를 연결하기 때문에 관리대상자들이 성과목표를 낮게 설정하는 경향을 보인다.

② 성과관리를 통해서 관료적 조직문화의 변화를 유도한다.

③ 다양한 이해관계자들과 압력단체들의 개입 때문에 성과계획이 합리적으로 수립되기 어렵다.

④ 업무수행과 성과 사이에 개입하는 변수들이 많아 인과관계를 확인하기 용이하다.

12 유비쿼터스 컴퓨팅(U-Computing)과 유비쿼터스 정부(U-Gov)에 대한 설명으로 옳지 않은 것은?

① 유비쿼터스 컴퓨팅(Ubiquitous Computing)은 언제 어디서나 어떤 것을 이용해서라도 온라인 네트워크상에 있으면서 서비스를 받는 환경공간을 의미한다.

② 유비쿼터스 시스템이 전 국가적으로 모든 분야에 적용·확산되면 유비쿼터스 정부(U-Gov)가 된다. 우리 정부도 새로운 패러다임으로 유비쿼터스 정부를 차세대 전자정부(정부 4.0)의 모습으로 보고 U-전자정부(Ubiquitous e-Gov) 기본계획의 체계화를 통해 U-전자정부 로드맵을 수립 중에 있다.

③ 유비쿼터스(Ubiquitous)의 지향점인 5C는 컴퓨팅(Computing), 커뮤니케이션(Communication), 접속(Connectivity), 콘텐츠(Contents), 고객(Customer)이다.

④ 유비쿼터스(Ubiquitous)가 추구하는 5Any는 언제(Any-time), 어디서(Any-where), 어느 네트워크(Any-network), 어느 장치(Any-device), 어느 서비스(Any-service)이다.

13 다음에서 설명하는 직무평가방법으로 옳은 것은?

> • 직무 전체를 종합적으로 판단하여 미리 정해 놓은 등급기준표에 의해 직무의 책임과 곤란도 등을 파악하는 방법이다.
> • 등급기준표는 등급과 등급정의로 구성된 일종의 척도이다. 여기서 등급정의는 기술 · 책임 · 노력 · 근무조건 등의 직무구성요소를 중심으로 가장 보편적인 직무특성을 개괄적으로 기술한 것이다.

① 서열법
② 분류법
③ 점수법
④ 요소비교법

14 다음 내용에 해당하는 정책네트워크모형으로 옳은 것은?

> • 특정 분야의 전문성과 지적 능력을 지니고, 그 분야의 정책에 관해 권위 있는 지식을 지닌 것으로 인정되는 전문직업가들의 연계망을 말한다.
> • 하스(P. Haas)는 수질오염 전문가들이 지중해의 오염을 방지하기 위해 국적을 초월해 움직이고 있는 것을 그 예로 들고 있다.
> • 이를 구성하고 있는 직업전문가들 중 행정관료들로 구성된 연계망을 프레데릭슨(H. Frederickson)은 행정접속망이라 부른다.

① 하위정부모형(sub-gov't model)
② 이슈네트워크(issue network)
③ 정책공동체(policy community)
④ 인지공동체(epistemic community)

15 메이요(Mayo)의 인간관계론에 대한 설명으로 옳지 않은 것은?

① 조직구성원의 생산성은 생리적 · 경제적 유인으로만 자극받는 것이 아니라, 사회 · 심리적 요인에 의해서도 크게 영향을 받는다.
② 인간의 사회적 행동의 기초로서 경쟁주의와 개인주의가 지배적이라고 본다.
③ 비경제적 보상을 위해서는 대인관계 · 비공식적 자생집단 등을 통한 사회 · 심리적 욕구의 충족이 중요하다.
④ 궁극적으로 조직구성원의 복지보다는 조직의 능률성 · 생산성을 향상시키는 데 목적이 있다.

16 정책결정모형인 최적모형에 대한 설명으로 옳지 않은 것은?

① 현실주의와 이상주의를 절충할 수 있는 모형이다.
② 합리적 · 종합적 분석에 의한 정책결정이 달성하기 어려운 조건과 상황에서 순수한 합리성에 대한 현실적인 차선책을 제시한다.
③ 점증주의적 정책의 개선으로 합리적 · 종합적 모형(rational comprehensive model)이 아니라 규범적 최적모형(normative optimum model)을 제시한다.
④ 직관, 판단, 창의 등과 같은 초합리적 요소(extrarational factors)를 강조하지 않는다.

17 다음 중 정부실패의 원인으로 옳은 것만을 모두 고르면?

> ㄱ. 공공재의 존재
> ㄴ. 파생적 외부효과
> ㄷ. X-비효율성
> ㄹ. 공유지의 비극
> ㅁ. 불완전한 정보
> ㅂ. 사적 목표의 설정

① ㄱ, ㄷ, ㅂ
② ㄱ, ㄹ, ㅁ
③ ㄴ, ㄷ, ㅂ
④ ㄴ, ㄹ, ㅁ

18 최근 강조되고 있는 발생주의 회계제도에 대한 설명으로 옳지 않은 것은?

① 거래나 사건이 발생하는 시점에서 인식하는 것으로, 자산·부채·수입·지출을 정확하게 측정하기 위한 회계기법이다.
② 미지급금·부채성충당금 등을 포함하여 부채를 정확하게 측정한다.
③ 산출에 대한 원가 산정이 가능하기 때문에 분권화된 조직의 자율과 책임을 구현할 수 있는 중요한 수단이다.
④ 대차평균의 원리에 의한 자기검증기능으로 회계오류를 시정할 수 있다.

19 다음에서 설명하는 집단적 문제해결기법으로 옳은 것은?

> • 개인들이 개별적인 해결방안을 구상하고 그에 대해 제한된 집단적 토론을 한 다음 표결로 의사를 결정하는 방법이다.
> • 집단 간의 의사소통이 원활하지 않다.

① 델파이기법(delphi method)
② 브레인스토밍(brain storming)
③ 변증법적 토론(dialectical inquiry)
④ 명목집단기법(nominal group method)

20 다음 지방세 중 시·군세로 옳은 것을 모두 고르면?

> ㄱ. 취득세   ㄴ. 담배소비세
> ㄷ. 등록면허세   ㄹ. 지역자원시설세
> ㅁ. 레저세   ㅂ. 지방소비세
> ㅅ. 주민세   ㅇ. 지방교육세
> ㅈ. 지방소득세   ㅊ. 자동차세
> ㅋ. 재산세   ㅌ. 교육세

① ㄱ, ㅁ, ㅇ, ㅈ, ㅋ
② ㄴ, ㅅ, ㅈ, ㅊ, ㅋ
③ ㄷ, ㅂ, ㅇ, ㅈ, ㅌ
④ ㄹ, ㅅ, ㅈ, ㅊ, ㅌ

**09회 실전동형모의고사
모바일 자동 채점 + 성적 분석 서비스
바로 가기 (gosi.Hackers.com)**

QR코드를 이용하여 해커스공무원의 '모바일 자동 채점 + 성적 분석 서비스'로 바로 접속하세요!
     * 해커스공무원 사이트의 가입자에 한해 이용 가능합니다.

09회 / Review

문항	정답	CHAPTER	Self Check	난이도	문항	정답	CHAPTER	Self Check	난이도
01	③	조직관리 및 개혁론	○/△/×	●●○	11	④	조직행태론	○/△/×	●●○
02	①	행정의 가치와 이념	○/△/×	●●●	12	③	정보화와 행정	○/△/×	●○○
03	④	행정의 가치와 이념	○/△/×	●●○	13	②	인적자원관리(임용, 능력발전, 사기부여)	○/△/×	●●○
04	④	지방행정의 조직	○/△/×	●●●	14	④	정책의제설정 및 정책과정에 대한 이론	○/△/×	●●○
05	③	인적자원관리(임용, 능력발전, 사기부여)	○/△/×	●●●	15	②	행정학의 접근방법과 주요이론	○/△/×	●●●
06	①	국가재정의 기초이론	○/△/×	●●●	16	④	정책결정론	○/△/×	●●○
07	③	인적자원관리(임용, 능력발전, 사기부여)	○/△/×	●●○	17	③	현대 행정의 이해	○/△/×	●●○
08	③	정책결정론	○/△/×	●●○	18	①	국가재정의 기초이론	○/△/×	●●○
09	②	조직구조론	○/△/×	●●○	19	④	정책결정론	○/△/×	●●○
10	④	예산과정론	○/△/×	●●○	20	②	지방자치단체의 재정	○/△/×	●●●

[Self Check] 문제에 대한 이해 정도를 스스로 점검하여 ○(문제 이론의 내용을 정확히 알고 있음) / △(개념이 헷갈리거나 정확히 알지 못함) / ×(생소하거나 학습하지 못한 이론)으로 구분하여 표시합니다.

핵심지문 OX

09회 실전동형모의고사에서 꼭 되짚어야 할 핵심 지문을 다시 확인해보시기 바랍니다.

01 리더십의 자질이론은 다른 사람과 구별되는 리더의 기본적 특성인 리더의 신체적 특성, 지적능력, 성격 등을 통해서 누가 리더가 되는가를 연구하였다.
(   )

02 지방자치단체 공무원의 정원은 행정안전부령으로 정하는 기준에 따라 그 지방자치단체의 조례로 정한다. (   )

03 개인이 다른 상황에서 동일하게 행동하는 정도가 높다면, 그 행동의 원인을 내적 요소에 귀인하려는 경향이 나타난다. (   )

04 징계로 파면처분을 받은 때부터 3년이 지나지 아니한 자와 징계로 해임처분을 받은 때부터 5년이 지나지 아니한 자는 공무원으로 임용될 수 없다.
(   )

05 학습조직은 능률성보다는 문제해결을 핵심 가치로 추구한다. (   )

06 분류법은 직무 전체를 종합적으로 판단하여 미리 정해 놓은 등급기준표에 의해 직무의 책임과 곤란도 등을 파악하는 방법이다. (   )

07 메이요(Mayo)의 인간관계론은 궁극적으로 조직구성원의 복지보다는 조직의 능률성·생산성을 향상시키는 데 목적이 있다. (   )

08 최적모형은 직관, 판단, 창의 등과 같은 초합리적 요소(extrarational factors)를 강조하지 않는다. (   )

09 발생주의 회계제도는 미지급금·부채성충당금 등을 포함하여 부채를 정확하게 측정한다. (   )

10 집단적 문제해결기법 중 델파이기법은 집단 간의 의사소통이 원활하지 않다. (   )

[정답] **01** ○ **02** × 행정안전부령이 아닌 대통령령이 정하는 기준에 따른다. **03** ○ **04** × 파면이 5년, 해임이 3년이다. **05** ○ **06** ○ **07** ○ **08** × 초합리적 요소를 중시한다. **09** ○ **10** × 명목집단기법에 대한 설명이다.

10회 실전동형모의고사

제한시간 : 15분 **시작** 시 분 ~ **종료** 시 분 **점수 확인** 개 / 20개

01 다음과 가장 관련 있는 정부실패의 원인으로 옳은 것은?

> • 정무직 공무원의 짧은 임기
> • 일반직 공무원의 순환보직

① 정치적 보상구조의 왜곡
② 비용과 편익의 절연
③ 독점적 생산구조
④ 높은 시간의 할인율

02 다음 (   ) 안에 들어갈 기한으로 옳은 것은?

> 위원회는 예산안, 기금운용계획안, 임대형 민자사업 한 도액안과 「국회법」 제4항에 따라 지정된 세입예산안 부 수 법률안의 심사를 (   )까지 마쳐야 한다.

① 회계연도 개시 90일 전
② 회계연도 개시 30일 전
③ 매년 11월 30일
④ 매년 12월 31일

03 정책결정모형 중 쓰레기통모형에 대한 내용으로 옳지 않은 것은?

① 진빼기 결정이나 날치기 통과
② 의사결정을 구성하는 네 가지 흐름
③ 조직화된 무정부 상태
④ 갈등의 준해결

04 서번트 리더십(servant leadership)에 대한 설명으로 옳지 않은 것은?

① 타인을 위한 봉사에 초점을 두며, 종업원, 고객 및 커 뮤니티를 우선으로 여기고 그들의 욕구를 만족시키기 위해 노력하는 섬기는 리더십이다.
② 1970년 그린리프(Greenleaf)는 리더십에 관한 에세이 『지도자로서의 서번트』를 처음 제시하였다.
③ 주요 구성요소로 존중, 봉사, 정의, 정직, 공동체 윤리 등을 강조한다.
④ 주요 특성은 항상 학습함, 먼저 고객들의 말을 경청함, 설득과 대화로 업무를 추진함 등이 있다.

05 다음에서 설명하는 정보화의 역기능으로 옳은 것은?

> 추측이나 뜬소문이 덧붙여진 부정확한 정보가 인터넷이나 휴대전화를 통해 전염병처럼 빠르게 전파됨으로써 개인의 사생활 침해는 물론 경제, 정치, 안보 등에 치명적인 영향을 미치게 된다.

① 집단극화
② 전자 파놉티콘(electronic panopticon)
③ 인포데믹스(infodemics)
④ 선택적 정보 접촉

06 미국의 실적주의 확립과정에 대한 설명으로 옳지 않은 것은?

① 실적주의의 확립은 엽관주의의 폐단을 극복하기 위해 대두되었다.
② 1883년 「펜들턴(Pendleton)법」에 의해서 기반이 마련되었다.
③ 1939년 「해치(Hatch)법」에 의해서 공무원의 정치활동이 금지되었다.
④ 1978년 「연방공무원제도법」에 의해서 연방인사위원회와 실적제도보호위원회가 설치되었다.

07 국민권익위원회에 대한 설명으로 옳지 않은 것은?

① 국민권익위원회는 국무총리 소속의 행정위원회이다.
② 위원회는 위원장 1명, 부위원장 3명, 상임위원 3명을 포함한 15명의 위원으로 구성된다.
③ 위원회는 고충민원을 유발하는 행정제도 및 그 제도의 운영에 개선이 필요하다고 판단하는 경우 해당 제도를 개선할 수 있다.
④ 위원장과 위원의 임기는 각각 3년으로 하되 1차에 한하여 연임할 수 있다.

08 주민자치와 단체자치의 특징을 비교한 것으로 옳은 것은?

		주민자치	단체자치
①	기관구성 –	기관대립형	기관통합형
②	권한배분 –	포괄적 위임주의	개별적 지정주의
③	자치성격 –	대내적 자치	대외적 자치
④	사무구분 –	있음	없음

09 우리나라의 세계잉여금에 대한 설명으로 옳지 않은 것은?

① 지방교부세 및 지방교육재정교부금의 정산에 사용할 수 있다.

② 공적자금상환이나 추가경정예산안의 편성에 사용할 수 있다.

③ 사용하거나 출연한 금액을 공제한 잔액은 다음 연도의 세입에 이입하여야 한다.

④ 사용 또는 출연은 국회의 사전 동의를 받아야 한다.

10 최근 개정된 「정부조직법」 제2조에서 중앙행정기관으로 정한 정부기관으로 옳지 않은 것은?

① 「국가인권위원회법」 제3조에 따른 국가인권위원회

② 「개인정보 보호법」 제7조에 따른 개인정보보호위원회

③ 「신행정수도 후속대책을 위한 연기·공주지역 행정중심복합도시 건설을 위한 특별법」 제38조에 따른 행정중심복합도시건설청

④ 「새만금사업 추진 및 지원에 관한 특별법」 제34조에 따른 새만금개발청

11 행정통제에 대한 설명으로 가장 옳지 않은 것은?

① 정보공개를 통하여 정책의 투명성이 증가하면 행정통제를 자연스럽게 추진할 수 있게 된다.

② 행정절차를 강화하게 되면 비공식적 절차에 의한 통제를 제한하여 행정과 시민 간의 분쟁을 심화시키는 원인이 된다.

③ 우리나라는 내부고발자 보호에 관한 규정을 두고 있으나, 실효성이 부족하다는 비판이 있다.

④ 정책결정과정에 시민들의 참여 기회를 확대하는 것으로 행정통제가 추진되나, 이익집단에 의해서 압력을 받을 우려가 제기된다.

12 다음 중 신공공관리론(NPM)의 특징으로 옳은 것만을 모두 고르면?

ㄱ. 가격메커니즘과 경쟁원리
ㄴ. 고객 지향적 공공서비스
ㄷ. 사회경제영역에 대한 정부 촉매작용
ㄹ. 시민에 대한 봉사
ㅁ. 개인들의 총이익
ㅂ. 공유가치에 대한 담론의 결과

① ㄱ, ㄴ, ㄷ, ㄹ

② ㄱ, ㄴ, ㄷ, ㅁ

③ ㄱ, ㄴ, ㄹ, ㅁ

④ ㄱ, ㄴ, ㅁ, ㅂ

13 중앙정부 차원에서 운영하는 지방재정조정제도로 가장 옳지 않은 것은?

① 지방교부세
② 국고보조금
③ 지방교육재정교부금
④ 조정교부금

15 공무원의 임용절차에 대한 설명으로 옳지 않은 것은?

① 시보임용기간은 5급은 1년, 6급 이하는 6개월이다.
② 공무원 공개경쟁채용시험에 합격한 사람의 채용후보자 명부의 유효기간은 원칙적으로 2년이며, 연장할 수 없다.
③ 「국가공무원법」상 파면으로 징계처분을 받은 때부터 5년이 지나지 않으면 임용 결격사유에 해당한다.
④ 지방교육행정직 공무원의 임용권자는 지방자치단체 교육감이다.

14 지방자치의 내실화를 위해 지방재정의 확충이 요구되고 있다. 지방재정의 주요 구성요소인 지방세의 조건으로 옳지 않은 것은?

① 과세의 응익성
② 지역 간 이동성
③ 세원의 안정성
④ 세수의 탄력성

16 조직구성원의 직무만족(job satisfaction)에 대한 설명으로 옳지 않은 것은?

① 직무에 대한 개인의 태도로서 조직학 분야에서 널리 연구된 변수 중의 하나이다.
② 직무만족과 불만족의 주요 원인은 크게 조직요인, 근무부서요인, 개인적 요인 등 세 가지로 나눌 수 있다.
③ 조직구성원이 자신이 소속되어 있는 조직을 자신과 동일시하며 그 조직에 헌신하고자 하는 정도를 말한다.
④ 직원들의 직무만족과 불만족은 그들의 이직률과 결근율에 영향을 미친다.

17 다음 사례와 관련 있는 정책평가의 내적 타당성 저해 요인으로 옳은 것은?

> A초등학교 6학년 학생 200명을 대상으로 우유급식의 효과를 평가하는 데 있어서 우유급식으로 인한 신장증가와 함께 아이가 자연적으로 크는 효과가 나타났다. 이러한 요인이 제3변수인 혼란변수로 나타날 수 있다.

① 성숙효과(maturation)
② 회귀인공요소(regression artifact)
③ 측정요소(testing)
④ 역사적 요인(history)

18 예산제도에 대한 연혁과 특징에 대한 설명으로 옳지 않은 것은?

① 품목별예산제도(LIBS)는 지출의 대상인 급여·시설비·방위비 등의 각 세부항목을 표시하여 편성하는 예산제도를 말한다.
② 성과주의예산제도(PBS)는 조직별 분류를 기초로 하기 때문에 정부의 사업 및 활동에 대해 국민들의 이해를 증진시킬 수 있다.
③ 일선공무원들이 계획예산제도(PPBS)의 전반적인 프로그램 구조가 함축한 조직개편의 위협을 두려워하여 이 제도의 시행에 소극적이었다.
④ 영기준예산제도(ZBB)는 신속한 예산조정 등 변동 대응성의 증진에 기여한다는 등의 장점을 지니며, 우리나라에서는 1983년부터 예산안 편성에 이 제도를 적용하고 있다.

19 시험의 효용성에 대한 설명으로 옳지 않은 것은?

① 일반직공무원에게 기술적인 지식을 측정하는 것은 타당도(validity)가 저하된다.
② 매년 다른 기술과목의 시험을 보는 것은 신뢰도(consistency)가 저하된다.
③ 면접시험은 필기시험에 비해 시험의 주관성이 개입될 우려가 있고 신뢰도(consistency)가 저하된다.
④ 주관식 시험은 객관식 시험에 비해 객관도(objectivity)가 높다.

20 다음 사례와 가장 관련 있는 인물과 이론으로 옳은 것은?

> 우리나라는 1960~70년대에 경제성장과 안보 이데올로기에 중점을 두어 상대적으로 인권, 여성, 환경, 복지 등에 관한 문제는 무시하고 의도적으로 정책화하지 않는 시대적 상황이 있었다.

① 바흐라흐(Bachrach)와 바라츠(Baratz)의 무의사결정론
② 트루먼(Truman)의 파도이론
③ 미첼스(Michels)의 과두제의 철칙
④ 벤틀리(Bentley)의 이익집단이론

10회 Review

문항	정답	CHAPTER	Self Check	난이도
01	④	현대 행정의 이해	○/△/×	●○○
02	③	예산과정론	○/△/×	●●○
03	④	정책결정론	○/△/×	●○○
04	④	조직관리 및 개혁론	○/△/×	●●○
05	③	정보화와 행정	○/△/×	●●○
06	④	인사행정의 기초이론 및 제도	○/△/×	●●○
07	③	공무원의 근무규율과 인사행정개혁	○/△/×	●●●
08	③	지방행정의 기초이론	○/△/×	●●○
09	④	예산과정론	○/△/×	●●○
10	①	조직구조론	○/△/×	●●○

문항	정답	CHAPTER	Self Check	난이도
11	②	행정책임과 행정통제	○/△/×	●●○
12	②	행정학의 접근방법과 주요이론	○/△/×	●●●
13	④	지방자치단체의 재정	○/△/×	●○○
14	②	지방자치단체의 재정	○/△/×	●●○
15	②	인적자원관리(임용, 능력발전, 사기부여)	○/△/×	●●○
16	③	조직행태론	○/△/×	●●○
17	①	정책평가론	○/△/×	●●○
18	②	예산제도의 발달과 개혁	○/△/×	●●○
19	④	인적자원관리(임용, 능력발전, 사기부여)	○/△/×	●●○
20	①	정책의제설정 및 정책과정에 대한 이론	○/△/×	●●○

[Self Check] 문제에 대한 이해 정도를 스스로 점검하여 ○(문제 이론의 내용을 정확히 알고 있음) / △(개념이 헷갈리거나 정확히 알지 못함) / ×(생소하거나 학습하지 못한 이론)으로 구분하여 표시합니다.

핵심지문 OX

10회 실전동형모의고사에서 꼭 되짚어야 할 핵심 지문을 다시 확인해보시기 바랍니다.

01 서번트 리더십은 존중, 봉사, 정의, 정직, 공동체 윤리 등을 강조한다. (   )

02 부정확한 정보가 인터넷이나 휴대전화를 통해 빠르게 전파됨으로써 개인과 사회 전반에 치명적인 영향을 미치게 되는 것을 인포데믹스(infordemics)라고 한다. (   )

03 엽관주의의 확립은 실적주의의 폐단을 극복하기 위해 대두되었다. (   )

04 주민자치는 자치사무와 위임사무를 구별하나, 단체자치는 이를 구별하지 않는다. (   )

05 정책결정과정에 시민들의 참여 기회를 확대하는 것으로 행정통제가 추진되나, 이익집단에 의해 압력을 받을 우려가 제기된다. (   )

06 신공공관리론(NPM)은 고객 지향적 공공서비스를 특징으로 한다. (   )

07 지방세의 조건으로 과세의 응익성, 지역 간 이동성, 세수의 탄력성 등이 있다. (   )

08 파면으로 해임처분을 받은 때부터 5년이 지나지 않으면 임용 결격사유에 해당한다. (   )

09 직무만족(job satisfaction)은 조직구성원이 자신이 소속되어 있는 조직을 자신과 동일시하며 그 조직에 헌신하고자 하는 정도를 말한다. (   )

10 면접시험은 필기시험에 비해 시험의 주관성이 개입될 우려가 있고 신뢰도(consistency)가 저하된다. (   )

[정답] **01** ○ **02** ○ **03** × 반대로 되어 있다. 엽관주의의 폐단을 극복하기 위해 실적주의가 대두되었다. **04** × 단체자치가 자치사무, 위임사무가 구분되어 있으며, 주민자치는 이를 구별하지 않는다. **05** ○ **06** ○ **07** × 지방세의 세원은 그 지역에서 고착되어 있어야지 이동되어서는 안 된다. **08** ○ **09** × 직무몰입에 대한 설명이다. **10** ○

11회 실전동형모의고사

제한시간 : 15분 **시작** 시 분 ~ **종료** 시 분 **점수 확인** 개 / 20개

01 정책결정 참여자로서 관료의 역할에 대한 설명으로 옳지 않은 것은?

① 조합주의는 관료의 적극적 역할보다는 소극적 역할에 초점을 둔다.
② 엘리트주의에서는 관료의 적극적 역할보다는 지배계층의 역할에 주목한다.
③ 철의 삼각에서 관료는 특수 이익집단의 이익에 종속되는 경향이 있다.
④ 다원주의에서는 관료보다는 외부집단이나 지배계층의 역할을 더욱 중요시한다.

02 다음에서 제시된 효과적인 권력행사를 위한 지침과 가장 부합하는 프렌치와 레이븐(French & Raven)의 권력유형으로 옳은 것은?

> • 어떤 사람의 능력이나 매력에 존경과 호감을 느낀다.
> • 그를 자기의 역할모델로 삼으며(역할모형화), 일체감과 신뢰를 바탕으로 한다.

① 합법적 권력
② 보상적 권력
③ 전문적 권력
④ 준거적 권력

03 중앙행정기관과 지방자치단체 간 협의·조정에 대한 내용으로 옳지 않은 것은?

① 중앙행정기관의 장과 지방자치단체의 장이 사무를 처리할 때 의견을 달리하는 경우 이를 협의·조정하기 위하여 국무총리 소속으로 행정협의조정위원회를 둔다.
② 행정협의조정위원회는 위원장 1명을 포함하여 13명 이내의 위원으로 구성한다.
③ 행정협의조정위원회의 당연직 위원은 기획재정부장관, 행정안전부장관, 대통령비서실장 및 국무조정실장이다.
④ 행정협의조정위원회의 구성과 운영 등에 필요한 사항은 대통령령으로 정한다.

04 우리나라의 주민투표에 대한 설명으로 옳은 것은?

① 대한민국의 국적을 취득할 때까지 외국인은 주민투표권자가 될 수 없다.
② 주민투표권이 없는 자라도 주민투표운동을 할 수 있다.
③ 주민투표에 부치는 사항은 당해 지방자치단체의 주요 결정사항에 한한다.
④ 주민투표의 발의는 지방자치단체의 장에게만 인정되고 있다.

05 다음 중 행정가치에 대한 설명으로 옳은 것만을 모두 고르면?

> ㄱ. 실체설은 공익을 사익을 초월한 실체적·규범적·도덕적 개념으로 파악하며, 공익과 사익 간의 갈등이란 있을 수 없다고 본다.
> ㄴ. 과정설은 공익을 사익의 총합이라고 파악하며, 사익을 초월한 별도의 공익이란 존재하지 않는다고 본다.
> ㄷ. 롤스(Rawls)의 사회정의의 원리에 의하면 정의의 제1원리는 동등한 자유의 원리이며, 제2원리는 정당한 불평등의 원리이다. 제2원리 내에서 충돌이 생길 때에는 기회균등의 원리가 차등조정의 원리에 우선되어야 한다.
> ㄹ. 베를린(Berlin)은 자유의 의미를 두 가지로 구분하였는데, 간섭과 제약이 없는 상태를 소극적 자유라고 하고 무엇을 할 수 있는 자유를 적극적 자유라고 하였다.

① ㄱ, ㄴ
② ㄱ, ㄴ, ㄷ
③ ㄱ, ㄴ, ㄹ
④ ㄱ, ㄴ, ㄷ, ㄹ

06 품목별예산제도(LIBS)와 계획예산제도(PPBS)에 대한 설명으로 옳지 않은 것은?

	LIBS	PPBS
① 기본적 지향	통제	계획
② 기획책임	분산	집중
③ 대안선택	점증적 결정	총체적 결정
④ 통제책임	운영단위	중앙

07 후기 행태주의적 관점에서 바라본 포스트모더니즘의 특징으로 옳지 않은 것은?

① 우리가 발견할 수 있는 객관적 사실이 있다고 보는 객관주의를 배척하고 사회적 현실은 우리들의 마음 속에서 구성된다고 본다.
② 보편주의와 객관주의를 추구하는 것은 헛된 꿈이라고 비판하고 지식의 상대주의를 주장한다.
③ 개인들은 조직과 사회적 구조의 지시와 제약으로부터 해방되어야 한다고 주장한다.
④ 나 아닌 다른 사람을 도덕적 타자가 아니라 인식적 객체로 인정하는 것이다.

08 공무원의 신규임용절차를 올바르게 나열한 것은?

> ㄱ. 모집
> ㄴ. 시보임용
> ㄷ. 시험
> ㄹ. 채용후보자명부작성 및 기관 추천
> ㅁ. 임명 및 보직부여

① ㄱ - ㄴ - ㄷ - ㄹ - ㅁ
② ㄱ - ㄷ - ㄴ - ㄹ - ㅁ
③ ㄱ - ㄷ - ㄹ - ㄴ - ㅁ
④ ㄱ - ㄹ - ㄴ - ㄷ - ㅁ

09 정책결정모형에 대한 설명으로 옳지 않은 것은?

① 윌다브스키(Wildavsky)의 점증주의적 정책결정모형은 합리주의적 정책결정모형의 현실적 한계를 비판하면서 등장한 모형으로서 다원적 정치체제의 정책결정에 대한 설명력이 높다.

② 에치오니(Etzioni)의 혼합주사모형 중 세부적 결정에서는 대안의 종류를 포괄적으로 고려하고 대안들에 대한 결과예측은 제한적으로 한다.

③ 쓰레기통모형에서는 문제, 해결책, 선택 기회, 참여자의 네 요소가 독자적으로 흘러다니다가 어떤 계기로 교차해 만나게 될 때 의사결정이 이뤄진다고 본다.

④ 사이먼(Simon)은 현실적 제약 조건을 고려하여 제한된 합리성을 추구하는 정책결정모형을 제시하였다.

10 프레스만과 윌다브스키(Pressman & Wildavsky)가 '오클랜드 프로젝트'에서 지적한 정책집행의 실패원인으로 옳지 않은 것은?

① 집행과정에 참여자가 너무 많아서 정책집행에 어려움을 겪었다.

② 중요한 지위에 있는 자들이 너무 장기간 자리하고 있어서 정책집행에 대한 보수적 성격을 갖게 되었다.

③ 정책목표를 달성할 수 있는 적절한 수단마련에 실패했다.

④ 정책집행을 담당하는 기구가 적절하지 못하였다.

11 정부조직의 미션, 비전, 핵심가치에 대한 설명으로 옳지 않은 것은?

① 미션은 '왜 우리 조직이 존재해야 하는지?' 또는 '우리 조직이 없으면 무엇이 문제인지?'에 대한 답을 담고 있다.

② 비전은 조직의 미래의 모습에 대한 '머릿속의 그림'이자 '언어로 그린 그림'이다.

③ 핵심가치는 무엇이 할 일이고, 무엇이 할 일이 아닌지에 대한 지침 내지 기준을 제공해야 한다.

④ 비전이 구성원에 의하여 공유되기 위해서는 리더와 부하가 함께 비전을 설정하는 것이 바람직하다.

12 개방체제의 특징으로 가장 옳지 않은 것은?

① 동적 항상성(dynamic homeostasis)
② 긍정적 엔트로피(positive entropy)
③ 환경적 자각
④ 분화와 통합

13 제4차 산업혁명(The Fourth Industrial Revolution)의 특징에 대한 설명으로 옳지 않은 것은?

① 2016년 세계 경제 포럼(WEF; World Economic Forum)에서 언급되었으며 컴퓨터, 인터넷으로 대표되는 제3차 산업혁명(정보혁명)에서 한 단계 더 진화한 혁명으로도 일컬어진다.

② 초연결(hyperconnectivity)과 초지능(superintelligence)을 특징으로 하기 때문에 기존 산업혁명에 비해 더 넓은 범위(scope)에 더 빠른 속도(velocity)로 영향(impact)을 미친다.

③ 탈분권, 공유와 개방을 통한 맞춤형 시대의 지능화 세계를 지향하며, 이를 구축하기 위해 빅데이터, 인공지능, 블록체인 등의 여러 가지 기술이 동원된다.

④ 사물인터넷, 로봇공학, 양자암호 등 첨단 정보통신기술이 경제·사회 전반에 융합되어 혁신적인 변화가 나타나는 차세대 산업혁명이다.

14 우리나라 정부예산의 과목구조에 대한 설명으로 옳지 않은 것은?

① 우리나라 예산은 소관별로 구분된 후, 기능별로 분류되고 마지막으로 목별로 분류된다.

② 성질별로 분류할 때 물건비는 목(성질)에 해당하고, 운영비는 세목에 해당한다.

③ 기능을 중심으로 장은 부문, 관은 분야, 항은 프로그램, 세항은 단위사업을 의미한다.

④ 장 사이의 상호 융통(이용)은 국회의 통제를 받는다.

15 다음 제시된 지방세 각 세목에 대한 설명의 연결로 옳지 않은 것은?

ㄱ. 국세인 부가가치세의 일부를 지방세로 전환한 세금이다. 납세의무자는 부가가치세를 납부할 의무가 있는 자이며, 국가에 부가가치세를 납부하면 국가가 납세액의 일정비율을 지방자치단체로 이전하는 형식을 취한다.

ㄴ. 지하·해저자원, 관광자원, 수자원, 특수지형 등 지역자원의 보호 및 개발, 지역의 특수한 재난예방 등 안전관리사업 및 환경보호·개선사업, 그 밖에 지역 균형개발사업에 필요한 재원을 확보하거나 소방시설, 오물처리시설, 수리시설 및 그 밖의 공공시설에 필요한 비용을 충당하기 위하여 부과하는 세금이다.

ㄷ. 소득분과 종업원분으로 구분한다. 소득분은 지방자치단체에서 소득세 및 법인세의 납세의무가 있는 자에게 부과하고, 종업원분은 종업원에게 급여를 지급하는 사업주에게 부과한다.

ㄹ. 지방교육의 질적 향상에 필요한 지방교육재정의 확충에 소요되는 재원을 확보하기 위하여 부과한다. 레저세, 담배소비세, 주민세 균등분 등의 납세의무자에게 부과한다.

① ㄱ - 지방소비세
② ㄴ - 지역자원시설세
③ ㄷ - 지방교부세
④ ㄹ - 지방교육세

16 우리나라 공무원의 연금지급 제한사유로 옳지 않은 것은?

① 재직 중의 사유로 금고 이상의 형이 확정된 경우
② 공직자가 직위해제 된 경우
③ 탄핵 또는 징계에 의하여 파면된 경우
④ 금품 및 향응 수수, 공금의 횡령·유용으로 징계에 의하여 해임된 경우

17 직위분류제의 필요성에 대한 설명으로 옳지 않은 것은?

① 행정의 전문화와 능률화에 기여한다.
② 조직의 원활한 횡적 의사소통을 위해 필요하다.
③ 근무성적평정의 객관화 등 과학적·합리적 인사행정에 기여한다.
④ 직위 간 권한과 책임의 한계를 명확히 할 수 있다.

18 정부재정사업 추진 시 예비타당성조사의 면제대상에 대한 내용으로 가장 옳지 않은 것은?

① 중앙관서의 장이 예비타당성조사를 면제받으려는 경우에는 해당 사업의 명칭, 개요, 필요성과 면제 사유 등을 명시한 예비타당성조사 면제요구서를 기획재정부장관에게 제출하여야 한다.
② 기획재정부장관은 예비타당성조사 면제요구서를 제출받은 경우 국가기밀과 관계된 사업의 경우에도 관계 전문가의 자문을 거쳐 예비타당성조사 면제 여부를 결정하고 소관 중앙관서의 장에게 그 결과를 통보하여야 한다.
③ 남북교류협력에 관계되거나 국가 간 협약·조약에 따라 추진하는 사업은 면제대상이다.
④ 공공청사, 교정시설, 초·중등 교육시설의 신·증축 사업은 면제대상이다.

19 다음 중 매트릭스구조에 대한 설명으로 옳은 것만을 모두 고르면?

> ㄱ. 기능구조와 사업구조의 화학적 결합을 시도하는 조직구조이다.
> ㄴ. 이원적 권한 체계를 갖는 데 그 기본적 특성이 있다.
> ㄷ. 기능부서 통제권한의 계층은 수직적으로 흐르고, 사업부서 간 조정권한의 계층은 수평적으로 흐르게 된다.
> ㄹ. 기능부서의 기술적 전문성이 요구되는 동시에 사업부서의 신속한 대응성의 필요가 증대되면서 등장하였다.

① ㄱ, ㄴ
② ㄱ, ㄴ, ㄷ
③ ㄱ, ㄷ, ㄹ
④ ㄱ, ㄴ, ㄷ, ㄹ

20 롬젝과 더브닉(Romzek & Dubnick)이 주장한 행정통제의 유형 중 외부 지향적이고 통제의 강도가 낮은 것은?

① 법적 통제
② 전문적 통제
③ 정치적 통제
④ 관료적 통제

11회 Review

문항	정답	CHAPTER	Self Check	난이도
01	①	정책의제설정 및 정책결정에 대한 시각	○/△/×	●●○
02	④	조직관리 및 개혁론	○/△/×	●●○
03	③	지방자치단체와 국가의 관계	○/△/×	●●○
04	④	지방자치와 주민참여	○/△/×	●●○
05	④	행정의 가치와 이념	○/△/×	●●●
06	④	예산제도의 발달과 개혁	○/△/×	●●○
07	④	행정학의 접근방법과 주요이론	○/△/×	●●○
08	③	인적자원관리(임용, 능력발전, 사기부여)	○/△/×	●●○
09	②	정책결정론	○/△/×	●●○
10	②	정책집행론	○/△/×	●●○

문항	정답	CHAPTER	Self Check	난이도
11	③	조직관리 및 개혁론	○/△/×	●●○
12	②	행정학의 접근방법과 주요이론	○/△/×	●●○
13	③	정보화와 행정	○/△/×	●●●
14	③	국가재정의 기초이론	○/△/×	●●○
15	③	지방자치단체의 재정	○/△/×	●●●
16	②	인적자원관리(임용, 능력발전, 사기부여)	○/△/×	●●○
17	②	공직의 분류	○/△/×	●●○
18	②	예산과정론	○/△/×	●●○
19	④	조직구조론	○/△/×	●●●
20	③	행정책임과 행정통제	○/△/×	●○○

[Self Check] 문제에 대한 이해 정도를 스스로 점검하여 ○(문제 이론의 내용을 정확히 알고 있음) / △(개념이 헷갈리거나 정확히 알지 못함) / ×(생소하거나 학습하지 못한 이론)으로 구분하여 표시합니다.

핵심지문 OX

11회 실전동형모의고사에서 꼭 되짚어야 할 핵심 지문을 다시 확인해보시기 바랍니다.

01 행정협의조정위원회는 위원장 1명을 포함하여 13명 이내의 위원으로 구성한다. (   )

02 주민투표의 발의는 지방자치단체의 장에게만 인정되고 있다. (   )

03 공익의 실체설은 공익을 사익의 총합이라고 파악하며, 사익을 초월한 별도의 공익이란 존재하지 않는다고 본다. (   )

04 품목별예산제도(LIBS)의 통제책임은 중앙에, 계획예산제도(PPBS)의 통제책임은 운영단위에 있다. (   )

05 포스트모더니즘에서는 개인들은 조직과 사회적 구조의 지시와 제약으로부터 해방되어야 한다고 주장한다. (   )

06 공무원의 신규임용절차는 모집, 시험, 채용후보자명부작성 및 기관 추천, 시보임용, 임명 및 보직부여의 순서로 이루어진다. (   )

07 개방체제의 특징으로 동적 항상성, 긍정적 엔트로피 등이 있다. (   )

08 직위분류제는 조직의 원활한 횡적 의사소통을 위해 필요하다. (   )

09 매트릭스구조는 기능구조와 사업구조의 화학적 결합을 시도하는 조직구조이다. (   )

10 롬젝과 더브닉(Romzek & Dubnick)이 주장한 행정통제의 유형 중 외부 지향적이고 통제의 강도가 낮은 것은 정치적 통제이다. (   )

[정답] **01** ○ **02** ○ **03** × 과정설에 대한 설명이다. **04** ○ **05** ○ **06** × 직급에 대한 설명이다. **07** × 엔트로피(해체·소멸)를 부정하는 부정적 엔트로피(negative entropy)를 추구한다. **08** × 직위분류제는 횡적(수평적) 의사소통을 단절시켜 할거주의를 야기할 가능성이 크다. **09** ○ **10** ○

12회 실전동형모의고사

제한시간 : 15분 **시작** 시 분 ~ **종료** 시 분 **점수 확인** 개 / 20개

01 앨리슨(Allison)모형에 대한 설명으로 옳은 것은?

① 합리적 행위자모형은 SOP 확립을 매우 중요하게 생각한다.

② 조직과정모형은 조직의 목표에 대한 공유도가 강하고 정책목표에 대한 일관성도 높다.

③ 관료정치모형은 권력의 소재가 개인들의 정치적 자원에 기반하고 있다.

④ 하나의 조직에서는 세 가지 의사결정방식 중 반드시 하나의 의사결정방식만 나타난다.

02 「지방자치분권 및 지방행정체제 개편에 관한 특별법」에 대한 내용으로 옳지 않은 것은?

① 국가는 지방자치단체와 「지방자치법」에 따른 지방자치단체의 장 등의 협의체 및 각계각층의 의견을 수렴하여 자치분권 및 지방행정체제 개편에 필요한 법적·제도적인 조치를 마련하여야 하며, 자치분권정책을 수행하기 위한 법적 조치를 마련하는 때에는 개별적·세부적으로 하여야 한다.

② 지방자치단체는 국가가 추진하는 자치분권정책에 부응하여 행정 및 재정의 책임성과 효율성을 높이는 등의 개선조치를 마련하여야 한다.

③ 지방자치단체는 국가가 추진하는 지방행정체제 개편에 적극 협조하여야 한다.

④ 자치분권위원회는 자치분권 종합계획을 시행하기 위하여 관계 중앙행정기관의 장과 협의를 거쳐 매년 자치분권 시행계획을 수립·시행하여야 한다.

03 공공선택론에 대한 설명으로 가장 옳지 않은 것은?

① 시민 개개인의 선호와 선택을 중시하고, 이를 위해 경쟁을 통한 행정의 대응성을 제고한다.

② 정치 또한 사익과 사익의 교환과정에서 발생하는 현상으로 본다.

③ 국가는 재정운영의 효율성을 높임으로써 사회전체의 후생극대화를 추구한다.

④ 단일의 권력중추가 통제하는 고전적 구조를 비판하고, 상호경쟁이 가능한 중첩적인 관할권과 가외적 구조를 대안으로 제시한다.

04 티부(Tiebout)가설에 대한 설명으로 옳지 않은 것은?

① 사무엘슨(Samuelson)의 중앙정부 차원의 공공재이론에 대한 반론으로 제기된 것이다.

② 재정이 부족한 지방자치단체에는 중앙정부가 국고보조금을 지원해준다고 전제한다.

③ 주민들이 지방정부 간에 자유롭게 이동할 수 있기 때문에 지방공공재(local public goods)에 대한 주민들의 선호가 표시된다.

④ 외부효과와 이동비용은 없는 것으로 가정하며, 세수방식은 재산세를 중심으로 한다.

05 우리나라의 재정지출에 대한 설명으로 옳지 않은 것은?

① 재정지출은 의무지출과 재량지출로 구분한다.

② 의무지출은 정부 재정지출이 필요한 사항 중 지출 근거와 요건이 법령에 근거해 지출규모가 결정되는 법정지출로, 지급기준이 정해져 실질적으로 축소가 어려운 경직성 지출이다.

③ 재량지출은 정부가 정책적 의지에 따라 대상과 규모를 어느 정도 조정 가능한 예산으로 매년 입법조치가 필요한 유동적인 지출이다.

④ 지방교부세, 지방교육재정교부금, 채무상환액 등은 의무지출이고, 정부부처 운영비, 국채에 대한 이자지출은 재량지출이다.

07 사회적 자본(social capital)에 대한 설명으로 가장 옳지 않은 것은?

① 사회적 규범 또는 효과적인 사회적 제재력을 제공한다.

② 경제적 자본에 비해 형성과정이 불투명하고 불확실하다.

③ 집단결속력으로 인해 다른 집단과의 관계에 있어서 부정적 효과를 나타낼 수도 있다.

④ 동조성(conformity)을 요구하면서 개인의 행동이나 사적 선택을 적극적으로 촉진시킨다.

06 다음 중 직위분류제의 구성요소와 제시된 설명을 옳게 연결한 것은?

> ㄱ. 한 사람의 근무를 요하는 직무와 책임
> ㄴ. 직무의 종류는 유사하나 곤란도·책임도가 서로 다른 직급의 군
> ㄷ. 직위가 내포하는 직무의 성질 및 난이도, 책임의 정도가 유사한 직위의 집단
> ㄹ. 직무의 종류는 다르지만, 직무수행의 책임도와 자격요건이 상당히 유사하여 동일한 보수를 지급할 수 있는 직위의 횡적 군
> ㅁ. 직무의 성질이 유사한 직렬의 군

	ㄱ	ㄴ	ㄷ	ㄹ	ㅁ
①	직위	직렬	직급	등급	직군
②	직위	등급	직렬	직급	직군
③	직위	직급	직렬	등급	직류
④	직급	직렬	직류	등급	직군

08 다음 직접성의 정도에 의한 정책수단의 분류(Salamon) 중 직접성이 가장 높은 것으로 옳은 것을 모두 고르면?

> ㄱ. 직접소비   ㄴ. 경제규제
> ㄷ. 조세감면   ㄹ. 직접대부
> ㅁ. 공공정보   ㅂ. 공기업
> ㅅ. 바우처   ㅇ. 사회규제
> ㅈ. 보조금   ㅊ. 보험

① ㄱ, ㄴ, ㄷ, ㄹ, ㅁ, ㅊ

② ㄱ, ㄴ, ㄹ, ㅁ, ㅂ, ㅊ

③ ㄱ, ㄷ, ㄹ, ㅂ, ㅇ, ㅈ

④ ㄱ, ㄷ, ㅁ, ㅂ, ㅇ, ㅈ

09 예산의 세출과목에서 입법과목과 행정과목에 대한 항목으로 옳은 것은?

	입법과목	행정과목
①	장	관, 항, 세항, 목
②	장, 관	항, 세항, 목
③	장, 관, 항	세항, 목
④	장, 관, 항, 세항	목

10 다음의 주장과 관련 있는 행정이론에 대한 설명으로 가장 옳지 않은 것은?

> • 고객이 아닌 시민에 대해 봉사하라.
> • 공익을 찾으려고 노력하라.
> • 기업주의 정신보다는 시민의식(citizenship)의 가치를 받아들여라.
> • 전략적으로 생각하고 민주적으로 행동하라.
> • 책임성이라는 것이 단순한 것이 아니라는 점을 인식하라.
> • 단순히 생산성이 아니라 '사람'의 가치를 받아들여라.

① 담론의 중요성을 강조한다.
② 서비스에 기반한 정부의 새로운 역할을 강조한다.
③ 민주주의의 정신과 협력에 기반한 관료의 특성과 책임을 강조한다.
④ 복잡한 미래 사회에서 정부의 방향잡기 역할을 강조한다.

11 다음 제시된 사례에 해당하는 나카무라와 스몰우드(Nakamura & Smallwood)의 정책집행모형으로 옳은 것은?

> 정부는 최근 식생활 문제나 환경오염으로 인해서 암이나 심장병 질환의 발병률이 증가하는 것을 인식하였다. 이에 따라 암이나 심장질환과 같은 특정 질병의 해결을 위한 연구를 국립보건기구나 의과대학에 의뢰하였다.

① 고전적 기술자형
② 지시적 위임가형
③ 재량적 실험가형
④ 관료적 기업가형

12 우리나라의 지방자치제도에 대한 설명으로 옳지 않은 것은?

① 지방의원에 대한 제명에 있어서는 재적의원 3분의 2 이상의 찬성이 있어야 한다.
② 지방의회 의장 또는 부의장에 대한 불신임의결은 재적의원 3분의 1 이상 발의와 재적의원 과반수의 찬성으로 행한다.
③ 지방자치단체장은 주민투표의 전부 또는 일부 무효의 판결이 확정된 때에는 그 날부터 20일 이내에 무효로 된 투표구의 재투표를 실시하여야 한다.
④ 지방의회는 매년 1회 그 지방자치단체의 사무에 대하여 시·도에서는 14일의 범위에서, 시·군 및 자치구에서는 9일의 범위에서 감사를 실시한다.

13 리더십 연구 중 생산에 대한 관심과 인간에 대한 관심을 각각 9등급으로 나누어서 분류한 모형으로 옳은 것은?

① 블레이크와 모튼(Blake & Mouton)의 관리망모형
② 피들러(Fiedler)의 상황적합성이론
③ 허쉬와 블랜차드(Hersey & Blanchard)의 3차원 리더십이론
④ 레딘(Reddin)의 효과성모형

15 수평적 전문화와 수직적 전문화에 대한 설명으로 옳지 않은 것은?

① 비숙련 직무는 생산부서의 일로서 수평적 전문화와 수직적 전문화의 수준이 모두 높은 경우에 효과적이다.
② 고위관리 직무는 전략적 기획이나 결정으로서 수평적 전문화와 수직적 전문화의 수준이 모두 낮은 경우에 효과적이다.
③ 직무확장(job enlargement)은 기존의 직무에 수평적으로 연관된 직무요소 또는 기능들을 추가하는 수평적 직무재설계의 방법으로서, 수평적 전문화의 수준이 높아지는 것이다.
④ 직무풍요화(job enrichment)는 직무를 맡는 사람의 책임성과 자율성을 높이고, 직무수행에 관한 환류가 원활히 이루어지도록 직무를 재설계하는 방법으로서, 수직적 전문화의 수준이 낮아지는 것이다.

14 동기부여이론에 대한 설명으로 옳지 않은 것은?

① 매슬로우(Maslow)의 욕구계층론에 의하면 인간의 욕구는 생리적 욕구, 안전욕구, 사회적 욕구, 존중욕구, 자기실현욕구의 5개로 나누어져 있으며 하위 계층의 욕구가 충족되어야 상위 계층의 욕구가 나타난다.
② 허즈버그(Herzberg)의 동기 – 위생이론에 따르면 욕구가 충족되었다고 해서 모두 동기부여로 이어지는 것이 아니고, 어떤 욕구는 충족되어도 단순히 불만을 예방하는 효과밖에 없다. 이러한 불만 예방효과만 가져오는 요인을 위생요인이라고 설명한다.
③ 애덤스(Adams)의 형평성이론에 의하면 인간은 자신의 투입에 대한 산출의 비율이 비교대상의 투입에 대한 산출의 비율보다 크거나 작다고 지각하면 불형평성을 느끼게 되고, 이에 따른 심리적 불균형을 해소하기 위하여 형평성 추구의 행동을 작동시키는 동기가 유발된다고 본다.
④ 브룸(Vroom)의 기대이론에 의하면 동기의 정도는 노력을 통해 얻게 될 중요한 산출물인 목표달성, 보상, 만족에 대한 주관적 믿음에 의하여 결정되는데 특히 성과와 보상 간의 관계에 대한 인식인 기대치의 정도가 동기부여의 주요 요인이다.

16 예산제도에 대한 설명으로 옳지 않은 것은?

① 품목별예산(LIBS)은 공무원에 대한 회계책임 확보와 행정부에 대한 재정통제가 용이하다.
② 성과주의예산(PBS)은 최종산출물 중심으로 정책성과에 대한 질적 평가가 이루어진다.
③ 계획예산(PPBS)은 예산의 절약과 능률성과 같은 자원배분의 최적화를 기하려는 기획 중심의 예산이다.
④ 영기준예산(ZBB)은 0의 수준에서 새로이 정책이나 사업을 편성하려는 감축 중심의 예산이다.

17 공직부패의 유형에 대한 설명으로 옳지 않은 것은?

① 거래형 부패는 뇌물을 받고 혜택을 부여하는 전형적인 부패로서 외부부패이다.

② 제도화된 부패는 생계비의 부족을 충당하기 위하여 하급 관료들에 의해서 발생하는 소소한 부패이다.

③ 일탈형 부패는 단속 중에 뇌물을 받고 눈감아주는 것으로 공직자의 개인적 부패이다.

④ 사기형 부패는 공금횡령이나 회계부정행위로서 비거래적인 내부부패이다.

18 공직자의 근무성적평정방법과 그 장단점에 대한 설명으로 옳지 않은 것은?

① 도표식평정척도법은 평정이 용이하나, 평정요소의 합리적 선정이 어렵고 등급기준이 모호하며, 연쇄효과가 우려된다.

② 사실기록법은 객관적인 사실(작업량·근무기록 등)에 기초하므로 객관적이기는 하지만, 작업량을 측정하기 어려운 업무에는 적용하기 곤란하다.

③ 행태관찰척도법(BOS)은 도표식평정척도법과 중요사건기록법의 장점을 결합한 것으로, 주관적 판단을 배제하기 위하여 직무분석을 통하여 과업분야를 선정하고 등급을 부여한 후 점수를 할당한다.

④ 체크리스트평정법은 평정요소에 관한 평정항목을 만들기가 힘들 뿐만 아니라, 질문항목이 많을 경우 평정자가 혼란을 가지게 된다.

19 사이버네틱스모형에 대한 설명으로 옳지 않은 것은?

① 합리모형과 가장 극단적으로 대립되는 것으로 분석적 합리성이 완전히 존재하지 않는 적응적 의사결정을 인정한다.

② 불확실성의 통제, 개인적 의사결정, 도구적 학습을 특징으로 한다.

③ 위너(N. Wiener)에 의하여 최초로 제시되었으며, 오늘날 정책이론이나 조직관리론에서 널리 원용되고 있다.

④ 스타인브루너(J. D. Steinbruner)는 의사결정이나 시스템 공학에 이를 응용하여 관료제에서 이루어지는 정책결정을 단순하게 묘사하려고 하였다.

20 행정개혁과정에서 발생하는 저항을 극복하기 위한 기술적·공리적 전략으로 옳지 않은 것은?

① 개혁내용의 명확화와 공공성의 강조

② 개혁방법과 기술의 수정

③ 적절한 시기의 선택

④ 충분한 시간부여

12회 실전동형모의고사
모바일 자동 채점 + 성적 분석 서비스
바로 가기 (gosi.Hackers.com)

QR코드를 이용하여 해커스공무원의 '모바일 자동 채점 + 성적 분석 서비스로 바로 접속하세요!

* 해커스공무원 사이트의 가입자에 한해 이용 가능합니다.

12회 / Review

문항	정답	CHAPTER	Self Check	난이도
01	③	정책결정론	○/△/×	●○○
02	①	지방행정의 기초이론	○/△/×	●●●
03	③	행정학의 접근방법과 주요이론	○/△/×	●●●
04	②	지방자치단체의 재정	○/△/×	●●○
05	④	국가재정의 기초이론	○/△/×	●●●
06	①	공직의 분류	○/△/×	●●○
07	④	행정학의 접근방법과 주요이론	○/△/×	●●○
08	②	정책학의 개관	○/△/×	●●●
09	③	국가재정의 기초이론	○/△/×	●●○
10	④	행정학의 접근방법과 주요이론	○/△/×	●●○

문항	정답	CHAPTER	Self Check	난이도
11	③	정책집행론	○/△/×	●●○
12	②	지방행정의 기초이론	○/△/×	●●○
13	①	조직관리 및 개혁론	○/△/×	●●○
14	④	조직행태론	○/△/×	●●○
15	③	조직의 기초이론	○/△/×	●●○
16	②	예산제도의 발달과 개혁	○/△/×	●●○
17	②	공무원의 근무규율과 인사행정개혁	○/△/×	●●○
18	③	인적자원관리(임용, 능력발전, 사기부여)	○/△/×	●●○
19	②	정책결정론	○/△/×	●●●
20	④	행정개혁론	○/△/×	●○○

[Self Check] 문제에 대한 이해 정도를 스스로 점검하여 ○(문제 이론의 내용을 정확히 알고 있음) / △(개념이 헷갈리거나 정확히 알지 못함) / ×(생소하거나 학습하지 못한 이론)으로 구분하여 표시합니다.

핵심지문 OX

12회 실전동형모의고사에서 꼭 되짚어야 할 핵심 지문을 다시 확인해보시기 바랍니다.

01 앨리슨(Allison)모형 중 관료정치모형은 권력의 소재가 개인들의 정치적 자원에 기반하고 있다. (   )

02 국가재정은 지방재정에 비해 조세에 대한 의존도가 낮다. (   )

03 공공선택론은 시민 개개인의 선호와 선택을 중시하고, 이를 위해 경쟁을 통한 행정의 대응성을 제고한다. (   )

04 티부(Tiebout)가설은 재정이 부족한 지방자치단체에는 중앙정부가 국고보조금을 지원해 준다고 전제한다. (   )

05 신공공서비스론(NPS)은 정부가 방향을 잡는 것은 복잡한 미래사회에서 수행하기 어렵거나 불가능하다고 보고 시민에 대한 봉사(Service)를 강조하였다. (   )

06 지방자치단체장은 주민투표의 전부 또는 일부 무효의 판결이 확정된 때에는 그 날부터 14일 이내에 무효로 된 투표구의 재투표를 실시하여야 한다. (   )

07 허즈버그(Herzberg)의 동기-위생이론에 따르면, 위생요인이 충족되었다고 해서 동기부여로 이어지는 것이 아니고, 위생요인이 충족되어도 단순히 불만을 예방하는 효과밖에 없다. (   )

08 비숙련 직무는 생산부서의 일로서 수평적 전문화와 수직적 전문화의 수준이 모두 낮은 경우에 효과적이다. (   )

09 일탈형 부패는 단속 중에 뇌물을 받고 눈감아주는 것으로 공직자의 개인적 부패이다. (   )

10 도표식평정척도법은 평정이 용이하나, 평정요소의 합리적 선정이 어렵고 등급기준이 모호하며, 연쇄효과가 우려된다. (   )

[정답] **01** × 지방정부에서 담당해야 한다. **02** × 국가재정은 지방재정에 비해 조세에 대한 의존도가 높다. **03** ○ **04** × 국가에서 재정을 지원하지 않는 것을 전제한다. **05** ○ **06** × 20일 이내이다. **07** ○ **08** × 모두 높은 경우에 효과적이다. **09** ○ **10** ○

13회 실전동형모의고사

제한시간 : 15분 시작 시 분 ~ 종료 시 분 점수 확인 개 / 20개

01 디마지오(Dimaggio)와 파웰(Powell)은 오늘날 조직 구조 변화는 조직을 더 유사해지도록 하는 과정, 즉 동형화의 결과라고 주장하였다. 다음 사례에 해당하는 동형화의 유형으로 가장 옳은 것은?

> 교육기관 또는 전문가의 의견이나 자문을 통한 정당화를 말하는데 주요 이론이나 국내·외 성공 사례를 중심으로 한 전문가 집단의 방향 제시를 지방자치단체가 따라하는 것이 그 예이다.

① 강압적 동형화(coercive isomorphism)
② 규범적 동형화(normative isomorphism)
③ 모방적 동형화(mimetic isomorphism)
④ 제도적 동형화(institutional isomorphism)

02 다음 중 「정부조직법」상 복수차관제를 시행하고 있는 우리나라의 정부부처로 옳은 것은?

> ㄱ. 농축산식품부   ㄴ. 과학기술정보통신부
> ㄷ. 외교부   ㄹ. 통일부
> ㅁ. 국토교통부   ㅂ. 산업통상자원부
> ㅅ. 교육부   ㅇ. 기획재정부

① ㄱ, ㄴ, ㄷ, ㅁ, ㅂ
② ㄱ, ㄴ, ㄷ, ㅁ, ㅅ
③ ㄴ, ㄷ, ㄹ, ㅂ, ㅇ
④ ㄴ, ㄷ, ㅁ, ㅂ, ㅇ

03 다음 톰슨(Thompson)의 의사결정환경에 따른 대안선택의 전략 중 ㄱ~ㄹ의 내용으로 옳은 것은?

구분		선호합의	
		유	무
인과관계 합의	유	ㄱ	ㄴ
	무	ㄷ	ㄹ

	ㄱ	ㄴ	ㄷ	ㄹ
①	계산전략	판단전략	타협전략	영감전략
②	계산전략	타협전략	판단전략	영감전략
③	영감전략	판단전략	타협전략	계산전략
④	영감전략	타협전략	판단전략	계산전략

04 「행정규제기본법」에 규정되어 있는 내용으로 옳지 않은 것은?

① 규제는 법률에 근거하여야 하며, 행정기관은 법률에 근거하지 아니한 규제로 국민의 권리를 제한하거나 의무를 부과할 수 없다.
② 국가 또는 지방자치단체는 국민의 자유와 창의를 존중하고 규제를 정하는 경우에도 그 본질적 내용을 침해하지 아니하도록 하여야 한다.
③ 규제의 존속기한은 규제의 목적을 달성하기 위하여 필요한 최소한의 기간 내에서 설정되어야 하며, 그 기간은 원칙적으로 5년을 초과할 수 없다.
④ 규제에 대한 부처별 총량을 정한 뒤 그 상한선을 유지하도록 통제를 실시한다.

05 최근 지방선거에서 중·대선거구제의 도입을 찬성하는 논의가 이루어지고 있다. 이러한 논의의 내용으로 옳지 않은 것은?

① 사표를 방지하고 소지역 중심의 정치적 이기주의를 방지할 수 있다.

② 조직기반이 강한 지역 정치인보다는 정책지향성이 높은 유능한 인사가 당선될 가능성이 높다.

③ 군소 정당이나 신생 정당도 의석을 획득할 가능성이 높기 때문에 다양한 의사를 대변할 수 있어 지방정부의 대표성이 강화된다.

④ 후보자와 유권자의 접촉이 용이하여 지역주민들의 정치적 소외를 방지할 수 있다.

06 신공공관리론적 정부혁신의 한계점을 지적하면서 제시된 신공공서비스론의 논리로 가장 옳지 않은 것은?

① 지역공동체와 시민사회모형, 조직인본주의, 포스트 모더니즘 등에 근거하고 있다.

② 신공공서비스론은 신행정학에서 강조했던 사회적 형평성과 대응성 등을 강조하였다.

③ 신공공서비스론은 집단이나 계층, 지역의 이해관계와 결부된 정책결정 등에 대한 해결책을 찾기가 곤란하다.

④ 신공공서비스론은 행정의 규범적 특성과 가치가 지나치게 강조됨으로써 행정의 전문성과 효율성 등 수단적인 가치가 위축될 수 있다.

07 정부기금에 대한 설명으로 옳지 않은 것은?

① 특정한 목적을 위하여 특정한 자금을 운영할 필요가 있을 때 예산에 포함시켜 운영된다.

② 기금의 조성은 정부출연과 민간출연에 의해 이루어진다.

③ 운용방법에 따라 소비성기금, 회전성기금, 적립성기금으로 구분된다.

④ 설치된 기금은 중앙관서의 장이 관리하되 의회의 심의와 결산을 받고 운영된다.

08 「지방자치법」상 지방자치단체의 사무범위로 보기에 가장 옳지 않은 것은?

① 지방자치단체의 구역, 조직, 행정관리 등에 관한 사무

② 교육·체육·문화·예술의 진흥에 관한 사무

③ 농림·상공업 등 산업 진흥에 관한 사무

④ 농산물·임산물·축산물·수산물 및 양곡의 수급조절과 수출입 등의 사무

09 정책결정이론에 대한 설명으로 옳지 않은 것은?

① 앨리슨(Allison)모형은 쿠바 미사일 사태에 대한 사례분석으로 정부의 정책결정 과정은 합리모형보다는 조직과정모형과 관료정치모형으로 설명하는 것이 더 바람직하다고 주장한다.

② 드로어(Dror)가 주장한 최적모형은 기존의 합리적 결정 방식이 지나치게 수리적 완벽성을 추구해 현실성을 잃었다는 점을 지적하고 합리적 분석뿐만 아니라 결정자의 직관적 판단도 중요한 요소로 간주한다.

③ 쓰레기통모형은 문제, 해결책, 선택기회, 참여자의 네 요소가 독자적으로 흘러다니다가 어떤 계기로 만나게 될 때 결정이 이루어진다고 설명한다.

④ 에치오니(Etzioni)의 혼합탐사모형에 의하면 결정은 근본적 결정과 세부적 결정으로 나누어질 수 있으며, 합리적 의사결정모형과 점증적 의사결정모형을 보완적으로 사용할 수 있다.

10 다음 중 학습성이 가장 뛰어난 조직으로 옳은 것은?

① 네트워크구조
② 기능구조
③ 사업구조
④ 매트릭스조직

11 다음에서 설명하는 교육훈련방식으로 옳은 것은?

> 미래에 발생할 수 있는 다양한 형태의 모의업무상황을 미리 준비해 놓고 하나의 업무상황을 임의적으로 선택하게 하여 이를 실제 수행하게 하는 방법이다.

① 실험실훈련
② 태도조사법
③ 서류함기법
④ 액션러닝

12 다음에서 설명하는 톰슨(Thompson)의 기술유형으로 옳은 것은?

> • 기술의 복합체로서 다양한 기술이 개별적인 고객의 성격과 상태에 따라 다르게 배합되는 기술이다. 이때 다양한 기술 간의 선택, 배합 및 적용 순서는 대상물의 구체적 조건에 따라 결정된다.
> • 예를 들어 종합병원에서 환자를 치료할 때 병리검사, 전문의료, 투약, 입원 등의 기술이 동원될 수 있는 데, 이 중에서 어떤 것을 어떤 순서에 의해 제공하는가는 환자의 상태에 따라 결정된다.

① 중개적 기술(Mediating Technology)
② 길게 연계된 기술(Long-linked Technology)
③ 공학적 기술(Engineering Technology)
④ 집약적 기술(Intensive Technology)

13 정책집행에 관한 상향식 접근방법(bottom-up approach)의 장점에 대한 설명으로 옳지 않은 것은?

① 정책대상집단을 포함한 관련 집단들이 문제를 해결하려는 전략이 무엇인지를 파악할 수 있다.
② 정책집행의 실패방지나 성공을 위해서 알아야 할 중요한 원인을 체계적으로 밝혀준다.
③ 문제를 해결하기 위해 추진되고 있는 여러 가지 정책의 효과성을 비교하고 파악할 수 있다.
④ 정책집행 현장에서 발생하는 부수효과나 부작용을 쉽게 파악하여 반영할 수 있다.

15 재화는 욕구에 비해 상대적으로 희소하다는 것이 희소성의 법칙인데, 공공부문에서의 희소성 법칙에 대한 설명으로 옳지 않은 것은?

① 완화된 희소성(relaxed scarcity)의 상태는 정부가 현존 사업을 계속하고 새로운 예산공약을 떠맡을 수 있는 충분한 자원을 가지고 있는 상황이다.
② 만성적 희소성(chronic scarcity)은 대부분의 정부에서 볼 수 있는 일상적인 예산부족 상태로서 신규 사업에 대해서는 자금이 충분한 상태이다.
③ 급성 희소성(acute scarcity)은 이용가능한 자원이 사업비용의 점증적 증가분을 충당하지 못할 경우에 발생한다.
④ 총체적 희소성(total scarcity)은 가용자원이 정부의 계속사업을 지속할 만큼 충분하지 못한 경우에 발생한다.

14 다음 중 대표관료제에 대한 설명으로 옳은 것을 모두 고르면?

┌─────────────────────────────┐
│ ㄱ. 큰 정부와의 조화   │
│ ㄴ. 사회주의 이념 기반   │
│ ㄷ. 사회적 차별 시정 촉구   │
│ ㄹ. 다양성 관리기법의 발전 자극   │
│ ㅁ. 역차별의 발생   │
│ ㅂ. 실적주의와의 충돌   │
└─────────────────────────────┘

① ㄱ, ㄴ, ㄷ, ㄹ
② ㄱ, ㄴ, ㄷ, ㄹ, ㅁ
③ ㄱ, ㄴ, ㄷ, ㄹ, ㅂ
④ ㄱ, ㄴ, ㄷ, ㄹ, ㅁ, ㅂ

16 도표식평정척도법에 대한 설명으로 옳지 않은 것은?

① 평정과정이나 절차가 용이하다.
② 상벌 목적에 이용하는 데 효과적이다.
③ 등급 간의 비교기준을 명확히 할 수 있지만 연쇄효과를 피하기 어렵다.
④ 평정결과의 계량화와 통계적 조정을 할 수 있다.

17 우리나라 중앙정부의 예산과정에 대한 설명으로 옳지 않은 것은?

① 전년도 결산안은 차년도 예산안보다 먼저 국회에 제출한다.
② 결산안의 내용 중에는 감사원의 결산검사보고서가 포함된다.
③ 예산안과 마찬가지로 기금운용계획안도 국회의 심의 · 의결을 거친다.
④ 예산결산특별위원회의 종합심사를 마친 예산안은 소관 상임위원회에 회부되어 세부심사를 거친다.

18 다음에서 주장하는 이론과 가장 관련있는 개념으로 옳은 것은?

> • 우리 사회에서 많이 볼 수 있는 무능력 · 무책임으로 인해 우리는 많은 불편을 겪으며 막대한 비용을 지출하게 된다. 그렇지만 이러한 무능력은 사라지지 않고 있으며, 오히려 무능한 사람들이 계속 승진하고 성공하는 모순이 발생하고 있다.
> • 대부분의 사람들은 무능과 유능은 개인의 역량에 달려 있다고 생각하기 쉬우나, 우리 사회의 무능은 개인보다는 위계조직의 메커니즘에서 발생한다.

① 파킨슨(Parkinson)의 법칙
② 피터(Peter)의 원리
③ 마일(Mile)의 법칙
④ 베니스(Bennis)의 관료제의 종언

19 「민원처리에 관한 법률」에 규정되어 있는 내용으로 옳지 않은 것은?

① 행정기관의 장은 복합민원을 처리할 주무부서를 지정하고 그 부서로 하여금 관계 기관 · 부서 간의 협조를 통하여 민원을 한꺼번에 처리하게 할 수 있다.
② 법정민원에 대한 행정기관의 장의 거부 처분에 불복하는 민원인은 그 거부 처분을 받은 날부터 60일 이내에 그 행정기관의 장에게 문서로 이의신청을 할 수 있다.
③ 행정기관의 장은 민원인이 동일한 내용의 민원(법정민원을 제외한다)을 정당한 사유 없이 3회 이상 반복하여 제출한 경우에는 3회 이상 그 처리결과를 통지하고, 그 후에 접수되는 민원에 대하여는 종결처리할 수 있다.
④ 행정기관의 장은 민원을 신속히 처리하고 민원인에 대한 안내와 상담의 편의를 제공하기 위하여 민원실을 설치할 수 있다.

20 지방자치단체예산에 대한 설명으로 옳지 않은 것은?

① 중앙정부예산보다 지방자치단체예산은 예산결정의 불확실성이 높다.
② 중앙정부예산보다 지방자치단체예산은 추가경정예산의 편성빈도수가 높다.
③ 광역자치단체의 예산안은 회계연도 개시 60일 전까지 의회에 제출하고, 의회는 15일 전까지 의결해야 한다.
④ 기초자치단체의 예산안은 회계연도 개시 40일 전까지 의회에 제출하고, 의회는 10일 전까지 의결해야 한다.

13회 실전동형모의고사
모바일 자동 채점 + 성적 분석 서비스
바로 가기 (gosi.Hackers.com)

QR코드를 이용하여 해커스공무원의 '모바일 자동 채점 + 성적 분석 서비스'로 바로 접속하세요!

＊ 해커스공무원 사이트의 가입자에 한해 이용 가능합니다.

13회 / Review

문항	정답	CHAPTER	Self Check	난이도
01	②	행정학의 접근방법과 주요이론	○/△/×	●●○
02	④	조직구조론	○/△/×	●●●
03	②	정책집행론	○/△/×	●●○
04	④	현대 행정의 이해	○/△/×	●●○
05	④	지방행정의 기초이론	○/△/×	●●○
06	③	행정학의 접근방법과 주요이론	○/△/×	●●○
07	①	국가재정의 기초이론	○/△/×	●●○
08	④	지방자치단체의 사무	○/△/×	●●○
09	①	정책결정론	○/△/×	●●○
10	①	조직구조론	○/△/×	●●○

문항	정답	CHAPTER	Self Check	난이도
11	③	인적자원관리(임용, 능력발전, 사기부여)	○/△/×	●●○
12	④	조직구조론	○/△/×	●○○
13	②	정책집행론	○/△/×	●●○
14	④	인사행정의 기초이론 및 제도	○/△/×	●●●
15	②	예산결정이론	○/△/×	●●○
16	③	인적자원관리(임용, 능력발전, 사기부여)	○/△/×	●●○
17	④	예산과정론	○/△/×	●●○
18	②	조직구조론	○/△/×	●●○
19	③	행정책임과 행정통제	○/△/×	●●●
20	③	국가재정의 기초이론	○/△/×	●●○

[Self Check] 문제에 대한 이해 정도를 스스로 점검하여 ○(문제 이론의 내용을 정확히 알고 있음) / △(개념이 헷갈리거나 정확히 알지 못함) / ×(생소하거나 학습하지 못한 이론)으로 구분하여 표시합니다.

핵심지문 OX

13회 실전동형모의고사에서 꼭 되짚어야 할 핵심 지문을 다시 확인해보시기 바랍니다.

01 우리나라의 정부부처 중 복수차관제를 시행하는 부처는 과학기술정보통신부, 외교부, 산업통상자원부 등이다. (   )

02 규제 샌드박스(sandbox)는 사업자가 신기술을 활용한 새로운 제품과 서비스를 일정 조건하에서 시장에 우선 출시해 시험·검증할 수 있도록 현행 규제의 전부나 일부를 적용하지 않는 것을 말한다. (   )

03 중·대선거구제를 도입하는 경우, 군소 정당이나 신생 정당도 의석을 획득할 가능성이 높기 때문에 다양한 의사를 대변할 수 있어 지방정부의 대표성이 강화된다. (   )

04 신공공서비스론은 신행정학에서 강조했던 사회적 형평성과 대응성 등을 강조하였다. (   )

05 최적모형에 의하면 결정은 근본적 결정과 세부적 결정으로 나누어질 수 있으며, 합리적 의사결정모형과 점증적 의사결정모형을 보완적으로 사용할 수 있다. (   )

06 미래에 발생할 수 있는 다양한 형태의 모의업무상황을 미리 준비해놓고 하나의 업무상황을 임의적으로 선택하게 하여 이를 실제 수행하게 하는 것은 실험실훈련이다. (   )

07 급성 희소성은 가용자원이 정부의 계속사업을 지속할 만큼 충분하지 못한 경우에 발생한다. (   )

08 도표식평정척도법은 등급 간의 비교기준을 명확히 할 수 있지만 연쇄효과를 피하기 어렵다. (   )

09 예산안과 마찬가지로 기금운용계획안도 국회의 심의·의결을 거친다. (   )

10 기초자치단체 예산안은 회계연도 개시 30일 전까지 의회에 제출하고 의회는 10일 전까지 의결해야 한다. (   )

[정답] 01 ○ 02 × 거래적 리더십이 아닌 변혁적 리더십을 강조하는 관리기법이다. 03 ○ 04 ○ 05 × 에치오니(Etzioni)의 혼합탐사모형에 대한 설명이다. 06 × 서류함기법이다. 07 × 총체적 희소성에 대한 설명이다. 08 × 등급 간의 기준이 명확하지 않다. 09 ○ 10 × 40일 전까지 의회에 제출해야 한다.

14회 실전동형모의고사

제한시간 : 15분 시작 시 분 ~ 종료 시 분 점수 확인 개 / 20개

01 「지방자치법」에 규정된 주민청원에 대한 내용으로 옳지 않은 것은?

① 지방의회에 청원을 하려는 자는 지방의회의원의 소개를 받아 청원서를 제출하여야 한다.
② 청원은 주민은 가능하지만 법인의 경우에는 청원할 수 없다.
③ 재판에 간섭하거나 법령에 위배되는 내용의 청원은 수리하지 아니한다.
④ 청원을 소개한 의원은 소관 위원회나 본회의가 요구하면 청원의 취지를 설명하여야 한다.

02 정책평가의 적용(일반화)과 관련된 외적 타당도를 저해하는 요인이 있는데, 다음에서 설명하는 외적 타당도 저해요인으로 옳은 것은?

> • 표본선정 시에 실험의 효과가 크게 나타날 사람들만을 실험집단에 포함시켜 실시할 경우 그 효과를 일반화시키기 어렵다.
> • 일반적으로 준실험에서의 외적 타당성 저해요인이다.

① 표본의 비대표성
② 크리밍 효과
③ 호손 효과
④ 실험조작과 측정의 상호작용

03 신공공관리론(NPM)에 대한 비판으로 탈신공공관리론(Post-NPM)이 강조되고 있는데, 그 중 하나인 신공공서비스론(NPS)의 특징으로 옳지 않은 것은?

① 촉매적 정부
② 시민에 대한 봉사
③ 전략적 사고와 민주적 행동
④ 담론을 통한 공익의 중시

04 예산의 분류에 대한 설명으로 옳은 것은?

① 기능별 분류 – 누가 얼마를 쓰느냐
② 조직별 분류 – 정부가 무슨 일을 하는데 얼마를 쓰느냐
③ 품목별 분류 – 정부가 무엇을 구입하는데 얼마를 쓰느냐
④ 사업별 분류 – 국민경제에 미치는 총체적인 효과가 어떠한가

05 신성과주의예산제도(NPB)에 대한 설명으로 옳지 않은 것은?

① 신성과주의예산(New Performance Budgeting)은 투입 중심의 예산에서 탈피하여 사업목표와 그 성과달성에 관한 정보를 예산편성에 반영하여 예산집행의 효율성을 달성하려는 목적을 가지고 있다.

② OECD 국가들은 시장메커니즘을 지향하는 신공공관리주의를 채택하였으며, 미국은 1990년대에 신성과주의예산제도를 채택하였다.

③ 상향적 예산운영방식(bottom-up budgeting)과 다년도 예산제도(multi-year budgeting)를 사용하고 있기 때문에 예산의 경기조절기능을 강화할 수 있다.

④ 예산집행의 자율권을 부여함으로써 사업집행이나 서비스 전달의 구체적인 수단을 탄력적으로 동원할 수 있다.

06 다음 유비쿼터스 컴퓨팅의 조건으로 옳지 않은 것은?

① 모든 컴퓨터는 서로 연결되어야 한다(connected devices).

② 이용자 눈에 보여야 한다(visible).

③ 언제 어디서나 사용 가능해야 한다(computing everywhere).

④ 현실세계의 사물과 환경 속으로 스며들어 일상생활에 통합되어야 한다(calm technology).

07 정책분석기법 중 시뮬레이션기법의 장점으로 볼 수 없는 것은?

① 투입과 산출의 관계를 명백히 할 수 있다.

② 관리적 시뮬레이션은 환류가 자기 수정의 기회를 제공해 준다.

③ 시뮬레이션은 앞으로 나타날 문제점들을 예측하는 데 이용될 수 있다.

④ 시뮬레이션기법을 통해서 조직은 실제체제와 유사한 모형을 조작함으로써 실수를 미리 방지할 수 있다.

08 신우파론적 관점에서 본 중앙-지방정부 간 기능배분에 대한 설명으로 옳지 않은 것은?

① 재분배정책을 통하여 주민들에게 제공되는 편익은 그들의 조세 부담과는 역으로 결정되며, 주로 지방정부에서 담당해야 한다.

② 개발정책은 지역경제성장을 촉진시키기 위한 정책으로, 원칙적으로 정책의 수혜자가 그 비용을 부담해야 한다.

③ 중앙-지방정부 간의 기능배분문제는 개인후생을 극대화하고자 하는 시민과 공직자 개개인들의 합리적인 선택행동에서 비롯되는 것이다.

④ 배당정책(allocational policy)은 치안, 소방, 쓰레기 수거, 공공매립지 제공 등이며, 주로 지방정부에서 담당해야 한다.

09 조직발전(OD)에 대한 설명으로 옳지 않은 것은?

① 조직 속의 인간을 X이론식으로 가정하여 이들을 통제·교화시켜야 한다고 본다.
② 문제해결을 위해 설계되었으며, 변동 컨설턴트의 역할이 요구된다.
③ 가치관 등 인간의 행태를 변동시켜 조직의 문화를 발전시키는 것인데, 그에 따른 문화적 갈등이 발생할 수도 있다.
④ 기존 권력구조의 강화에 악용될 수 있으며, 성장이론의 편견이 반영되었다는 비판을 받는다.

10 지방재정에 대한 설명으로 옳지 않은 것은?

① 지방교부세는 보통교부세, 특별교부세, 소방안전교부세, 부동산교부세 등이 있는데, 일반재원은 보통교부세와 부동산교부세이다.
② 지방교부세의 기본 목적은 지방자치단체 간 재정 격차를 줄임으로써 기초적인 행정서비스가 제공될 수 있도록 하는 데 있다.
③ 국고보조금은 지출 목적이나 경비의 성질을 기준으로 교부금, 부담금, 장려적 보조금 등이 있으며, 현재 대부분의 국고보조사업에는 차등보조율이 적용되고 있다.
④ 세외수입은 사용료, 수수료, 분담금 등이 있는데 연도별 신장률이 불안정적이고 규칙성이 약하다.

11 윌슨(Wilson)의 『행정의 연구』에 대한 설명으로 옳지 않은 것은?

① 행정의 능률성과 효과성을 제고하기 위해 독일과 프랑스 등 대륙국가들의 행정연구를 본받아야 한다고 주장하였다.
② 행정을 수단으로 간주하는 것으로서 강도에게서 칼 가는 방법을 배울 수는 있으나 칼 가는 목적을 배워서는 안 된다고 주장하였다.
③ 「펜들턴(Pendleton)법」의 제정에 따라 추진되기 시작한 공무원 인사제도의 개혁에 관한 이론적 뒷받침을 시도하였다.
④ 행정의 영역이 정치의 영역과 크게 다르지 않다고 보고, 정치적 행정의 필요성을 주장하였다.

12 근무성적평정 시 다음 사례의 평가자가 범하기 쉬운 근무성적평정상의 오류로 옳은 것은?

> 평정자인 A팀장은 피평정자인 B팀원이 기혼여성이라는 이유로 업무를 소홀히하고 집안일에만 신경 쓸 것이라고 판단하여 근무성적평정을 낮게 주었다.

① 연쇄효과(Halo Effect)
② 근접효과(Recency Effect)
③ 관대화 경향(Tendency of Leniency)
④ 상동적 오차(Stereotyping)

13 다음에서 설명하는 인사제도로 옳은 것은?

> • 공직사회의 승진적체에 따른 사기저하에 대처하기 위하여 마련한 제도이다.
> • 소속 공무원 중 당해 계급에서 승진소요 최저 연수 이상 근무하고 승진임용의 제한사유가 없으며 근무실적이 우수한 자를 바로 상위직급에 준하는 공무원으로 보임하여 처우하는 제도이다.

① 필수실무관제도
② 직위공모제
③ 대우공무원제도
④ 개방형 직위제도

14 동기부여이론 중 매슬로우(Maslow)의 욕구계층이론에 의할 때, 사회적 욕구를 충족시키기에 가장 적절한 것을 고르면?

① 연금제도와 신분보장
② 보수와 근무환경
③ 각종 상담 및 고충처리제도
④ 직무충실(Job Enrichment)

15 넛지이론(nudge theory)의 이론적 배경인 행동경제학에 대한 설명으로 옳지 않은 것은?

① 인간관은 제한된 합리성에 기반을 둔 이타성, 호혜성을 강조하는 심리적 인간(homo psychologicus)이다.
② 의사결정모델은 휴리스틱을 통한 만족화 행동이다.
③ 연구방법은 가정에 기초한 연역적 분석이다.
④ 정부는 행동적 시장실패를 해결하기 위한 정책수단으로 넛지(선택설계)를 사용한다.

16 롤스(Rawls)의 정의론에 대한 설명으로 옳지 않은 것은?

① 원초적 상태에서 인간은 최소극대화 원리에 입각하여 규칙을 선택하는 것으로 가정한다.
② 자유와 평등의 조화를 추구하는 중도적 입장을 취하며 정의의 제1원리로서 동등한 자유의 원리를 들고 있다.
③ 제2원리에서 기회균등의 원칙과 차등조정의 원칙이 충돌할 경우 차등조정의 원리가 우선한다.
④ 행정학에 큰 영향을 미쳐 1970년대의 신행정론을 전개하는 데 활력소가 되었다.

17 주요 예산제도에 대한 설명으로 옳지 않은 것은?

① 품목별예산제도(LIBS)는 지출대상을 품목별로 분류하여 지출대상과 그 한계를 명확히 규정하는 통제지향적 예산제도이다.

② 성과주의예산제도(PBS)는 예산을 기능별·사업계획별·활동별로 분류·편성하여 예산의 지출과 그 지출에 의해 나타나는 성과와의 관계를 명백하게 하기 위한 관리지향적 예산제도이다.

③ 계획예산제도(PPBS)는 각 부처 중심의 할거주의적 예산편성을 지양하고, 국가적 차원의 재원분배를 강조하는 기획지향적 예산제도이다.

④ 영기준예산제도(ZBB)는 하향식 예산편성방식으로서 기존 사업과 새로운 사업을 구분하지 않고, 매년 모든 사업의 타당성을 영기준에서 엄밀히 분석하여 예산을 편성하는 감축지향적 예산제도이다.

18 우리나라의 공무원 평정과 승진제도에 대한 설명으로 옳지 않은 것은?

① 기본적으로 도표식평정척도법과 강제배분법에 따라 시행한다.

② 이중평정제가 도입되고 있으며, 다면평가는 각 기관에 따라 자율적으로 실시하고 있다.

③ 근무성적평정결과를 공개하고 있으며, 근무성적평정 결과에 이의가 있는 경우 소청심사의 대상으로 하고 있지 않다.

④ 승진의 경우 원칙적으로 근무성적평정은 80%, 경력평정은 20%를 반영한다.

19 각 국의 책임운영기관에 대한 설명으로 옳지 않은 것은?

① 캐나다의 책임운영기관은 1990년에 설치된 '특별사업기관(SOA; Special Operating Agency)'이다.

② 뉴질랜드의 '독립사업기관(Crown Entities)'은 각 부처로부터 독립된 조직으로 직원 신분은 민간인(Hive-out)이다.

③ 영국의 '책임집행기관(Executive Agency)'은 1988년 대처(Thatcher) 정부 때 Next Steps에 의해서 설치된 것으로 직원 신분은 민간인(Hive-out)이다.

④ 우리나라의 책임운영기관은 1999년 김대중 정부 때 설치된 것으로, 직원 신분은 공무원(Hive-in)이다.

20 우리나라의 인사청문제도에 대한 설명으로 옳지 않은 것은?

① 헌법재판소 재판관 9인은 모두 인사청문회 대상이다.

② 중앙선거관리위원회 위원장은 인사청문특별위원회에서 인사청문을 실시한다.

③ 국가정보원장, 경찰청장, 검찰총장 등은 소관 상임위원회에서 인사청문을 실시한다.

④ 헌법에서 임명에 국회의 동의를 얻도록 정하고 있는 사람들은 인사청문특별위원회를 거쳐야 한다.

14회 Review

문항	정답	CHAPTER	Self Check	난이도
01	②	지방자치와 주민참여	○/△/×	●●●
02	②	정책평가론	○/△/×	●●○
03	①	행정학의 접근방법과 주요이론	○/△/×	●○○
04	③	국가재정의 기초이론	○/△/×	●●○
05	③	예산제도의 발달과 개혁	○/△/×	●●○
06	②	정보화와 행정	○/△/×	●●○
07	①	인적자원관리(임용, 능력발전, 사기부여)	○/△/×	●●○
08	①	지방자치단체와 국가의 관계	○/△/×	●●○
09	①	조직관리 및 개혁론	○/△/×	●●○
10	③	지방자치단체의 재정	○/△/×	●●○

문항	정답	CHAPTER	Self Check	난이도
11	④	행정과 행정학의 발달	○/△/×	●●○
12	④	인적자원관리(임용, 능력발전, 사기부여)	○/△/×	●●○
13	③	인적자원관리(임용, 능력발전, 사기부여)	○/△/×	●●○
14	③	조직행태론	○/△/×	●○○
15	③	정책결정론	○/△/×	●●●
16	③	행정의 가치와 이념	○/△/×	●○○
17	④	예산제도의 발달과 개혁	○/△/×	●●○
18	④	인적자원관리(임용, 능력발전, 사기부여)	○/△/×	●●○
19	③	조직구조론	○/△/×	●●○
20	②	인적자원관리(임용, 능력발전, 사기부여)	○/△/×	●●○

[Self Check] 문제에 대한 이해 정도를 스스로 점검하여 ○(문제 이론의 내용을 정확히 알고 있음) / △(개념이 헷갈리거나 정확히 알지 못함) / ×(생소하거나 학습하지 못한 이론)으로 구분하여 표시합니다.

핵심지문 OX

14회 실전동형모의고사에서 꼭 되짚어야 할 핵심 지문을 다시 확인해보시기 바랍니다.

01 외적 타당도 저해요인 중 표본선정 시에 실험의 효과가 크게 나타날 사람들만을 실험집단에 포함시켜 실시할 경우 그 효과를 일반화시키기 어려운 것은 크리밍 효과에 대한 설명이다. (   )

02 예산의 분류 중, 품목별 분류는 '정부가 무엇을 구입하는데 얼마를 쓰느냐'에 대한 것이다. (   )

03 신성과주의예산제도는 상향적 예산운영방식(bottom-up budgeting)과 다년도 예산제도(multiyear budgeting)를 사용한다. (   )

04 지방교부세의 기본 목적은 지방자치단체 간 재정격차를 줄임으로써 기초적인 행정서비스가 제공될 수 있도록 하는 데 있다. (   )

05 기혼여성이라는 이유로 낮은 근무성적평정을 받는 것은 근무성적평정상의 오류 중 연쇄효과에 해당한다. (   )

06 행동경제학은 행동적 시장실패를 해결하기 위한 정책수단으로 넛지(선택설계)를 사용한다. (   )

07 성과주의예산제도(PBS)는 예산의 지출과 그 지출에 의해 나타나는 성과와의 관계를 명백하게 하기 위한 관리지향적 예산제도이다. (   )

08 승진의 경우 원칙적으로 근무성적평정은 80%, 경력평정은 20%를 반영한다. (   )

09 우리나라의 색임운엉기관은 1999년 김대중 정부 때 실치된 것으로, 직원 신분은 민간인(Hive-out)이다. (   )

10 헌법에서 임명에 국회의 동의를 얻도록 정하고 있는 사람들은 인사청문특별위원회를 거쳐야 한다. (   )

[정답] **01** ○ **02** ○ **03** × 하향적 예산운영방식(top-down budgeting)을 활용한다. **04** ○ **05** × 상동적 오차에 해당한다. **06** ○ **07** ○ **08** × 근무성적평정은 90%, 경력평정은 10%를 반영한다. **09** × 직원 신분은 공무원(Hive-in)이다. **10** ○

15회 실전동형모의고사

제한시간 : 15분 시작 시 분 ~ 종료 시 분 점수 확인 개 / 20개

01 현행 우리나라「주민투표법」의 내용으로 옳지 않은 것은?

① 18세 이상의 주민 중 그 지방자치단체의 관할 구역에 주민등록이 되어 있는 사람에게는 주민투표권이 있다. 다만,「공직선거법」제18조에 따라 선거권이 없는 사람에게는 주민투표권이 없다.

② 주민에게 과도한 부담을 주거나 중대한 영향을 미치는 지방자치단체의 주요결정사항은 주민투표에 부칠 수 있다.

③ 주민투표에 부쳐진 사항은 주민투표권자 총수의 4분의 1 이상의 투표와 유효투표수 과반수의 득표로 확정된다.

④ 투표운동은 주민투표 발의일부터 주민투표일의 전일까지에 한하여 이를 할 수 있다.

02 퀸과 로보그(Quinn & Rohrbaugh)의 경쟁적 가치접근법에 대한 설명으로 옳지 않은 것은?

① 특정 측면으로 보는 전통적 접근법을 지양하고 전체적으로 통합하여 고찰하는 접근방법이다.

② 개방체제모형은 조직 내의 인간보다 조직 그 자체를 강조하고, 환경과 바람직한 관계를 유지하기 위해 조직구조의 유연성을 강조한다.

③ 인간관계모형은 조직 그 자체보다는 인간을 중시하고, 통제보다는 유연성을 강조한다. 구성원의 사기와 응집성을 통하여 효과성이 확보된다고 간주한다.

④ 합리목표모형은 조직 그 자체보다는 인간을 중시하고, 정보관리와 의사소통을 통하여 조직의 안정성을 추구한다.

03 우리나라의「국가공무원법」과「지방공무원법」은 공무원이 선거에서 특정 정당 또는 특정인을 지지하거나 반대하는 것을 금지하고 있다. 다음 중 이에 해당하는 것은?

① 타인에게 정치단체에 가입하게 하거나 가입하지 아니하도록 권유

② 특정 후보에 대한 자신의 지지 또는 반대의사를 나타냄

③ 타인이 어떤 후보나 정당을 지지하고 있는지를 말하도록 유도

④ 집권 정당에 대한 비판과 야당에 대한 지지 의사 표현

04 프리드리히(Friedrich)의 행정책임에서 강조하는 것으로 옳지 않은 것은?

① 정보의 공개가 중요하며, 예컨대 내부고발자보호법 등이 필요하다.

② 민주사회에서 관료의 책임 있는 행위를 확보하는 것은 건전한 작업규칙과 효과적 사기의 문제이다.

③ 일반시민으로서의 권리를 인정하여야 하며, 공무원단체의 활동을 보장하여야 한다.

④ 행정의 책임 있는 수행은 강제되기보다는 유인되어야 하며, 삼권분립 체제에서 국민의 대표기관인 국회의 통제가 중요하다.

05 엽관주의의 장단점으로 옳은 것은?

① 부정부패를 방지하기가 용이하다.
② 행정의 안정성과 지속성을 확보하기 용이하다.
③ 정부관료제의 민주화에 기여한다.
④ 국민에 대한 정치적 책임을 확보하기 곤란하다.

06 현행 공무원연금제도에 대한 설명으로 옳지 않은 것은?

① 기여금 납부 기한을 최대 36년까지 연장한다.
② 기여율을 기준소득월액의 7%에서 8%로 2020년까지 5년간 단계적으로 인상하였다.
③ 연금지급 개시 연령은 2033년부터 모든 공무원이 임용 시기 구분 없이 65세로 한다.
④ 연금지급률을 기준소득월액의 1.9%에서 1.7%로 2035년까지 20년간 단계적으로 인하한다.

07 현재 정부가 시행하고 있는 총액배분·자율편성(Top-down) 예산제도에 대한 설명으로 옳지 않은 것은?

① 사전재원배분제도로서 2010년부터 도입되었으며, 재원배분의 효율성·투명성·자율성을 제고할 수 있고 예산편성과정의 비효율성을 제거할 수 있다.
② 국가적 정책 우선순위에 입각하여 분야별·중앙관서별 지출한도 등을 미리 설정하고 중앙관서별로 예산을 자율편성하는 제도이다.
③ 예산을 편성할 때 국가 전체적으로 거시적인 우선순위를 정한 후 부처별로 구체적인 사업을 정하는 예산배분방식이다.
④ 특별회계, 기금 등 칸막이식 재원을 확보하려는 유인을 감소시킬 수 있다.

08 2025년 윤석열 정부가 시행 예정인 재정준칙에 대한 설명으로 옳지 않은 것은?

① 재정수입준칙은 지출제약이 없어 부채건전성과 직접적인 관련이 없다.
② 재정지출준칙은 조세지출을 우회적으로 활용함으로써 재정건전성이 훼손될 가능성이 있다.
③ 재정수지준칙은 경기변동과는 관련되어 설정되는 것이므로 실질적인 효과를 파악하기 용이하다.
④ 국가채무준칙은 한시적 조치가 될 가능성이 크며, 단기에 대한 명확한 운영지침이 미비하다.

09 동기부여이론에서 학자와 이론의 연결이 옳지 않은 것은?

① 매슬로우(Maslow) – 욕구계층이론
② 허즈버그(Herzberg) – 욕구이원론
③ 맥클리랜드(McClelland) – 성취동기이론
④ 브룸(Vroom) – ERG 이론

11 다음에서 설명하는 피터스(Peters)의 거버넌스 유형으로 옳은 것은?

> • 과도한 내부규제에 문제점을 제기한다.
> • 관리의 개혁방안으로 관리의 재량권 확대를 강조한다.
> • 정책결정의 개혁방안으로 기업가적 정부를 주장한다.
> • 공익의 기준으로 창의성과 활동주의를 강조한다.

① 시장적 모형(market model)
② 참여적 모형(participatory model)
③ 유연 모형(flexible model)
④ 저통제 모형(deregulation model)

10 최근 강조되고 있는 4차 산업혁명의 특징으로 옳지 않은 것은?

① 인공지능(AI), 사물인터넷(IoT), 로봇기술, 드론, 자율주행차, 가상현실(VR) 등이 핵심개념이다.
② 2016년 6월 스위스에서 열린 다보스포럼(Davos Forum)의 의장이었던 클라우스 슈밥(Klaus Schwab)이 처음으로 사용하면서 이슈화되었다.
③ 인터넷이 이끈 컴퓨터 정보화 및 자동화 생산시스템이 주도하는 차세대 산업혁명을 말한다.
④ 초연결(hyperconnectivity)과 초지능(superintelligence)을 특징으로 하기 때문에 기존 산업혁명에 비해 더 넓은 범위에 더 빠른 속도로 크게 영향을 끼친다.

12 우리나라의 「지방자치법」상 지방의회에 대한 내용으로 옳지 않은 것은?

① 본회의에서 표결할 때에는 조례 또는 회의규칙으로 정하는 무기명투표로 가부(可否)를 결정한다.
② 지방의회의원의 윤리강령과 윤리실천규범 준수 여부 및 징계에 관한 사항을 심사하기 위하여 윤리특별위원회를 둔다.
③ 지방의회의원의 겸직 및 영리행위 등에 관한 지방의회의 의장의 자문과 지방의회의원의 윤리강령과 윤리실천규범 준수 여부 및 징계에 관한 윤리특별위원회의 자문에 응하기 위하여 윤리특별위원회에 윤리심사자문위원회를 둔다.
④ 지방의회의원의 의정활동을 지원하기 위하여 지방의회의원 정수의 2분의 1 범위에서 해당 지방자치단체의 조례로 정하는 바에 따라 지방의회에 정책지원 전문인력을 둘 수 있다.

13 정책집행과 관련된 설명으로 가장 옳은 것은?

① 하향적 접근방법은 집행과정에 영향을 미치는 다양한 요인들을 도출하여 처방을 제시한다.

② 상향적 접근방법은 정책결정과 정책집행을 분리한다.

③ 하향적 접근방법은 실제 집행과정의 인과관계를 상세히 설명할 수 있다.

④ 상향적 접근방법은 집행자들의 전문적인 경험을 정책목표에 반영한다.

14 정책평가의 설계방법 중 비동질적 통제집단설계에 대한 설명으로 옳은 것은?

① 여러 시점에서 관찰된 자료를 정책의 평가에 이용하도록 고안된 평가설계의 방법

② 조사대상 집단을 두 개로 나누어 한 집단에는 실험처리를 하고 다른 집단에는 실험처리를 하지 않고 사전·사후측정을 하는 실험설계

③ 실험집단과 통제집단을 구분할 때 분명하게 알려진 자격기준을 적용하는 방법

④ 하나의 집단에 실험처리를 하고 그 측정값을 실험결과로 보는 방법

15 의사결정모형 중 쓰레기통모형에 대한 설명으로 옳지 않은 것은?

① 의사결정 참여자 간에 선택기준 등의 합의가 부재하며, 참여자 자신의 선호조차 불명확한 상태에 있다.

② 상호독립적 관계에 있는 문제·해결책·선택기회·참여자가 우연히 만나게 될 때 결정이 이루어진다.

③ 혼란 상태에서 이루어지는 극도의 비합리적인 조직의 의사결정을 설명하는 이론으로서, 의사결정은 끼워넣기(by oversight)와 미뤄두기(by flight) 등의 양태가 나타난다.

④ 주어진 문제에 대한 해결책을 탐색하다가 해결책이 나타나면 정책결정을 하게 된다.

16 우리나라 통합재정(예산)의 범위에 포함되는 것으로 보기에 가장 적합하지 않은 것은?

① 금융성 기금

② 외국환평형 기금

③ 한국은행

④ 지방정부의 일반회계

17 지방자치단체의 계층구조 중 단층제에 대한 설명으로 옳은 것은?

① 이중행정과 이중감독의 폐단이 발생한다.
② 행정책임이 불명확하다.
③ 중앙정부와 주민 간의 의사소통이 상대적으로 원활하다.
④ 민주주의 원리의 확산에 용이하다.

18 정부로부터 위임을 받은 민간집단에 의해 이루어지는 공동규제 시스템의 기본 전제로 옳지 않은 것은?

① 콘텐츠에 대한 법적 책임의 면책
② 규제기관의 권한 행사에서 예측 가능성 보장
③ 규제기관이 보유하고 있는 규제권한의 융통성 있고 신중한 행사
④ 민간영역(사업자 및 이용자)의 책임인식

19 리더십이론에 대한 설명으로 옳은 것은?

① 하우스(R. J. House)의 경로－목표이론에 따르면 리더십의 효과성을 제고하기 위해서는 리더의 스타일을 정확히 파악하고 상황에 맞춰 리더를 배치하는 것이 필요하다.
② 피들러(F. Fiedler)에 상황적합성이론에 따르면 참여적 리더십은 부하들이 구조화되지 않은 과업을 수행할 때 필요하다.
③ 허시(P. Hersey)와 블랜차드(K. Blanchard)의 생애주기이론에 따르면 효과적 리더십을 위해서는 리더가 부하의 성숙도에 따라 다른 행동 양식을 보여야 한다.
④ 리더십대체물이론(leadership substitutes theory)에 따르면 구성원들의 충분한 경험과 능력은 리더십의 중화물로 파악한다.

20 최근 정책결정에 위원회제도를 활용하는 경우가 증가하고 있는데, 이와 같은 경우에 나타나는 장점으로 옳지 않은 것은?

① 전문가들을 활용하여 정책결정을 합리화시킬 수 있다.
② 정책결정에 대한 신뢰를 증대시킬 수 있다.
③ 정책결정에 있어 신중성을 도모할 수 있다.
④ 정책결정에 대한 책임성을 증진시킬 수 있다.

15회 / Review

문항	정답	CHAPTER	Self Check	난이도
01	④	지방자치와 주민참여	○/△/×	●●●
02	④	행정의 가치와 이념	○/△/×	●●○
03	①	공무원의 근무규율과 인사행정개혁	○/△/×	●○○
04	④	행정책임과 행정통제	○/△/×	●●○
05	③	인사행정의 기초이론 및 제도	○/△/×	●○○
06	②	인적자원관리(임용, 능력발전, 사기부여)	○/△/×	●●○
07	①	예산과정론	○/△/×	●●○
08	③	국가재정의 기초이론	○/△/×	●●●
09	④	조직행태론	○/△/×	●○○
10	③	행정개혁론	○/△/×	●●○

문항	정답	CHAPTER	Self Check	난이도
11	④	행정학의 접근방법과 주요이론	○/△/×	●●○
12	①	지방행정의 조직	○/△/×	●●●
13	④	정책집행론	○/△/×	●●○
14	②	정책평가론	○/△/×	●●●
15	④	정책결정론	○/△/×	●●○
16	③	국가재정의 기초이론	○/△/×	●●●
17	③	지방행정의 조직	○/△/×	●●○
18	①	현대 행정의 이해	○/△/×	●●○
19	③	조직관리 및 개혁론	○/△/×	●●○
20	④	조직구조론	○/△/×	●●○

[Self Check] 문제에 대한 이해 정도를 스스로 점검하여 ○(문제 이론의 내용을 정확히 알고 있음) / △(개념이 헷갈리거나 정확히 알지 못함) / ×(생소하거나 학습하지 못한 이론)으로 구분하여 표시합니다.

핵심지문 OX

15회 실전동형모의고사에서 꼭 되짚어야 할 핵심 지문을 다시 확인해보시기 바랍니다.

01 주민투표에 부쳐진 사항은 주민투표권자 총수의 4분의 1 이상의 투표와 유효투표수 과반수의 득표로 확정된다. (　　)

02 합리목표모형은 조직 그 자체보다는 인간을 중시하고, 정보관리와 의사소통을 통하여 조직의 안정성을 추구한다. (　　)

03 현행 공무원 연금제도에 따르면, 연금지급률을 기준소득월액의 1.9%에서 1.7%로 2030년까지 15년간 단계적으로 인하한다. (　　)

04 재정수지준칙은 경기변동과는 무관하게 설정되는 것이므로 실질적인 효과를 파악하기 어렵다. (　　)

05 4차 산업혁명은 인공지능(AI), 사물인터넷(IoT), 로봇기술, 드론, 자율주행차, 가상현실(VR) 등이 핵심개념이다. (　　)

06 지방의회의원의 윤리강령과 윤리실천규범 준수 여부 및 징계에 관한 사항을 심사하기 위하여 윤리특별위원회를 둔다. (　　)

07 하향적 접근방법은 집행과정에 영향을 미치는 다양한 요인들을 도출하여 처방을 제시한다. (　　)

08 쓰레기통모형의 문제와 해결책 등은 상호독립적 관계에 있다. (　　)

09 허시(P. Hersey)와 블랜차드(K. Blanchard)의 생애주기이론은 효과적 리더십을 위해 리더가 부하의 성숙도에 따라 지시, 설득, 참여, 위임의 형태에 따른 리더십이 필요하다고 강조한다. (　　)

10 위원회제도를 활용한다면, 정책결정에 있어 다양한 의견과 신중성을 도모할 수 있다. (　　)

[정답] **01** ○ **02** × 내부과정모형에 대한 설명이다. **03** × 2035년까지 20년간 단계적으로 인하한다. **04** ○ **05** ○ **06** ○ **07** × 상향적 접근방법에 대한 설명이다. **08** ○ **09** ○ **10** ○

16회 실전동형모의고사

제한시간 : 15분 시작   시   분 ~ 종료   시   분 점수 확인   개/ 20개

01 행정신뢰의 형성에 영향을 주는 요인들 중 신뢰자의 차원에 해당하지 않는 것은?

① 계산적 차원
② 관계적 차원
③ 인지적 차원
④ 효과적 차원

02 규제정책은 단계별로 이루어지는데, 다음 중 경제협력개발기구(OECD)가 제시하고 있는 규제개혁의 단계로 옳은 것은?

	1단계	2단계	3단계
①	규제완화	규제관리	규제품질관리
②	규제품질관리	규제완화	규제관리
③	규제완화	규제품질관리	규제관리
④	규제관리	규제품질관리	규제완화

03 신공공관리론(NPM)과 뉴거버넌스의 공통점으로 옳지 않은 것은?

① 정부실패에 대한 대안으로 발생하였다.
② 정부역할을 촉진적 정부로 보고 있다.
③ 결과보다는 과정을 중시한다.
④ 행정과 경영 또는 정치의 차이를 상대적으로 구별하고 있다.

04 「정부업무평가 기본법」상 지방자치단체의 자체평가에 대한 설명으로 옳지 않은 것은?

① 지방자치단체의 장은 그 소속기관의 정책 등을 포함하여 자체평가를 실시하여야 한다.
② 지방자치단체의 장은 자체평가조직 및 자체평가 위원회를 구성·운영하여야 한다. 이 경우 평가의 공정성과 객관성을 담보하기 위하여 자체평가위원의 3분의 2 이상은 민간위원으로 하여야 한다.
③ 행정안전부장관은 평가의 객관성 및 공정성을 높이기 위하여 평가지표, 평가방법, 평가기반의 구축 등에 관하여 지방자치단체를 지원할 수 있다.
④ 지방자치단체의 장은 정부업무평가시행계획에 기초하여 소관 정책 등의 성과를 높일 수 있도록 자체평가계획을 3년마다 수립하여야 한다.

05 국가재정 중 특별회계에 대한 설명으로 옳은 것은?

① 특별회계는 기금과는 달리 예산 단일성의 원칙에 부합한다.
② 특별회계의 세입은 주로 조세수입으로 이루어진다.
③ 국가에서 특정 사업을 운영하기 위해 일반회계와 구분하여 회계처리할 필요가 있을 때 설치한다.
④ 특별회계는 일반회계와는 달리 입법부의 심의를 받지 않는다.

06 사이어트와 마치(Cyert & March)의 연합모형에 대한 설명으로 옳지 않은 것은?

① 각 하위부서들은 다른 목표를 제약 조건으로 전제한 후 자기들의 목표를 추구한다.
② 정책결정 주체는 참여자들 개개인으로, 동시에 여러 가지 목표를 고려하지는 않는다.
③ 목표의 극대화가 아닌 만족할 만한 수준의 달성을 추구한다.
④ 환경의 불확실성을 제거하기 위하여 환경을 회피하거나 통제할 방법을 찾는다.

07 최근 우리 사회에 여러 가지 갈등이 심화되고 있는데, 다음 중 갈등이론에 대한 설명으로 옳은 것을 모두 고르면?

> ㄱ. 고전적 이론은 과학적 관리론의 관점으로 갈등에 대한 인식이 없었다.
> ㄴ. 신고전적 이론은 인간관계론적 관점으로 갈등이 조직의 목표달성을 저해한다는 역기능적 관점이다.
> ㄷ. 행태론적 접근은 갈등의 순기능과 역기능의 상호작용으로 적정수준의 갈등관리가 필요하다고 보며 조직발전의 원동력으로 작용한다고 본다.
> ㄹ. 현대적 접근은 갈등을 불가피한 현상으로 보거나 갈등발생의 경우 건설적으로 해결하면 조직목표달성에 기여할 수도 있다고 본다.

① ㄱ, ㄴ
② ㄱ, ㄷ
③ ㄱ, ㄴ, ㄷ
④ ㄱ, ㄴ, ㄷ, ㄹ

08 지식정보사회의 리더십에 대한 탭스콧(Tapscott)의 주장으로 옳지 않은 것은?

① 다양한 개인들의 역량이 효과적으로 결합될 수 있는 리더십의 발휘를 강조한다.
② 조직구성원 누구나 리더로서의 기능을 수행해야 하는 네트워크화된 지능을 강조한다.
③ 감정 및 가치관이나 상징적인 행태의 중요성 및 어떠한 사건을 부하의 입장에서 볼 때 의미 있게 만드는 리더의 역할을 강조한다.
④ 상호연계적 리더십을 형성하고 발휘하는 데 있어서 최고관리자의 역할을 강조한다.

09 다음 지방자치단체 상호 간의 관계에 대한 설명 중 ㄱ, ㄴ에 들어갈 내용으로 옳은 것은?

> • 2개 이상의 지방자치단체가 하나 또는 둘 이상의 사무를 공동으로 처리할 필요가 있을 때에는 규약을 정하여 그 지방의회의 의결을 거쳐 시·도는 행정안전부장관의, 시·군 및 자치구는 시·도지사의 승인을 받아 (ㄱ)을/를 설립할 수 있다.
> • 지방자치단체 상호 간이나 지방자치단체의 장 상호 간 사무를 처리할 때 의견이 달라 생긴 분쟁의 조정과 행정협의회에서 합의가 이어지지 아니한 사항의 조정에 필요한 사항을 심의·의결하기 위하여 행정안전부에 (ㄴ)를 둔다.

	ㄱ	ㄴ
①	행정협의회	지방자치단체 지방분쟁조정위원회
②	지방자치단체조합	지방자치단체 지방분쟁조정위원회
③	행정협의회	지방자치단체 중앙분쟁조정위원회
④	지방자치단체조합	지방자치단체 중앙분쟁조정위원회

10 롬젝과 듀브닉(Romzek & Dubnick)의 행정책임의 유형 중 내부 지향적이고 통제의 강도가 약한 책임은?

① 정치적 책임
② 법적 책임
③ 전문적 책임
④ 관료적 책임

11 균형성과표(BSC)에 대한 설명으로 옳지 않은 것은?

① 1992년 하버드 대학의 캐플란(Kaplan)과 노튼(Norton)에 의해 개발된 전략적 경영관리시스템이다.
② 전통적인 재무적 관점뿐만 아니라, 기업의 목표 또는 전략을 재무, 고객, 내부프로세스, 학습과 성장의 네 가지 관점으로 균형 있게 관리하여 기업의 과거, 현재 및 미래를 동시에 관리해 나가는 전략적인 성과평가시스템이다.
③ 학습과 성장 관점은 조직의 변화·혁신·성장을 지원하는 분위기 창출을 하는 것으로 이를 가능하게 하는 세 가지 원천은 종업원, 시스템, 조직이다.
④ 고객 관점과 학습 및 성장 관점은 가치지향적 관점인 상부구조에 해당하고, 재무적 관점과 내부프로세스 관점은 하부구조로 행동지향적 관점에 해당한다.

12 우리나라의 지방자치제도에 대한 설명으로 옳은 것은?

① 지방자치단체의 자치입법권, 자치행정권, 자치사법권은 인정되고 있다.
② 지방세에는 자동차세, 등록면허세, 재산세 등이 있다.
③ 특별시와 광역시는 상이한 수준의 자치계층이다.
④ 지방자치단체와 지방의회 간의 관계는 기관통합형이다.

13 「부정청탁 및 금품 등 수수의 금지에 관한 법률」 및 동법 시행령에 규정된 내용으로 옳지 않은 것은?

① 공직자 등은 직무 관련 여부 및 기부·후원·증여 등 그 명목에 관계없이 동일인으로부터 1회에 100만 원 또는 매 회계연도에 300만 원을 초과하는 금품 등을 받거나 요구 또는 약속해서는 아니 된다.

② '금품 등'이란 금전, 유가증권, 부동산, 물품, 숙박권, 회원권, 입장권, 할인권, 초대권, 관람권, 부동산 등의 사용권 등 일체의 재산적 이익을 말하며 무형의 경제적 이익은 포함되지 않는다.

③ 상품권은 물품상품권 또는 용역상품권을 말하며, 백화점상품권·온누리상품권·지역사랑상품권·문화상품권 등 일정한 금액이 기재되어 소지자가 해당 금액에 상응하는 물품 또는 용역을 제공받을 수 있는 증표인 금액상품권은 제외한다.

④ 농수산가공품(농수산물을 원료 또는 재료의 50퍼센트를 넘게 사용하여 가공한 제품만 해당한다)과 농수산물·농수산가공품 상품권은 15만 원으로 하며 설날·추석 전 24일부터 설날·추석 후 5일까지의 기간 동안에는 30만 원으로 한다.

14 다음 공무원의 역량과 역량모델 및 직무역량에 대한 설명 중 ㄱ~ㄷ에 들어갈 내용으로 옳은 것은?

> • 일정한 직위에 필요한 대표적 요소들을 완결성 있게 구축한 형태를 (ㄱ)이라 한다.
> • 개인이 수행하는 업무의 주요한 부분들에 영향을 주고 업무성과와 관련성이 높으며, 조직에서 널리 받아들여지는 성과 기준에 대비하여 측정될 수 있고, 교육훈련과 개발을 통하여 개선될 수 있는 지식과 기술·태도의 집합체를 (ㄴ)이라 한다.
> • 공무원에게 기대되는 주요 직무역량으로 중위직은 (ㄷ)을/를 필요로 한다.

	ㄱ	ㄴ	ㄷ
①	역량모델	직무역량	전문성
②	직무역량	역량모델	전문성
③	역량모델	직무역량	서비스
④	직무역량	역량모델	서비스

15 근무성적평정 시 평가자가 피평가자들에게 대부분 중간 정도의 점수를 주는 심리적 경향으로 옳은 것은?

① 집중화 경향(central tendency)
② 관대화 경향(tendency of leniency)
③ 엄격화 경향(tendency of strictness)
④ 연쇄효과(halo effect)

16 우리나라에서 현재 시행하고 있는 예비타당성조사에 대한 설명으로 가장 옳지 않은 것은?

① 예비타당성조사는 경제적·재정적·정책적 측면에서 중앙예산기관인 기획재정부가 실시하는 것이다.

② 경제적 분석은 본격적인 타당성조사의 필요성 여부를 판단하기 위하여 개략적인 수준에서 조사하는데, 비용편익분석과 계층화 분석 등을 통해서 경제성 및 재무성 평가를 한다.

③ 예비타당성조사는 대형 신규사업의 신중한 착수와 재정투자의 효율성을 높이기 위한 제도이다.

④ 정책적 분석은 정책적 차원에서 고려되어야 할 사항들을 분석하는데 지역경제파급효과, 지역균형개발, 상위계획과의 연관성, 국고지원의 적합성, 재원조달 가능성, 환경성, 추진의지 등을 고려한다.

17 예산제도에 대한 설명으로 옳지 않은 것은?

① 품목별예산제도(LIBS)는 재정통제가 용이하나 자원배분의 효율성을 저해한다.

② 성과주의예산제도(PBS)는 비용절감을 통하여 사업의 효율성을 중시한다.

③ 계획예산제도(PPBS)의 예산결정의 접근방법은 정치원리를 중시하는 합리주의 예산제도이다.

④ 신성과주의예산제도(NPB)는 성과목표는 통제하되 수단의 선택과 운영에 대한 폭넓은 재량을 허용한다.

18 사회실험에서 진실험에 대한 설명으로 옳지 않은 것은?

① 실험집단에서의 허위변수나 혼란변수의 개입을 통제한다.

② 무작위배정을 통해서 집단의 동질성을 확보한다.

③ 준실험에 비해 내적타당도와 실행가능성이 높다.

④ 일반화가 어려워서 외적 타당도가 낮다.

19 「지방자치법」상 중앙과 지방 간 협력관계 정립 및 행정의 능률성 제고에 대한 내용으로 옳지 않은 것은?

① 지방자치단체의 장은 행정안전부장관에게 경계변경에 대한 조정을 신청할 수 있으며, 이 경우 지방자치단체의 장은 지방의회 재적의원 과반수의 출석과 출석의원 과반수의 동의를 받아야 한다.

② 지방자치단체는 다른 지방자치단체로부터 사무의 공동처리에 관한 요청을 받으면 법령의 범위에서 협력하여야 한다.

③ 중앙지방협력회의는 국가와 지방자치단체 간의 협력을 도모하고 지방자치 발전과 지역 간 균형발전에 관련되는 중요 정책을 심의한다.

④ 지방자치단체는 2개 이상의 지방자치단체에 관련된 사무의 일부를 공동으로 처리하기 위하여 관계 지방자치단체 간의 행정협의회를 구성할 수 있다.

20 윌리엄슨과 앤더슨(Williams & Anderson)의 조직시민행동에 대한 설명으로 옳지 않은 것은?

① 조직에서 공식적으로 요구하지 않음에도 불구하고 구성원이 자발적으로 조직의 목표달성을 위하여 노력하는 행동을 의미한다.

② 공식적인 보상시스템에 의하여 직접적으로 또는 명시적으로 인식되지 않은 직무역할 외의 행동이다.

③ 구성원들의 역할모호성 지각은 조직시민행동에 긍정적 영향을 미치고, 구성원들의 절차공정성 지각은 조직시민행동에 부정적 영향을 미친다.

④ 개인에 대한 조직시민행동(OCB-I)은 예의적 행동(courtesy)과 이타적 행동(altruism)이 있다.

16회 실전동형모의고사
모바일 자동 채점 + 성적 분석 서비스
바로 가기 (gosi.Hackers.com)

QR코드를 이용하여 해커스공무원의 '모바일 자동 채점 + 성적 분석 서비스'로 바로 접속하세요!

* 해커스공무원 사이트의 가입자에 한해 이용 가능합니다.

16회 / Review

문항	정답	CHAPTER	Self Check	난이도
01	④	행정학의 접근방법과 주요이론	○/△/×	●●○
02	③	현대 행정의 이해	○/△/×	●●○
03	③	행정학의 접근방법과 주요이론	○/△/×	●●○
04	④	정책평가론	○/△/×	●●●
05	③	국가재정의 기초이론	○/△/×	●●○
06	②	정책결정론	○/△/×	●●○
07	①	조직관리 및 개혁론	○/△/×	●●○
08	③	조직관리 및 개혁론	○/△/×	●○○
09	④	지방자치단체와 국가의 관계	○/△/×	●●○
10	③	행정책임과 행정통제	○/△/×	●●●

문항	정답	CHAPTER	Self Check	난이도
11	④	조직관리 및 개혁론	○/△/×	●●○
12	②	지방행정의 기초이론	○/△/×	●●○
13	②	공무원의 근무규율과 인사행정개혁	○/△/×	●●●
14	①	공직의 분류	○/△/×	●●○
15	①	인적자원관리(임용, 능력발전, 사기부여)	○/△/×	●○○
16	②	예산과정론	○/△/×	●●○
17	③	예산제도의 발달과 개혁	○/△/×	●●○
18	③	정책평가론	○/△/×	●●○
19	①	지방자치단체와 국가의 관계	○/△/×	●●●
20	③	조직관리 및 개혁론	○/△/×	●●●

[Self Check] 문제에 대한 이해 정도를 스스로 점검하여 ○(문제 이론의 내용을 정확히 알고 있음) / △(개념이 헷갈리거나 정확히 알지 못함) / ×(생소하거나 학습하지 못한 이론)으로 구분하여 표시합니다.

핵심지문 OX

16회 실전동형모의고사에서 꼭 되짚어야 할 핵심 지문을 다시 확인해보시기 바랍니다.

01 OECD가 제시한 규제개혁의 단계는 규제완화 → 규제품질관리 → 규제관리 순이다. (   )

02 지방자치단체의 장은 정부업무평가시행계획에 기초하여 소관 정책 등의 성과를 높일 수 있도록 자체평가계획을 3년마다 수립하여야 한다. (   )

03 연합모형은 목표의 극대화가 아닌 만족할 만한 수준의 목표달성을 추구한다. (   )

04 행태론적 접근은 갈등의 순기능과 역기능의 상호작용으로 적정수준의 갈등관리가 필요하다고 보며 조직발전의 원동력으로 작용한다고 본다.
(   )

05 탭스콧(Tapscott)의 주장하는 지식정보사회의 리더십은 조직구성원 누구나 리더로서의 기능을 수행해야 하는 네트워크화된 지능을 강조한다.
(   )

06 2개 이상의 지방자치단체가 하나 또는 둘 이상의 사무를 공동으로 처리하기 위하여 규약을 정하고 지방자치단체조합을 설립할 수 있다. (   )

07 균형성과표의 고객 관점과 학습 및 성장 관점은 가치지향적 관점인 상부구조에 해당한다. (   )

08 「부정청탁 및 금품 등 수수의 금지에 관한 법률」상 금품은 재산적 이익뿐만 아니라 유형·무형의 경제적 이익도 포함된다. (   )

09 집중화(central tendency) 또는 중심화 경향이란 척도상의 중간에 절대다수가 집중되는 경향을 말한다. (   )

10 예비타당성조사는 대형 신규사업의 신중한 착수와 재정투자의 효율성을 높이기 위한 제도이다. (   )

[정답] **01** ○ **02** × 매년 수립하여야 한다. **03** ○ **04** × 갈등을 불가피한 현상으로 보거나 갈등발생의 경우 건설적으로 해결하면 조직목표달성에 기여할 수도 있다고 본다. **05** ○ **06** ○ **07** × 학습 및 성장 관점은 행동지향적 관점인 하부구조에 해당한다. **08** ○ **09** ○ **10** ○

17회 실전동형모의고사

제한시간 : 15분 **시작**   시   분 ~ **종료**   시   분 **점수 확인**   개/ 20개

01 최근 전통적 리더십 모델에 대한 대안 중의 하나로 제시되고 있는 서번트 리더십(servant leadership)에 대한 설명으로 옳지 않은 것은?

① 타인을 위한 봉사에 초점을 두며 종업원, 고객 및 커뮤니티를 우선으로 여기고 그들의 욕구를 만족시키기 위해 헌신하는 리더십을 의미한다.
② 서번트 리더십은 리더의 역할을 크게 방향제시자, 의견조율자, 일·삶을 지원해 주는 조력자 등 세 가지로 제시하고 있다.
③ 서번트 리더십은 리더가 모든 책임과 권한을 갖고 구성원들에게 해야 할 업무를 세세하게 지시한다.
④ 서번트 리더십의 주요 특성은 경청(listening), 공감(empathy), 치유(healing), 스튜워드십(steward-ship), 부하의 성장을 위한 헌신, 공동체 형성(build-ing community) 등이 있다.

02 다음에서 설명하는 집단적 의사결정기법으로 옳은 것은?

- 일정한 테마에 관하여 회의형식을 채택하고, 구성원의 자유발언을 통한 아이디어의 제시를 요구하여 발상을 찾아내려는 방법이다.
- 1941년에 미국의 광고회사 부사장 오스본(Osborne)이 제창하여 그의 저서 『독창력을 신장하라, 1953』로 널리 소개되었다.

① 델파이기법
② 브레인스토밍
③ 지명반론자기법
④ 명목집단기법

03 중앙인사행정기관의 조직형태가 아래 (ㄱ)과 같은 경우, 그 특징으로 옳은 것은?

구분	단독제	합의제
독립성	–	–
비독립성	(ㄱ)	–

① 일반적으로 행정부처에서 분리되어 있다.
② 정치적 중립성을 보장하는 데 기여한다.
③ 신속한 의사결정이 가능하고 책임소재가 분명해진다.
④ 다수위원의 타협과 조정을 거치므로 결정의 편향성을 배제할 수 있다.

04 다음 중 새로운 공공서비스 공급방식으로 제시된 BTO (Build-Transfer-Operate) 방식과 BTL(Build-Transfer-Lease) 방식의 특징으로 옳지 않은 것은?

구분	BTO	BTL
ㄱ. 실제 운영의 주체	민간	정부
ㄴ. 운영 시 소유권	정부	정부
ㄷ. 투자비 회수방법	사용료	임대료
ㄹ. 소유권 이전시기	준공 후	임대 후

① ㄱ
② ㄴ
③ ㄷ
④ ㄹ

05 메이(May)의 정책의제설정모형 중 의제설정의 주도자는 정부이고 대중의 관여정도는 높은 유형은?

① 동원형
② 공고화(굳히기)형
③ 내부접근형
④ 외부주도형

07 우리나라 지방자치와 관련한 분쟁조정제도에 대한 설명으로 옳지 않은 것은?

① 행정적 분쟁조정제도로 감독권, 취소정지권 등이 있으며, 대안적 분쟁조정제도로 알선, 중재 등이 채택되어 있다.
② 사법적 해결방안인 헌법재판소의 권한쟁의나 대법원의 기관쟁의도 분쟁조정제도의 하나이다.
③ 중앙행정기관과 지방자치단체 간의 분쟁조정을 위해 지방자치단체분쟁조정위원회를 두고 있다.
④ 주민과의 갈등을 조정하는 제도로 공청회, 공람제도 등이 있다.

06 정책변동을 촉발하는 요인으로서 옳지 않은 것은?

① 정책에 대한 자원배정과 요구 및 지지투입의 변화
② 정책에 관한 지식과 기술의 변화
③ 정책추진자에 대한 신뢰와 지지
④ 정당·이익집단 등의 역할관계 변화

08 지방공기업의 유형과 특징에 대한 설명으로 옳지 않은 것은?

① 직접경영형태는 지방직영기업이지만 지방자치단체의 국이나 과 또는 사업부와 같은 행정기관에 의해서 운영하는 것이다.
② 지방직영기업의 직원은 공무원이며, 그 예산도 지방자치단체의 예산으로 운영한다.
③ 간접경영형태로서의 지방공사와 지방공단이 있는데 지방자치단체는 공사를 설립하는 경우 대통령령으로 정하는 바에 따라 주민복리 및 지역경제에 미치는 효과, 사업성 등 지방공기업으로서의 타당성을 미리 검토하고 그 결과를 공개하여야 한다.
④ 지방자치단체는 공사를 설립하는 경우 그 설립, 업무 및 운영에 관한 기본적인 사항을 규칙으로 정하여야 한다.

09 피터스(Peters)의 미래국정모형에서 각 모형과 그에 맞는 관리개혁방안으로 옳지 않은 것은?

모형	관리개혁방안
① 시장적 정부모형	성과급
② 참여적 정부모형	TQM
③ 신축적 정부모형	가변적 인사관리
④ 저통제 정부모형	팀제

11 네트워크구조에 대한 설명으로 옳지 않은 것은?

① 동아시아 기업들의 성장으로 네트워크에 대한 관심이 본격화되었다.
② 핵심역량 위주의 조직구조 형성방식으로서 IT 기술의 확산으로 가능하게 된 조직으로, 연계된 조직 간에는 수직적 계층구조가 존재하지 않으며 자율적으로 운영하게 된다.
③ 조직의 경계가 모호하며 구성원 간의 상호의존적 관계를 특징으로 한다.
④ 구성원 간의 긴밀한 관계를 통하여 응집력 있는 조직문화를 가져올 수 있다.

10 기존 전자정부 대비 지능형 정부의 특징에 대한 설명으로 가장 옳은 것은?

① 정부주도로 정책결정이 이루어진다.
② 현장 행정에서 복합문제의 해결이 가능하다.
③ 생애주기별 맞춤형 서비스를 제공한다.
④ 서비스 전달방식은 온라인에 기반한 모바일채널이다.

12 다음에서 설명하는 리더십이론으로 옳은 것은?

- 리더십의 효율성은 상황변수에 따라 결정된다고 보고 세 가지 상황변수를 설정하였다.
- '가장 좋아하지 않는 동료'라는 척도(LPC: Least Preferred Co-worker)에 의하여 관계중심적 리더십과 과업중심적 리더십 행태를 비교·연구하였다.

① 블레이크(R. R. Blake)와 머튼(J. S. Mouton)의 관리망모형
② 피들러(F. E. Fiedler)의 상황적합성이론
③ 하우스(R. J. House)의 경로-목표이론
④ 레딘(W. J. Reddin)의 3차원 리더십 유형론

13 롤스(Rawls)의 정의론에 대한 설명으로 옳지 않은 것은?

① 진리가 사상체계에 있어서 최고의 덕(德)이듯이 사회 제도에 관한 최고의 덕을 공정(公正)이라고 주장한다.

② 정치철학적으로 자유주의적 이론 체계 속에 사회주의적 요구를 통합했다는 점에 주목한다.

③ 롤스(Rawls)의 주장은 행정학에 큰 영향을 미쳐 1980년 대에는 이른바 '신공공관리론'을 전개하는 데 활력소가 되었다.

④ 인지적 조건으로서 무지의 베일은 너무 인위적 성격을 띠고 있다는 비판이 있다.

14 다음 ㄱ~ㄹ에 들어갈 내용을 연결한 것으로 옳은 것은?

구분	계급제	직위분류제
리더십 발휘능력	ㄱ	ㄴ
보수의 형평성	ㄷ	ㄹ

	ㄱ	ㄴ	ㄷ	ㄹ
①	높음	낮음	높음	낮음
②	낮음	높음	낮음	높음
③	높음	낮음	낮음	높음
④	낮음	높음	높음	낮음

15 1960년대 격동기의 미국 사회를 배경으로 행태주의에 대한 비판과 후기 행태주의가 등장하면서, 1960년대 후반기부터 문제 중심의 정책학은 폭발적인 성장을 하였는데 이에 대표적인 학자가 라스웰(Lasswell)이다. 다음 중 라스웰(Lasswell)의 정책학에 대한 내용으로 옳지 않은 것은?

① 현대적인 정책학은 1951년에 발표된 라스웰(Lasswell)의 『정책지향』이라는 논문에서 시작되었는데, 그는 이 논문에서 정책학의 연구목적은 사회 속에서 인간이 봉착하는 근본적인 문제를 해결하여 인간의 존엄성을 보다 충실히 구현하는 데 있다고 주장하면서 '민주주의 정책학'을 제창하였다.

② 라스웰(Lasswell)의 주장은 당시 학계를 지배하던 행태주의 사조 때문에 관심을 받지 못하다가, 행태주의 위세가 수그러진 1960년대 말에 와서야 비로소 다른 학자들에게 그의 이론이 받아들여지게 되었다.

③ 라스웰(Lasswell)은 정책학이 추구해야 할 기본적인 속성으로 맥락성, 사실지향성, 연구방법의 다양성의 3가지를 제시하였다.

④ 정책과정에 관한 지식이란 현실의 정책과정에 대한 과학적 연구결과로부터 얻는 경험적·실증적 지식을 의미하며, 정책과정에 필요한 지식이란 정책과정의 개선을 위해 필요한 처방적·규범적 지식을 의미한다.

16 공공부문에서의 희소성과 그와 관련한 예산제도의 연결로 옳지 않은 것은?

① 급성 희소성(Acute Scarcity) - 회피형 예산편성

② 완화된 희소성(Relaxed Scarcity) - PPBS의 도입

③ 만성적 희소성(Chronic Scarcity) - ZBB에 관심

④ 총체적 희소성(Total Scarcity) - 반복적 예산편성

17 행태론적 접근방법(Behavior approach)에 대한 설명으로 옳지 않은 것은?

① 사이먼(Simon), 왈도(Waldo) 등의 연구경향이다.
② 행정의 과학성에 기여한 정치행정이원론에 해당된다.
③ 논리실증주의에 입각한 과학적 검증과 사회심리학적 접근방법을 사용한다.
④ 현상유지적 보수주의화의 우려와 가치중립성의 문제점이 한계이다.

18 국가재정 중 예산에 대한 설명으로 옳지 않은 것은?

① 예산은 국가재정의 핵심이라 보며 희소한 공공재원의 배분에 관한 계획이다.
② 예산의 본질적 모습은 예산을 통해 추진하고자 하는 정책과 사업이라고 할 수 있다.
③ 예산은 다양한 형태의 정보들의 집적되기 때문에 정책결정자의 사실판단에 근거하며 가치판단은 배제되어 있다.
④ 예산을 통한 관료들의 책임성 확보와는 밀접한 관련이 있다.

19 공직자로서의 행정인이 지녀야 할 행정책임에 대한 설명으로 옳지 않은 것은?

① 법적 책임(accountability)은 가장 본래적 의미의 책임으로서 법규나 명령에 따라 행동하여야 할 책임이다.
② 도의적 책임(responsibility)은 공복으로서의 관료의 직책과 관련된 광범위한 도의적·자율적 책임이다.
③ 행정책임에는 결과에 대한 책임을 의미하며, 과정에 대한 책임은 포함되지 않는다.
④ 기능적 책임은 전문직업인으로서의 직업윤리와 전문적·기술적 기준을 따라 직책을 잘 수행할 책임이다.

20 직위분류제의 수립절차 중 하나인 직무분석에 대한 설명으로 옳지 않은 것은?

① 한 사람의 종업원이 수행하는 일의 전체를 직무라고 하며, 인사관리나 조직관리의 기초를 세우기 위하여 직무의 내용을 분석하는 일이다.
② 각 직위의 상대적 비중을 판별하여 등급이나 계급을 정한다.
③ 논리적 판단에 따른 분류로써 유사한 직렬들을 모아 직군을 형성한다.
④ 직렬의 폭을 결정할 때 직무의 공통성, 각 직렬에 포함될 직위 수의 분포, 직업분화에 따른 직무의 전문성 등을 고려한다.

17회 / Review

문항	정답	CHAPTER	Self Check	난이도	문항	정답	CHAPTER	Self Check	난이도
01	③	조직관리 및 개혁론	○/△/×	●●○	11	④	조직구조론	○/△/×	●●○
02	②	정책결정론	○/△/×	●●○	12	②	조직관리 및 개혁론	○/△/×	●●○
03	③	인사행정의 기초이론 및 제도	○/△/×	●●○	13	③	행정의 가치와 이념	○/△/×	●●○
04	④	예산과정론	○/△/×	●●○	14	③	공직의 분류	○/△/×	●●○
05	②	정책의제설정 및 정책과정에 대한 이론	○/△/×	●●○	15	③	정책학의 개관	○/△/×	●●●
06	③	정책변동론과 기획론	○/△/×	●●○	16	①	예산결정이론	○/△/×	●●○
07	③	지방자치단체와 국가의 관계	○/△/×	●●○	17	①	행정학의 접근방법과 주요이론	○/△/×	●●○
08	④	지방자치단체의 재정	○/△/×	●●○	18	③	국가재정의 기초이론	○/△/×	●○○
09	④	행정학의 접근방법과 주요이론	○/△/×	●●○	19	③	행정책임과 행정통제	○/△/×	●●○
10	②	정보화와 행정	○/△/×	●●○	20	②	공직의 분류	○/△/×	●○○

[Self Check] 문제에 대한 이해 정도를 스스로 점검하여 ○(문제 이론의 내용을 정확히 알고 있음) / △(개념이 헷갈리거나 정확히 알지 못함) / ×(생소하거나 학습하지 못한 이론)으로 구분하여 표시합니다.

핵심지문 OX   17회 실전동형모의고사에서 꼭 되짚어야 할 핵심 지문을 다시 확인해보시기 바랍니다.

01 집단적 의사결정기법 중 구성원의 자유발언을 통한 아이디어의 제시를 요구하여 발상을 찾아내려는 방법은 브레인스토밍이다. (   )

02 메이(May)의 정책의제설정모형 중 의제설정의 주도자는 정부이고 대중의 관여정도가 높은 유형은 동원형이다. (   )

03 분쟁조정제도에는 주민과의 갈등을 조정하는 제도로 공청회, 공람제도 등이 있다. (   )

04 지방자치단체는 공사를 설립하는 경우 그 설립, 업무 및 운영에 관한 기본적인 사항을 규칙으로 정하여야 한다. (   )

05 지능형 정부는 현장 행정에서 복합문제의 해결이 가능하다. (   )

06 네트워크구조에서 구성원들 간의 느슨한 관계는 응집력 있는 조직문화를 형성하기 어렵게 한다. (   )

07 롤스(Rawls)의 주장은 행정학에 큰 영향을 미쳐 신행정론을 전개하는 데 활력소가 되었다. (   )

08 라스웰(Lasswell)은 정책학이 추구해야 할 기본적인 속성으로 맥락성, 사실지향성, 연구방법의 다양성을 제시하였다. (   )

09 예산은 국가재정의 핵심이며 희소한 공공재원의 배분에 대한 계획이다. (   )

10 행정책임에는 결과에 대한 책임을 의미하며, 과정에 대한 책임은 포함되지 않는다. (   )

[정답] 01 ○ 02 × 공고화(굳히기)형에 해당하는 내용이다. 03 ○ 04 × 조례로 정하여야 한다. 05 ○ 06 ○ 07 ○ 08 × 사실지향성이 아닌 문제지향성 및 규범
지향성이다. 09 ○ 10 × 결과에 대한 책임과 함께 과정에 대한 책임도 포함된다.

18회 실전동형모의고사

제한시간 : 15분 **시작** 시 분 ~ **종료** 시 분 **점수 확인** 개/ 20개

01 정책평가에 대한 설명으로 옳지 않은 것은?

① 외적 타당도는 어떤 특정한 상황에서 내적 타당도를 확보한 정책평가가 다른 상황에도 적용될 수 있는 정도를 의미한다.

② 외적 타당도를 저해하는 요소에는 실험조작의 반응효과, 다수적 처리에 의한 간섭, 선발과 성숙의 상호작용 등이 있다.

③ 내적 타당도란 처치와 결과 사이의 관찰된 관계로부터 도달하게 된 인과적 결론의 적합성 정도를 나타내는 것이다.

④ 내적 타당도를 저해하는 요소에는 역사적 요소, 성숙효과, 측정요소, 측정도구변화, 통계적 회귀요소 등이 있다.

02 「지방자치법」상 지방자치단체에 대한 국가의 지도 및 감독의 내용으로 옳지 않은 것은?

① 행정안전부장관이나 시 · 도지사는 지방자치단체의 자치사무가 공익을 현저히 해친다고 판단되면 지방자치단체의 서류 · 장부 또는 회계를 감사할 수 있다.

② 지방자치단체나 그 장이 위임받아 처리하는 국가사무에 관하여 시 · 도에서는 주무부장관의, 시 · 군 및 자치구에서는 1차로 시 · 도지사의, 2차로 주무부장관의 지도 · 감독을 받는다.

③ 중앙행정기관의 장과 지방자치단체의 장이 사무를 처리할 때 의견을 달리하는 경우 이를 협의 · 조정하기 위하여 국무총리 소속으로 행정협의조정위원회를 둔다.

④ 지방의회의 의결이 공익을 현저히 해친다고 판단되면 시 · 도에 대하여는 주무부장관이, 시 · 군 및 자치구에 대하여는 시 · 도지사가 재의를 요구하게 할 수 있다.

03 우리나라의 정부회계방식인 발생주의와 복식부기의 특징이 아닌 것은?

① 현금의 흐름을 쉽게 파악할 수 있고 자의적인 회계처리가 불가능하여 통제가 용이하다.

② 대차평균의 원리를 통해 거래의 원인과 내용을 파악할 수 있다.

③ 자산과 부채를 효율적으로 관리할 수 있고 산출물에 대한 정확한 원가산정을 통해 부문별 성과측정이 가능하다.

④ 기록과 계산의 정확성 여부를 검증할 수 있는 자기검증의 기능을 지닌다.

04 대표관료제에 대한 설명으로 옳지 않은 것은?

① 관료를 사회의 주요 구성집단으로부터 인구 비례에 따라 충원함으로써 사회의 모든 계층과 집단에 공평하게 대응하도록 하는 제도를 말한다.

② 관료 선발에 있어서 임용할당제 외에 선출직 확대를 통하여 실시하므로 실적제의 저하와 역차별 등의 문제점이 지적된다.

③ 크랜츠(Kranz)는 비례대표로까지 확대하여 직무분야와 계급의 구성비율까지 고려해야 한다고 지적한다.

④ 모셔(Mosher)는 킹슬리(Kingsley)의 대표관료제이론이 재사회화를 고려하지 않은 점을 비판하면서 소극적 관료제를 옹호한다.

05 공무원의 교육훈련에 대한 설명으로 옳지 않은 것은?

① 신규채용자훈련은 기관의 목적·구조·기능 등 일반적인 내용과 개인의 구체적인 직책에 관한 내용을 가르치는 것이다.

② 관리자훈련은 분임토의방식을 주로 활용하며 정책결정에 관한 지식, 가치관, 조직의 통솔 등에 관한 내용을 주로 다룬다.

③ 사례연구는 다양한 사례연구로 인하여 대민친절도 향상에 효과적이라는 평가를 받는다.

④ 감수성훈련은 대인관계에 대한 이해와 감수성을 높이려는 현대적 훈련방법으로서 조직발전(OD)의 핵심 기법이다.

06 점증주의 정책결정모형에 관한 설명으로 옳지 않은 것은?

① 부분적·계속적인 방식으로 당면한 정책문제를 해결하고자 한다.

② 경제적 합리성보다 정치적 합리성을 중요시한다.

③ 정치적 다원주의 입장에서 이해관계자들의 타협과 조정을 통해 정책결정이 이루어진다.

④ 순차적인 결정에 있어서 정책결정자의 직관이나 통찰력 등 초합리적인 요소를 중시한다.

07 다음의 신문기사와 가장 관련 있는 예산의 신축성 유지방안은?

> 정부가 우주분야 소재·부품·장비(소부장) 개발 지원을 위해 우주 분야 관련 조직 개편을 추진하고 관련 발전전략을 수립키로 했다. 산업통상자원부 주영준 산업정책실장은 서울 그랜드인터컨티넨탈 호텔에서 열린 '민간주도 우주산업 소부장 발전 협의회' 발대식에서 "우리의 소부장이 과기부의 대형 프로젝트나 국방부의 전력체계 위성, 나아가 스페이스X 등 해외 우주산업에 당당한 참여자가 될 수 있도록 최선을 다하겠다."며 이같이 밝혔다.

① 예산의 이용(利用)

② 예산의 전용(轉用)

③ 예산의 이체(移替)

④ 예산의 이월(移越)

08 최근에 신공공관리론(NPM)의 문제점이 제기되고 있는데, 이러한 신공공관리론의 한계에 따라 등장한 탈신공공관리론(Post-NPM)의 내용으로 옳지 않은 것은?

① 불명확한 역할 관계의 안출(案出)

② 구조적 통합을 통한 분절화의 축소

③ 민간·공공부문의 파트너십 강조

④ 총체적(합체된) 정부의 주도

09 탈관료제조직 중 팀제를 도입하기에 적절한 조직의 조건으로 옳지 않은 것은?

① 오래된 조직보다는 신설 조직의 경우
② 조직관리보다는 사업성이 강한 경우
③ 조직환경이 안정적이기보다는 동태적인 경우
④ 조직이 수행하는 과업이 복잡한 경우보다 단순·반복적인 경우

11 정책집행과 관련한 학자들의 주장에 대한 기술 중 옳지 않은 것은?

① 하그로브(Hargrove)는 정책집행에 대한 연구가 소외된 것을 '잃어버린 연계(missing link)'라고 표현하였다.
② 나카무라와 스몰우드(Nakamura & Smallwood)는 고전적 기술자형에서 관료적 기업가형으로 갈수록 정책결정자의 재량권이 축소된다고 주장하였다.
③ 바르다흐(Bardach)는 정책집행을 기계를 조립해서 작동되도록 하는 조립과정으로 보고 집행자가 정책과정에서 수행하는 계획을 강조하였다.
④ 엘모어(Eimore)는 거시적 집행구조를 중앙정부와 지방자치단체의 관계, 중앙정부의 부처 간의 관계로서 느슨한 연합체의 성격을 지닌다고 보았다.

10 다음의 특징을 가지는 정부부처편성의 기준으로 옳은 것은?

> • 국민들이 정부의 사업이나 정책을 이해하기 용이하다.
> • 권한과 책임이 명확하고 업무수행의 신속성을 가져온다.

① 목적·기능별 분류
② 과정·절차별 분류
③ 고객·대상별 분류
④ 지역·장소별 분류

12 관료제 조직에서 종종 발생하는 마일(Mile)의 법칙에 대한 설명으로 옳은 것은?

① 공무원의 정원은 본질적인 업무량의 증가와 관계없이 일정비율로 증가한다.
② 공무원의 입장 및 태도는 그가 속한 조직이나 직위에 의존한다.
③ 공무원의 수는 국가의 위기 시나 비상시에 급격하게 증가한다.
④ 정부의 노동집약적 성격으로 인하여 공적비용이 증가하고 정부가 팽창한다.

13 다음에 제시된 정책들이 갖는 공통적 의미로 가장 올바른 것은?

> • 루즈벨트(Roosevelt) 대통령의 뉴딜정책(New Deal Program)
> • 존슨(Johnson) 대통령의 위대한 사회정책(Great Society Program)

① 시장의 전적인 신뢰
② 정부의 사회적 가치배분권의 강조
③ 작지만 강한 행정부
④ 규제완화와 권한부여

14 다음 중 조직구조의 수평적 조정을 위한 연결방법(조정기제)을 모두 고른 것으로 옳은 것은?

> ㄱ. 계층제
> ㄴ. 직접접촉
> ㄷ. 규칙과 계획
> ㄹ. 사업팀(Project Team)
> ㅁ. 정보시스템
> ㅂ. 사업관리자(Project Manager)
> ㅅ. 계층 직위의 추가
> ㅇ. 임시작업단(Task Force)

① ㄱ, ㄴ, ㄹ, ㅁ
② ㄴ, ㄹ, ㅁ, ㅂ
③ ㄱ, ㄹ, ㅁ, ㅅ, ㅇ
④ ㄴ, ㄹ, ㅁ, ㅂ, ㅇ

15 행정개혁의 방식에서 외부주도형에 대한 설명으로 옳지 않은 것은?

① 객관적이고 중립적인 개혁방안이 채택될 수 있다.
② 개혁에 대한 지지와 수용성이 제고된다.
③ 근본적인 개혁이 가능하고 실현가능성이 높다.
④ 행정내부의 공정한 자료수집과 정보접근이 어렵다.

16 도시레짐이론(urban regime theory)에 대한 설명으로 옳지 않은 것은?

① 도시권력구조에 대한 이해를 통해 정부 및 비정부 부분의 다양한 세력 간의 상호의존성을 강조한다.
② 도시레짐이론에서 강조하는 정부기구 활동의 경제적 종속성을 수용하면서 동시에 정치의 독자성을 강조한다.
③ 도시권력구조에 대한 인식을 제고시키고 도시정치에서 인과관계와 행태적 측면의 연구에 이론성을 강화해 준다.
④ 도시레짐이론에서 말하는 레짐(regime)은 도시정부라는 제도적 기제를 매개체로 하는 정권적 차원의 레짐(regime)을 의미한다.

17 다음 중 지방세 중 자치구세로 옳은 것을 모두 고른 것은?

> ㄱ. 주민세
> ㄴ. 재산세
> ㄷ. 지방소득세
> ㄹ. 등록면허세
> ㅁ. 취득세
> ㅂ. 레저세

① ㄱ, ㄴ
② ㄱ, ㅂ
③ ㄴ, ㄹ
④ ㄹ, ㅁ

19 다음 보기의 (ㄱ), (ㄴ)에 들어갈 내용으로 옳은 것은?

> 우리나라 공무원의 승진은 주관적 기준인 (ㄱ)과 객관적 기준인 (ㄴ)을/를 기준으로 한다.

	(ㄱ)	(ㄴ)
①	경력평정	근무성적평정
②	근무성적평정	경력평정
③	필기시험	승진심사
④	상벌기록	승진심사

18 다음 중 성과주의예산제도의 특징으로 옳지 않은 것만을 모두 고르면?

> ㄱ. 재정통제 및 회계책임 확보에 용이하다.
> ㄴ. 사업계획의 수립·실시에 도움을 준다.
> ㄷ. 예산편성 단위를 기준으로 편성한다.
> ㄹ. 계획이 중앙집권적이고 결정방식이 총체적이다.
> ㅁ. 사업의 투입요소를 선정하는 데 용이하다.
> ㅂ. 감축관리를 통한 자원난을 극복할 수 있다.

① ㄱ, ㄴ, ㄷ
② ㄱ, ㄹ, ㅂ
③ ㄴ, ㄷ, ㅁ
④ ㄹ, ㅁ, ㅂ

20 공무원의 인사이론 중 엽관주의와 실적주의에 대한 설명으로 옳은 것은?

① 실적주의는 정치적 측면에서 국민에 대한 행정의 대응성을 강화한다.
② 엽관주의는 정부관료제의 민주화에 기여한다.
③ 실적주의는 건전한 상식을 지닌 시민이 수행할 수 있는 공직에 주로 적용된다.
④ 엽관주의는 행정의 전문성과 능률성을 지향한다.

18회 / Review

문항	정답	CHAPTER	Self Check	난이도
01	②	정책평가론	○/△/×	●●○
02	①	지방자치단체와 국가의 관계	○/△/×	●●●
03	①	국가재정의 기초이론	○/△/×	●●●
04	②	인사행정의 기초이론 및 제도	○/△/×	●●○
05	③	인적자원관리(임용, 능력발전, 사기부여)	○/△/×	●●○
06	④	정책결정론	○/△/×	●●○
07	③	예산과정론	○/△/×	●○○
08	①	행정학의 접근방법과 주요이론	○/△/×	●○○
09	④	조직구조론	○/△/×	●●○
10	①	조직구조론	○/△/×	●○○

문항	정답	CHAPTER	Self Check	난이도
11	④	정책집행론	○/△/×	●●●
12	②	조직구조론	○/△/×	●●○
13	②	현대행정의 이해	○/△/×	●○○
14	④	조직구조론	○/△/×	●●●
15	③	행정개혁론	○/△/×	●●○
16	④	행정학의 접근방법과 주요이론	○/△/×	●●●
17	③	지방자치단체의 재정	○/△/×	●●●
18	②	예산제도의 발달과 개혁	○/△/×	●●○
19	②	인적자원관리(임용, 능력발전, 사기부여)	○/△/×	●●○
20	②	인사행정의 기초이론 및 제도	○/△/×	●●○

[Self Check] 문제에 대한 이해 정도를 스스로 점검하여 ○(문제 이론의 내용을 정확히 알고 있음) / △(개념이 헷갈리거나 정확히 알지 못함) / ×(생소하거나 학습하지 못한 이론)으로 구분하여 표시합니다.

핵심지문 OX

18회 실전동형모의고사에서 꼭 되짚어야 할 핵심 지문을 다시 확인해보시기 바랍니다.

01 외적 타당도는 어떤 특정한 상황에서 내적 타당도를 확보한 정책평가가 다른 상황에도 적용될 수 있는 정도를 의미한다. (   )

02 중앙행정기관의 장과 지방자치단체의 장이 사무를 처리할 때 의견을 달리하는 경우 이를 협의·조정하기 위하여 국무총리 소속으로 행정협의조정위원회를 둔다. (   )

03 점증주의 정책결정모형은 정치적 다원주의 입장에서 이해관계자들의 타협과 조정을 통해 정책결정이 이루어진다. (   )

04 크랜츠(Kranz)는 대표관료제를 비례대표로까지 확대하여 직무분야와 계급의 구성비율까지 고려해야 한다고 지적한다. (   )

05 정부조직이나 개편 시 정부조직 등에 관한 법령의 제정 또는 폐지로 인하여 그 직무와 권한에 변동이 있을 때에 책임소관이 변경되는 것은 예산의 이체(移替)이다. (   )

06 팀제는 구성원 상호 간의 의존성이 높은 조직구조이므로, 조직관리를 위해서는 계층제 중심의 기계적 구조보다 더 유용하다. (   )

07 정부부처편성의 기준 중 목적·기능별 분류는 국민들이 정부의 사업을 이해하기 용이하기 때문에 '시민을 위한 분류'라고 불린다. (   )

08 주민세와 재산세는 지방세 중 자치구세에 해당한다. (   )

09 성과주의예산은 계획이 중앙집권적이고 결정방식이 총체적이다. (   )

10 국민의 투표(지지율)에 의해서 관료제를 구성하는 엽관주의는 정부관료제의 민주주의에 기여한다. (   )

[정답] **01** ○ **02** ○ **03** ○ **04** ○ **05** ○ **06** × 팀제는 구성원 상호 간의 자율성이 높은 조직구조이므로, 조직관리를 위해서는 전통적인 계층제 중심의 기계적 구조가 더 유용하다. **07** ○ **08** × 주민세는 시·군세, 특별시·광역시세에 해당한다. **09** × 계획예산제도(PPBS)의 특징이다. **10** ○

최종점검 기출모의고사

01회 | 최종점검 기출모의고사

02회 | 최종점검 기출모의고사

03회 | 최종점검 기출모의고사

잠깐! 최종점검 기출모의고사 전 확인사항

최종점검 기출모의고사도 실전처럼 문제를 푸는 연습이 필요합니다.

✔ 휴대전화는 전원을 꺼주세요.

✔ 연필과 지우개를 준비하세요.

✔ 제한시간 15분 내 최대한 많은 문제를 정확하게 풀어보세요.

매 회 최종점검 기출모의고사 전, 위 사항을 점검하고 시험에 임하세요.

최종점검 기출모의고사

실제 기출문제를 실전동형모의고사 형태에 맞추어

학습함으로써, 최신 출제경향을 파악하고

문제풀이 능력을 극대화 시킬 수 있습니다.

승리는 가장 끈기있는 자에게 돌아간다.

– 나폴레옹 보나파르트

공개경쟁채용 필기시험 대비
해커스공무원 최종점검 기출모의고사

응시번호	
성 명	

문제회차
01회

【시 험 과 목】

과목명	소요시간	문항수	점수
행정학	15분	20문항	100점

응시자 주의사항

1. **시험 시작 전**에 시험문제를 열람하는 행위나 시험종료 후 답안을 작성하는 행위를 한 사람은 부정행위자로 처리됩니다.

2. 시험 시작 즉시 **문제 누락 여부, 인쇄상태 이상 유무 및 표지와 과목의 일치 여부** 등을 확인한 후 문제책 표지에 응시번호, 성명을 기재합니다.

3. 문제는 **총 20문항**으로 구성되어 있으니, 문제지와 답안지를 확인하시기 바랍니다.
   - 답안지는 '**해커스공무원 실전동형모의고사 답안지**'를 사용합니다.

4. 시험이 시작되면 문제를 주의 깊게 읽은 후, **문항의 취지에 가장 적합한 하나의 정답만**을 고르시기 바랍니다.

5. 답안을 잘못 표기하였을 경우에는 답안지를 교체하여 작성하거나 **수정테이프만을 사용**하여 수정할 수 있으며 (수정액 또는 수정스티커 등은 사용 불가), 부착된 수정테이프가 떨어지지 않게 손으로 눌러주어야 합니다.
   - 불량 수정테이프의 사용과 불완전한 수정 처리로 인해 발생하는 **모든 문제는 응시자에게 책임**이 있습니다.

6. **시험시간 관리의 책임**은 전적으로 응시자 본인에게 있습니다.

해커스공무원 최종점검 기출모의고사 정답 공개 및 안내

1. 해커스공무원 최종점검 기출모의고사의 문제들은 [7·9급] 국가직/지방직, [8·9급] 국회직, [7·9급] 군무원에서 중요한 문제들로만 선별하여 수록하였습니다.

2. 각 문제별 **기출연도 및 시행처, 정답 및 해설은 해설집에 수록**되어 있으니, 참고하시기 바랍니다.

해커스공무원

행정학

문 1. ㄱ~ㄹ의 행정이론이 등장한 시기를 순서대로 바르게 나열한 것은?

> ㄱ. 정부와 공공부문에 참여하는 다양한 참여자들의 네트워크를 중시하고, 정부는 전체 네트워크를 관리하는 조정자의 입장에 있다고 하였다.
>
> ㄴ. 미국 행정학의 '지적 위기'를 지적하면서 인간을 이기적·합리적 존재로 전제하고, 공공재의 공급이 서비스 기관 간 경쟁과 고객의 선택에 의해 이루어지는 시스템을 제안하였다.
>
> ㄷ. 정치는 국가의 의지를 표명하고 정책을 구현하는 것이며, 행정은 이를 실천하는 관리활동으로서 정치와 행정의 차이를 분명히 하였다.
>
> ㄹ. 왈도(Waldo)를 중심으로 가치와 형평성을 중시하면서 사회의 문제해결에 대한 현실 적합성을 갖는 새로운 행정학의 정립을 시도하였다.

① ㄷ → ㄹ → ㄱ → ㄴ
② ㄷ → ㄹ → ㄴ → ㄱ
③ ㄹ → ㄷ → ㄱ → ㄴ
④ ㄹ → ㄷ → ㄴ → ㄱ

문 2. 행정현상에 대한 접근방법의 설명으로 가장 옳지 않은 것은?

① 과학적 방법은 동작연구, 시간연구 등에서 같이 행정현상에 존재하는 규칙성을 찾아내 보편타당한 법칙성을 도출하는 데 가장 유용한 방법이다.

② 생태론적 접근방법은 행정변수 중에서 특히 환경변화와 사람의 행태를 연구대상으로 한다.

③ 역사적 접근방법과 법적·제도적 접근방법은 제도와 구조에 보다 초점을 맞춘 것으로 볼 수 있다.

④ 시스템적 방법의 장점은 시스템을 이루는 부분들 각각의 기능과 부분 간 유기적 상호작용을 잘 이해할 수 있다는 데 있다.

문 3. 정부예산팽창이론에 대한 설명으로 옳지 않은 것은?

① 바그너(Wagner)는 경제발전에 따라 국민의 욕구 부응을 위한 공공재 증가로 인해 정부예산이 증가한다고 주장한다.

② 피코크(Peacock)와 와이즈맨(Wiseman)은 전쟁과 같은 사회적 변동이 끝난 후에도 공공지출이 그 이전 수준으로 되돌아가지 않는 데에서 예산팽창의 원인을 찾고 있다.

③ 보몰(Baumol)은 정부부문과 민간부문 간의 생산성 격차를 통해 정부예산의 팽창 원인을 설명하고 있다.

④ 파킨슨(Parkinson)은 관료들이 자신들의 권력 극대화를 위해 필요 이상으로 자기 부서의 예산을 추구함에 따라 정부예산이 지속적으로 증가한다고 주장한다.

문 4. 정책의제설정모형에 대한 설명으로 옳지 않은 것은?

① 내부접근형(inside access model)에서 정부기관 내부의 집단 혹은 정책결정자와 빈번히 접촉하는 집단은 공중의제화하는 것을 꺼린다.

② 동원형(mobilization model)에서는 주로 정부 내 최고통치자나 고위정책결정자가 주도적으로 정부의제를 만든다.

③ 외부주도형(outside initiative model)은 다원화된 정치체제에서 많이 나타난다.

④ 공고화형(consolidation model)은 대중의 지지가 낮은 정책문제에 대한 정부의 주도적 해결을 설명한다.

문 5. 통계적 가설검정의 오류에 대한 설명으로 옳지 않은 것은?

① 제1종 오류는 실제로는 모집단의 특성이 영가설과 같은 것인데 영가설을 기각하는 경우에 발생한다.

② 제2종 오류는 모집단의 특성이 영가설과 같지 않은데 영가설을 기각하지 않는 경우에 발생한다.

③ 제1종 오류는 α로 표시하고, 제2종 오류는 β로 표시한다.

④ 확률 $1-\alpha$는 검정력을 나타내며, 확률 $1-\beta$는 신뢰수준을 나타낸다.

문 6. 앨리슨(Allison)모형 중 다음 내용에 초점을 두고 정책결정을 설명하는 것은?

> 1960년대 쿠바 미사일 사태에서 미국은 해안봉쇄로 위기를 극복하였다. 정부의 각 부처를 대표하는 사람들은 위기 상황에서 각자가 선호하는 대안을 제시하였다. 대표자들은 여러 대안에 대하여 갈등과 타협의 과정을 거쳤고, 결국 해안봉쇄 결정이 내려졌다. 이는 대통령이 사태 초기에 선호했던 국지적 공습과는 다른 결정이었다. 물론 해안봉쇄가 위기를 해소하는 최선의 대안이라는 보장은 없었고, 부처에 따라서는 불만을 가진 대표자도 있었다.

① 합리적 행위자모형

② 쓰레기통모형

③ 조직과정모형

④ 관료정치모형

문 7. 정책의 유형 중에서 정책목표에 의해 일반 국민에게 인적·물적 자원을 부담시키는 정책은?

① 추출정책

② 구성정책

③ 분배정책

④ 상징정책

문 8. 일반적인 조직구조 설계원리에 대한 설명으로 옳은 것만을 모두 고르면?

> ㄱ. 계선은 부하에게 업무를 지시하고, 참모는 정보제공, 자료분석, 기획 등의 전문지식을 제공한다.
> ㄴ. 부문화의 원리는 일정한 기준에 따라 서로 기능이 같거나 유사한 업무를 조직단위로 묶는 것을 의미한다.
> ㄷ. 통솔범위가 넓을수록 고도의 수직적 분화가 일어나 고층구조가 형성되고, 좁을수록 평면구조가 이루어진다.
> ㄹ. 명령통일의 원리는 부하가 한 사람의 상관으로부터 명령을 받게 해야 함을 의미한다.

① ㄱ, ㄴ, ㄷ

② ㄱ, ㄴ, ㄹ

③ ㄱ, ㄷ, ㄹ

④ ㄴ, ㄷ, ㄹ

문 9. 조직 내 갈등에 대한 설명으로 옳지 않은 것은?

① 과업의 상호의존성이 높은 경우 잠재적 갈등이 야기될 수 있다.

② 고전적 관점에서 갈등은 조직 효과성에 부정적인 영향을 끼친다고 가정한다.

③ 의사소통과정에서 충분한 양의 정보도 갈등을 유발하는 경우가 있다.

④ 진행단계별로 분류할 때 지각된 갈등은 갈등이 야기될 수 있는 상황 또는 조건을 의미한다.

문 10. 현행 법령상 공공기관에 대한 규정으로 옳은 것은?

① 공기업과 준정부기관의 지정기준은 직원 정원 50명 이상, 총수입액 30억 원 이상, 자산규모 10억 원 이상이다.

② 기획재정부장관은 총수입액 중 자체수입액이 차지하는 비중이 대통령령으로 정하는 기준 이상인 기관은 공기업으로 지정하고, 공기업이 아닌 공공기관은 준정부기관으로 지정한다.

③ 기획재정부장관은 필요한 경우 구성원 상호 간의 상호부조·복리증진·권익향상 또는 영업질서 유지 등을 목적으로 설립된 기관도 공공기관으로 지정할 수 있다.

④ 기획재정부장관은 기타공공기관의 일부만을 세분하여 지정하여서는 아니된다.

문 11. 근무성적평정 과정상의 오류와 완화방법에 대한 설명으로 옳지 않은 것은?

① 일관적 오류는 평정자의 기준이 다른 사람보다 높거나 낮은 데서 비롯되며, 완화방법으로 강제배분법을 고려할 수 있다.

② 근접효과는 전체 기간의 실적을 같은 비중으로 평가하지 못할 때 발생하며, 완화방법으로 중요사건기록법을 고려할 수 있다.

③ 관대화 경향은 비공식 집단적 유대 때문에 발생하며, 완화방법으로 평정결과의 공개를 고려할 수 있다.

④ 연쇄효과는 도표식평정척도법에서 자주 발생하며, 완화방법으로 피평가자별이 아닌 평정요소별 평정을 고려할 수 있다.

문 12. 공직자의 이해충돌에 대한 설명으로 옳지 않은 것은?

① 우리나라는 2021년 5월 「공직자의 이해충돌 방지법」을 제정하였다.

② 이해충돌은 그 특성에 따라 실제적, 외견적, 잠재적 형태로 분류할 수 있다.

③ 이해충돌 회피에 있어서는 '어느 누구도 자신이 연루된 사건의 재판관이 되어서는 안 된다'라는 원칙이 적용된다.

④ 「공직자의 이해충돌 방지법」의 위반행위는 감사원, 수사기관, 국민권익위원회 등에 신고할 수 있으나 위반행위가 발생한 기관은 제외된다.

문 13. 다양성 관리(diversity management)에 대한 설명으로 옳지 않은 것은?

① 오늘날 개인의 성격, 가치관의 차이와 같은 내면적 다양성의 중요성이 커지고 있다.

② 다양성 관리란 내적·외적 차이를 가진 다양한 조직구성원을 공평하고 효율적으로 활용하기 위한 체계적인 인적자원관리 과정이다.

③ 균형인사정책, 일과 삶 균형정책은 다양성 관리의 방안으로 볼 수 없다.

④ 대표관료제를 통한 조직 내 다양성 증대는 실적주의와 충돌할 가능성이 있다.

문 14. 예산제도에 대한 설명으로 옳지 않은 것은?

① 품목별예산제도는 일에 대한 정보를 제공하며, 세입과 세출의 유기적 연계를 고려한다.

② 성과주의예산제도는 업무량과 단위당 원가를 곱하여 예산액을 산정한다.

③ 계획예산제도는 비용편익분석 등을 활용함으로써 자원배분의 합리화를 추구한다.

④ 영기준예산제도는 예산편성에서 의사결정단위의 설정, 의사결정 패키지 작성 등이 필요하다.

문 15. 우리나라 예산제도에 대한 설명으로 옳지 않은 것은?

① 국회는 정부의 동의 없이 정부가 제출한 지출예산 각 항의 금액을 증가시킬 수 없다.

② 정부가 예산안 편성 시 감사원의 세출예산요구액을 감액하고자 할 때에는 국무회의에서 감사원장의 의견을 구하여야 한다.

③ 정부는 회계연도 개시 전까지 예산안이 의결되지 못한 때에는 전년도 예산에 준해 모든 예산을 편성해 운영할 수 있다.

④ 국회는 감사원이 검사를 완료한 국가결산보고서를 정기회개회 전까지 심의·의결을 완료해야 한다.

문 16. 조세지출예산제도에 대한 설명으로 옳지 않은 것은?

① 비과세, 감면 등의 세제혜택을 통해 포기한 액수를 조세지출이라 한다.

② 지방재정에는 지방세지출제도가 도입되지 않았다.

③ 조세지출의 내용과 규모를 주기적으로 공표해 관리하는 제도이다.

④ 「국가재정법」에 따라 조세지출예산서를 작성해 국가에 보고한다.

문 17. 행정책임과 행정통제에 대한 설명으로 옳은 것은?

① 파이너(Finer)는 행정의 적극적 이미지를 전제로 전문가로서의 관료의 기능적 책임을 강조하는 책임론을 제시하였다.

② 프리드리히(Friedrich)는 개인적인 도덕적 의무감에 호소하는 책임보다 외재적·민주적 책임의 중요성을 강조하였다.

③ 행정통제를 내부통제와 외부통제로 구분할 경우, 윤리적 책임의식의 내재화를 통한 통제는 전자에 속한다.

④ 옴부즈만제도를 의회형과 행정부형으로 구분할 경우, 국민권익위원회의 고충민원처리제도는 전자에 속한다.

문 18. 우리나라의 주민참여제도에 대한 설명으로 옳지 않은 것은?

① 주민은 지방자치단체의 장을 상대로 소송을 제기할 수 있다.

② 주민은 지방자치단체의 장 및 지방의회의원(비례대표 지방의회의원은 제외)을 소환할 수 있다.

③ 주민은 지방자치단체의 장에게 조례의 제정과 개폐를 청구할 수 있다.

④ 주민은 지방예산 편성 등 예산과정에 참여할 수 있다.

문 19. 다음 중 특별시·광역시의 보통세와 도의 보통세에 공통적으로 속하는 세목만을 모두 고르면?

ㄱ. 지방소득세
ㄴ. 지방소비세
ㄷ. 주민세
ㄹ. 레저세
ㅁ. 재산세
ㅂ. 취득세

① ㄱ, ㄴ, ㄹ
② ㄱ, ㄷ, ㅁ
③ ㄴ, ㄹ, ㅂ
④ ㄷ, ㅁ, ㅂ

문 20. 다음 중 조세를 실제로 부담하는 사람과 이를 직접 납부하는 사람이 서로 다른 간접세를 포함하고 있는 국세의 종목은 모두 몇 개인가?

ㄱ. 자동차세
ㄴ. 부가가치세
ㄷ. 담배소비세
ㄹ. 주세
ㅁ. 개별소비세
ㅂ. 종합부동산세

① 1개
② 2개
③ 3개
④ 4개

정답·해설_해설집 p.110

01회 최종점검 기출모의고사
모바일 자동 채점 + 성적 분석 서비스
바로 가기 (gosi.Hackers.com)

QR코드를 이용하여 해커스공무원의 '모바일 자동 채점 + 성적 분석 서비스'로 바로 접속하세요!

* 해커스공무원 사이트의 가입자에 한해 이용 가능합니다.

공개경쟁채용 필기시험 대비
해커스공무원 최종점검 기출모의고사

응시번호	
성 명	

문제회차
02회

【시험과목】

과목명	소요시간	문항수	점수
행정학	15분	20문항	100점

해커스공무원

행정학

문 1. 정치행정일원론에 대한 설명으로 옳은 것은?

① 행정국가의 등장과 연관성이 깊다.
② 윌슨(Wilson)의 『행정연구』가 공헌하였다.
③ 정치는 의사결정의 영역이고, 행정은 결정된 내용을 집행한다고 보았다.
④ 행정은 경영과 비슷해야 하며, 행정이 지향하는 가치로 절약과 능률을 강조하였다.

문 2. 탈신공공관리(post-NPM)의 아이디어들로 묶인 것으로 옳은 것은?

```
ㄱ. 총체적 정부 또는 연계형 정부
ㄴ. 민간위탁과 민영화의 확대
ㄷ. 민간·공공부문의 파트너십 강조
ㄹ. 정부부문 내 경쟁 원리 도입
ㅁ. 중앙의 정치·행정적 역량 강화
ㅂ. 환경적·역사적·문화적 요소에의 유지
```

① ㄱ, ㄴ, ㅁ, ㅂ
② ㄴ, ㄷ, ㄹ, ㅁ
③ ㄱ, ㄷ, ㅁ, ㅂ
④ ㄷ, ㄹ, ㅁ, ㅂ

문 3. 피터스(B. Guy Peters)의 정부개혁모형 중 참여정부모형과 가장 관련이 없는 것은?

① 문제의 진단기준은 계층제이다.
② 구조의 개혁방안은 평면조직이다.
③ 관리의 개혁방안은 가변적 인사관리이다.
④ 정책결정의 개혁방안은 협의·협상이다.

문 4. 블랙스버그 선언(Blacksburg manifesto)과 행정재정립운동(refounding movement)에 대한 설명으로 옳지 않은 것은?

① 블랙스버그 선언은 행정의 정당성을 침해하는 정치·사회적 상황을 비판했다.
② 행정재정립운동은 직업공무원제를 옹호했다.
③ 행정재정립운동은 정부를 재창조하기보다는 재발견해야 한다고 주장했다.
④ 블랙스버그 선언은 신행정학의 태동을 가져왔다.

문 5. 무의사결정론에 대한 설명으로 옳지 않은 것은?

① 정치체제 내의 지배적 규범이나 절차가 강조되어 변화를 위한 주장은 통제된다고 본다.

② 엘리트들에게 안전한 이슈만이 논의되고 불리한 이슈는 거론조차 못하게 봉쇄된다고 한다.

③ 위협과 같은 폭력적 방법을 통해 특정한 이슈의 등장이 방해받기도 한다고 주장한다.

④ 조직의 주의집중력과 가용자원은 한계가 있어 일부 사회문제만이 정책의제로 선택된다고 주장한다.

문 6. 킹던(Kingdon)이 제시한 정책흐름모형에 대한 설명으로 옳은 것만을 모두 고르면?

> ㄱ. 경쟁하는 연합의 자원과 신념체계(belief system)를 강조한다.
> ㄴ. 쓰레기통모형을 발전시킨 것이다.
> ㄷ. 정책과정의 세 흐름은 문제흐름, 정책흐름, 정치흐름이 있다.

① ㄱ
② ㄷ
③ ㄱ, ㄴ
④ ㄴ, ㄷ

문 7. 정책평가의 논리에서 수단과 목표 간의 인과관계에 대한 설명으로 옳은 것만을 모두 고르면?

> ㄱ. 정책목표의 달성이 정책수단의 실현에 선행해서 존재해야 한다.
> ㄴ. 특정 정책수단 실현과 정책목표 달성 간 관계를 설명하는 다른 요인이 배제되어야 한다.
> ㄷ. 정책수단의 변화 정도에 따라 정책목표의 달성 정도도 변해야 한다.

① ㄱ
② ㄷ
③ ㄱ, ㄴ
④ ㄴ, ㄷ

문 8. 기능(functional)구조와 사업(project)구조의 통합을 시도하는 조직 형태는?

① 팀제조직
② 위원회조직
③ 매트릭스조직
④ 네트워크조직

문 9. 리더십에 대한 설명으로 가장 적절하지 않은 것은?

① 초기 리더십이론에서는 리더가 갖추어야 할 기본적인 자질과 행태가 중요한 연구대상이었다.

② 리더십에 있어 행태론적 접근은 공식적인 권위가 아니라 개인에 대한 관심과 배려를 보여주는 리더가 보다 효과적이라는 주장과 관련된다.

③ 행태론의 대표적 연구로 리더십격자모형은 리더의 행태를 사람과 상황의 통합으로 다룬다.

④ 리더십 효과는 리더와 구성원 관계, 과업구조, 그리고 리더의 직위에서 나오는 권력에 의존한다는 것이 상황론이다.

문 10. 엘더퍼(C. Alderfer)의 ERG이론에서 자기로부터의 존경, 자긍심, 자아실현욕구 등과 가장 관련이 있는 것은?

① 존재욕구
② 관계욕구
③ 성장욕구
④ 애정욕구

문 11. 직업공무원제의 특징으로 옳지 않은 것은?

① 직무급 중심 보수체계
② 능력발전의 기회 부여
③ 폐쇄형 충원방식
④ 신분의 보장

문 12. 공직분류 체계에 대한 설명으로 옳은 것은?

① 소방공무원은 특수경력직공무원에 해당한다.
② 국회 수석전문위원은 일반직공무원에 해당한다.
③ 차관에서 3급 공무원까지는 특정직공무원에 해당한다.
④ 경력직공무원은 실적과 자격에 의해 임용되고 신분이 보장된다.

문 13. 공무원 신분의 변경과 소멸에 대한 설명으로 옳지 않은 것은?

① 직권면직은 법률상 징계의 종류로 규정되어 있지 않다.
② 정직은 징계처분의 일종으로, 정직 기간 중에는 보수의 1/2을 감하도록 되어 있다.
③ 임용권자는 사정에 따라서는 공무원 본인의 의사에도 불구하고 휴직을 명해야 한다.
④ 임용권자는 직무수행 능력 부족을 이유로 직위해제를 받은 공무원이 직위해제 기간에 능력의 향상을 기대하기 어렵다고 인정된 때에 직권면직을 통해 공무원의 신분을 박탈할 수 있다.

문 14. 동일 회계연도 예산의 성립을 기준으로 볼 때 시기적으로 빠른 것부터 순서대로 바르게 나열한 것은?

① 본예산, 수정예산, 준예산
② 준예산, 추가경정예산, 본예산
③ 수정예산, 본예산, 추가경정예산
④ 잠정예산, 본예산, 준예산

문 15. 다음 중 예산과 관련된 이론으로 가장 옳지 않은 것은?

① 욕구체계이론
② 다중합리성 모형
③ 단절균형이론
④ 점증주의

문 16. 균형성과표(BSC)에 대한 설명으로 옳지 않은 것은?

① 조직의 장기적 전략 목표와 단기적 활동을 연결할 수 있게 한다.
② 재무적 성과지표와 비재무적 성과지표를 통한 균형적인 성과관리 도구라고 할 수 있다.
③ 재무적 정보 외에 고객, 내부절차, 학습과 성장 등 조직운영에 필요한 관점을 추가한 것이다.
④ 고객 관점에서의 성과지표는 시민참여, 적법절차, 내부직원의 만족도, 정책 순응도, 공개 등이 있다.

문 17. 예산의 이용과 전용에 대한 설명으로 옳은 것은?

① 이용은 입법과목 사이의 상호 융통으로 국회의 의결을 얻으면 기획재정부장관의 승인이나 위임 없이도 할 수 있다.

② 기관(機關) 간 이용도 가능하다.

③ 세출예산의 항(項) 간 전용은 국회 의결 없이 기획재정부장관의 승인을 얻어서 할 수 있다.

④ 이용과 전용은 예산 한정성 원칙의 예외로 볼 수 없다.

문 18. 롬젝(Romzeck)의 행정책임유형에 대한 설명으로 옳지 않은 것은?

① 계층적 책임 - 조직 내 상명하복의 원칙에 따라 통제된다.

② 법적 책임 - 표준운영절차(SOP)나 내부규칙(규정)에 따라 통제된다.

③ 전문가적 책임 - 전문직업적 규범과 전문가집단의 관행을 중시한다.

④ 정치적 책임 - 민간 고객, 이익집단 등 외부 이해관계자의 기대에 부응하는가를 중시한다.

문 19. 단체위임사무와 기관위임사무에 대한 설명으로 옳지 않은 것은?

① 지방의회는 기관위임사무에 대해 조례제정권을 행사할 수 없다.

② 보건소의 운영업무와 병역자원의 관리업무는 대표적인 기관위임사무이다.

③ 중앙정부는 단체위임사무에 대해 사전적 통제보다 사후적 통제를 주로 한다.

④ 기관위임사무의 처리를 위한 비용은 국가가 부담한다.

문 20. 오츠(Oates)의 분권화 정리가 성립하기 위한 조건에 대한 설명으로 옳은 것만을 모두 고르면?

ㄱ. 중앙정부의 공공재 공급 비용이 지방정부의 공공재 공급 비용보다 더 적게 든다.
ㄴ. 공공재의 지역 간 외부효과가 없다.
ㄷ. 지방정부가 해당 지역에서 파레토 효율적 수준으로 공공재를 공급한다.

① ㄱ

② ㄷ

③ ㄱ, ㄴ

④ ㄴ, ㄷ

정답·해설_해설집 p.115

02회 최종점검 기출모의고사
모바일 자동 채점 + 성적 분석 서비스
바로 가기 (gosi.Hackers.com)

QR코드를 이용하여 해커스공무원의 '모바일 자동 채점 + 성적 분석 서비스'로 바로 접속하세요!

* 해커스공무원 사이트의 가입자에 한해 이용 가능합니다

공개경쟁채용 필기시험 대비
해커스공무원 최종점검 기출모의고사

응시번호	
성 명	

문제회차
03회

【시험과목】

과목명	소요시간	문항수	점수
행정학	15분	20문항	100점

응시자 주의사항

1. **시험 시작 전**에 시험문제를 열람하는 행위나 시험종료 후 답안을 작성하는 행위를 한 사람은 부정행위자로 처리됩니다.

2. 시험 시작 즉시 **문제 누락 여부, 인쇄상태 이상 유무 및 표지와 과목의 일치 여부** 등을 확인한 후 문제책 표지에 응시번호, 성명을 기재합니다.

3. 문제는 총 **20문항**으로 구성되어 있으니, 문제지와 답안지를 확인하시기 바랍니다.
   – 답안지는 '**해커스공무원 실전동형모의고사 답안지**'를 사용합니다.

4. 시험이 시작되면 문제를 주의 깊게 읽은 후, **문항의 취지에 가장 적합한 하나의 정답만**을 고르시기 바랍니다.

5. 답안을 잘못 표기하였을 경우에는 답안지를 교체하여 작성하거나 **수정테이프만을 사용**하여 수정할 수 있으며 (수정액 또는 수정스티커 등은 사용 불가), 부착된 수정테이프가 떨어지지 않게 손으로 눌러주어야 합니다.
   – 불량 수정테이프의 사용과 불완전한 수정 처리로 인해 발생하는 **모든 문제는 응시자에게 책임**이 있습니다.

6. **시험시간 관리의 책임**은 전적으로 응시자 본인에게 있습니다.

해커스공무원 최종점검 기출모의고사 정답 공개 및 안내

1. 해커스공무원 최종점검 기출모의고사의 문제들은 [7 · 9급] 국가직/지방직, [8 · 9급] 국회직, [7 · 9급] 군무원에서 중요한 문제들로만 선별하여 수록하였습니다.

2. 각 문제별 **기출연도 및 시행처, 정답 및 해설**은 해설집에 수록되어 있으니, 참고하시기 바랍니다.

ⓣ 해커스공무원

행정학

문 1. 다음 중 신공공관리론의 특징에 대한 설명으로 가장 적절한 것은?

① 시장원리 도입으로서 경쟁 도입과 고객지향의 확대이다.
② 급격한 행정조직 확대로 행정의 공동화가 발생하지 않는다.
③ 정부, 시장, 시민사회의 평등한 관계를 중시한다.
④ 결과보다 과정에 가치를 둔다.

문 2. 니스카넨(Niskanen)의 예산극대화이론과 던리비(Dunleavy)의 관청형성이론에 대한 설명으로 옳지 않은 것은?

① 니스카넨(Niskanen)에 따르면 최적의 서비스 공급 수준은 한계편익(marginal benefit)과 한계비용(marginal cost)이 일치하는 수준에서 결정된다.
② 두 이론 모두 관료를 자신의 이익과 효용을 추구하는 인간으로 가정한다.
③ 던리비(Dunleavy)에 따르면 관청형성의 전략 중 하나는 내부 조직 개편을 통해 정책결정 기능과 수준을 강화하되 일상적이고 번잡스러운 업무는 분리하고 이전하는 것이다.
④ 니스카넨(Niskanen)에 따르면 예산극대화 행동은 예산유형과 직위의 관계, 기관유형, 시대적 상황 등의 측면에서 다양하게 나타날 수 있다.

문 3. 신공공관리와 뉴거버넌스에 대한 설명으로 옳은 것은?

① 뉴거버넌스가 상정하는 정부의 역할은 방향잡기(steering)이다.
② 신공공관리의 인식론적 기초는 공동체주의이다.
③ 신공공관리가 중시하는 관리 가치는 신뢰(trust)이다.
④ 뉴거버넌스의 관리 기구는 시장(market)이다.

문 4. 사회적 자본에 대한 설명으로 옳은 것은?

① 사회적 자본이 증가하면 제재력이 약화되는 역기능이 있다.
② 타인에 대한 신뢰는 사회적 자본의 구성요소가 아니다.
③ 호혜주의는 사회적 자본에 영향을 미치지 않는다.
④ 사회적 자본은 거래비용을 감소시키는 순기능이 있다.

문 5. 정책학의 발전과정에 대한 설명으로 옳은 것은?

① 드로어(Dror)는 정책결정의 방법, 지식, 체제에 관심을 두어야 한다고 주장하고, 정책결정체제에 대한 이해와 정책결정의 개선을 강조하였다.

② 정책의제 설정이론은 정책의제의 해결방안 탐색을 강조하며, 문제가 의제로 설정되지 않는 비결정(non-decision making) 상황에 관하여는 관심이 적다.

③ 라스웰(Lasswell)은 정책과정에 관한 지식보다 정책에 필요한 지식이 더 중요하며, 사회적 가치는 분석 대상에서 제외해야 함을 강조하였다.

④ 1950년대에는 담론과 프레임을 통한 문제구조화에 관심이 높아 OR(operation research)과 후생경제학의 기법 활용에는 소홀하였다.

문 6. 공공사업의 경제성분석에 대한 설명으로 옳은 것만을 모두 고르면?

> ㄱ. 할인율이 높을 때는 편익이 장기간에 실현되는 장기투자사업보다 단기간에 실현되는 단기투자사업이 유리하다.
> ㄴ. 직접적이고 유형적인 비용과 편익은 반영하고, 간접적이고 무형적인 비용과 편익은 포함하지 않는다.
> ㄷ. 순현재가치(NPV)는 비용의 총현재가치에서 편익의 총현재가치를 뺀 것이며, 0보다 클 경우 사업의 타당성을 인정할 수 있다.
> ㄹ. 내부수익률은 할인율을 알지 못해도 사업평가가 가능하도록 하는 분석기법이다.

① ㄱ, ㄴ

② ㄱ, ㄹ

③ ㄴ, ㄷ

④ ㄱ, ㄷ, ㄹ

문 7. 정책결정모형에 대한 설명으로 옳은 것만을 모두 고르면?

> ㄱ. 만족모형에서는 정책결정을 근본적 결정과 세부적 결정으로 구분한다.
> ㄴ. 점증주의모형은 현상유지를 옹호하므로 보수적이라는 비판을 받고 있다.
> ㄷ. 쓰레기통모형에서 의사결정의 4가지 요소는 문제, 해결책, 선택기회, 참여자이다.
> ㄹ. 갈등의 준해결과 표준운영절차(SOP)의 활용은 최적모형의 특징이다.

① ㄱ, ㄴ

② ㄱ, ㄹ

③ ㄴ, ㄷ

④ ㄷ, ㄹ

문 8. 다음 사례에서 정책평가의 내적 타당도를 위협하는 요인은?

> 지방정부 A시는 최근 일정 나이의 청년들에게 월마다 일정 금액을 지급하는 청년소득 정책을 실시하였다. 청년소득 지급이 청년들의 고용에 어떤 영향을 미치는지 알아보기 위해 청년소득 정책 실시 전후 대상자들의 고용현황을 측정하고 비교해서 그 차이를 청년소득의 효과라고 해석하려고 한다. 그런데 두 측정시점 사이에 경기불황이라는 상황이 발생하였다.

① 호손효과

② 검사요인

③ 역사적 요인

④ 회귀인공요인

문 9. 조직목표의 기능에 대한 설명으로 옳지 않은 것은?

① 조직구성원들이 목표로 인해 일체감을 느끼기 때문에 구성원들의 동기를 유발해준다.
② 조직의 구조와 과정을 설계하는 준거를 제공하고 성과를 평가하는 기준이 되기도 한다.
③ 미래의 바람직한 상태를 밝혀 조직활동의 방향을 제시한다.
④ 조직이 존재하는 정당성의 근거가 될 수는 없다.

문 10. 구성원에 대한 동기부여는 미충족 시 불만이 제기되는 요인(불만요인)의 충족과 함께, 적극적으로 동기를 자극하는 요인(동기요인)이 동시에 충족되었을 때 가능하다고 주장한 학자로 옳은 것은?

① F. Herzberg
② C. Argyris
③ A. H. Maslow
④ V. H. Vroom

문 11. 목표관리제(MBO)에 대한 설명으로 옳은 것만을 모두 고르면?

ㄱ. 부하와 상사의 참여를 통해 목표를 설정한다.
ㄴ. 중·장기목표를 단기목표보다 강조한다.
ㄷ. 조직 내·외의 상황이 안정적이고 예측가능한 조직에서 성공확률이 높다.
ㄹ. 개별 구성원의 직무 특수성을 반영하기 위하여 목표의 정성적, 주관적 성격이 강조된다.

① ㄱ, ㄴ
② ㄱ, ㄷ
③ ㄴ, ㄹ
④ ㄷ, ㄹ

문 12. 조직구성의 원리에 대한 설명으로 옳지 않은 것은?

① 분업의 원리 - 일은 가능한 한 세분해야 한다.
② 통솔범위의 원리 - 한 명의 상관이 감독하는 부하의 수는 상관의 통제능력 범위 내로 한정해야 한다.
③ 명령통일의 원리 - 여러 상관이 지시한 명령이 서로 다를 경우 내용이 통일될 때까지 명령을 따르지 않아야 한다.
④ 조정의 원리 - 권한 배분의 구조를 통해 분화된 활동들을 통합해야 한다.

문 13. 대표관료제에 대한 설명으로 옳지 않은 것은?

① 우리나라는 양성채용목표제, 장애인 의무고용제 등 다양한 균형인사제도를 통해 대표관료제의 논리를 반영하고 있다.

② 다양한 집단의 이익을 반영하는 실적주의 이념에 부합하는 인사제도이다.

③ 할당제를 강요하는 결과를 초래하고, 특정 집단에 대한 역차별 문제를 야기할 수 있다.

④ 임용 전 사회화가 임용 후 행태를 자동적으로 보장한다는 가정하에 전개되어 왔다.

문 14. 직무분석과 직무평가에 대한 설명으로 옳은 것은?

① 직무분석은 직무들의 상대적인 가치를 체계적으로 분류하여 등급화하는 것이다.

② 직무자료 수집방법에는 관찰, 면접, 설문지, 일지기록법 등이 활용된다.

③ 일반적으로 직무평가 이후에 직무분류를 위한 직무분석이 이루어진다.

④ 직무평가 방법으로 서열법, 요소비교법 등 비계량적 방법과 점수법, 분류법 등 계량적 방법을 사용한다.

문 15. 일반회계, 특별회계, 기금에 대한 설명으로 옳지 않은 것은?

① 일반회계는 조세수입 등을 주요 세입으로 하여 국가의 일반적인 세출에 충당하기 위하여 설치한다.

② 특별회계와 기금은 예산총계주의 원칙의 예외이다.

③ 일반회계, 특별회계, 기금 모두 국회로부터 결산의 심의 및 의결을 받아야 한다.

④ 일반회계와 특별회계는 전쟁이나 대규모 재해가 발생한 경우 추가경정예산을 편성할 수 있다.

문 16. 정부예산의 종류에 대한 설명으로 옳지 않은 것은?

① 기금은 예산원칙의 일반적 제약으로부터 벗어나 탄력적으로 운용된다.

② 특별회계예산은 국가의 회계 중 특정한 세입으로 특정한 세출을 충당하기 위한 예산이다.

③ 특별회계예산은 일반회계예산과 달리 예산편성에 있어 국회의 심의 및 의결을 받지 않는다.

④ 기금은 예산 통일성 원칙의 예외가 된다.

문 17. 품목별예산제도(line-item budget system)에 대한 설명으로 옳지 않은 것은?

① 미국에서 공무원의 부정부패를 막고 행정의 능률을 향상시키기 위해 도입되었다.
② 정부활동에 대한 총체적인 사업계획과 우선순위 결정에 유리하다.
③ 예산집행의 책임성을 확보할 수 있는 통제지향 예산제도이다.
④ 특정 사업의 지출성과에 대해서는 파악하기 어렵다.

문 18. 전자정부 구현사례에 대한 설명으로 옳지 않은 것은?

① 'G2B'의 대표적 사례는 '나라장터'이다.
② 'G2C'는 조달 관련 온라인 서비스를 통합적으로 제공하는 것이다.
③ 'G4C'는 단일창구를 통한 민원업무혁신사업으로 데이터베이스 공동활용시스템 구축을 내용으로 한다.
④ 'G2G'는 정부 내 업무처리의 전자화를 내용으로 하고 있으며 대표적 사례로는 '온−나라시스템'이 있다.

문 19. 「지방자치법」상 지방의회 의원이 받을 수 있는 징계의 사례가 아닌 것은?

① A 의원은 45일간 출석정지를 내용으로 하는 징계를 받았다.
② B 의원은 공개회의에서 사과를 하는 징계를 받았다.
③ C 의원은 재적의원 3분의 2 이상 찬성에 따라 제명되는 징계를 받았다.
④ D 의원은 공개회의에서 경고를 받는 징계를 받았다.

문 20. 부담금에 대한 설명으로 옳지 않은 것은?

① 특정의 공공서비스를 창출하거나 바람직한 행위를 유도하기 위해 사용된다.
② 수익자 부담의 원칙이 적용된다.
③ 「지방세법」상 지방세 수입의 재원 중 하나이다.
④ 부담금에 관한 주요 정책과 그 운용방향 등을 심의하기 위하여 기획재정부장관 소속으로 부담금심의위원회를 둔다.

정답·해설_해설집 p.119

03회 최종점검 기출모의고사
모바일 자동 채점 + 성적 분석 서비스
바로 가기 (gosi.Hackers.com)

QR코드를 이용하여 해커스공무원의 '모바일 자동 채점 + 성적 분석 서비스'로 바로 접속하세요!
* 해커스공무원 사이트의 가입자에 한해 이용 가능합니다.

해커스공무원 실전동형모의고사 답안지

컴퓨터용 흑색사인펜만 사용

책형 표기란 사용

※ 시험감독관 서명
(성명을 정자로 기재할 것)

성명	
자필성명	본인 성명 기재
응시직렬	
응시지역	
시험장소	

[필적감정용 기재]
*아래 예시문을 옮겨 적으시오

본인은 OOO(응시자성명)임을 확인함

기 재 란

회차	

응시번호

생년월일

제1과목

문번				
1	①	②	③	④
2	①	②	③	④
3	①	②	③	④
4	①	②	③	④
5	①	②	③	④
6	①	②	③	④
7	①	②	③	④
8	①	②	③	④
9	①	②	③	④
10	①	②	③	④
11	①	②	③	④
12	①	②	③	④
13	①	②	③	④
14	①	②	③	④
15	①	②	③	④
16	①	②	③	④
17	①	②	③	④
18	①	②	③	④
19	①	②	③	④
20	①	②	③	④

제2과목

문번				
1	①	②	③	④
2	①	②	③	④
3	①	②	③	④
4	①	②	③	④
5	①	②	③	④
6	①	②	③	④
7	①	②	③	④
8	①	②	③	④
9	①	②	③	④
10	①	②	③	④
11	①	②	③	④
12	①	②	③	④
13	①	②	③	④
14	①	②	③	④
15	①	②	③	④
16	①	②	③	④
17	①	②	③	④
18	①	②	③	④
19	①	②	③	④
20	①	②	③	④

제3과목

문번				
1	①	②	③	④
2	①	②	③	④
3	①	②	③	④
4	①	②	③	④
5	①	②	③	④
6	①	②	③	④
7	①	②	③	④
8	①	②	③	④
9	①	②	③	④
10	①	②	③	④
11	①	②	③	④
12	①	②	③	④
13	①	②	③	④
14	①	②	③	④
15	①	②	③	④
16	①	②	③	④
17	①	②	③	④
18	①	②	③	④
19	①	②	③	④
20	①	②	③	④

제4과목

문번				
1	①	②	③	④
2	①	②	③	④
3	①	②	③	④
4	①	②	③	④
5	①	②	③	④
6	①	②	③	④
7	①	②	③	④
8	①	②	③	④
9	①	②	③	④
10	①	②	③	④
11	①	②	③	④
12	①	②	③	④
13	①	②	③	④
14	①	②	③	④
15	①	②	③	④
16	①	②	③	④
17	①	②	③	④
18	①	②	③	④
19	①	②	③	④
20	①	②	③	④

제5과목

문번				
1	①	②	③	④
2	①	②	③	④
3	①	②	③	④
4	①	②	③	④
5	①	②	③	④
6	①	②	③	④
7	①	②	③	④
8	①	②	③	④
9	①	②	③	④
10	①	②	③	④
11	①	②	③	④
12	①	②	③	④
13	①	②	③	④
14	①	②	③	④
15	①	②	③	④
16	①	②	③	④
17	①	②	③	④
18	①	②	③	④
19	①	②	③	④
20	①	②	③	④

해커스공무원 실전동형모의고사 답안지

성명	
자필성명	본인 성명 기재
응시직렬	
응시지역	
시험장소	

[필적감정용 기재]
*아래 예시문을 옮겨 적으시오
본인은 ○○○(응시자성명)임을 확인함

기 재 란

회차	

※ 시험감독관 서명
(성명을 정자로 기재할 것)

책형 확인란 사용

생년월일

응시번호

제1과목

문번				
1	①	②	③	④
2	①	②	③	④
3	①	②	③	④
4	①	②	③	④
5	①	②	③	④
6	①	②	③	④
7	①	②	③	④
8	①	②	③	④
9	①	②	③	④
10	①	②	③	④
11	①	②	③	④
12	①	②	③	④
13	①	②	③	④
14	①	②	③	④
15	①	②	③	④
16	①	②	③	④
17	①	②	③	④
18	①	②	③	④
19	①	②	③	④
20	①	②	③	④

제2과목

문번				
1	①	②	③	④
2	①	②	③	④
3	①	②	③	④
4	①	②	③	④
5	①	②	③	④
6	①	②	③	④
7	①	②	③	④
8	①	②	③	④
9	①	②	③	④
10	①	②	③	④
11	①	②	③	④
12	①	②	③	④
13	①	②	③	④
14	①	②	③	④
15	①	②	③	④
16	①	②	③	④
17	①	②	③	④
18	①	②	③	④
19	①	②	③	④
20	①	②	③	④

제3과목

문번				
1	①	②	③	④
2	①	②	③	④
3	①	②	③	④
4	①	②	③	④
5	①	②	③	④
6	①	②	③	④
7	①	②	③	④
8	①	②	③	④
9	①	②	③	④
10	①	②	③	④
11	①	②	③	④
12	①	②	③	④
13	①	②	③	④
14	①	②	③	④
15	①	②	③	④
16	①	②	③	④
17	①	②	③	④
18	①	②	③	④
19	①	②	③	④
20	①	②	③	④

제4과목

문번				
1	①	②	③	④
2	①	②	③	④
3	①	②	③	④
4	①	②	③	④
5	①	②	③	④
6	①	②	③	④
7	①	②	③	④
8	①	②	③	④
9	①	②	③	④
10	①	②	③	④
11	①	②	③	④
12	①	②	③	④
13	①	②	③	④
14	①	②	③	④
15	①	②	③	④
16	①	②	③	④
17	①	②	③	④
18	①	②	③	④
19	①	②	③	④
20	①	②	③	④

제5과목

문번				
1	①	②	③	④
2	①	②	③	④
3	①	②	③	④
4	①	②	③	④
5	①	②	③	④
6	①	②	③	④
7	①	②	③	④
8	①	②	③	④
9	①	②	③	④
10	①	②	③	④
11	①	②	③	④
12	①	②	③	④
13	①	②	③	④
14	①	②	③	④
15	①	②	③	④
16	①	②	③	④
17	①	②	③	④
18	①	②	③	④
19	①	②	③	④
20	①	②	③	④

해커스공무원 실전동형모의고사 답안지

※ 시험감독관 서명
(성명을 정자로 기재할 것)

책임감독관 확인

생년월일

응시번호

성명	
자필성명	본인 성명 기재
응시직렬	
응시지역	
시험장소	

[필적감정용 기재]
*아래 예시문을 옮겨 적으시오
본인은 OOO(응시자성명)임을 확인함

기재란

회차

문번	제1과목	문번	제2과목
1	① ② ③ ④	1	① ② ③ ④
2	① ② ③ ④	2	① ② ③ ④
3	① ② ③ ④	3	① ② ③ ④
4	① ② ③ ④	4	① ② ③ ④
5	① ② ③ ④	5	① ② ③ ④
6	① ② ③ ④	6	① ② ③ ④
7	① ② ③ ④	7	① ② ③ ④
8	① ② ③ ④	8	① ② ③ ④
9	① ② ③ ④	9	① ② ③ ④
10	① ② ③ ④	10	① ② ③ ④
11	① ② ③ ④	11	① ② ③ ④
12	① ② ③ ④	12	① ② ③ ④
13	① ② ③ ④	13	① ② ③ ④
14	① ② ③ ④	14	① ② ③ ④
15	① ② ③ ④	15	① ② ③ ④
16	① ② ③ ④	16	① ② ③ ④
17	① ② ③ ④	17	① ② ③ ④
18	① ② ③ ④	18	① ② ③ ④
19	① ② ③ ④	19	① ② ③ ④
20	① ② ③ ④	20	① ② ③ ④

문번	제3과목	문번	제4과목	문번	제5과목
1	① ② ③ ④	1	① ② ③ ④	1	① ② ③ ④
2	① ② ③ ④	2	① ② ③ ④	2	① ② ③ ④
3	① ② ③ ④	3	① ② ③ ④	3	① ② ③ ④
4	① ② ③ ④	4	① ② ③ ④	4	① ② ③ ④
5	① ② ③ ④	5	① ② ③ ④	5	① ② ③ ④
6	① ② ③ ④	6	① ② ③ ④	6	① ② ③ ④
7	① ② ③ ④	7	① ② ③ ④	7	① ② ③ ④
8	① ② ③ ④	8	① ② ③ ④	8	① ② ③ ④
9	① ② ③ ④	9	① ② ③ ④	9	① ② ③ ④
10	① ② ③ ④	10	① ② ③ ④	10	① ② ③ ④
11	① ② ③ ④	11	① ② ③ ④	11	① ② ③ ④
12	① ② ③ ④	12	① ② ③ ④	12	① ② ③ ④
13	① ② ③ ④	13	① ② ③ ④	13	① ② ③ ④
14	① ② ③ ④	14	① ② ③ ④	14	① ② ③ ④
15	① ② ③ ④	15	① ② ③ ④	15	① ② ③ ④
16	① ② ③ ④	16	① ② ③ ④	16	① ② ③ ④
17	① ② ③ ④	17	① ② ③ ④	17	① ② ③ ④
18	① ② ③ ④	18	① ② ③ ④	18	① ② ③ ④
19	① ② ③ ④	19	① ② ③ ④	19	① ② ③ ④
20	① ② ③ ④	20	① ② ③ ④	20	① ② ③ ④

해커스공무원 실전동형모의고사 답안지

컴퓨터용 흑색사인펜만 사용

성명	
자필성명	본인 성명 기재
응시직렬	
응시지역	
시험장소	

※ 시험감독관 서명
(성명을 정자로 기재할 것)

적색 볼펜만 사용

생년월일

응시번호

[필적감정용 기재]
*아래 예시문을 옮겨 적으시오
본인은 OOO(응시자성명)임을 확인함

기재란

회차	

제1과목

문번				
1	①	②	③	④
2	①	②	③	④
3	①	②	③	④
4	①	②	③	④
5	①	②	③	④
6	①	②	③	④
7	①	②	③	④
8	①	②	③	④
9	①	②	③	④
10	①	②	③	④
11	①	②	③	④
12	①	②	③	④
13	①	②	③	④
14	①	②	③	④
15	①	②	③	④
16	①	②	③	④
17	①	②	③	④
18	①	②	③	④
19	①	②	③	④
20	①	②	③	④

제2과목

문번				
1	①	②	③	④
2	①	②	③	④
3	①	②	③	④
4	①	②	③	④
5	①	②	③	④
6	①	②	③	④
7	①	②	③	④
8	①	②	③	④
9	①	②	③	④
10	①	②	③	④
11	①	②	③	④
12	①	②	③	④
13	①	②	③	④
14	①	②	③	④
15	①	②	③	④
16	①	②	③	④
17	①	②	③	④
18	①	②	③	④
19	①	②	③	④
20	①	②	③	④

제3과목

문번				
1	①	②	③	④
2	①	②	③	④
3	①	②	③	④
4	①	②	③	④
5	①	②	③	④
6	①	②	③	④
7	①	②	③	④
8	①	②	③	④
9	①	②	③	④
10	①	②	③	④
11	①	②	③	④
12	①	②	③	④
13	①	②	③	④
14	①	②	③	④
15	①	②	③	④
16	①	②	③	④
17	①	②	③	④
18	①	②	③	④
19	①	②	③	④
20	①	②	③	④

제4과목

문번				
1	①	②	③	④
2	①	②	③	④
3	①	②	③	④
4	①	②	③	④
5	①	②	③	④
6	①	②	③	④
7	①	②	③	④
8	①	②	③	④
9	①	②	③	④
10	①	②	③	④
11	①	②	③	④
12	①	②	③	④
13	①	②	③	④
14	①	②	③	④
15	①	②	③	④
16	①	②	③	④
17	①	②	③	④
18	①	②	③	④
19	①	②	③	④
20	①	②	③	④

제5과목

문번				
1	①	②	③	④
2	①	②	③	④
3	①	②	③	④
4	①	②	③	④
5	①	②	③	④
6	①	②	③	④
7	①	②	③	④
8	①	②	③	④
9	①	②	③	④
10	①	②	③	④
11	①	②	③	④
12	①	②	③	④
13	①	②	③	④
14	①	②	③	④
15	①	②	③	④
16	①	②	③	④
17	①	②	③	④
18	①	②	③	④
19	①	②	③	④
20	①	②	③	④

해커스공무원 실전동형모의고사 답안지

책형 표기란

책형

[필적감정용 기재]
*아래 예시문을 옮겨 적으시오
본인은 OOO(응시자성명)임을 확인함

기재란

컴퓨터용 흑색사인펜만 사용

성명	
자필성명	본인 성명 기재
응시직렬	
응시지역	
시험장소	

생년월일

응시번호

※ 시험감독관 서명
(성명을 정자로 기재할 것)

책형 감독관 서명

제1과목		제2과목		제3과목		제4과목		제5과목	

문번
1 2 3 4 5
6 7 8 9 10
11 12 13 14 15
16 17 18 19 20

① ② ③ ④

해커스공무원 실전동형모의고사 답안지

컴퓨터용 흑색사인펜만 사용

회차	

[필적감정용 기재]
*아래 예시문을 옮겨 적으시오

본인은 OOO(응시자성명)임을 확인함

기재란

성명	
자필성명	본인 성명 기재
응시직렬	
응시지역	
시험장소	

응시번호

0	0	0	0	0	0
1	1	1	1	1	1
2	2	2	2	2	2
3	3	3	3	3	3
4	4	4	4	4	4
5	5	5	5	5	5
6	6	6	6	6	6
7	7	7	7	7	7
8	8	8	8	8	8
9	9	9	9	9	9

생년월일

0	0	0	0	0
1	1	1	1	1
2	2	2	2	2
3	3	3	3	3
4		4		4
5		5		5
6	6	6	6	6
7	7	7	7	7
8	8	8	8	8
9	9	9	9	9

※ 시험감독관 서명
(성명을 정자로 기재할 것)

감독관 확인용

제1과목

문번				
1	①	②	③	④
2	①	②	③	④
3	①	②	③	④
4	①	②	③	④
5	①	②	③	④
6	①	②	③	④
7	①	②	③	④
8	①	②	③	④
9	①	②	③	④
10	①	②	③	④
11	①	②	③	④
12	①	②	③	④
13	①	②	③	④
14	①	②	③	④
15	①	②	③	④
16	①	②	③	④
17	①	②	③	④
18	①	②	③	④
19	①	②	③	④
20	①	②	③	④

제2과목

문번				
1	①	②	③	④
2	①	②	③	④
3	①	②	③	④
4	①	②	③	④
5	①	②	③	④
6	①	②	③	④
7	①	②	③	④
8	①	②	③	④
9	①	②	③	④
10	①	②	③	④
11	①	②	③	④
12	①	②	③	④
13	①	②	③	④
14	①	②	③	④
15	①	②	③	④
16	①	②	③	④
17	①	②	③	④
18	①	②	③	④
19	①	②	③	④
20	①	②	③	④

제3과목

문번				
1	①	②	③	④
2	①	②	③	④
3	①	②	③	④
4	①	②	③	④
5	①	②	③	④
6	①	②	③	④
7	①	②	③	④
8	①	②	③	④
9	①	②	③	④
10	①	②	③	④
11	①	②	③	④
12	①	②	③	④
13	①	②	③	④
14	①	②	③	④
15	①	②	③	④
16	①	②	③	④
17	①	②	③	④
18	①	②	③	④
19	①	②	③	④
20	①	②	③	④

제4과목

문번				
1	①	②	③	④
2	①	②	③	④
3	①	②	③	④
4	①	②	③	④
5	①	②	③	④
6	①	②	③	④
7	①	②	③	④
8	①	②	③	④
9	①	②	③	④
10	①	②	③	④
11	①	②	③	④
12	①	②	③	④
13	①	②	③	④
14	①	②	③	④
15	①	②	③	④
16	①	②	③	④
17	①	②	③	④
18	①	②	③	④
19	①	②	③	④
20	①	②	③	④

제5과목

문번				
1	①	②	③	④
2	①	②	③	④
3	①	②	③	④
4	①	②	③	④
5	①	②	③	④
6	①	②	③	④
7	①	②	③	④
8	①	②	③	④
9	①	②	③	④
10	①	②	③	④
11	①	②	③	④
12	①	②	③	④
13	①	②	③	④
14	①	②	③	④
15	①	②	③	④
16	①	②	③	④
17	①	②	③	④
18	①	②	③	④
19	①	②	③	④
20	①	②	③	④

서현

약력

서울대학교 행정대학원 정책학 전공
현 | 해커스공무원 행정학 강의
현 | 김재규학원 행정학 강의
현 | 장안대학교 행정법률과 강의
전 | EBS 명품행정학개론 강의
전 | 에듀윌 행정학개론 강의

저서

해커스공무원 현 행정학 기본서
해커스공무원 현 행정학 단원별 기출문제집
해커스공무원 현 행정학 실전동형모의고사1
해커스공무원 현 행정학 실전동형모의고사2
멘토행정학 Ⅰ·Ⅱ, 도서출판 배움
9급 솔루션 행정학개론 문제집, 도서출판 예응

2024 최신개정판

해커스공무원
현 행정학

실전동형모의고사 2

개정 8판 1쇄 발행 2024년 3월 25일

지은이	서현 편저
펴낸곳	해커스패스
펴낸이	해커스공무원 출판팀

주소	서울특별시 강남구 강남대로 428 해커스공무원
고객센터	1588-4055
교재 관련 문의	gosi@hackerspass.com
	해커스공무원 사이트(gosi.Hackers.com) 교재 Q&A 게시판
	카카오톡 플러스 친구 [해커스공무원 노량진캠퍼스]
학원 강의 및 동영상강의	gosi.Hackers.com

ISBN	979-11-6999-934-2 (13350)
Serial Number	08-01-01

공무원 교육 1위,
해커스공무원 gosi.Hackers.com

해커스공무원

· 해커스 스타강사의 **공무원 행정학 무료 특강**
· **해커스공무원 학원 및 인강**(교재 내 인강 할인쿠폰 수록)
· 정확한 성적 분석으로 약점 극복이 가능한 **합격예측 온라인 모의고사**(교재 내 응시권 및 해설강의 수강권 수록)
· '회독'의 방법과 공부 습관을 제시하는 **해커스 회독증강 콘텐츠**(교재 내 할인쿠폰 수록)
· 내 점수와 석차를 확인하는 **모바일 자동 채점 및 성적 분석 서비스**

한경비즈니스 선정 2020 한국소비자만족지수 교육(공무원) 부문 1위

2024 최신개정판

해커스공무원
현 행정학 실전동형모의고사 **2**

약점 보완 해설집

해커스공무원

해커스공무원

현 행정학 실전동형모의고사 2

약점 보완 해설집

서 현

약력

서울대학교 행정대학원 정책학 전공

현 | 해커스공무원 행정학 강의
현 | 김재규학원 행정학 강의
현 | 장안대학교 행정법률과 강의
전 | EBS 명품행정학개론 강의
전 | 에듀윌 행정학개론 강의

저서

해커스공무원 현 행정학 기본서
해커스공무원 현 행정학 단원별 기출문제집
해커스공무원 현 행정학 실전동형모의고사 1
해커스공무원 현 행정학 실전동형모의고사 2
멘토행정학 I · II, 도서출판 배움
9급 솔루션 행정학개론 문제집, 도서출판 예응

: 목차

실전동형모의고사

01회 | 실전동형모의고사   6

02회 | 실전동형모의고사   12

03회 | 실전동형모의고사   17

04회 | 실전동형모의고사   22

05회 | 실전동형모의고사   27

06회 | 실전동형모의고사   32

07회 | 실전동형모의고사   38

08회 | 실전동형모의고사   44

09회 | 실전동형모의고사   50

10회 | 실전동형모의고사   56

11회 | 실전동형모의고사   62

12회 | 실전동형모의고사   68

13회 | 실전동형모의고사   74

14회 | 실전동형모의고사   79

15회 | 실전동형모의고사   85

16회 | 실전동형모의고사   91

17회 | 실전동형모의고사   97

18회 | 실전동형모의고사   103

최종점검 기출모의고사

01회 | 최종점검 기출모의고사   110

02회 | 최종점검 기출모의고사   115

03회 | 최종점검 기출모의고사   119

실전동형
모의고사

01회 | 실전동형모의고사

02회 | 실전동형모의고사

03회 | 실전동형모의고사

04회 | 실전동형모의고사

05회 | 실전동형모의고사

06회 | 실전동형모의고사

07회 | 실전동형모의고사

08회 | 실전동형모의고사

09회 | 실전동형모의고사

10회 | 실전동형모의고사

11회 | 실전동형모의고사

12회 | 실전동형모의고사

13회 | 실전동형모의고사

14회 | 실전동형모의고사

15회 | 실전동형모의고사

16회 | 실전동형모의고사

17회 | 실전동형모의고사

18회 | 실전동형모의고사

정답

p. 8

01	② PART 1	06	③ PART 4	11	④ PART 6	16	③ PART 4
02	② PART 2	07	① PART 2	12	③ PART 3	17	③ PART 5
03	④ PART 2	08	① PART 3	13	③ PART 1	18	③ PART 5
04	④ PART 2	09	② PART 5	14	③ PART 4	19	② PART 7
05	① PART 1	10	③ PART 3	15	① PART 3	20	③ PART 7

PART 1 행정학의 기초이론 / PART 2 정책학 / PART 3 행정조직론 / PART 4 인사행정론 / PART 5 재무행정론 / PART 6 행정환류론 / PART 7 지방행정론

취약 단원 분석표

단원	맞힌 답의 개수
PART 1	/ 3
PART 2	/ 4
PART 3	/ 4
PART 4	/ 3
PART 5	/ 3
PART 6	/ 1
PART 7	/ 2
TOTAL	/ 20

---

01 가격수용자와 가격설정자 정답 ②

❷ [×] 경제주체가 가격설정자가 아니라 가격수용자로 행동할 때, 정부개입이 필요하다.
⇨ 경제주체가 가격수용자(완전경쟁)가 아니라 가격설정자(불완전경쟁)로 행동할 때 시장실패가 발생하며 그에 대한 해결방안으로 정부개입이 필요하다.

02 정책의 유형과 그 특징 정답 ②

① [×] 재분배정책(redistributive policy)
⇨ 재분배정책(redistributive policy)은 재산, 권력, 권리들을 많이 소유하고 있는 집단으로부터 그렇지 못한 집단으로 이전시키는 정책으로, 누진세제나 임대주택의 건설 등이 있다. 계급대립적 성격을 지니고 이데올로기적 논쟁이 심하며 정책집행이 매우 곤란하다는 특징을 가진다.
❷ [○] 구성정책(constitutional policy)
⇨ 2018년 6월 물관리 등의 수자원관리업무가 환경부로 일원화된 것은 정부조직의 신설·변경과 관련되므로 구성정책(constitutional policy)에 해당한다. 로위(Lowi)의 구성정책은 정부조직개편, 선거구 조정, 공무원의 보수결정 등 체제를 유지·관리하기 위한 것으로서 환경으로부터 투입을 받거나 산출을 내보내는 대외적 정책이 아니기 때문에 사회가치의 배분에 영향을 줄 수 없어 가치 배분적 역할이 미약하다.
③ [×] 규제정책(regulatory policy)
⇨ 규제정책(regulatory policy)은 특정한 개인이나 조직 또는 기업체에 제재나 통제 및 제한을 가하는 것으로, 경제적 규제와 사회적 규제가 있다. 규제를 받는 사람과 규제를 가하려고 하는 사람들 사이에 심각한 대립이 있기 때문에 포획현상(주로 경제적 규제)이나 대립현상(주로 사회적 규제)이 발생한다.
④ [×] 분배정책(distributive policy)
⇨ 분배정책(distributive policy)은 특정 개인, 기업, 조직, 지역에 공공서비스와 편익을 배분하는 정책으로, SOC 건설이나 국고보조금 지급 등이 있다. 분배정책의 수혜자들은 결정과정에서 서비스와 편익을 더 많이 배분받으려 다투게 되는데, 이를 '갈라먹기식 결정(pork barrel politics)'이라고 한다.

03 회사모형(연합모형) 정답 ④

① [○] 개인 차원의 만족모형이 조직이나 집단 차원에 적용된 모형이다.
⇨ 회사모형(연합모형)은 사이어트(Cyert)와 마치(March)가 제시한 모형으로서 조직은 상이한 목표를 가진 하위단위들의 상호작용에 의해 움직이는 것으로 파악하고, 목표가 서로 대립하여 갈등적 관계에 놓여 있는 하위단위 간의 갈등 해결이 의사결정이라고 본다.
② [○] 거래관행 또는 표준운영절차를 통하여 불확실성을 회피한다.
⇨ 가장 효율적이라고 생각되는 표준운영절차(SOP)를 마련해 두고 이를 활용하여 결정을 하게 된다.
③ [○] 모순되는 목표는 순차적으로 해결하며, 갈등은 준해결 상태에 머문다.
⇨ 조직의 목표들을 동시에 고려하지 않고 순차적인 고려를 함으로써 모순되는 목표들이 있어도 크게 갈등하지 않고 행동하게 된다.
❹ [×] 대안이 가져올 결과를 문제삼지 않으며, 추구하는 목표가 비교적 장기적이다.
⇨ 회사모형(연합모형)의 경우, 문제 상황의 복잡성과 동태성 때문에 조직이 직면하는 불확실성은 대안이 가져올 결과에 대한 예측을 극히 어렵게 하므로, 단기적 환류(단기 SOP)에 의존하는 의사결정절차를 이용하여 불확실성을 회피하려고 한다. 회사모형(연합모형)에서는 합리성의 제한과 환경의 불확실성으로 인하여 장기적인 목표나 전략을 추구하기 어렵다.

04 일선관료제론 정답 ④

① [×] 면대면(面對面) 업무보다 서면으로 처리하는 업무가 대부분이다.
⇨ 일선관료제는 서면으로 처리하는 업무보다 사람이 직접 마주하는 면대면(面對面) 업무가 대부분이다.
② [×] 고객을 범주화하여 선별하지 않는다.
⇨ 일선관료제는 고객을 범주화하여 선별한다.
③ [×] 일선관료들은 업무과다와 자원부족에 직면하지 않는다.
⇨ 일선관료들은 수행해야 하는 업무량에 비해 제공되는 자원이 만성적으로 부족한 상황에 직면하게 된다.
❹ [○] 공직자가 권위에 대한 위협과 도전을 받는다.
⇨ 일선관료제론은 일선현장에서 일하는 관료가 처하는 업무환경을 설명하는 이론인데, 실제 업무현장에서 민원인이나 정치인에게 공직자의 권위에 대한 위협과 도전을 받게 된다.

05 역사적 접근방법 　　　　정답 ①

❶ [O] 역사적 접근방법
⇨ 설문은 특정한 사회적 현상을 이해하기 위해 관련된 사건·기관·제도·정책 등의 기원과 발전 과정을 파악·설명하는 역사적 접근방법을 말한다. 역사적 접근방법에서는 소위 발생론적 설명(genetic explanation) 방식을 주로 사용하게 되며, 각종 정치행정 제도의 성격과 그 제도가 형성되어 온 특수한 방법을 인식하는 수단을 제공해 준다. 역사적 접근방법을 통한 연구는 일종의 사례연구가 된다.

06 유연근무제(flexible work place) 　　　정답 ③

① [O] 근로자가 개인 여건에 따라 근무시간과 형태를 조절할 수 있는 제도이다.
⇨ 유연근무제는 크게 시간제근무, 탄력근무제, 원격근무제로 분류된다.
② [O] 시간선택제 근무(part time work)는 통상적인 근무시간(주 40시간)보다 짧은 시간을 근무하는 제도이다.
⇨ 시간선택제 근무는 Full time(주 40시간)보다 짧은 시간(15~35시간)을 근무하는 (1일 3시간 이상) 형태이다.
❸ [×] 원격근무제(telework)는 주 40시간을 유지하면서 근무시간을 자율 조정하는 제도이다.
⇨ 원격근무제(telework)는 특정 근무장소를 정하지 않고 정보통신망을 이용하여 근무하는 것을 의미한다. 주 40시간을 유지하면서 근무시간을 자율 조정하는 제도는 탄력근무제이다.
④ [O] 탄력근무제는 시차출퇴근형, 근무시간선택형, 집약근무형 등이 있다.
⇨ 그 외에도 재량근무형, 집중근무형, 자율복장형이 있다.

유연근무제의 유형

시간제근무 (part time work)	Full time(주 40시간)보다 짧은 시간(15~35시간)을 근무(1일 3시간 이상)
탄력근무제	주 40시간을 유지하면서 근무시간을 자율 조정하는 제도로 여가시간을 더 많이 확보할 수 있음 • 시차출퇴근형 　- 출근 시간(07:00~10:00)을 자유로이 조정하는 시차출퇴근제(flex time) 　- 최근 일과 가정의 양립을 원하는 여성들의 경제활동 참여를 유도하는 방안으로 각광받고 있음 • 근무시간 선택형: 주 40시간을 유지하면서 1일의 근무시간을 자유로이 조정하는 선택적 근무시간제(alternative work schedule) • 집약근무형: 주 40시간을 유지하면서 주 5일 보다 짧은 시간을 근무하는 집약근무제(compressed work) • 재량근무형: 기관과 공무원 개인이 별도 계약에 의해 주어진 프로젝트 완료 시 이를 근무시간으로 인정해주는 재량근무제(Discretionary work) • 집중근무형: 핵심근무시간에는 회의·출장·전화 등을 지양하고 최대한 업무에만 집중토록 하는 집중 근무제(Core time) • 자율복장형: 연중 자유롭고 편안한 복장을 착용토록 하는 자율복장제(Free dress code)
원격근무제 (Telework)	특정 근무장소를 정하지 않고 정보통신망을 이용한 근무 • 재택근무형: 업무를 사무실이 아닌 집에서 수행하는 재택근무제(At-home work) • 스마트워크 근무형: 주거지 인접지의 원격근무용 사무실(스마트 오피스)에 근무하거나 모바일 기기를 이용하여 사무실이 아닌 장소에서 근무하는 스마트 워크 근무제(Smart work)

07 변수의 유형 　　　　　정답 ①

❶ [O] 조절변수(moderator variable)
⇨ 조절변수는 종속변수에 대한 독립변수의 효과를 중간에서 조절하는 변수이다. 예를 들어, 학습시간량으로 학업성취도를 예상하고자 할 때, 학습방법에 따라서 예상치가 달라진다면 학습방법이 조절변수가 된다.
② [×] 혼란변수(confounding variable)
⇨ 혼란변수는 연구자가 독립변수가 종속변수에 미치는 영향을 과대 내지 과소평가하게 하여 정확한 인과관계 추론을 위협하는 변수이다. 예를 들어, 영어특별교육 때문에 영어실력이 어느 정도 향상되었지만 실제로 영어를 공부하려는 의욕이 커서 평소보다 더 많이 공부해 성적이 올랐다고 한다면, 성적 향상이 영어특별교육 때문이라고 과대평가하게 되고 이때 영어를 공부하려는 의욕은 혼란변수가 된다.
③ [×] 허위변수(spurious variable)
⇨ 허위변수는 독립변수와 종속변수 간에 아무런 관계가 없는데도 어떤 상관관계가 있는 것처럼 나타나도록 두 변수들에 모두 영향을 미치는 변수이다. 예를 들어, 화재규모가 소방차 출동대수와 화재피해액 모두를 증가시켰을 때, 소방차의 출동대수가 증가하면 화재피해액도 함께 증가한다고 착각할 경우, 화재규모는 허위변수가 된다.
④ [×] 억제변수(suppressor variable)
⇨ 억제변수 두 변수가 서로 상관관계가 있는데도 없는 것으로 나타나게 하는 변수이다. 예를 들어, 수업을 들으면 성적이 오르지만 수업시간에 계속 잠들어 성적이 오르지 않은 경우, 잠을 자는 것이 억제변수가 된다.

08 변혁적 리더십의 주요 특징 　　　정답 ①

❶ [×] 조직의 목표달성에만 초점을 두는 경향이 있으며, 구성원들을 전인체(whole person)가 아닌 일차원적인 욕구 수준에 머물러 있는 존재로 여긴다.
⇨ 거래적 리더십은 조직의 목표달성에만 초점을 두며, 구성원들을 전인체(whole person)가 아닌 일차원적인 욕구 수준에 머물러 있는 존재로 여긴다. 바스(Bass)는 거래적 리더십의 요인으로 업적에 따른 보상과 예외관리를 제시한다.
② [O] 자유, 정의, 평등, 인도주의와 같은 보다 높은 이상과 도덕적 가치를 강조함으로써 부하들의 의식을 일깨운다.
⇨ 변혁적 리더십은 영감적 리더십을 통하여 부하로 하여금 도전적인 목표 및 임무와 미래에 대한 비전을 받아들이고 추구하도록 격려한다.
③ [O] 레이니와 왓슨(Rainey & Watson)은 변혁적 리더십이 고위관리자나 정치가뿐만 아니라 중간관리자에게도 나타날 수 있다고 주장한다.
⇨ 변혁적 리더십을 주장한 레이니와 왓슨(Rainey & Watson)은 고위관리자나 정치가뿐만 아니라 중간관리자에게도 변혁적 리더십의 행태가 나타날 수 있다고 보았다.
④ [O] 변혁적 리더는 구성원들에게 자신의 조직생활을 반성·개선하고 지속적으로 혁신과 변화를 추구하도록 독려하여야 한다.

⇨ 변혁적 리더는 부하 개인의 특성을 파악하여 이를 적합하게 고려하고 개인의 존재가치(자긍심)를 인정하며 개인의 특성에 따라 지도하고 충고하는 개별적 배려와 함께, 촉매적 리더십을 통하여 부하로 하여금 형식적 관행을 타파하고 창조적 사고와 학습의지를 통해서 새로운 관념을 촉발시키도록 지적 자극을 부여하여야 한다.

거래적 리더십의 요인(Bass)

업적에 따른 보상 (contingent reward)	• 조건적 보상이라고도 불리며, 목표를 달성한 경우에 리더가 인센티브나 보상을 제공함으로써 구성원들의 동기유발을 촉진하는 것 • 리더는 완수되어야 하는 과업을 명확히 제시하고, 과업이 완수된 경우 제공되는 보상에 대해 구성원들과 합의하기 위해 노력하여야 함
예외관리 (management by exception)	• 목표달성에 있어서 예외적 사건이 발생한 경우 리더가 개입하는 것 • 적극적(능동적) 예외관리: 구성원들의 실수나 규칙 위반을 철저히 확인하여 문제가 발생하지 않도록 사전에 점검하는 리더 행동 • 소극적(수동적) 예외관리: 업무 표준에 미달하거나 문제가 표면화된 경우에만 개입하는 리더 행동

참고 일반적으로 업적에 따른 보상이 긍정적 강화(positive reinforcement)를 수반하는 반면, 예외관리는 부정적 강화(negative reinforcement)를 수반함

---

09 프로그램예산(Program Budget)제도 정답 ②

① [○] 연관성이 높은 몇 개의 단위사업(activity)을 하나로 묶어 포괄적으로 관리하는 것을 말한다.
⇨ 프로그램예산(program budget)제도는 기존의 투입이나 통제 중심의 품목별 분류체계에서 벗어나서 성과와 책임을 지향하는 프로그램 중심으로 예산을 분류·운영하는 것이다. 여기서 프로그램이란 동일한 정책목표를 달성하기 위한 단위사업의 묶음으로 정책적으로 독립성을 지닌 최소단위이다.
❷ [×] 예산운용의 초점이 성과 중심보다는 투입 중심이다.
⇨ 프로그램예산제도는 예산운용의 초점을 투입 중심보다는 성과 중심에 둔다.
③ [○] 프로그램의 관리자가 상당한 자율성을 가지고 사업수행을 위해 예산을 지출할 수 있게 한다.
⇨ 예산의 자율성, 책임성, 투명성, 효율성, 성과 지향성 등의 가치 개념에서 볼 때 프로그램은 그 중심점이 된다.
④ [○] 단위사업들 간의 칸막이를 제거함으로써 재정운용의 효율성을 제고하기 위한 제도이다.
⇨ 프로그램예산제도에는 사업관리시스템이 함께 운용되기 때문에 재정집행의 투명성과 효율성을 제고할 수 있다.

---

10 공기업의 지정요건 정답 ③

① [○] 직원 정원 300명 이상
② [○] 총수입액 200억 원 이상

❸ [×] 자산규모 20억 원 이상
⇨ 「공공기관의 운영에 관한 법률 시행령」에 따르면 공기업·준정부기관의 지정요건은 직원 정원 300명 이상, 총수입액 200억 원 이상, 자산규모 30억 원 이상이다.
④ [○] 총수입액 중 자체수입액이 차지하는 비중이 2분의 1 이상
⇨ 기획재정부장관은 총수입액 중 자체수입액이 차지하는 비중이 100분의 50 이상인 공공기관을 공기업으로 지정한다.

관련법령

「공공기관의 운영에 관한 법률 시행령」상 공기업 지정요건

제7조【공기업 및 준정부기관의 지정기준】 ① 기획재정부장관은 「공공기관의 운영에 관한 법률」제5조 제1항 제1호에 따라 다음 각 호의 기준에 해당하는 공공기관을 공기업·준정부기관으로 지정한다.
1. 직원 정원: 300명 이상
2. 수입액(총수입액을 말한다): 200억 원 이상
3. 자산규모: 30억 원 이상
② 기획재정부장관은 법 제5조제3항에 따라 총수입액 중 자체수입액이 차지하는 비중이 100분의 50(「국가재정법」에 따라 기금을 관리하거나 기금의 관리를 위탁받은 공공기관의 경우 100분의 85) 이상인 공공기관을 공기업으로 지정한다.
③ 기획재정부장관은 「공공기관의 운영에 관한 법률」제5조 제4항 제1호에 따라 다음 각 호의 기준에 해당하는 공기업을 시장형 공기업으로 지정한다.
1. 자산규모: 2조 원
2. 총수입액 중 자체수입액이 차지하는 비중: 100분의 85

---

11 행정개혁 정답 ④

① [○] 행정을 인위적·계획적으로 변화시키려는 것이므로 개혁 주도자들에 의해 계획적·전략적으로 추진되어야 한다.
⇨ 새로운 이념 및 기술의 등장, 정부 역할 및 행정 수요의 변동 등 다양한 필요에 의하여 행정개혁은 주도자들에 의하여 계획적·전략적으로 추진된다.
② [○] 조직관리의 기술적인 속성과 함께 권력투쟁, 타협, 설득이 병행되는 정치적·사회적 과정으로, 행정 내부에서만 이루어지는 것이 아니라 행정 외부의 정치세력들과 상호 연결되어 있다.
⇨ 행정개혁의 목적·대상이나 성공여부는 정치적 환경이나 정치적 지지에 의하여 크게 영향을 받기 때문에 개혁과정에서 관련된 다양한 이해관계의 조정이 필요하다.
③ [○] 반드시 의도한 결과만을 초래하는 것이 아니라 의도하지 않은 결과를 초래할 수도 있으며 부작용과 저항, 나아가 개혁의 실패까지도 나타날 수 있다.
⇨ 성공 여부에 대한 불확실성을 가진 채로 행정개혁을 실시하기 때문에 의도하지 않은 결과나 부작용을 초래할 수 있으며, 행정개혁은 기존 조직과 제도의 변동이나 타파를 시도하므로 기존의 조직과 제도를 유지하려는 입장의 저항을 수반하게 된다. 이로 인하여 행정개혁을 실패할 수도 있기 때문에, 이를 성공하기 위해서는 강력한 리더십, 개혁지향적 사고, 광범위한 지지, 불확실성에 대처, 점진적 전략 등이 필요하다.
❹ [×] 생태적 속성을 지닌 비연속적 과정으로, 새로운 개혁 조치들이 개혁집단에 의해 주도되어 집행되는 제도로서 정착되기 위해서는 단기적·집약적인 노력이 필요하다.
⇨ 정부개혁은 사회적 환경과 같이 끊임없이 변화하고 생성·발전·소멸하는 생태적 속성을 지닌다. 따라서 행정개혁은 단기적·일시적·집약적 노력이나 과정이 아닌 계속적·지속적 과정을 통하여 이루어져야 한다.

행정개혁의 특징 🖍

목표지향적	보다 나은 상태를 지향하고 바람직한 변화를 추구하는 계획적·목표지향적 성격
정치적 영향	목적·대상이나 성공여부는 정치적 환경이나 정치적 지지에 의하여 크게 영향을 받음
계속적·지속적 과정	일시적·즉흥적인 것이 아닌 계속적인 과정이며, 자연발생적이거나 진화론적인 단선형이 아닌 계획적이고 다선형적인 변화과정
동태적·행동지향적 과정	성공여부에 대한 불확실성과 위험 속에서 새로운 방법을 고안하고 실천하여 불확실한 미래에 대응하려는 동태적·행동지향적 과정
개방적·능동적 활동	환경이나 여타 하위체제들의 변화에 능동적으로 대응하고 문제해결을 강구하는 개방적·능동적 활동
포괄적 관련성	개혁에 관련된 여러 요인(내재적·외재적 요인)들의 포괄적 연관성을 중시하고 그에 대처하는 활동
저항의 수반	행정을 인위적이고 의식적으로 변화시키려는 것이므로 저항을 수반함

12 전략적 관리(strategic manamement) 정답 ③

① [O] 전략적 기획에 비하여 계획수립과 집행에 더 많은 관심을 기울인다.
⇨ 전략적 관리는 전략적 기획에 비하여 계획수립과 이의 집행에 더 많은 관심을 기울이며 전략적 기획을 좀 더 발전시킨 것이다.

② [O] 조직의 강점과 약점 및 환경의 기회와 위협요인을 분석하여 최적의 전략을 수립한다.
⇨ 전략적 관리는 조직의 강점과 약점 및 환경의 기회와 위협요인을 분석하는 SWOT 분석을 활용하여 최적의 전략을 수립한다.

❸ [×] 장기적 목표를 달성하기 위하여 거래적 리더십을 강조하는 관리기법이다.
⇨ 전략적 관리는 거래적 리더십이 아닌 조직의 변화나 개혁을 추구하는 변혁적 리더십을 강조하는 관리기법이다.

④ [O] 계획의 단기적 안목, 조직의 보수성, 관리자들의 자율성 제약 등은 전략적 관리의 성공을 저해하는 요인이다.
⇨ 계획의 단기적 안목, 조직의 보수성, 관리자들의 자율성 제약 등이 전략적 관리를 어렵게 하는 주요 요인이다.

13 정부규제 정답 ③

① [O] 시장실패에 따른 경제의 불확실성을 제거한다.
⇨ 경제적 규제는 기업이나 개인에 의해서 시장지배력이 남용되지 않고 공정한 시장질서의 확립을 위해서 이루어지는 규제이며, 사회적 규제는 시장 메커니즘으로 보호하기 곤란한 가치와 집단을 보호하고 사회적으로 바람직하지 않은 결과를 초래할 수 있는 기업의 행동을 통제하여 기업의 사회적 책임을 강제하기 위한 규제이다.

② [O] 정부규제의 영역에는 경제적 규제와 사회적 규제가 있으며, 배분적 효율성과 환경보호를 목적으로 한다.
⇨ 정부규제는 경제적 규제와 사회적 규제가 있으며, 주로 경제적 규제에서 배분적 효율성을, 사회적 규제에서 환경보호를 목적으로 한다.

❸ [×] 공익을 위한 것으로, 법적 근거 없이 이루어지는 것이 보통이다.
⇨ 정부규제는 시장실패에 대한 정부의 개입 수단으로 공정성 확보와 외부효과 시정 등을 목적으로 하며, 국민의 권리를 제한하고 의무를 부과한다는 점에서 법적 근거가 요구된다.

④ [O] 경쟁성과 공정성의 확보, 외부효과의 해소를 목적으로 한다.
⇨ 정부규제는 독과점 및 불공정규제(경제적 규제), 환경규제(사회적 규제) 등을 통해 경쟁성과 공정성을 확보하고 외부효과의 해소를 목적으로 한다.

14 직위분류제 정답 ③

❸ [O] ㄱ - 직위 / ㄴ - 직급 / ㄷ - 직렬 / ㄹ - 직군
⇨ 한 사람의 공무원에게 부여할 수 있는 직무와 책임(ㄱ)은 직위, 직무의 종류·곤란도 등이 유사하여 인사상 동일하게 다룰 수 있는 직위의 군(ㄴ)은 직급, 직무의 종류는 유사하나 곤란도·책임도가 상이한 직급의 군(ㄷ)은 직렬, 직무의 성질이 유사한 직렬의 군(ㄹ)은 직군이다.

직위분류제의 구성요소 🖍

직위	한 사람의 근무를 필요로 하는 직무와 책임의 양
직급	직무의 종류·곤란도 등이 유사하여 인사상 동일하게 다룰 수 있는 직위의 군
직렬	직무의 종류는 유사하나 곤란도·책임도가 상이한 직급의 군
직군	직무의 성질이 유사한 직렬의 군
직류	동일한 직렬 내에서 담당분야가 동일한 직무의 집합
등급	직무의 종류는 다르지만 직무의 곤란도·책임도가 유사하여 동일한 보수를 줄 수 있는 직위의 군

15 「행정기관의 조직과 정원에 관한 통칙」에 의한 각 기관 정답 ①

❶ [×] 중앙행정기관은 국가의 행정사무를 담당하기 위하여 설치된 행정기관으로서 그 관할권의 범위가 전국에 미치는 행정기관을 말한다. 그 관할권의 범위가 전국에 미치기 때문에 다른 행정기관에 부속하여 이를 지원하는 행정기관도 포함한다.
⇨ 중앙행정기관은 국가의 행정사무를 담당하기 위하여 설치된 행정기관으로서 그 관할권의 범위가 전국에 미치는 행정기관을 말한다. 다만, 그 관할권의 범위가 전국에 미치더라도 다른 행정기관에 부속하여 이를 지원하는 행정기관은 제외한다.

② [O] 특별지방행정기관은 일선기관으로 특정한 중앙행정기관에 소속되어, 당해 관할구역 내에서 시행되는 소속 중앙행정기관의 권한에 속하는 행정사무를 관장하는 국가의 지방행정기관을 말한다.
⇨ 지방에 있어서의 국가행정사무를 처리하기 위하여 중앙정부가 지역별로 설치하는 일선기관이다.

③ [O] 부속기관은 행정권의 직접적인 행사를 임무로 하는 기관에 부속하여 그 기관을 지원하는 행정기관을 말한다.
⇨ 행정권을 직접 행사하는 기관에 부속하여 그 기관을 지원하는 행정기관(시험연구기관·교육훈련기관·문화기관·의료기관·제조기관 및 자문기관 등)이다.
④ [O] 자문기관은 부속기관 중 행정기관의 자문에 응하여 행정기관에 전문적인 의견을 제공하거나, 자문을 구하는 사항에 관하여 심의·조정·협의하는 등 행정기관의 의사결정에 도움을 주는 행정기관을 말한다.
⇨ 소관 사무에 대한 자문에 응하거나 협의, 심의 등을 목적으로 하는 심의회, 위원회 등을 말한다.

교육직	Ⓐ 교육공무원 중 총장·부총장·대학원장·학장 및 전문대학의 장, 특별시·광역시·도·특별자치도의 교육감·교육장 및 교육위원	Ⓐ 교육공무원 중 총장·부총장·학장 및 전문대학의 장, 특별시·광역시·도·특별자치도의 교육감 및 교육위원
경찰·소방	Ⓞ 총경(자치총경 포함) 이상 경찰공무원과 소방정 및 지방소방정 이상의 소방직	Ⓞ 치안감 이상 경찰공무원 및 특별시·특별자치시·광역시·도·특별자치도의 시·도 경찰청장, 소방정감 이상의 소방공무원
세무직	Ⓧ 4급 이상 국가 및 지방공무원	Ⓧ 지방국세청장 및 3급 또는 고위공무원단에 속하는 세관장
임기제 공무원	Ⓧ Ⓒ~Ⓗ 및 Ⓞ, Ⓧ의 직위에 채용된 임기제 공무원	Ⓧ Ⓒ~Ⓗ 및 Ⓞ, Ⓧ의 직위에 채용된 임기제 공무원
공공기관	Ⓙ 공기업의 장·부기관장 및 상임이사·상임감사, 한국은행의 총재·부총재·감사 및 금융통화위원회의 추천직 위원, 금융감독원의 원장·부원장·부원장보 및 감사 등	Ⓙ 공기업의 장·부기관장 및 상임감사, 한국은행의 총재·부총재·감사 및 금융통화위원회의 추천직 위원, 금융감독원의 원장·부원장·부원장보 및 감사 등
기타	Ⓔ 그 밖에 국회규칙, 대법원규칙 및 대통령령으로 정하는 특정 분야의 공무원(세무, 감사, 검찰사무, 건축·토목·환경·식품위생분야의 대민업무 등에 종사하는 7급 이상 5급 이하)과 공직유관단체의 임직원	Ⓔ 그 밖에 대통령령으로 정하는 정부의 공무원(고위공무원단의 가등급에 상당하는 연구관·지도관·장학관·교육연구관 등) 및 공직유관단체의 임원

16 재산등록 및 공개대상 공직자 정답 ③

① [O] 공기업의 장, 부기관장 및 상임감사
⇨ 공기업의 장, 부기관장 및 상임감사, 한국은행의 총재·부총재·감사 및 금융통화위원회의 추천직 위원, 금융감독원의 원장·부원장·부원장보 및 감사 등은 재산공개대상자이다.
② [O] 시·도 경찰청장
⇨ 치안감 이상 경찰공무원 및 특별시·특별자치시·광역시·도·특별자치도의 시·도 경찰청장은 재산공개대상자이다.
❸ [×] 헌법재판소 헌법연구관
⇨ 헌법재판소 헌법연구관은 재산공개대상자가 아니라 재산등록대상자이다.
④ [O] 고등법원 부장판사급 이상의 법관
⇨ 고등법원 부장판사급 이상의 법관과 대검찰청 검사급 이상의 검사는 재산공개대상자이다.

재산등록 및 공개대상 공직자

구분	등록대상자	공개대상자
정무직	㉠ 대통령·국무총리·국무위원·국회의원 등 국가의 정무직 ㉡ 지방자치단체의 장, 지방의회의원 등 지방의 정무직	㉠ 대통령·국무총리·국무위원·국회의원 등 국가의 정무직 ㉡ 지방자치단체의 장, 지방의회의원 등 지방의 정무직
일반직·별정직	㉢ 4급 이상 일반직 국가 및 지방공무원(고위공무원단의 일반직 포함)과 이에 상당하는 별정직(고위공무원단의 별정직 포함)	㉢ 1급 일반직 국가공무원(직무등급이 가장 높은 등급 고위공무원단의 일반직 포함) 및 지방공무원과 이에 상당하는 별정직(고위공무원단의 별정직 포함)
외무직 등	㉣ 대통령령으로 정하는 외무공무원(6등급 이상)과 4급 이상 국가정보원 직원 및 대통령실 경호공무원	㉣ 대통령령으로 정하는 외무공무원(12등급 이상)
법관·검사	㉤ 법관 및 검사·헌법재판소 헌법연구관	㉤ 고등법원 부장판사급 이상의 법관과 대검찰청 검사급 이상의 검사
군인 등	㉥ 대령 이상의 장교 및 이에 상당하는(2급 이상) 군무원	㉥ 중장 이상의 장관급 장교

17 예산원칙 정답 ③

① [×] 통일성의 원칙
⇨ 통일성의 원칙은 특정한 수입과 특정한 지출이 연계되어서는 안 된다는 원칙이다.
② [×] 엄밀성의 원칙
⇨ 엄밀성(정확성)의 원칙은 예산과 결산이 가능한 한 일치하도록 하여야 하는 원칙이다.
❸ [O] 명확성의 원칙
⇨ 예산구조나 과목이 단순하여 국민들이 쉽게 이해할 수 있도록 명확하고 세부적으로 편성되어야 한다는 것은 명확성의 원칙이다. 명확성의 원칙은 예산공개의 전제조건이 된다.
④ [×] 완전성의 원칙
⇨ 완전성(포괄성)의 원칙은 모든 세입과 세출은 예산에 명시적으로 나열되어 있어야 한다는 원칙이다.

예산원칙과 예외 ✎

예산원칙	예외
통일성의 원칙	특별회계, 기금, 목적세, 수입대체경비
사전의결의 원칙	사고이월, 준예산, 예비비의 지출, 전용, 대통령의 긴급재정경제처분, 선결처분권, 이체
정확성(엄밀성)의 원칙	적자예산, 흑자예산(과년도 이월), 불용액
한정성의 원칙	예비비, 추가경정예산, 이용과 전용, 이월, 계속비, 앞당기어 충당 및 사용, 국고채무부담행위
명확성의 원칙	총액(총괄)예산, 신임예산
단일성의 원칙	특별회계, 기금, 추가경정예산
공개성의 원칙	신임예산, 국방비, 국가의 중요한 정보 관련 예산
완전성(포괄성)의 원칙	기금, 현물출자, 전대차관, 수입대체경비의 초과수입, 순계예산(예산순계가 아님에 주의)

광역행정의 통합방식 ✎

합병	• 몇 개의 기존 자치단체를 통·폐합하여 하나의 법인격을 가진 새로운 자치단체를 신설하는 방식 • 우리나라의 시·군 통합, 일본의 시정촌 합병추진 등이 있음
흡수통합	하급 자치단체의 권한이나 지위를 상급 자치단체가 흡수하는 방식
전부사무조합	둘 이상의 자치단체가 계약에 의해 모든 사무를 공동으로 처리하고자 설치하는 조합으로, 기존 자치단체는 사실상 소멸됨

18 예산의 전통적 원칙과 그 예외　정답 ③

① [×] 통일성의 원칙 – 특별회계, 기금, 목적세, 국고채무부담행위
　⇨ 특별회계, 기금, 목적세, 수입대체경비이다.
② [×] 사전의결의 원칙 – 준예산, 명시이월, 긴급재정명령, 이체
　⇨ 준예산, 사고이월, 긴급재정명령, 이체이다.
❸ [○] 한정성의 원칙 – 예비비, 추가경정예산, 이용과 전용, 이월
　⇨ 양적(예비비, 추경예산), 질적(이용과 전용), 시간적(이월) 한계를 벗어난 것으로 옳은 지문이다.
④ [×] 완전성의 원칙 – 순계예산, 기금, 현금출자, 전대차관
　⇨ 순계예산, 기금, 현물출자, 전대차관이다.

20 재정력 지수　정답 ③

① [×] 지방재정자립도
　⇨ 지방자치단체의 일반회계예산에서 자주재원(지방세 + 세외수입)이 차지하는 비율이다.
② [×] 재정자주도
　⇨ 지방세·세외수입·지방교부세 등 지방자치단체 재정수입 중 특정 목적이 정해지지 않은 일반재원의 비중이다. 재정자주도가 높을수록 지방자치단체가 재량껏 사용할 수 있는 예산의 폭이 넓어진다.
❸ [○] 재정력 지수
　⇨ 지방자치단체가 기초적인 재정수요를 자체적으로 해결할 수 있는 능력을 어느 정도 가지고 있는지를 추정하는 지표이다.
④ [×] 종주화 지수
　⇨ 도시화지표 중의 하나로, 최대도시(종주도시) 인구의 합과 차하위 3개 도시인구의 합을 나눈 것이다.

19 광역행정의 통합방식　정답 ②

① [×] 연합방식
　⇨ 둘 이상의 자치단체가 법인격을 그대로 유지하면서 연합하여 새로운 단체를 구성하고 사무를 처리하는 방식이다. 즉, 소속 자치단체가 모두 자치권을 누리면서 작은 자치단체는 지방적 사무만을 처리하고 중심도시는 구역 전체에 대한 행정기능을 집행하는 형태이다.
❷ [○] 통합방식
　⇨ 여러 자치단체를 포괄하는 단일정부를 설립하여 그 정부의 주도로 사무를 광역적으로 처리하는 광역행정방식은 통합방식에 해당한다. 통합방식에는 크게 합병, 흡수통합, 전부사무조합이 있다.
③ [×] 공동처리방식
　⇨ 둘 이상의 자치단체 또는 행정기관이 상호 협력관계를 형성하여 광역행정사무를 공동으로 처리하는 방식으로 일부사무조합, 행정협의회, 사무의 위탁, 공동기관, 연락회의, 직원파견 등의 방법이 있다.
④ [×] 행정협의회방식
　⇨ 공동처리방식으로, 둘 이상의 행정단위가 상호 합의하에 광역적 행정사무를 공동으로 처리하는 방식이다. 이는 법인격과 구속력이 없다.

정답

p. 14

01	④ PART 1	**06**	④ PART 7	**11**	④ PART 3	**16**	① PART 5
02	① PART 1	**07**	① PART 2	**12**	④ PART 3	**17**	④ PART 5
03	② PART 3	**08**	③ PART 2	**13**	④ PART 6	**18**	③ PART 4
04	② PART 4	**09**	③ PART 3	**14**	④ PART 4	**19**	④ PART 1
05	④ PART 1	**10**	② PART 2	**15**	③ PART 5	**20**	③ PART 7

PART 1 행정학의 기초이론 / PART 2 정책학 / PART 3 행정조직론 / PART 4 인사행정론 / PART 5 재무행정론
/ PART 6 행정환류론 / PART 7 지방행정론

취약 단원 분석표

단원	맞힌 답의 개수
PART 1	/ 4
PART 2	/ 3
PART 3	/ 4
PART 4	/ 3
PART 5	/ 3
PART 6	/ 1
PART 7	/ 2
TOTAL	/ 20

01 사회적 가치 정답 ④

❹ [O] 사회적 가치
⇨ 사회적 가치는 '사회구성원들의 권리, 자유, 권한, 기회, 그리고 소득이나 재산 등과 관련된 가치들'을 의미하며, 사회적 가치의 제도화에 따라 영국이 2012년 공공서비스(사회적 가치)법을 제정하였으며 우리나라도 2014년부터 관련 법안을 발의하고 있다.

02 가외성의 구성요소와 특징 정답 ①

❶ [×] 가외성은 능률성과 조화를 이루지만 권한과 책임에 대한 문제를 야기하기도 한다.
⇨ 가외성은 여분이나 덤의 개념으로 능률성과 대치되며, 중복장치로 인한 비용의 문제가 발생할 수 있다.
② [O] 가외성은 불확실한 상황에 대한 적응성을 제고한다.
⇨ 가외성은 상호독립적인 중첩성, 반복성, 동등잠재력(등전위현상)의 구성요소들을 통하여 유동적이고 불확실한 환경에 대한 적응성을 증가시켜 준다.
③ [O] 가외성은 유동적이고 불확실한 상황에서의 신뢰성과 안전성을 확보하게 한다.
⇨ 가외성은 특정 체제가 장래의 불확실성에 노출되었을 때 발생할지도 모를 적응의 실패를 방지함으로써 환경에 대한 신뢰성과 안전성을 제고시키는 것을 의미한다.
④ [O] 동일한 기능이 여러 기관에서 협력적으로 수행되는 것은 중첩성(over-lapping)이다.
⇨ 중첩성(overlapping)은 동일한 기능이 여러 기관에 분할되어 있지 않고 협력적으로 수행되는 것으로, 그 예로 재난발생 시 여러 부처가 협력하여 업무를 수행하는 것이 있다.

03 피들러(Fiedler)의 상황적합성이론 정답 ②

피들러(Fiedler)의 상황적합성이론 중 상황요인으로 옳은 것은 ㄱ, ㄹ, ㅂ이다.
ㄱ. [O] 리더와 부하와의 관계
ㄹ. [O] 직위권력
ㅂ. [O] 과업구조
⇨ 리더와 부하와의 관계, 직위권력, 과업구조는 상황요인(상황변수)에 해당한다. 피들러(Fiedler)는 이러한 세 가지 상황변수가 어떠한 방법으로 결합하느냐에 따라 리더의 상황적 유리성이 결정되고, 이러한 상황적 유리성에 따라 리더십의 유형이 달라진다고 보았다.
ㄴ. [×] 조직구조
ㄷ. [×] 부하의 특성
ㅁ. [×] 부하의 만족도
⇨ 조직구조, 부하의 특성, 부하의 만족도는 상황요인(상황변수)에 해당하지 않는다.

04 클링너(Klingner)의 인력계획과정 정답 ②

클링너(Klingner)의 인력계획과정은 총 8단계로, ㄱ. 조직목표의 설정 → ㄹ. 인력 총수요 예측 → ㅅ. 인력 총공급 예측 → ㄴ. 실제적 인력 수요 결정 → ㅁ. 인력 확보방안의 결정 → ㄷ. 인력 확보방안의 실행 → ㅂ. 통제자료의 준비 → ㅇ. 평가 및 환류 순으로 진행된다.

05 윌슨(Wilson)의 규제정치모형 정답 ④

① [×] 기업가적 정치
⇨ 비용은 소수의 동질적인 집단에 집중되어 정치적으로 막강한 영향력을 행사하는 반면, 편익은 대다수에 넓게 확산되어 잘 조직되어 있지 못하며 정치적 활동도 미약한 경우로, 환경오염규제나 산업안전규제 등 주로 사회적 규제가 해당된다.

② [×] 고객 정치

⇨ 상대적으로 작은 비용은 이질적인 불특정 다수인에게 부담되나 상당히 큰 편익은 동질적인 소수에 귀속되는 경우로, 최저가격규제나 수입규제 등 주로 경제적 규제가 해당된다.

③ [×] 이익집단 정치

⇨ 비용과 편익이 모두 소수의 동질적 집단에 국한되는 경우로, 노사관계나 의약분쟁 등이 해당되며, 갈등이 첨예할 경우 해결하기가 어렵다.

❹ [○] 대중적 정치

⇨ 규제를 통해서 나타난 비용과 편익이 다수에게 분산되는 음란물규제, 낙태규제, 자동차 10부제 등은 윌슨(Wilson)의 규제정치모형 중 대중적 정치에 해당된다.

✎ 규제의 4가지 정치적 상황(Wilson)

윌슨(Wilson)은 규제의 비용과 편익이 각각 넓게 분산되어 있느냐, 좁게 집중되어 있느냐에 따라서 규제의 유형을 네 가지 상황으로 나눌 수 있다는 규제정치모형을 제시함

구분		감지된 편익	
		넓게 분산	좁게 집중
감지된 비용	넓게 분산	대중적 정치 (다수의 정치)	고객 정치
	좁게 집중	기업가적 정치	이익집단 정치

06 「지방자치법」상 지방의회의 권한   정답 ④

① [○] 지방자치단체의 장이나 관계 공무원은 지방의회나 그 위원회가 행정사무처리상황의 보고를 요구하면 출석·답변하여야 한다. 다만, 특별한 이유가 있으면 지방자치단체의 장은 관계 공무원에게 출석·답변하게 할 수 있다.

⇨ 「지방자치법」 제51조 제2항에 규정되어 있다.

② [○] 지방의회는 조례의 제정·개정 및 폐지, 기금의 설치·운용, 청원의 수리와 처리 등에 관한 사항을 의결한다.

⇨ 「지방자치법」 제47조 제1항에 규정되어 있다.

③ [○] 지방의회는 매년 1회 그 지방자치단체의 사무에 대하여 시·도에서는 14일의 범위에서, 시·군 및 자치구에서는 9일의 범위에서 감사를 실시한다.

⇨ 「지방자치법」 제49조 제1항에 규정되어 있다.

❹ [×] 지방의회는 재적의원 3분의 2 이상의 출석과 출석의원 3분의 2 이상의 찬성으로 그 지방자치단체장을 불신임할 수 있다.

⇨ 「지방자치법」 제62조 제1항에 따르면 지방의회의 의장이나 부의장이 법령을 위반하거나 정당한 사유 없이 직무를 수행하지 아니하면 지방의회는 불신임을 의결할 수 있다고 규정되어 있지만, 지방자치단체장에 대한 불신임 의결에 대해서는 규정되어 있지 않으므로 불가능하다.

관련법령

「지방자치법」상 지방의회의 권한

제47조【지방의회의 의결사항】① 지방의회는 다음 각 호의 사항을 의결한다.
1. 조례의 제정·개정 및 폐지
5. 기금의 설치·운용
9. 청원의 수리와 처리

제51조【행정사무처리상황의 보고와 질의응답】② 지방자치단체의 장이나 관계공무원은 지방의회나 그 위원회가 요구하면 출석·답변하여야 한다. 다만, 특별한 이유가 있으면 지방자치단체의 장은 관계 공무원에게 출석·답변하게 할 수 있다.
제62조【의장·부의장 불신임의 의결】① 지방의회의 의장이나 부의장이 법령을 위반하거나 정당한 사유 없이 직무를 수행하지 아니하면 지방의회는 불신임을 의결할 수 있다.

07 정책결정모형   정답 ①

❶ [○] 사이버네틱스모형

⇨ 사이버네틱스모형을 제시한 애쉬비(Ashby)에 의하면, 의사결정자는 대안의 결과에 대한 고려를 하지 않고 정책결정을 단순하게 묘사한다. 사이버네틱스모형은 합리모형과 가장 대립되는 모형으로, 분석적 합리성이 완전히 존재하지 않는 상태에서의 습관적·적응적 의사결정을 다룬 모형이다.

② [×] 정책딜레마모형

⇨ 정책딜레마모형은 양립 불가능한 두 대안 간의 선택 상황에서 한 대안의 선택으로 인해 다른 대안이 가져올 기회손실이 크기 때문에 제약된 시간 내에 어느 하나를 선택하기 곤란한 상황임에도 불구하고 선택을 피할 수 없는 딜레마 현상을 설명한다.

③ [×] 쓰레기통모형

⇨ 코헨(Cohen), 마치(March), 올센(Olsen) 등이 제시한 쓰레기통모형은 조직화된 무질서 상태(무정부 상태)에서 응집성이 매우 약한 조직이 어떤 의사결정행태를 나타내는가에 분석초점을 두는 모형이다.

④ [×] 정책의 창 모형

⇨ 킹던(Kingdon)이 제시한 정책의 창 모형은 정책주창자들이 그들이 선호하는 정책대안을 준비해 놓고 그들의 주 관심대상인 정책문제가 부상하기를 기다리는 모형이다.

08 내적 타당도 저해요인   정답 ③

① [×] ㄱ. 역사적 요인 / ㄴ. 측정요소

⇨ 역사적 요인은 연구기간 동안에 일어나는 사건이 실험집단에 영향을 미쳐 대상변수에 중요한 영향을 끼치는 경우이다. 측정요소는 측정 그 자체가 연구되고 있는 현상에 영향을 주는 경우이다.

② [×] ㄱ. 성숙효과 / ㄴ. 측정요소

⇨ 성숙효과는 평가에 동원된 실험집단이 정책효과와는 관계없이 스스로 성장함으로써 나타날 수 있는 효과이다. 관찰기간이 길수록 성숙효과가 나타날 가능성이 높다.

❸ [○] ㄱ. 역사적 요인 / ㄴ. 측정도구의 변화

⇨ 오염방지시설의 의무화라는 정책효과를 평가할 때, 실험기간 중 불경기로 인하여 폐수의 방출량이 급격히 줄어들게 된 것(ㄱ)은 역사적 요인에 해당하며, 철강제품의 생산량을 측정할 때, 처음에는 무게로 측정하다가 나중에는 생산 개수로 측정한 것(ㄴ)은 측정도구의 변화에 해당한다.

④ [×] ㄱ. 성숙효과 / ㄴ. 측정도구의 변화

⇨ 측정도구의 변화는 정책실시 전과 정책실시 후에 사용하는 효과측정방법이 달라지거나 측정도구가 변화하여 영향을 주게 되는 경우이다.

09 지식정보화사회의 리더십 정답 ③

① [○] 상호 연계적 리더십을 형성하고 발휘하는 데 있어서 최고관리자의 역할을 강조한다.
   ⇨ 지식정보화사회에서 상호 연계적 리더십을 형성하고 발휘하는 데 최고관리자의 지원과 관심은 필수적이다.
② [○] 조직구성원 전체의 명백하고 공유된 비전과 끊임없는 학습의지를 강조한다.
   ⇨ 이 외에도 개인 역량의 결합, 상호 연계적 리더십 등을 강조한다.
❸ [×] 개인적 역량의 기능분화를 통한 전문화가 이루어질 수 있는 리더십의 발휘를 강조한다.
   ⇨ 탭스콧(Tapscott)은 개인적 역량의 기능분화를 통한 전문화가 아니라 다양한 개인들의 역량이 효과적으로 결합될 수 있는 리더십의 발휘를 강조한다.
④ [○] 조직구성원 누구나 리더로서의 기능을 수행해야 하는 네트워크화된 지능을 강조한다.
   ⇨ 조직구성원 모두가 리더라는 인식을 의미하는 셀프리더십을 바탕으로, 각자 리더로서의 기능을 수행해야 하는 네트워크화된 지능을 강조한다.

지식정보화사회의 리더십(Tapscott) 🖉

(1) 개인역량의 결합
(2) 공유된 비전과 학습의지
(3) 최고관리자의 지원과 관심
(4) 분배된 리더십 → 상호 연계적 리더십
(5) 셀프리더십의 추구 → 구성원 모두가 리더라는 인식
---

10 정책과정의 참여자 정답 ②

① [×] 의회나 정당은 외부 · 공식적 참여자에 해당한다.
   ⇨ 의회는 외부 · 공식적 참여자이지만 정당, 시민, 언론기관 등은 외부 · 비공식적 참여자에 해당한다.
❷ [○] 최근에는 정책형성 참여자의 폭이 확대되고 있다.
   ⇨ 최근 정책과정 전반에 걸쳐 시민의 참여 기회가 확대되고 있는 것처럼 정책형성 참여자의 폭이 확대되고 있다.
③ [×] 행정국가 현상이 발생하면서 의회와 사법부의 참여 경향이 강화되고 있다.
   ⇨ 전통적으로 의회, 대통령, 사법부 등은 공식적 참여자에 해당한다. 특히 의회와 사법부의 경우 최근 행정국가화 경향의 강화로 인하여 정책형성에 미치는 영향력이 감소되는 추세에 있다.
④ [×] 중앙과 지방의 의사소통문제로 인하여 지역주민의 참여 가능성은 작아지고 있다.
   ⇨ 거버넌스적 측면에서 중앙과 지방정부의 의사소통이 강화되면서 정책형성과정에서 지역주민의 참여 가능성은 점차 커지고 있는 추세이다.

11 샤인(Schein)의 복잡한 인간관 정답 ④

① [○] 인간은 복잡한 욕구를 가졌을 뿐만 아니라 그 욕구는 변하기 쉬우며, 구성원의 역할에 따라 욕구가 달라진다.
   ⇨ 샤인(Schein)은 조직이론의 발달에 따라 인간을 경제적 인간관, 사회적 인간관, 자기실현적 인간관으로 분류하여 설명한 후, 인간 욕구의 복잡성과 변화에 기인한 복잡한 인간관을 현대인으로 제시하였다.

② [○] 인간의 욕구가 계층별로 배열되어 있지만 때와 장소 등 상황에 따라서 달라질 수도 있고, 조직생활의 경험을 통해 새로운 욕구를 학습한다.
   ⇨ 따라서 인간이 동일한 일을 하는 경우에도 상이한 동기나 욕구가 작용할 수 있다.
③ [○] 조직구성원의 변전성(變轉性)과 개인차(Individual Differences)를 파악하여 변화에 대해 인정해주고 존중해야 한다.
   ⇨ 따라서 조직관리자의 진단가 및 상담가의 역할을 강화시켜야 한다.
❹ [×] 조직관리는 구성원에 대한 지시와 통제보다는 개인과 조직의 목표를 통합시킬 수 있는 전략을 우선적으로 취하여야 한다.
   ⇨ 복잡한 인간이 아닌 자아실현인에 대한 설명이다. 복잡한 인간관은 인간은 다양성과 변이성을 지닌 존재로 보며 욕구의 다양성과 변이성, 구성원의 개인차 존중, 상황에 따른 신축적이고 유연한 관리 등에 초점을 둔다.

12 근대 관료제 운영 메커니즘 정답 ④

① [○] 선출직 관료에 의한 임명직 관료의 통제를 통해 정부의 대응성을 높일 수 있다.
   ⇨ 대의제 민주주의는 선출직 관료인 의회가 정책을 결정하면 이를 관료가 집행하고, 집행된 정책에 대해 주기적인 선거를 통해 국민에 대한 대응성과 책임성을 확보하려는 대리인 체제라 할 수 있다.
② [○] 관료의 독립성과 자율성이 높아지면 기술적 합리성이나 능률성이 증진될 수 있다.
   ⇨ 현대 행정국가에서 전문성과 기술의 복잡성이 낳는 재량과 위임입법으로 인하여 관료의 독립성과 자율성이 높아지면 기술적 합리성이나 능률성이 증진될 수 있으나, 대응성이나 책임성은 낮아지게 된다.
③ [○] 윌슨(Wilson)은 관료제를 수단성으로 이해함으로써 민주성과 능률성을 조화시키려 하였다.
   ⇨ 윌슨(Wilson)은 관료제의 독립성으로 공평무사한 법규를 수행하고 행정체제의 능률성을 높이고자 하였다.
❹ [×] 베버(Weber)는 관료제를 권력의 도구나 정치적 이해관계에서 탈피된 객관적 도구로 보기보다는 국민에 대한 봉사자로 간주하였다.
   ⇨ 베버(Weber)는 관료제를 국민에 대한 봉사자가 아닌 권력의 도구로 이해하였다. 관료제의 독립성은 정치적 이해관계로부터 벗어난 객관적 도구로서 법규의 공평무사한 수행이 가능하기 때문에 행정체제의 능률성을 높일 수 있다는 것이다. 이는 복지국가체제하에서 서구의 복지수준을 높일 수 있는 유용한 수단으로 기능하였다. 그러나 지나친 관료제의 독립성은 국민을 억압하는 도구로 기능할 수도 있다는 점에서, 관료제는 '야누스의 두 얼굴'로 묘사되거나 '보이지 않는 정당'으로 비판받기도 한다.

13 행정개혁에 대한 저항극복방안 정답 ④

① [○] 개혁의 점진적 추진
② [○] 개혁방법과 기술의 수정

③ [O] 적절한 시기의 선택
⇨ 개혁의 점진적 추진, 개혁방법과 기술의 수정, 적절한 시기의 선택은 저항에 대응하는 공리적·기술적 전략에 해당한다. 공리적·기술적 전략은 관련자들의 이익 침해를 방지 또는 보상하고 개혁과정의 기술적 요인을 조정함으로써 저항을 극복하거나 회피하는 전략이다. 그러나 공리적·기술적 전략은 비용이 수반되고, 개혁이 퇴색할 우려가 있으며, 반대급부를 제공한다는 측면에서 도덕성 결여의 문제가 제기된다. 공리적·기술적 전략에는 이 외에도 적절한 인사배치와 신분보장, 개혁내용의 명확화와 공공성의 강조, 인센티브 제공 등의 방법이 있다.
❹ [×] 참여의 확대와 의사소통의 원활화
⇨ 참여의 확대와 의사소통의 원활화는 규범적·사회적 전략에 해당한다.

행정개혁에 대한 저항극복방안[에치오니(Etzioni)] 🖍

강제적 (강압적) 전략	물리적 제재나 권위사용, 의도적인 긴장조성, 급진적 추진
공리적 (기술적) 전략	• 개혁시기의 조절, 점진적 추진, 개혁내용의 명확화와 공공성의 강조 • 개혁전략(방법·기술)의 수정, 적절한 인사배치, 경제적 손실 보상, 임용상 불이익 방지
규범적 (사회적) 전략	• 참여의 증대, 의사소통의 촉진, 개혁에 대한 정보제공과 충분한 시간부여 • 집단토론과 교육훈련, 개혁지도자의 신망 개선, 사명감 고취

---

14 시험의 효용성   정답 ④

① [O] 신뢰성은 시험결과로 나온 성적의 일관성을 의미한다.
⇨ 일반적인 신뢰도는 측정도구의 측정결과가 보여 주는 일관성을 의미하고, 시험에서의 신뢰성은 시험결과로 나온 성적의 일관성의 정도를 의미한다.
② [O] 동시적 타당성 검증은 시험성적과 근무실적에 대한 자료를 동시에 수집하여 상관관계를 검토한다.
⇨ 시험의 동시적 타당성 검증은 현직자의 시험성적과 근무실적에 대한 자료를 동시에 수집하여 상관관계를 검토하는 것을 의미한다.
③ [O] 타당성이 높을수록 근무성적이 우수한 사람을 선발할 수 있다.
⇨ 시험의 타당성은 목표의 일치로서 측정하고자 하는 바를 정확하게 측정한 것이므로 타당도가 높을수록 근무성적이 우수한 사람을 선발할 수 있다.
❹ [×] 신뢰성은 타당성의 필요조건이 아닌 충분조건이다.
⇨ 신뢰성이 높더라도 타당성이 없으면 시험의 효용성이 낮아진다. 즉, 신뢰성이 있다고 항상 타당한 시험이 되는 것은 아니므로 신뢰성은 타당성의 필요조건이지만 충분조건은 아니다.

---

15 예산의 종류   정답 ③

① [O] 수정예산이란 정부가 예산안을 국회에 제출한 후 예산이 아직 최종의결되기 전(前)에 국내외의 사회·경제적 여건의 변화로 예산안의 내용 중 일부를 변경할 필요성이 있을 때 편성하는 예산이다.
⇨ 정부는 예산안을 국회에 제출한 후 부득이한 사유로 인하여 그 내용의 일부를 수정하고자 하는 때에는 국무회의의 심의를 거쳐 대통령의 승인을 얻은 수정예산안을 국회에 제출할 수 있다. 우리나라는 1970년과 1981년 두 번에 걸쳐 수정예산을 제출한 적이 있다.

② [O] 추가경정예산은 본예산과 별개로 성립되기 때문에 예산 단일성의 원칙에 위배되지만, 일단 성립되면 본예산과 추가경정예산은 하나로 통합되어 운영된다.
⇨ 추가경정예산은 국회에서 예산이 의결되고 성립된 후에 예산을 변경할 필요성이 있을 때 국회에 제출하는 예산이다.
❸ [×] 가예산이란 법정기일 내 예산이 성립하지 못한 경우 1개월 이내의 예산을 국회의 의결을 거쳐 집행하는 것으로서 우리나라 제2공화국 때의 제도이다.
⇨ 가예산제도는 제2공화국 때의 제도가 아니라 제1공화국 때의 예산제도이다. 1948년 정부수립 후부터 1960년까지 이용되었던 제도로, 예산이 의결되지 못한 때 국회는 1개월 이내의 가예산을 의결할 수 있었다. 1949년부터 1955년까지 1954년 한 해만 빼고 매년 가예산을 편성한 바 있다.
④ [O] 준예산은 새로운 회계연도가 개시될 때까지 예산이 국회에서 의결되지 못한 때 정부가 국회에서 예산안이 의결될 때까지 전년도 예산에 준하여 경비를 지출할 수 있는 예산이다.
⇨ 예산불성립 시 사용할 수 있는 예산제도로는 가예산, 준예산, 잠정예산 등이 있는데 우리나라는 1960년부터 준예산제도를 채택하고 있다. 준예산은 지출항목은 제한적이지만 기간의 제한이 없으며 국회의결도 필요하지 않다. 헌법에 준예산에 대한 내용이 규정되어 있지만 우리나라는 실제로 준예산을 사용한 적은 없다.

관련법령

헌법상 준예산 제도가 적용되는 경비

제54조 ③ 새로운 회계연도가 개시될 때까지 예산안이 의결되지 못한 때에는 정부는 국회에서 예산안이 의결될 때까지 다음의 목적을 위한 경비는 전년도 예산에 준하여 집행할 수 있다.
1. 헌법이나 법률에 의하여 설치된 기관 또는 시설의 유지·운영
2. 법률상 지출의무의 이행
3. 이미 예산으로 승인된 사업의 계속

---

16 윌다브스키(Wildavsky)의 예산유형론   정답 ①

❶ [O] 반복적(repetitive) 예산운영
⇨ 윌다브스키(Wildavsky)는 자원이 궁핍하고 재정의 예측능력이 부족한 저개발국(후진국)의 경우 반복적(답습적) 예산운영이 나타난다고 보았다.
② [×] 점증적(incremental) 예산운영
⇨ 점증적 예산운영은 경제력이 크고 재정의 예측가능성이 높을 때 나타난다.
③ [×] 보충적(supplement) 예산운영
⇨ 보충적 예산운영은 경제력이 크고 재정의 예측가능성이 낮을 때 나타난다.
④ [×] 세입적(revenue) 예산운영
⇨ 세입적 예산운영은 양입제출적 예산운영이라고도 하며, 경제력이 작고 재정의 예측가능성이 높을 때 나타난다.

윌다브스키(Wildavsky)의 예산유형론 🖍

구분		경제력	
		큼	작음
재정의 예측가능성	높음	점증적(incremental)	양입제출적(revenue), 세입적
	낮음	보충적(supplement)	반복적(repetitive)

17 예산의 전통적 원칙의 예외   정답 ④

① [×] 예산순계는 예산 완전성 원칙의 예외이다.
　　⇨ 예산 완전성 원칙의 예외는 예산순계가 아니라 순계예산이다. 순계예산은 총계예산(예산의 전체 규모 계상)에서 필요경비를 제외한 것을 의미하고, 예산순계는 예산총계(일반회계+특별회계)에서 일반회계와 특별회계 간 중복부분을 제외한 것을 의미한다. 순계예산, 전대차관, 현물출자, 기술료, 수입대체경비 등은 완전성 원칙에 대한 예외이다. 일반적으로 기금은 예산 외로 운영되므로 모든 세입과 세출은 예산에 포함되어야 한다는 완전성 원칙의 예외로 보는 경우가 있다. 그러나 기금은 엄밀한 의미에서 예산이 아니므로 예산에 포함될 필요가 없다는 관점에서 완전성의 예외에 포함시키지 않는 견해(이종수 외)도 있다.

② [×] 명시이월은 예산 사전의결 원칙의 예외이다.
　　⇨ 예산 사전의결 원칙의 예외는 명시이월이 아니라 사고이월이다. 사고이월, 준예산, 예비비의 지출, 전용, 대통령의 긴급재정경제처분 등이 사전의결 원칙에 대한 예외이다.

③ [×] 순계예산은 예산 통일성 원칙의 예외이다.
　　⇨ 예산 통일성 원칙의 예외는 순계예산이 아니라 특별회계, 기금, 목적세 등이다.

❹ [○] 총괄예산은 예산 명확성 원칙의 예외이다.
　　⇨ 총액으로 계상되는 총괄예산은 예산 명확성 원칙의 예외이다. 명확성의 원칙은 예산의 내역과 용도를 알기 쉽도록 명확하게 항목화하여야 한다는 원칙이다.

18 공무원의 근무성적평정제도   정답 ③

① [○] 우리나라는 5급 이하의 근무성적평가에서 상급자 중심의 강제배분법을 실시한다.
　　⇨ 우리나라는 4급 이상 및 고위공무원단에 성과계약평가, 5급 이하에 근무성적평가를 실시하고 있다. 근무성적평가는 근무실적 및 직무수행능력에 대한 평가로, 2006년부터 3등급 이상으로 평가하되 최상위 등급의 인원은 상위 20%, 최하위 등급의 인원은 하위 10%로 분포하도록 강제배분법을 실시하고 있다.

② [○] 근무성적평정의 목적으로는 공무원의 능력 발전, 시험의 타당성 측정 등이 있다.
　　⇨ 근무성적평정의 목적은 공무원의 능력 발전, 시험의 타당성 측정뿐만 아니라 인사행정의 기준 제공, 훈련 수요의 파악, 상벌의 기준 제공, 감독자와 부하의 상호 이해관계 증진 등이 있다.

❸ [×] 근무성적평정의 기준이 일정하지 않은 경우에 발생하는 오류를 규칙적 오류라고 한다.
　　⇨ 근무성적평정의 기준이 일정하지 않은 경우에 발생하는 오류는 규칙적 오류가 아니라 총계적 오류이다.

④ [○] 근무성적평정의 항목은 근무실적 및 직무수행능력으로 하되, 소속장관이 필요하다고 인정하는 경우 직무수행태도를 항목에 추가할 수 있다.
　　⇨ 평가항목은 근무실적과 직무수행능력이며, 소속장관이 필요하다고 인정하는 경우 직무수행태도를 평가항목에 추가할 수 있다. 각 부처가 평가항목별 비중을 자율적으로 정하되, 하나의 항목이 70%를 넘어서는 안 된다.

19 지방공공서비스 공급   정답 ④

① [○] 영국에서는 의무경쟁입찰제도가 최고가치경쟁제도로 전환되었다.
　　⇨ 1988년 도입된 영국의 필수경쟁절차(CCT)는 2000년 최고가치정책(The Best Value Policy)으로 전환되었다.

② [○] 사바스(Savas)의 분류에 따르면, 계약·허가·보조금 등은 지방정부가 공급을 결정하고 민간부문이 생산을 담당하는 공급 유형에 속한다.
　　⇨ 사바스(Savas)에 따르면, 계약·허가·보조금 등은 정부가 공급을 결정하고 민간부문이 생산을 담당하는 유형이고, 바우처(Voucher)는 공급과 생산을 민간이 모두 담당하는 유형이다.

③ [○] 니스카넨(Niskanen)의 예산극대화모형에 따르면, 관료들의 행태 때문에 지방정부의 예산규모가 사회적으로 효율적인 수준보다 더 커질 수 있다.
　　⇨ 정부의 각 부처는 각기 자기 부처의 이익을 극대화하기 위해 과잉예산을 확보하는 경향이 있다.

❹ [×] 시민공동생산 논의는 시민과 지역주민을 정규생산자로 파악하는 데에서 출발한다.
　　⇨ 공동생산에서는 시민들을 정규생산자가 아니라 공동생산자 내지는 프로슈머로 규정한다.

20 주민참여 8단계론   정답 ③

❸ [×] 명목적 참여는 주민이 정보를 제공받아 권고·조언하고 공청회 등에 참여하여 정책결정과 관련한 의견을 제시하고 결정할 수 있는 단계로서 정보제공, 상담, 유화단계가 있다.
　　⇨ 명목적 참여는 주민은 정보를 제공받아 권고·조언하고 공청회 등에 참여하여 정책결정과 관련한 의견을 제시할 수 있지만 결정할 수 있는 권한은 지방자치단체에 유보되어 있는 단계이다.

정답

p. 20

01	②	PART 5	**06**	②	PART 6	**11**	③	PART 3	**16**	①	PART 2
02	②	PART 1	**07**	③	PART 4	**12**	②	PART 1	**17**	②	PART 2
03	④	PART 1	**08**	①	PART 3	**13**	④	PART 4	**18**	③	PART 6
04	④	PART 2	**09**	④	PART 3	**14**	③	PART 5	**19**	③	PART 7
05	①	PART 2	**10**	④	PART 4	**15**	③	PART 5	**20**	④	PART 7

PART 1 행정학의 기초이론 / PART 2 정책학 / PART 3 행정조직론 / PART 4 인사행정론 / PART 5 재무행정론
/ PART 6 행정환류론 / PART 7 지방행정론

취약 단원 분석표

단원	맞힌 답의 개수
PART 1	/ 3
PART 2	/ 4
PART 3	/ 3
PART 4	/ 3
PART 5	/ 3
PART 6	/ 2
PART 7	/ 2
TOTAL	**/ 20**

---

01 예산집행의 신축성 확보방안   정답 ②

❷ [×] 예비타당성조사
⇨ 예비타당성조사는 정부재정이 대규모로 투입되는 사업의 정책적·경제적 타당성을 사전에 검증·평가하기 위한 제도이다. 1999년 김대중 정부 때 도입됐으며, 총 사업비 500억 원 이상이고 국고지원이 300억 원을 넘는 사업 등을 대상으로 한다. 정부사업의 효율성과 정책적 타당성을 평가하기 위한 제도로 예산의 집행의 신축성 확보방안이 아니라 재정통제방안이다.

---

02 디징(Diesing)의 합리성   정답 ②

① [×] 정치적 합리성
⇨ 디징(Diesing)이 가장 강조한 합리성으로, 정책결정구조 및 과정의 합리성, 다수결 원리 등과 관련된다.
❷ [○] 경제적 합리성
⇨ 비용과 편익을 측정하여 목적을 달성하는 효용극대화 과정과 관련 있는 것은 경제적 합리성이다.
③ [×] 사회적 합리성
⇨ 사회 구성요소 간 조화 있는 통합·조정, 갈등 해결 장치의 보유 정도를 의미한다.
④ [×] 기술적 합리성
⇨ 최소의 노력으로 최대의 목표달성이 가능한 수단의 채택 여부(하나의 목표를 성취하기 위한 적합한 수단들을 찾는 것)이다. 그 외에도 법적 합리성이 있다.

---

03 사회자본의 특성   정답 ④

① [○] 사회자본은 사회구성원 상호 간의 이익을 위해 조정 및 협동을 촉진하는 규범, 신뢰, 네트워크로 정의한다.

⇨ 퍼트남(Putnam)은 사회자본이 신뢰, 호혜성 규범, 사회적 네트워크, 믿음, 규율 등의 다섯 가지 요소들로 구성된다고 하였다.
② [○] 사회자본은 지속적인 교환과정을 거쳐서 유지되고 재생산되며, 사회적 교환관계는 상이한 가치의 부등가교환이다.
⇨ 사회자본은 수많은 사람들 사이의 일상적인 상호작용과정에서 창출되는 사회적 관계의 부산물로, 사용하면 할수록 공급이 많아지고 사용되지 않으면 고갈되는 속성을 지닌다.
③ [○] 사회자본은 구성원들 간의 신뢰를 회복하게 하는 조정 역할을 하며, 사회적 관계에서 거래비용을 감소시켜주는 기능도 수행한다.
⇨ 후쿠야마(Fukuyama)는 사회자본이 사회 내에 존재하는 신뢰로부터 나오는 것으로 보았다. 이러한 사회자본은 거래비용을 감소시켜 시장경제를 더욱 발전시키는 순기능을 한다.
❹ [×] 사회자본은 형성되기가 어려운 반면 한번 형성되면 장기간 지속되는 특성을 갖고 있으며, 국가 간의 이동성과 대체성이 높은 편이다.
⇨ 사회자본은 국가 간 이동성과 대체성이 낮고, 형성되기가 어려운 반면 한번 형성되면 장기간 지속되는 특성을 갖고 있다. 또한 과학기술과 함께 물적·인적 자본의 효율성을 높임으로써 잠재성장률을 제고하는 데 중요한 역할을 하고 있다.

---

04 살라몬(salamon)의 정책수단   정답 ④

❹ [○] 사회적 규제
⇨ 살라몬(salamon)의 정책수단 중에서 사회적 규제와 경제적 규제는 정부가 직접 수행하고 강제력이 작용하는 강제성이 높은 정책수단이다.

강제성의 정도에 따른 정책도구(Salamon) ✎

구분	정책도구(수단)
낮음	정보제공, 조세지출, 손해책임법
중간	바우처, 보조금, 직접 대출, 계약, 벌금, 공기업, 보험
높음	경제적 규제, 사회적 규제

05 순현재가치법(NPV)에 의한 분석 정답 ①

❶ [○] A, B
⇨ 각각의 대안을 순현재가치(총편익 – 총비용)로 계산하면 A = 70, B = 95, C = 80, D = 50으로 B, C를 채택하는 것이 가장 합리적인 것으로 보이나, 이 경우 비용이 B + C = 400만큼 들기 때문에 예산 350을 초과하게 된다. 그러므로 A, B를 채택하는 경우 비용이 A + B = 340만큼 들기 때문에 예산범위 내에서 가능하므로 차선책으로 채택할 수 있다.

06 시민통제 정답 ②

① [○] 행정의 대응성을 제고한다.
⇨ 시민통제는 시민의 참여를 확대해 행정의 대응성을 제고한다.
❷ [×] 대의제 민주주의의 장점을 극대화한다.
⇨ 시민통제는 간접민주주의인 대의제 민주주의의 장점을 극대화하는 것이 아니라 단점을 보완해 주는 기능을 한다.
③ [○] 제도적 견제와 균형의 사각지대를 메운다.
⇨ 시민통제는 시민에 의한 비공식적 참여를 통해 제도적 견제와 균형의 사각지대를 메운다.
④ [○] 정부와 국민 간 정보의 비대칭성을 완화한다.
⇨ 시민통제는 시민의 정보에 대한 접근성을 강화시켜 정부와 국민 간 정보의 비대칭성을 완화한다.

07 계급제와 직위분류제의 비교 정답 ③

① [○] 계급제는 일반행정가의 양성에, 직위분류제는 전문행정가의 양성에 용이하다.
⇨ 계급제는 폐쇄형 인사제도로 일반행정가 중심의 인사체제를 이루며, 직위분류제는 개방형 인사제도로 전문행정가 중심의 인사체제를 이룬다.
② [○] 계급제는 사람 중심, 직위분류제는 직무 중심의 공직분류기법이다.
⇨ 계급제는 공직분류의 기준을 인간을 중심으로 하는 것이고, 직위분류제는 직책을 중심으로 각 직위를 직무의 난이도와 책임의 경중도에 따라 등급으로 분류하는 것이다.
❸ [×] 계급제는 구직자의 사기양양에, 직위분류제는 재직자의 사기양양에 기여한다.
⇨ 계급제는 장기적인 능력을 중심으로 임용하므로 재직자의 사기양양에, 직위분류제는 현재의 능력을 중심으로 임용하므로 구직자의 사기양양에 기여한다.
④ [○] 최근에는 고위공무원단제도와 같은 양자의 접근 현상이 나타나고 있으며, 이는 관리융통성모형(management flexibility model)에 해당한다.
⇨ 최근에는 양자의 조화가 활발하게 이루어지는데 미국의 SES, 영국의 SCS, 우리나라의 고위공무원단제도가 그 대표적인 예이다. 고위공무원단제도는 고위공무원들의 자질향상과 정치적 대응능력을 높이고 업무의 성취동기를 부여하기 위해 공직체계 중 일부 상위직을 중ㆍ하위직과 구별하여 운영하는 시스템으로 대표적인 인사행정의 관리융통성모형(management flexibility model)이다.

08 리더십의 유형 정답 ①

❶ [○] 배스(Bass)는 거래적 리더십의 요인으로 업적에 따른 보상과 예외관리를 제시한다.
⇨ 배스(Bass)는 거래적 리더십의 요인으로 업적에 따른 보상과 예외관리를 제시한다. 상관은 부하를 인정해 주고 일에 흥미를 부여해 주고 금전적으로 보상하며, 높은 실적을 올린 직원에게는 인센티브를, 실적이 낮은 직원에게는 처벌을 하는 것으로 상관과 부하의 상호작용을 강조하는 리더십이다.
② [×] 변혁적 리더십의 요소로는 카리스마적 리더십, 영감적 리더십, 전체적 단합, 지적 자극 등이 있다.
⇨ 변혁적 리더십의 요소는 전체적 단합이 아니라 개별적 배려가 들어가야 한다.
③ [×] 변혁적 리더십은 감정 및 가치관이나 상징적인 행태의 중요성 등을 강조하는 거래적 리더십에 비해 합리적 과정이나 교환 과정의 중요성을 강조한다.
⇨ 반대로 된 설명이다. 변혁적 리더십은 합리적 과정이나 교환 과정의 중요성 등을 강조하는 전통적 리더십에 비해 감정 및 가치관이나 상징적인 행태의 중요성을 강조한다.
④ [×] 서번트 리더십에서 봉사란 부하들을 육성하고 지지하지만 위임하는 것은 포함하지 않는다.
⇨ 서번트 리더십에서 봉사란 부하들을 육성하고 지지하며, 위임하는 것을 포함하는 개념이다.

09 책임운영기관 정답 ④

① [○] 정부기관으로서 정부투자기관과는 달리 법인이 아니며, 소속직원은 공무원으로서 신분보장을 받는다.
⇨ 우리나라의 책임운영기관은 정부조직이며, 구성원도 공무원 신분이다.
② [○] 정부기업의 성격을 지니며, 「정부기업예산법」이 적용된다.
⇨ 책임운영기관특별회계기관의 사업은 정부기업으로 보며, 특별회계의 예산 및 회계에 관하여 「책임운영기관의 설치ㆍ운영에 관한 법률」에 규정된 것 외에는 「정부기업예산법」을 적용한다(「책임운영기관의 설치ㆍ운영에 관한 법률」 제30조 제1항ㆍ제2항).
③ [○] 행정안전부장관은 기획재정부 및 해당 중앙행정기관의 장과 협의하여 책임운영기관을 설치할 수 있다.
⇨ 행정안전부장관은 기획재정부 및 해당 중앙행정기관의 장과 협의하여 책임운영기관을 설치하거나 해제할 수 있다(「책임운영기관의 설치ㆍ운영에 관한 법률」 제4조 제2항).
④ [×] 책임운영기관장은 소속책임운영기관 공무원에 대한 일체의 임용권을 가지며, 그 일부를 기관장에게 위임할 수 있다.
⇨ 책임운영기관의 장이 아니라 중앙행정기관장은 소속책임운영기관 공무원에 대한 일체의 임용권을 가지며, 그 일부를 기관장에게 위임할 수 있다.

관련법령

「책임운영기관의 설치·운영에 관한 법률」의 주요 내용

제4조 【책임운영기관의 설치 및 해제】 ② 행정안전부장관은 기획재정부 및 해당 중앙행정기관의 장과 협의하여 제1항에 따른 책임운영기관을 설치하거나 해제할 수 있다. 이 경우 행정안전부장관은 해당 중앙행정기관의 장의 의견을 존중하여야 한다.

제18조 【임용권자】 중앙행정기관의 장은 소속책임운영기관 소속 공무원에 대한 일체의 임용권을 가진다. 이 경우 중앙행정기관의 장은 대통령령으로 정하는 바에 따라 그 임용권의 일부를 기관장에게 위임할 수 있다.

10 유연근무제 정답 ②

① [×] Top-down 방식
⇨ Top-down 방식은 예산의 배분에 있어 지출의 총액범위를 설정해주고 구체적인 용도는 하위기관에게 재량을 부여하는 것과 관련된다.
❷ [○] 유연근무제(flexible work place)
⇨ 제시문은 유연근무제(flexible work place)와 관련되어 있으며, 이는 근로자가 개인 여건에 따라 근무시간과 형태를 조절할 수 있는 제도이다. 이는 기존의 주5일 전일제 근무 대신 재택근무나 시간제, 요일제 등 개인의 특성에 맞는 다양하고 광범위한 근무제도를 도입하여 조직에 유연성과 탄력성을 부과하려는 전략이다.
③ [×] Job-positing
⇨ 직위공모제로 조직의 빈자리를 정부 조직 전반에서 경쟁을 할 수 있도록 하는 제도이다.
④ [×] 360도 feedback 평가
⇨ 360도 feedback 평가는 다면평가라고도 하며, 이는 조직 내외부인 등 평가주체를 다양화하여 평가의 공정성과 객관성을 높이기 위한 방법이다.

11 학자별 동기부여이론 정답 ③

① [○] 앨더퍼(Alderfer) - ERG이론
⇨ 앨더퍼(Alderfer)가 주장한 ERG이론은 욕구를 생존욕구(E), 관계욕구(R), 성장욕구(G)의 세 가지로 분류하여 계층화하였다. 두 가지 이상의 욕구가 동시에 작용하여 복합적으로 하나의 행동을 유발한다고 주장하여 개인행동을 좀 더 현실적으로 설명하였으며, 욕구만족을 통한 욕구발로의 전진적이고 상향적인 진행뿐만 아니라 욕구좌절로 인한 욕구발로의 후진적이고 하향적인 퇴행까지 제시하였다.
② [○] 아담스(Adams) - 형평성(공정성)이론
⇨ 아담스(Adams)가 주장한 형평성(공정성)이론은 타인과의 관계에서 형평성을 유지하는 쪽으로 동기가 부여된다고 보며, 다른 사람과 공정한 교환을 하고자 하는 호혜주의 규범과, 행위와 생각을 일치시키고자 하는 인지일관성의 정향을 전제로 한다.
❸ [×] 맥그리거(McGregor) - 미성숙·성숙이론
⇨ 미성숙·성숙이론은 아지리스(Argyris)의 이론으로, 한 개인이 미성숙인에서 성숙인으로 발전하기까지는 일곱 가지 국면의 성격변화를 거쳐야 한다고 주장하였으며, 고전적 이론에서 강조하는 공식적 조직은 인간의 미성숙상태를 고정시키거나 조장한다고 지적하였다.
④ [○] 허즈버그(Herzberg) - 욕구충족이원론
⇨ 허즈버그(Herzberg)가 주장한 욕구충족이원론은 동기유발과 관련된 요인으로 불만요인과 만족요인을 제시하였으며, 두 요인 간의 계층화를 강조하지 않고 서로 독립된 별개라고 보았다.

학자별 동기부여이론 📝

내용이론	· 매슬로우(Maslow)의 욕구단계설 · 머레이(Murray)의 명시적 욕구이론 · 앨더퍼(Alderfer)의 ERG이론 · 맥클리랜드(McClelland)의 성취동기이론 · 맥그리거(McGregor)의 X·Y이론 · 리커트(Likrert)의 관리체제이론 · 아지리스(Argyris)의 미성숙·성숙이론 · 허즈버그(Herzberg)의 욕구충족이원론 · 핵크만과 올드햄(Hakman & Oldham)의 직무특성이론 · 샤인(Schein)의 복잡인모형 · 오우치(Ouchi)의 Z이론
과정이론	· 브룸(Vroom)의 기대이론 · 포터와 로러(Porter & Lawler)의 업적·만족이론 · 조고풀러스(Georgopoulos)의 통로·목적이론 · 앳킨슨(Atkinson)의 기대모형 · 아담스(Adams)의 형평성(공정성)이론 · 로크(Locke)의 목표설정이론 · 스키너(Skinner)의 강화이론

12 규제의 대상에 따른 규제유형 정답 ②

① [×] 관리규제
⇨ 관리규제는 수단과 성과가 아닌 전체적인 과정을 규제하는 것이다. 관리규제의 예로는, 식품안전성 확보를 위한 식품위해요소 중점관리기준(HACCP) 규제 등이 있다.
❷ [○] 수단규제
⇨ 환경오염방지를 위한 특정 기술사용의 요구나 작업장의 안전 확보를 위한 안전장비 착용 요구의 사례는 수단규제에 해당한다. 수단규제는 정부의 목표를 달성하기 위해 필요한 기술이나 행위에 대하여 사전적으로 규제하는 것으로, 투입규제라고도 한다.
③ [×] 성과규제
④ [×] 산출규제
⇨ 성과규제는 정부가 특정 사회문제해결에 대한 목표달성 수준을 정하고 피규제자에게 이를 달성할 것을 요구하는 것으로 산출규제 또한 이와 같은 개념에 해당한다. 성과규제의 예로는, 개발 신약에 대한 허용 가능한 부작용 발생 수준 규제 등이 있다.

규제대상에 따른 규제유형 📝

수단규제	정부가 목표달성을 위하여 필요한 기술이나 행위에 대해 사전적으로 규제하는 것(투입규제)
성과규제	정부가 특정 사회문제해결에 대한 목표달성 수준을 정하고 피규제자에게 이를 달성할 것을 요구하는 것(산출규제)
관리규제	수단과 성과가 아닌 전체적인 과정을 규제하는 것(과정규제)

13 대표관료제와 관련된 학자 　정답 ④

① [×] 크랜츠(Kranz)는 1944년 『대표관료제』를 통해 관료제의 구성적 측면을 강조하며, 진정한 관료제는 사회 내의 지배적인 여러 세력을 그대로 반영하는 대표관료제라고 정의하였다.
　⇨ 『대표관료제』를 통해 관료제의 구성적 측면을 강조하며, 사회 내의 지배적인 여러 세력의 목소리를 반영하는 것을 주장한 학자는 킹슬리(Kingsley)이다.
② [×] 모셔(Mosher)는 관료제의 개념을 비례대표까지 확대하여, 관료제 내의 출신집단별 구성비율이 총인구 구성비율과 일치해야 할 뿐만 아니라, 나아가 관료제 내의 모든 직무분야와 계급의 구성비율까지도 총인구비율에 비례해야 한다는 비례대표성을 주장하였다.
　⇨ 관료제의 개념을 비례대표로까지 확대하여 관료제 내의 모든 직무분야와 계급의 구성비율이 총인구비율에 비례해야 한다고 주장한 학자는 크랜츠(Kranz)이다.
③ [×] 킹슬리(Kingsley)는 대표관료제를 관료들이 출신 집단의 이익을 위해 적극적으로 행동할 것을 기대하는 적극적 대표관료제와 사회의 인구 구성적 특징을 상징적으로 반영할 뿐이라는 소극적 대표관료제로 나누었는데, 대표의 적극적 측면에 대해서는 의문을 제기하였다.
　⇨ 대표관료제를 적극적 대표관료제와 소극적 대표관료제로 나눈 학자는 모셔(Mosher)이다.
❹ [○] 라이퍼(Riper)는 국민들의 가치도 대표관료제에 반영하여야 한다는 가치대표성을 강조하였다.
　⇨ 라이퍼(Riper)는 가치대표성을 강조하며 국민들의 가치도 대표관료제에 반영해야 한다고 주장하였다.

14 단일성의 원칙 　정답 ③

전통적 예산의 원칙 중에서 단일성의 원칙에 대한 설명이다.
① [○] 특별회계
　⇨ 특정한 세입으로 특정한 세출에 충당하기 위하여 일반회계와 별도로 구분하여 경리하는 예산으로, 단일성의 원칙의 예외이다.
② [○] 기금
　⇨ 기금은 국가가 특정한 목적을 위하여 특정한 자금을 운용할 필요가 있을 때 법률로써 특별히 설치할 수 있는 자금으로, 단일성의 원칙의 예외이다.
❸ [×] 예비비
　⇨ 예비비는 예측할 수 없는 예산 외의 지출 또는 초과지출을 충당하기 위해서 세입세출예산 외에 '상당하다고 인정'되는 재원을 마련해 두는 제도로, 양적 한정성 원칙의 예외이다.
④ [○] 추가경정예산
　⇨ 추가경정예산은 국회에서 예산이 의결되고 성립된 후에 예산을 변경할 필요성이 있을 때 국회에 제출하는 예산으로, 단일성의 원칙의 예외이다.

단일성의 원칙과 한정성의 원칙 ✎

구분	개념	예외
단일성의 원칙	예산은 가능한 단일의 회계 내에서 정리되어야 한다는 원칙	• 양(금액)적 예외: 예비비, 추가경정예산 • 질(목적 용도)적 예외: 이용과 전용 • 시간의 예외: 이월, 계속비, 국고채무부담행위
한정성의 원칙	예산은 주어진 목적, 규모, 시간에 따라 집행되어야 한다는 원칙	특별회계, 기금, 추가경정예산

15 품목별분류의 단점 　정답 ③

① [○] 투입 측면에만 초점을 맞추어 편성되므로 정부가 투입을 통해 달성하고자 하는 사업과 지출에 따른 성과나 효과에 대해서는 파악하기 어렵다.
　⇨ 품목별분류는 사업과 지출에 따른 성과나 효과 등 산출 측면은 파악하기 힘들다.
② [○] 정책이나 사업계획의 수립에 큰 도움을 주지 못한다.
　⇨ 품목별분류는 투입 측면에만 초점을 맞추어 전체적인 정책이나 사업계획의 수립에는 도움이 되지 않는다.
❸ [×] 사업 간의 비교가 가능하지만 국민들이 이해하기에는 어렵다.
　⇨ 예산의 품목별분류는 투입측면에 중점을 두기 때문에 산출물을 알 수 없어 사업 간의 비교가 불가능하고 국민들이 이해하기에도 어렵다.
④ [○] 총괄계정에 적합하지 못하며, 예산집행의 신축성을 저해한다.
　⇨ 품목별분류는 지출대상별로 예산액의 한계를 명확히 배정하기 때문에 예산집행의 신축성을 저해한다.

16 조합주의(Corporatism)의 특징 　정답 ①

❶ [×] 조합주의는 다양한 집단 간의 경쟁을 특징으로 한다.
　⇨ 조합주의는 각 직능분야별로 단일적 전국조직이 형성되며 이러한 집단 간에는 경쟁하지 않는 것을 주요 특징으로 한다. 다양한 집단 간의 경쟁을 특징으로 하는 것은 다원주의의 특징이다.
② [○] 국가조합주의는 국가의 우월한 권력을 인정한다.
　⇨ 국가조합주의는 제3세계 및 후진자본주의인 남미나 아시아의 조합주의 형태로, 국가가 위로부터 일방적으로 제도적 장치를 강압적으로 부과하는 것에서 생성되었다.
③ [○] 사회조합주의는 이익집단의 자발적 시도로 형성된다.
　⇨ 사회조합주의는 선진자본주의인 북유럽의 조합주의 형태로, 사회경제체제의 변화에 순응하려는 이익집단의 자발적 시도로부터 생성되었다.
④ [○] 신조합주의는 다국적 기업이 국가와 동맹관계를 유지하면서 정책에 참여한다고 본다.
　⇨ 1970년대의 강력한 노조와 인플레이션, 불황의 장기화라는 조건하에서 정부와 기업의 선택은 노·사·정의 협의와 전국적으로 집중화된 노사관계의 체계를 확립하고 노동조합을 경제정책 추진의 파트너로 참여시킴으로써 책임을 분담시키고자 하였는데, 이에 따라 등장한 것이 신조합주의(neo-corporatism)이다. 국가가 이익집단을 지배·억압하는 것이 조합주의라면, 신조합주의는 특히 다국적 기업의 영향력을 강조하며 다국적 기업과 국가 또는 정부가 긴밀한 협력관계를 유지한다.

17 이익집단 위상변동모형 　정답 ②

① [○] 행정의 제도적 맥락과 이슈 맥락에 따라 정책변동은 물론, 이익집단의 기복과 변동을 가져온다는 무치아로니(Mucciaroni)의 모형이다.
　⇨ 무치아로니(Mucciaroni)는 행정의 제도적 맥락과 이슈 맥락에 따라 이익집단의 위상이 달라지는 점을 설명하였다.
❷ [×] 변동의 원인은 크게 제도적 맥락과 이슈 맥락으로 나누어지는데, 제도적 맥락과 이슈 맥락이 서로 다른 방향으로 작용할 때 이슈 맥락에 더욱 큰 영향을 받는다고 본다.

⇨ 이익집단 위상변동모형에서 변동의 원인은 크게 제도적 맥락과 이슈 맥락으로 나누어지는데, 제도적 맥락과 이슈 맥락이 서로 다른 방향으로 작용할 때 제도적 맥락이 더욱 큰 영향을 미친다고 본다. 즉, 이슈 맥락이 특정한 이익집단에 유리하더라도 제도적 맥락이 불리할 때는 정책이 불리하게 돌아가며 이슈 맥락이 불리하더라도 제도적 맥락이 유리하면 정책이 불리해지지 않는다고 본다.

③ [O] 제도적 맥락은 입법부나 행정부의 지도자들을 포함한 구성원들의 특정한 정책이나 산업에 대하여 가지고 있는 선호나 행태를 말한다.
⇨ 이익집단 위상변동모형에서 제도적 맥락은 정치 구성원들이 특정한 정책에 대하여 가지고 있는 선호나 행태를 말한다.

④ [O] 이슈 맥락은 정책의 유지 또는 변동에 영향을 미치는 환경적 요인과 같은 정책요인을 의미한다.
⇨ 이익집단 위상변동모형에서 이슈 맥락은 환경적 요인과 같이 정책의 유지 또는 변동에 영향을 미치는 정책요인을 말한다.

18 행정통제의 유형 　　　　　정답 ③

① [O] 입법부에 의한 통제
② [O] 사법부에 의한 통제
⇨ 입법부와 사법부에 의한 통제는 외부 · 공식적 통제에 해당한다.
❸ [×] 감사원에 의한 통제
⇨ 감사원에 의한 통제는 내부 · 공식적 통제에 해당한다.
④ [O] 옴부즈만에 의한 통제
⇨ 일반적인 옴부즈만은 스웨덴이나 미국의 옴부즈만제도를 의미하며, 이는 국회 소속이므로 외부 · 공식적 통제에 해당한다.

행정통제의 유형(Gilbert)

구분	내부	외부
공식적	행정수반(대통령), 계층제 (위계조직), 교차기능조직, 독립통제기관(감사원, 국민 권익위원회), 정부업무평가	입법부, 사법부, 헌법재판소, 옴부즈만제도
비공식적	공익, 행정윤리, 대표관료제, 비공식조직	시민통제, 시민참여(선거포함), 이익집단, 언론매체, 정당

19 지방재정자립도 　　　　　정답 ③

① [×] 일반회계 중 의존재원의 비율
⇨ 의존재원이란 의존수입이라고도 하며, 국가나 광역자치단체로부터 제공받는 수입이다.
② [×] 자주재원 중 의존재원의 비율
⇨ 자주재원이란 자체수입이라고도 하며, 지방자치단체가 직접 징수하는 수입이다.
❸ [O] 일반회계 중 자주재원의 비율
⇨ 재정자립도란 총세입(일반회계) 중 자주재원(지방세 및 세외수입)이 차지하는 비율을 말한다.

④ [×] 의존재원 중 자주재원의 비율
⇨ 의존재원은 지방교부세, 국고보조금으로 구성되며, 자주재원은 지방세와 세외수입으로 구성된다.

20 특별지방행정기관 　　　　　정답 ④

① [×] 중앙의 관리감독과 통제가 어려워진다.
⇨ 특별지방행정기관으로 인해 중앙의 관리감독과 통제가 매우 수월해진다. 특별지방행정기관은 국가의 특정한 중앙행정기관에 소속되어 당해 관할 구역 내에서 시행되는 소속 중앙행정기관의 권한에 속하는 행정사무를 관장하고, 당해 소속 중앙행정기관으로부터 지휘와 감독을 받는 국가의 지방행정기관(일선기관)을 말한다. 이는 국가의 입장에서는 업무처리의 능률성, 예산부담의 절감 차원에서 설치의 필요성이 인정되고 있으며, 지방자치단체의 입장에서는 전문 인력의 확보가능성, 재정적 부담능력의 한계 때문에 설치하게 된다.

② [×] 국가업무의 효율적 · 광역적 추진에 불리하다.
⇨ 특별지방행정기관은 국가업무의 효율적 · 광역적 추진을 용이하게 한다. 국가 차원에서 인접지역과 협동관계 수립이 용이하고 광역행정의 수단으로 활용이 가능하다.

③ [×] 지방자치단체의 권한과 책임을 강화하는 제도이다.
⇨ 특별지방행정기관은 지방자치단체의 권한과 책임을 약화시키는 제도이다. 중앙행정기관의 하급기관으로 설치되는 특별지방행정기관은 소속 중앙부처의 구체적이고 획일적인 지시에 따라 행정을 집행하고, 그에 대한 책임은 소속 중앙부처에서 진다. 따라서 의사결정과정에 주민과 이익집단의 참여를 원천적으로 봉쇄하여 지방자치단체의 권한과 책임을 저해하는 심각한 문제를 야기하게 된다.

❹ [O] 주민의 혼란과 불편의 문제가 제기된다.
⇨ 지방자치단체와 중앙정부의 특별지방행정기관으로 지방행정이 이원화되기 때문에 주민의 참여가 어려워지고 그에 따른 혼란과 불편의 문제가 제기된다.

▶ 정답

p. 26

01	① PART 7	06	③ PART 2	11	④ PART 4	16	② PART 2
02	① PART 1	07	③ PART 2	12	① PART 1	17	① PART 3
03	③ PART 3	08	④ PART 5	13	③ PART 4	18	④ PART 6
04	④ PART 7	09	④ PART 3	14	① PART 6	19	③ PART 3
05	③ PART 5	10	③ PART 4	15	④ PART 5	20	③ PART 7

PART 1 행정학의 기초이론 / PART 2 정책학 / PART 3 행정조직론 / PART 4 인사행정론 / PART 5 재무행정론 / PART 6 행정환류론 / PART 7 지방행정론

▶ 취약 단원 분석표

단원	맞힌 답의 개수
PART 1	/ 2
PART 2	/ 3
PART 3	/ 4
PART 4	/ 3
PART 5	/ 3
PART 6	/ 2
PART 7	/ 3
TOTAL	/ 20

---

01 지방세의 원칙 정답 ①

❶ [○] ㄱ. 부담분임의 원칙 / ㄴ. 부담보편의 원칙
⇨ 지방세는 가급적 모든(많은) 주민이 경비를 나누어 부담하여야 한다는 것(ㄱ)은 부담분임의 원칙이고, 지방세는 주민에게 공평(동등)하게 부담되어야 한다는 것(ㄴ)은 부담보편의 원칙이다.

② [×] ㄱ. 부담보편의 원칙 / ㄴ. 부담분임의 원칙
⇨ 반대로 연결되어 있다.

③ [×] ㄱ. 부담분임의 원칙 / ㄴ. 보편성의 원칙
⇨ 보편성의 원칙은 지방세의 세원이 지역 간에 균형적(보편적)으로 분포되어 있어야 한다는 것이다.

④ [×] ㄱ. 부담보편의 원칙 / ㄴ. 탄력성의 원칙
⇨ 탄력성의 원칙은 지방세는 지방자치단체의 특성에 따라 탄력적으로 운영되어야 한다는 것이다.

02 미국 행정학의 성립 정답 ①

❶ [○] 해밀턴(Hamilton)은 『연방주의자』라는 논문을 발표하였으며, 정치권력의 근원을 국가로 보아 강력한 연방정부의 역할을 강조하였다.
⇨ 미국의 초대 재무성 장관이었던 해밀턴(Hamilton)은 정치권력의 근원을 국가로 보아 강력한 연방정부(중앙정부)의 역할을 강조하였다. 책임을 분산하지 않고 한 개인에게 집중시키는 통합된 행정을 목적으로 하였고, 행정기능의 수행을 위해서 그 책임에 상응하는 행정권한을 부여하고자 하였다. 이는 능률적 행정을 강조하는 입장이다.

② [×] 제퍼슨(Jefferson)은 사적 이익집단 간의 갈등이 정치과정의 핵심이라고 보고, 사적 이익집단들의 상호 견제와 균형에 의해 국민의 자유가 더욱 잘 보장될 것이라고 주장하였다.
⇨ 매디슨(Madison)주의에 대한 설명이다.

③ [×] 매디슨(Madison)은 행정의 단순성과 아마추어리즘, 행정의 대응성과 민주성을 강조하며 엽관주의를 공식적으로 표방하였다.
⇨ 잭슨(Jackson)주의에 대한 설명이다.

④ [×] 잭슨(Jackson)은 정치권력의 근원을 국민으로 보았기 때문에 강력한 중앙정부보다는 지방분권과 민주성을 강조하였다.
⇨ 제퍼슨(Jefferson)주의에 대한 설명이다.

03 거래비용경제학 정답 ③

① [○] 대리인이론 - 도덕적 해이
⇨ 주인 - 대리인 관계의 본질은 정보의 비대칭성이다. 정보가 비대칭적으로 존재할 경우 정보를 가진 쪽에서 이러한 기회를 자신에게 유리하도록 이용해 보려는 유혹을 가지게 되는데, 이를 기회주의적 속성이라고 한다. 사전적 기회주의로서 역선택, 사후적 기회주의로서 도덕적 해이가 있다.

② [○] 공공선택론 - 예산극대화
⇨ 니스카넨(Niskanen)은 예산극대화모형에서 관료가 자기 이익의 극대화를 추구함에 따라 공공서비스가 적정한 수준보다 2배만큼 과잉생산된다고 하였다. 이는 정부실패의 한 원인으로 공공선택론이 등장하게 된 배경이기도 하다.

❸ [×] 거래비용경제학 - 역선택
⇨ 역선택(adverse selection)은 거래비용경제학이 아니라 주인-대리인이론에서 강조하고 있는 대리손실의 한 형태이다. 본인과 대리인 간에는 근본적인 이해관계의 상충으로 대리손실(agency loss)이 발생하게 되는데 대리손실의 구체적인 형태에는 두 가지가 있다. 이는 대리인에 대한 정보부족에 기인한 주인의 통제와 감시 결여로 대리인의 '도덕적 해이(정보의 불완전성을 이용하여 대리인이 자신의 이익을 추구하려는 현상)'와 '역선택(대리인에 대한 정보부족으로 무적격자나 무능력자를 대리인으로 선임하게 되는 현상)'이 그것이다.

④ [○] 신공공관리론 - 결과 중심 관리
⇨ 신공공관리론은 결과 지향적이며, 임무위주 · 고객위주 · 경쟁적 정부이다.

04 주민조례청구 요건 정답 ④

① [○] 특별시 및 인구 800만 이상의 광역시 · 도: 청구권자 총수의 200분의 1
⇨ 「주민조례발안에 관한 법률」 제5조(주민조례청구 요건) 제1항 제1호에 명시되어 있다.

② [○] 인구 800만 미만의 광역시 · 도, 특별자치시, 특별자치도 및 인구 100만 이상의 시: 청구권자 총수의 150분의 1
⇨ 「주민조례발안에 관한 법률」 제5조(주민조례청구 요건) 제1항 제2호에 명시되어 있다.

③ [O] 인구 50만 이상 100만 미만의 시·군 및 자치구: 청구권자 총수의 100분의 1
　⇨ 「주민조례발안에 관한 법률」 제5조(주민조례청구 요건) 제1항 제3호에 명시되어 있다.
❹ [×] 인구 10만 이상 50만 미만의 시·군 및 자치구: 청구권자 총수의 80분의 1
　⇨ 인구 10만 이상 50만 미만의 시·군 및 자치구: 청구권자 총수의 70분의 1 이상이다.

> **관련법령**
>
> **「주민조례발안에 관한 법률」상 주민조례청구 요건**
>
> **제5조 【주민조례청구 요건】** ① 청구권자가 주민조례청구를 하려는 경우에는 다음 각 호의 구분에 따른 기준 이내에서 해당 지방자치단체의 조례로 정하는 청구권자 수 이상이 연대 서명하여야 한다.
> 1. 특별시 및 인구 800만 이상의 광역시·도: 청구권자 총수의 200분의 1
> 2. 인구 800만 미만의 광역시·도, 특별자치시, 특별자치도 및 인구 100만 이상의 시: 청구권자 총수의 150분의 1
> 3. 인구 50만 이상 100만 미만의 시·군 및 자치구: 청구권자 총수의 100분의 1
> 4. 인구 10만 이상 50만 미만의 시·군 및 자치구: 청구권자 총수의 70분의 1
> 5. 인구 5만 이상 10만 미만의 시·군 및 자치구: 청구권자 총수의 50분의 1
> 6. 인구 5만 미만의 시·군 및 자치구: 청구권자 총수의 20분의 1
> ② 청구권자 총수는 전년도 12월 31일 현재의 주민등록표 및 외국인등록표에 따라 산정한다.
> ③ 지방자치단체의 장은 매년 1월 10일까지 제2항에 따라 산정한 청구권자 총수를 공표하여야 한다.

---

05 페이고(Paygo, Pay as You Go)제도　　정답 ③

① [×] 재정지출총량제도
　⇨ 재정지출 증가율의 최대한도가 세입증가율의 범위 안에 묶는 제도로 재정준칙을 지키기 위한 실천방안이다.
② [×] 재정준칙(fiscal rules)제도
　⇨ 재정지출, 재정수지, 국가채무 등 총량적 재정규율에 대한 법적 구속력을 부여함으로써 구체적인 재정운용목표로 재정 규율을 준수하는 것을 말한다.
❸ [O] 페이고(Paygo)제도
　⇨ 'Pay as you go(돈은 벌어들인 만큼만 쓴다)'의 줄임말로, 비용이 수반되는 정책을 만들 때에는 반드시 재원 확보 방안을 함께 마련해야 한다는 원칙이자 재정준칙을 지키기 위한 중요한 실천방안이다.
④ [×] 지출통제예산제도(expenditure-control budgeting)
　⇨ 각 부처별로 배당된 예산에 대하여 그 총액만을 통제하고 구체적인 항목별 지출에 대하여는 각 부서의 책임자에 일임시켜 전용을 허용하는 예산제도이다.

---

06 정책분석기법　　정답 ③

① [×] 정책델파이(policy delphi)
　⇨ 정책델파이(policy delphi)는 정책분석을 위해 델파이기법을 정책문제에 적용하는 것을 의미한다. 델파이기법은 미래를 예측하는 질적 예측방법의 하나로, 여러 전문가들의 의견을 되풀이해서 모으고, 교환하고, 발전시켜 미래를 예측하는 방법이다.

② [×] 브레인스토밍(brainstorming)
　⇨ 브레인스토밍(brainstorming)은 일정한 테마에 관하여 회의형식을 채택하고, 구성원의 자유발언을 통한 아이디어의 제시를 요구하여 발상을 찾아내려는 방법이다.
❸ [O] 시나리오 작성(scenario writing)
　⇨ 시나리오 작성(scenario writing)은 정책효과를 예측하기 위한 한 기법으로, 현재의 상태로부터 정책대안이 집행되기까지의 과정에서 일어나게 될 일련의 사건들을 추정·작성하는 것을 의미한다. 여기서 시나리오란 미래에 정책대안이 집행될 사회적 상황의 기본적 특성을 기술해 놓은 것이다.
④ [×] 교차영향분석(cross-impact matrix)
　⇨ 교차영향분석(cross-impact matrix)은 미래의 사건들이 서로에게 어떻게든 영향을 끼친다는 전제를 바탕으로 전문가의 도움을 얻어 미래를 예측하는 기법이다.

---

07 정책대상집단의 순응에 영향을 미치는 요인　　정답 ③

정책대상집단의 순응에 영향을 미치는 요인으로 옳은 것은 ㄱ, ㄴ, ㄷ, ㅁ이다.
ㄱ. [O]정책의 명료성
　⇨ 일반적으로 정책의 내용이 명확하면 정책대상집단이 정책에 순응하게 된다.
ㄴ. [O]정책의 일관성
　⇨ 정책목표와 수단이 객관적인 타당성과 일관성이 있어야 한다. 또한 정책집행기간이 장기화될 경우 순응할 가능성이 높아진다.
ㄷ. [O]정책결정기관의 정통성
　⇨ 정책결정기관 및 정책집행자에 대한 정통성과 권위가 없는 경우에는 집행이 수월하지 못하고 여러 가지 저항에 부딪히게 된다. 또한 기존의 가치체계와 갈등이 있는 정책을 추진하는 경우에도 불응을 하게 된다.
ㄹ. [×]정책결정에 소요된 비용
　⇨ 정책결정에 소요된 비용은 정책결정과정과 밀접한 관련이 있고 정책집행과정에는 미치는 영향은 거의 없다고 본다. 다만, 예산의 부족 등 적절한 집행수단이 부족할 경우에는 불응을 하게 된다.
ㅁ. [O]정책집행자에 대한 신뢰감
　⇨ 정책대상집단의 정책집행자에 대한 신뢰가 높을수록 정책에 순응하게 된다.

---

08 예산제도별 관련기관과 인물　　정답 ④

① [O] 품목별예산제도 - 태프트(Taft) 위원회
　⇨ 태프트(Taft) 위원회는 절약과 능률에 관한 대통령위원회로, 클리블랜드(Cleveland) 위원회라고도 한다. 1910년에서 1912년까지 연방정부의 예산, 연방정부의 조직과 활동, 인사문제, 재정보고 및 계정, 행정사무의 수속과 절차 등을 조사하고 분석하여 각종 행정개혁을 건의하였다.
② [O] 성과주의예산제도 - 후버(Hoover) 위원회
　⇨ 후버(Hoover) 위원회는 1947년 제1차 후버 위원회와 1953년 제2차 후버 위원회가 있다. 제1차 후버 위원회는 대통령의 통제권 확립, 중복된 행정기능의 정리, 번문욕례(red tapes)의 제거, 행정기구의 재편 및 독립규제위원회의 개선 등을 주장하였으며, 제2차 후버 위원회는 정치적 환경의 변동에 대응하고자 정부행정조직위원회를 설치함으로써 성립하였다.

③ [O] 계획예산제도 – 히치(Hitch)와 맥킨(McKean)
  ⇨ 계획예산제도(PPBS)는 1950년대에 미국의 랜드 연구소(the RAND corporation)에서 노빅(Novick), 히치(Hitch), 맥킨(McKean) 등이 사업예산(program budgeting) 개념을 고안하여 국방성에 건의한 프로그램에서 비롯되었다.
❹ [×] 영기준예산제도 – 랜드(RAND) 연구소
  ⇨ 영기준예산은 피르(Pyhrr)에 의해 민간기업(Texas Instruments)에 처음 도입되었으며 카터(Carter) 대통령에 의해 예산고문에 임용된 피르(Pyhrr)가 조지아 주 정부에 적용하였다. 랜드(RAND) 연구소는 계획예산제도와 관련이 있다.

---

09 학습조직의 특성 정답 ④

① [O] 조직구성원에 의해 지식이 창출되고 이에 기초해 조직혁신이 이루어지며, 조직의 환경적응력과 경쟁력이 증대되어 나가는 조직을 말한다.
  ⇨ 학습조직은 학습활동을 촉진하는 데 도움이 되는 조직구조, 조직시스템, 조직구성원의 행동특성을 정착시켜 나감으로써 조직경쟁력과 조직구성원의 가치실현을 극대화하는 조직이다.
② [O] 효율성을 핵심가치로 하는 전통적인 조직과는 달리 학습조직에서의 핵심가치는 문제해결이다.
  ⇨ 학습조직은 지식의 창출·공유·활용에 뛰어난 조직으로 체계적 문제해결능력을 높인다.
③ [O] 학습조직의 단일모형은 없으며, 학습조직의 개념은 수평조직·네트워크조직·가상조직 등 다양한 조직유형으로 실현될 수 있다.
  ⇨ 학습조직은 체제 중심적 사고를 통해 새로움을 추구하고 창조적인 변화를 촉진할 수 있는 능력을 가진 조직으로 네트워크조직이나 가상조직 등도 모두 학습조직에 포함된다고 할 수 있다.
❹ [×] 학습조직은 부서 간 경계를 최소화하며, 적응적 학습은 미래지향적 학습이다.
  ⇨ 학습조직에서 강조하는 학습은 조직의 현재능력을 확장하여 미래를 발견하는 적극적이고 미래지향적인 학습이다. 적응적 학습은 변화하는 환경에 대처하는 수동적이고 현재지향적인 학습이다.

---

10 근무성적평정상의 오류 정답 ③

① [×] 논리적 오류(logical fallacies)
  ⇨ 논리적 오류(logical fallacies)는 논리적 과정이 바르지 못하여 생긴 잘못된 추리나 판단에 의한 오류이다.
② [×] 규칙적 오류(systematic error)
  ⇨ 규칙적 오류(systematic error)는 언제나 후한 점수 또는 나쁜 점수를 줌으로써 나타나는 오류이다.
❸ [O] 연쇄효과(halo effect)
  ⇨ 제시문의 내용은 하나의 평정요소가 다른 평정요소에 영향을 미친다는 연쇄효과(halo effect)에 해당한다.
④ [×] 상동오차(stereotype)
  ⇨ 상동오차(stereotype)는 고정관념을 의미하는 것으로, 집단이나 계층에 대한 편견, 성질이 다른 오류이다.

---

11 공무원의 임용과 근무성적평정 정답 ④

① [×] 4급 이상 공무원은 근무성적평가를, 5급 이하 공무원은 직무성과계약을 적용한다.
  ⇨ 4급 이상 공무원은 직무성과계약을, 5급 이하 공무원은 근무성적평가를 적용한다(「공무원 근무성과평가 등에 관한 규정」 제7조).
② [×] 다면평가는 근무성적평정에 있어서 신뢰성과 객관성을 제고하기 곤란하다.
  ⇨ 상급자나 동료, 하급자 및 민원인에 의한 다면평가는 근무성적평정의 객관성과 신뢰성을 제고하기 용이하다.
③ [×] 공무원 인사기록카드에는 학력, 신체사항에 대한 정보를 기재한다.
  ⇨ 공무원 인사기록카드에는 학력, 신체사항에 대한 정보를 기재하지 않는다.
❹ [O] 공무원 복지포인트는 모든 공무원을 대상으로 시행되는 제도이다.
  ⇨ 공무원 복지포인트는 정부의 맞춤형 복지제도에 따라 2005년부터 국가직 및 지방직 공무원 등 모든 공무원을 대상으로 시행되는 제도이다.

---

12 퀸과 로보그(Quinn & Rohrbaugh)의 효과성 모형 정답 ①

퀸과 로보그(Quinn & Rohrbaugh)의 경쟁적 가치접근법 모형으로 옳은 연결은 ㄱ. 합리목표, ㄴ. 내부과정, ㄷ. 개방체제, ㄹ. 인간관계이다.
ㄱ. 합리목표
  ⇨ 조직 내 인간보다는 조직 그 자체를 강조하고, 통제를 중시하며 합리적 계획과 목표설정 및 평가를 중시한다.
ㄴ. 내부과정
  ⇨ 조직 그 자체보다는 인간을 중시하고, 정보관리와 의사소통을 통한 통제를 강조한다.
ㄷ. 개방체제
  ⇨ 조직 내 인간보다는 조직 그 자체를 강조하고, 환경과의 바람직한 관계를 유지하기 위한 조직구조의 유연성을 강조한다.
ㄹ. 인간관계
  ⇨ 조직 그 자체보다는 인간을 중시하고 통제보다는 유연성을 강조한다. 구성원의 사기와 응집성을 통해 효과성이 확보된다고 간주한다.

---

13 개방형 임용의 효과 정답 ③

① [O] 공직 사회의 침체를 방지하고 자극을 통한 전문성 확보에 기여한다.
  ⇨ 외부 전문가나 경력자에게 공직의 문호를 개방하여 새로운 지식과 기술, 참신한 아이디어를 받아들임으로써 공직의 침체를 막고 효율성을 높이려는 의도로써 전문행정가 중심의 인사체제이다.
② [O] 정부의 인적 자원의 활용범위를 확대시킨다.
  ⇨ 임용권자가 신분을 좌우하기 때문에 불안정하며, 신규임용이 전 등급에서 허용되므로 인적 자원의 활용범위가 넓어진다.
❸ [×] 정치적 리더십의 약화를 가져온다.
  ⇨ 임용체제를 개방화하면 임용권자의 임용 기능이 확대되고 재량권도 커질 수 있다. 이에 따라 관료조직의 배타적 보수성을 약화시킬 수 있기 때문에 행정기관의 상층부에 있는 정치적 리더십의 강화를 통해서 조직 장악력이 강화된다.

④ [O] 채용과정에서 높은 수준의 실적기준 적용으로 성과주의적 관리를 촉진시킨다.
⇨ 공직 내부와 외부를 대상으로 공개모집에 의한 시험을 거쳐 적격자를 선발하며, 이때 각 직책에서 요구되는 지식과 기술을 가진 전문가의 채용을 강조한다.

14 전자적 참여의 발달단계(UN) 정답 ①

❶ [O] ㄱ → ㄴ → ㄷ
⇨ 전자적 참여는 ㄱ. e-information(전자정보화) → ㄴ. e-consultation(전자자문) → ㄷ. e-decision making(전자결정)의 순서로 발전하고 있다.

전자적 참여의 발달단계(UN)

제1단계: 전자정보화 (e-information)	전자정부(정부기관 웹사이트)에서 각종 전자적 채널을 통해 국민에게 정보가 공개되는 단계
제2단계: 전자자문(상담) (e-consulting)	시민과 선거직 공무원 간에 소통과 청원 및 직접적인 정책토론이 이루어지고 토론결과가 축적·피드백되는 단계
제3단계: 전자결정 (e-decision making)	시민의 의견이 정책과정에 반영되는 단계

15 예산결정이론 정답 ④

① [×] 합리적 예산결정이론
⇨ 합리적 선택모형에 입각한 예산상의 의사결정이론을 의미하며, 경제학의 한계효용, 기회비용, 최적화 개념 등을 사용하며 목표-수단분석과 이를 뒷받침하는 이론모형이 중시된다.
② [×] 공공선택이론
⇨ 예산결정과정을 신고전경제학파의 논리에 기반한 정치경제학적 시각에서 설명하는 연구들이 공공선택이론으로 발전하였으며, 특히 예산결정의 장기적인 계획과 단기적인 예산을 연계시켜 자원배분의 합리성을 담보하려는 노력을 강조하였다.
③ [×] 다중합리성모형
⇨ 다중합리성모형은 윌로비와 서메이어(Willoughby & Thurmaier)가 주장한 이론으로, 복수의 합리성 기준이 중앙예산실의 예산분석가들에게 미치는 영향에 대하여 주로 분석한다.
❹ [O] 단절균형모형
⇨ 예산결정의 단절균형모형은 바움카트너(Baumgartner)와 존스(Jones)가 주장한 이론으로, 예산재원의 배분형태가 항상 일정하게 유지되는 것이 아니라 특정 사건이나 상황에 따라 균형상태에서 급격한 변화가 발생하는 단절현상이 발생하고, 이후 다시 균형을 지속한다는 예산이론이다. 이는 점증주의이론의 한계를 비판하면서 제시된 것으로, 사후적인 분석으로는 적절하지만 단절균형의 발생시점을 정확하게 예측하지 못한다는 측면에서 한계가 있다.

16 정책집행모형 정답 ②

① [×] 고전적 기술자형
⇨ 고전적 기술자형은 정책결정자가 정책목표를 명확하게 설정하고 정책집행자는 이러한 목표를 지지하는 유형이다.
❷ [O] 지시적 위임가형
⇨ 제시문의 설명은 나카무라(Nakamura)와 스몰우드(Smallwood)의 정책집행모형 중 지시적 위임가형으로, 이는 정책결정자가 명확한 정책목표를 설정하고 정책집행자들은 설정된 목표의 소망성에 동의하는 유형이다.
③ [×] 재량적 실험가형
⇨ 재량적 실험가형은 정책목표를 구체화하고 그것을 달성할 수 있는 정책수단을 개발할 수 있도록 정책결정자는 정책집행자에게 광범위한 재량을 위임하는 유형이다.
④ [×] 관료적 기업가형
⇨ 관료적 기업가형은 정책집행자가 정책목표를 결정하고 공식적 정책결정자를 설득 또는 강제하여 이를 받아들이도록 하는 유형이다.

나카무라(Nakamura)와 스몰우드(Smallwood)의 정책집행모형

구분	정책결정자의 역할	정책집행자의 역할	정책평가기준
고전적 기술자형	• 추상적·구체적 목표 설정 • 정책집행자에게 기술적 권한 위임	정책결정자의 목표를 지지하고 기술적 권한을 강구	능률성과 효과성
지시적 위임자형	• 추상적·구체적 목표 설정 • 행정적 권한 위임	정책집행자 상호 간 행정적 권한에 관하여 교섭	능률성과 효과성
협상가형	• 추상적·구체적 목표 설정 • 정책집행자가 목표와 수단에 관해 협상	정책목표와 수단에 관하여 정책결정자와 협상	주민만족도 (정치적 참여)
재량적 실험가형	• 추상적 목표를 지지 • 정책집행자에게 광범위한 재량권 위임	정책집행자는 구체적 목표와 수단을 확보	수익자 대응성 (반응성)
관료적 기업가형	정책집행자가 설정한 목표와 수단을 지지	정책목표달성을 위해 필요한 수단을 형성시키고 정책결정자로 하여금 그 목표를 받아들이도록 설득	체제유지도

17 총체적 품질관리(TQM) 정답 ①

❶ [×] 관리자와 전문가에 의해 고객의 수요가 규정된다.
⇨ 총체적 품질관리(TQM)는 고객의 요구를 중시하는 관리기법으로 관리자나 전문가가 아닌 고객이 품질을 결정한다. 즉, 고객만족을 서비스 품질의 제1차적 목표로 삼는다.
② [O] 통제유형은 예방적·사전적 성격을 띤다.
⇨ 서비스가 바람직한 수준에서 벗어나지 않도록 품질관리가 서비스의 생산과 공급이 이루어지는 과정의 모든 단계에서 이루어지며, 계량화된 통제수단을 활용한다. 품질관리의 개선방법은 산출이 아니라 직접 통제할 수 있는 투입과 과정의 개선에 초점을 맞추어야 한다고 보는 사전적 관리(예방적 통제)의 성격을 띤다.

③ [○] 결점이 없을 때까지 개선활동을 지속적으로 되풀이한다.
⇨ 고객의 요구를 만족시키기 위하여 흠이 없을 때까지 끊임없이 개선하는 무결점주의를 추구한다.
④ [○] 재화·용역의 부가가치를 극대화하는 데 유리한 분권적 조직구조를 선호한다.
⇨ 조직구조를 분권화하여 조직구성원 전체가 품질관리를 위한 모든 과정에 참여하도록 한다.

④ [○] 위생요인의 충족 시에는 단기적으로 불만을 줄일 수 있으며, 동기요인의 충족 시에는 생산성의 향상을 가져온다.
⇨ 위생요인은 동기부여를 위한 필요한 조건이지 충분한 조건은 아니므로 생산성 증대와는 직접 관계가 없고, 다만 작업의 손실을 막아줄 뿐이다. 구성원의 만족을 통해 직무동기를 높이기 위해서는 동기요인에 중점을 둔 동기화 전략이 중요하다. 즉, 동기요인은 생산성을 직접 향상시켜 주는 충분조건이다.

18 정보기술아키텍처(ITA)   정답 ④

① [×] 데이터 마이닝(data mining)
⇨ 데이터 마이닝은 새로운 데이터모델을 발견하여 새로운 전략적 정보를 추출해내는 정보 추출 및 지식 발견 기법이다.
② [×] 인트라넷(intranet)
⇨ 인트라넷은 조직 내부 구성원들 간의 의사소통과 정보 공유 등을 지원하는 네트워크 기반의 정보기술이다.
③ [×] 정보자원관리(IRM)
⇨ 정보자원관리는 조직이 필요한 정보를 생산하는 데 사용되는 자원을 관리하는 것을 의미한다. 정보자원은 크게 시스템자원, 자료자원 및 조직자원 등 3가지 자원으로 구성된다.
❹ [○] 정보기술아키텍처(ITA)
⇨ 정보기술아키텍처는 일정한 기준과 절차에 따라 업무, 응용, 데이터, 기술·보안 등 조직 전체의 정보화 구성요소들을 통합적으로 분석한 뒤 이들 간의 관계를 구조적으로 정리한 체계 및 이를 바탕으로 정보시스템을 효율적으로 구성하기 위한 방법으로, 우리나라는 범정부 정보아키텍처의 적용을 전자정부 핵심과제 중 하나로 추진하고 있다.

20 지방보조금심의위원회   정답 ③

① [○] 지방보조금에 관한 사항을 전문적으로 심의하기 위하여 지방자치단체의 장 소속으로 지방보조금심의위원회를 둔다.
⇨ 「지방재정법」 제32조의3 제1항에 규정되어 있다.
② [○] 지방보조금심의위원회는 위원장 1명을 포함한 15명 이내의 위원으로 구성하되, 성별을 고려하여야 한다.
⇨ 「지방재정법」 제32조의3 제2항에 규정되어 있다.
❸ [×] 지방보조금심의위원은 민간위원과 공무원으로 임명 또는 위촉하되, 공무원인 위원이 전체의 3분의 1을 초과하여서는 아니 된다.
⇨ 지방보조금심의위원은 민간위원과 공무원으로 임명 또는 위촉하되, 공무원인 위원이 전체의 4분의 1을 초과하여서는 아니 된다(「지방재정법」 제32조의3 제3항).
④ [○] 위원장은 민간위원 중에서 호선한다. 민간위원의 임기는 3년 이내에서 조례로 정하며, 한 차례만 연임할 수 있다.
⇨ 「지방재정법」 제32조의3 제4항과 제5항에 규정되어 있다.

19 허즈버그(Herzberg)의 욕구충족이원론   정답 ③

① [○] 불만과 만족은 별개의 차원에 있으며, 만족하지 못하는 상태가 불만인 것은 아니다.
⇨ 허즈버그(Herzberg)의 욕구충족이원론에 따르면 만족을 주는 요인과 불만을 주는 요인이 상호독립되어 있다고 보기 때문에 만족의 반대는 불만족이 아니라 만족이 없는 상태이고, 불만족의 반대는 불만이 없는 상태이다.
② [○] 보수, 작업조건, 상관과 부하와의 관계는 위생요인에 해당하며, 승진, 직무, 책임감은 동기요인에 해당한다.
⇨ 위생요인(불만요인)은 작업자와 관련된 환경적 요인(물리적·경제적·대인적 요인)으로, 보수, 작업조건, 상관과 부하와의 관계 외에도 정책과 관리, 임금, 지위, 안전, 감독, 기술, 조직의 방침과 관행, 동료 상호 간의 관계 등이 있다. 동기요인(만족요인)은 직무와 관련된 심리적 요인(직무요인)으로, 승진, 직무, 책임감 외에도 성취감(자기계발), 안정감, 인정감, 직무 그 자체에 대한 보람, 직무충실, 성장 및 발전 등이 있다.
❸ [×] 위생요인과 동기요인은 서로 연관되어 있어서 위생요인이 충족될 경우 동기요인의 충족을 가져온다.
⇨ 위생요인과 동기요인은 서로 독립되어 있어서 위생요인이 충족되더라도 동기요인에는 아무런 영향을 미치지 못한다.

05회 실전동형모의고사

❯ 정답

p. 32

01	③	PART 3	**06**	②	PART 2	**11**	③	PART 3	**16**	① PART 5
02	④	PART 2	**07**	③	PART 3	**12**	④	PART 4	**17**	④ PART 1
03	①	PART 1	**08**	②	PART 3	**13**	①	PART 5	**18**	③ PART 4
04	④	PART 7	**09**	③	PART 7	**14**	②	PART 6	**19**	② PART 5
05	②	PART 1	**10**	④	PART 7	**15**	③	PART 4	**20**	④ PART 2

PART 1 행정학의 기초이론 / PART 2 정책학 / PART 3 행정조직론 / PART 4 인사행정론 / PART 5 재무행정론
/ PART 6 행정환류론 / PART 7 지방행정론

❯ 취약 단원 분석표

단원	맞힌 답의 개수
PART 1	/ 3
PART 2	/ 3
PART 3	/ 4
PART 4	/ 3
PART 5	/ 3
PART 6	/ 1
PART 7	/ 3
TOTAL	**/ 20**

---

01   공식화의 특징   정답 ③

① [O] 공식화란 조직 내의 규칙, 절차, 지시 및 의사전달이 표준화된 정도를 말한다.
  ⇨ 공식화는 조직 내의 규칙, 절차, 지시, 의사전달 등 업무절차 및 규범들의 제도화·정형화·표준화된 정도를 말한다.

② [O] 공식화의 정도가 높을수록 구성원 간의 분쟁을 감소시킬 수 있다.
  ⇨ 공식화의 정도가 높을수록 구성원 간의 분쟁 감소에 기여한다.

❸ [×] 공식화의 정도가 높을수록 구성원의 행태에 관한 예측가능성이 낮아진다.
  ⇨ 공식화는 정형화나 표준화의 정도를 말하므로 공식화의 정도가 높을수록 구성원의 행태에 대한 예측가능성은 높아지게 된다.

④ [O] 공식화는 문서화 정도와 관련되어 있으며, 레드 테이프(red tape)와 같은 부정적 문제를 유발하기도 한다.
  ⇨ 공식화가 높으면 목표 성취보다 절차 준수를 우선시할 가능성이 높아진다. 따라서 지나치게 규칙이나 절차에 집착할 경우 레드 테이프(red tape)와 같은 행정의 형식화를 초래할 수 있다.

02   정책분석 및 평가의 기준   정답 ④

① [×] 능률성은 비용과 관련시켜 목표달성도를 평가하는 기준이다.
  ⇨ 능률성은 '산출/투입'으로 목표달성도를 측정할 수는 없고, 비용과 관련시켜 목표달성도를 평가하는 기준은 효과성이다.

② [×] 효율성과 효과성은 서로 대치되는 평가기준이다.
  ⇨ 효율성과 효과성은 반드시 일치하지는 않지만 대체로 병행된다고 본다.

③ [×] 대응성은 조직 내부집단의 만족도와 관련된 효과성을 평가하는 기준이다.
  ⇨ 대응성은 조직 외부집단의 만족도와 관련된 효과성을 평가하는 기준이다.

❹ [O] 적절성은 설정된 목표에 따라 달라질 수 있는 상대적인 측정이다.
  ⇨ 적절성(적정성, adequacy)은 목표달성에 있어서의 수단의 충분성으로서 설정된 목표에 따라 달라질 수 있는 상대적 기준이다.

03   끈끈이 인형효과   정답 ①

❶ [O] 끈끈이 인형효과(tar baby effect)
  ⇨ 끈끈이 인형효과(tar baby effect)는 해리스(Harris)의 소설 속에서 토끼를 유혹하기 위하여 사용된 타르 인형에서 유래된 말로서, 토끼들이 검게 칠한 인형을 친구로 착각하여 주변에 자꾸 모여들게 되듯이 잘못된 정부 규제가 또 다른 규제를 가져오는 현상을 의미한다.

② [×] 피터의 원리(Peter's principle)
  ⇨ 조직의 구성원들은 자신들의 무능력 수준까지 승진하는 경향이 있다는 원리이다.

③ [×] 파킨슨의 법칙(Parkinson's law)
  ⇨ 본질적인 업무와 무관하게 조직이 팽창하는 현상을 말한다.

④ [×] 규제의 역설(paradox of regulation)
  ⇨ 어떤 목적을 달성하기 위해서 규제를 실시했는데, 의도한 목적과 반대의 결과가 나오는 경우를 의미한다.

04   티부가설(Tiebout hypothesis)   정답 ④

① [O] 다수 지역사회의 존재와 완전한 정보가 전제되어야 한다.
  ⇨ 상이한 재정 프로그램을 제공하는 다양한 지방정부가 존재하며(다수의 지역사회 존재), 각 지역의 재정 프로그램에 대해 정확히 알고 있어야 한다(완전한 정보).

② [O] 지역 간 이동에 필요한 거래비용 등 제약 없이 지역 간 이동이 가능해야 한다.
  ⇨ 지역 간 이동에 필요한 거래비용 등의 제약 없이 지역 간 이동이 가능해야 한다는 것과 불완전한 이동이 아닌 완전한 이동성을 전제한다.

③ [O] 공공재 생산을 위한 단위당 평균비용이 지역마다 동일해야 한다는 것으로, 규모의 경제가 작용하지 않아야 한다는 규모수익 불변의 원리가 지켜져야 한다.
  ⇨ 그 외에도 해당 지역의 프로그램의 이익은 해당 지역 주민들에게만 돌아가며 이웃지역의 주민들에게 이익(경제) 또는 불이익(불경제)을 주지 말아야 한다(외부효과의 부존재). 외부효과가 존재한다면 지역 간 이동이 불필요해질 수도 있기 때문이다.

④ [×] 지방정부의 서비스 프로그램에 대한 정보가 주민 모두에게 알려져야 하며, 조세는 신장성이 높은 소득세로 부과한다.

⇨ 프로그램에 대한 정보가 주민 모두에게 알려져야 하며, 조세는 신장성이 높은 소득세가 아니라 안정적인 재산세로 부과한다고 전제한다.

티부가설의 기본 가정 ✎

(1) **다수의 지역사회 존재**
상이한 재정 프로그램을 제공하는 다양한 지방정부가 존재함
(2) **완전한 정보**
각 지역의 재정 프로그램에 대해 정확히 알고 있어야 함
(3) **지역 간 자유로운 이동 가능성(완전한 이동)**
지역 간 이동에 필요한 거래비용 등의 어떠한 제약 없이 지역 간 이동이 가능해야 한다는 것과 불완전한 이동이 아닌 '완전한 이동성'(집을 팔고 이주)을 전제함
(4) **단위당 평균비용 동일**
공공재 생산을 위한 단위당 평균비용이 동일해야 한다는 것으로서, 규모의 경제가 작용하지 않아야 한다는 '규모수익 불변의 원리'가 적용됨
(5) **외부효과의 부존재**
해당 지역의 프로그램의 이익은 해당 지역 주민들에게만 돌아가야 하며, 이웃 지역의 주민들에게 이익(경제) 또는 불이익(불경제)을 주지 말아야 함(외부효과가 존재한다면 지역 간 이동이 불필요해질 수도 있음)
(6) 재원은 당해 지역 주민들의 재산세로 충당되며 국고보조금 등은 존재하지 않음

05　시장경제의 원리　　　정답 ②

① [O] 보이지 않는 손(invisible hand)
⇨ 제시문의 내용은 아담 스미스(A. Smith)가 『국부론』에서 주장한 것으로, 자원배분의 효율성을 이루는 시장의 기능을 '보이지 않는 손(invisible hand)'이라고 하였다.

❷ [×] 공유지의 비극(The Tragedy of the Commons)
⇨ 공유지의 비극(The Tragedy of the Commons)은 하딘(Hardin)이 1968년 『사이언스』에 발표한 논문에서 제시한 개념으로, 개인 효용의 극대화가 사회적 효용의 극대화를 가져오지 못하는 시장실패 현상을 설명한다. 즉, 시장에서의 자원배분의 효율성을 중시하는 나머지 셋과는 다른 개념이다.

③ [O] 자원배분의 효율성
⇨ 시장의 자율성을 믿는 고전학파 경제학자들은 시장의 보이지 않는 손(invisible hand)에 의해 자원이 효율적으로 배분될 것이라고 믿었다.

④ [O] 자유방임주의(laissez-faire)
⇨ 개인의 경제활동의 자유를 최대한으로 보장하고, 이에 대한 국가의 간섭을 가능한 한 배제하려는 경제사상 및 정책을 말한다. 애덤 스미스(A. Smith)는 『국부론』에서 모든 사람에게 최대의 선을 제공해주는 '보이지 않는 손'이라는 용어로 자유방임경제를 묘사하였는데 이것은 경영자가 이익 기회를 추구하는 데 자유로울 때 성립한다.

06　목표의 변동　　　정답 ②

① [×] 목표의 비중 변동
⇨ 여러 개의 목표를 가지고 있을 때 우선순위나 비중이 변하는 것이다.

❷ [O] 목표의 승계
⇨ 제시문의 사례는 목표의 승계(goal succession)로, 이는 목표가 달성되었거나 달성될 수 없을 때 새로운 목표를 설정하는 것을 말한다.

③ [×] 목표의 다원화
⇨ 같은 종류의 목표뿐만 아니라 이종(異種) 목표도 추가되는 것이다.

④ [×] 목표의 전환
⇨ 조직이 궁극적으로 달성해야 할 목표를 망각하거나 왜곡하여 이를 수단으로 격하시키거나 수단을 오히려 목표의 위치에 격상시키는 것이다.

목표변동의 유형 ✎

목표의 비중 변동	목표 간 우선순위가 바뀌는 것
목표의 승계	목표가 이미 달성 또는 달성 불가능 시 새로운 목표를 설정하는 것
목표의 추가(다원화)	기존 목표에 새로운 목표가 추가되는 것
목표의 확대(축소)	목표달성이 낙관적(비관적)일 때 목표를 높이는(낮추는) 것
목표의 전환	목표와 수단이 뒤바뀌는 목표의 대치, 도치, 왜곡, 전도

07　매슬로우(Maslow)의 욕구이론　　　정답 ③

① [O] 최하위 욕구는 생리적 욕구이며 최상위 욕구는 자아실현욕구이다.
⇨ 욕구의 다섯 단계를 최하위 욕구부터 최상위 욕구 순으로 나열해보면, 생리적 욕구 → 안전욕구 → 사회적 욕구(애정욕구) → 존경의 욕구 → 자아실현욕구 순으로 이러한 다섯 가지 기본적 욕구는 우선순위의 계층을 이루어 하위욕구가 충족되면 다음 단계로 진행한다.

② [O] 하위욕구는 상위욕구에 비해 구체성이 높다.
⇨ 생리적 욕구(최하위 욕구)는 목마름, 배고픔, 수면 등 생존을 위하여 반드시 충족되어야 하는 욕구이며, 자아실현욕구(최상위 욕구)는 성취감 등 자신의 능력을 최대한 발휘하고 이를 통해 자기완성을 추구하는 욕구로서 하위 욕구가 상위 욕구보다 구체적이라고 볼 수 있다.

❸ [×] 다섯 가지 욕구가 서로 독립되어 있다.
⇨ 다섯 가지 욕구가 서로 독립되어 있는 것이 아니라 우선순위의 계층을 이루며 서로 상관되어 있다.

④ [O] 하위단계부터 순차적으로 욕구가 일어나며 이미 충족된 욕구는 동기유발요인으로 보기 어렵다.
⇨ 일단 충족된 욕구는 동기유발요인으로서의 의미를 상실하기 때문에 어떤 욕구가 충족되면 그 욕구의 강도는 약해진다.

08　공공기관　　　정답 ②

① [O] 시장형 공기업 - 한국전력공사
⇨ 한국전력공사는 한국가스공사와 더불어 자체수입이 85% 이상인 대표적인 시장형 공기업이다.

❷ [×] 준시장형 공기업 - 한국도로공사
⇨ 한국도로공사는 2024년 공공기관 지정에서 시장형 공기업으로 변경지정되었다.

③ [O] 기금관리형 준정부기관 - 소상공인시장진흥공단
⇨ 소상공인시장진흥공단은 2024년 공공기관 지정에서 기금관리형 준정부기관으로 변경지정되었다.

④ [○] 위탁집행형 준정부기관 – 서민금융진흥원
⇨ 기금관리형 기관이 아닌 정부사업을 위탁받아 집행하는 준정부기관이다.

2024년 공공기관 지정내역 ✎

(1) 주요사항
- 시장형 공기업 1개 추가: 한국도로공사
- 기금관리형 준정부기관 1개 추가: 소상공인시장진흥공단
- '국가과학기술연구회 및 소관 출연연구기관(총 22개)'을 공공기관에서 지정 해제(→ 혁신과 도전을 통한 초격차기술선점을 위함)
- 지역·필수의료역량 강화를 위해 국립대학병원(14개)의 경쟁력 제고 필요성이 증대되고 있다는 점을 감안하여, 향후 지정해제를 검토

(2) 기획재정부 고시(2024. 1. 31.)
2023년 347개 지정 → 2024년 327개 지정

공기업	시장형	한국가스공사, 한국전력공사, 공항공사(인천국제, 김포한국), 한국석유공사, 한국지역난방공사, 한국수력원자력, 한국남부발전(주) 등 5개 발전회사, 강원랜드(주), 한국도로공사 등 (총 14개)
	준시장형	한국조폐공사, 한국마사회, 대한석탄공사, 한국토지주택공사, 한국도로공사, 한국수자원공사, 한국철도공사, 그랜드코리아레저(주), 한국전력기술(주), 한전KDN(주), 한전KPS(주), 한국가스기술공사, 에스알(주), 한국광해광업공단 등(총 18개)
준정부기관	기금관리형	공무원연금공단, 기술보증기금, 신용보증기금, 예금보험공사, 국민연금공단, 근로복지공단, 한국자산관리공사, 중소기업진흥공단, 소상공인시장진흥공단 등(총 12개)
	위탁집행형	한국소비자원, 한국농어촌공사, 대한무역투자진흥공사, 한국가스안전공사, 에너지관리공단, 한국환경공단, 국립공원관리공단, 한국산업인력공단, 한국연구재단, 한국관광공사, 한국원자력환경공단, 한국건강가정진흥원, 한국수목원관리원, 서민금융진흥원 등 (총 43개)
기타 공공기관		부산항만공사, 인천항만공사, 여수광양항만공사, 울산항만공사, 한국특허기술진흥원, 사립학교교직원 연금공단, 한국투자공사, 한국수출입은행 등 (총 240개)

---

09 지방자치단체의 사무 　　　　정답 ③

① [○] 지방자치단체의 사무는 자치사무와 위임사무로 구분하며, 위임사무는 다시 단체위임사무와 기관위임사무로 구분하는 것이 일반적이다.
⇨ 지방자치단체의 사무는 지방자치단체의 존립을 위한 본래적 사무인 자치사무와, 국가 또는 지방자치단체로부터 위임받아 처리하는 위임사무로 구분할 수 있다.

② [○] 자치사무의 경비는 원칙적으로 지방자치단체가 전액 부담하고, 기관위임사무의 경비는 원칙적으로 국가가 전액 부담한다.
⇨ 자치사무의 경비 전액은 해당 지방자치단체가 부담한다. 기관위임사무의 사무처리비용은 국가 등의 위임자가 전액 부담한다.

❸ [×] 자치사무에 대한 국가의 감독은 사전·예방적 감독이 허용되고, 기관위임사무에 대한 감독은 사후·교정적 감독의 성격을 갖는다.
⇨ 자치사무에 대한 국가의 감독은 사후·교정적 감독의 성격이고 기관위임사무에 대한 감독은 사전·예방적 감독이 허용된다.

④ [○] 기관위임사무의 사무처리의 주체는 지방자치단체장으로, 국가의 일선행정기관의 성격을 갖는다.
⇨ 기관위임사무는 법령에 의하여 국가 또는 상급 지방자치단체로부터 지방자치단체의 집행기관, 즉 지방자치단체장에 위임된 사무이다.

지방자치단체 사무의 비교 ✎

구분	개념	지방의회 관여	경비부담	중앙감독
자치사무	자치단체의 고유사무	가능	자치단체	소극적 감독 (교정적 감독)
단체위임 사무	자치단체의 이해관계가 있는 사무	가능	국가 및 자치단체	합목적성 감독 (교정적 감독)
기관위임 사무	자치단체의 이해관계가 없는 사무	불가	국가	적극적 감독 (예방적 감독)

---

10 주민자치위원회와 주민자치회 　　　　정답 ④

① [×] 기존 주민자치회의 주민자치위원회로의 전환이 추진되고 있다.
⇨ 기존 주민자치위원회의 주민자치회로의 전환이 추진되고 있다.

② [×] 읍·면·동장과 대등한 지위로 격상된 주민자치위원회는 주민총회 개최 등 대표성 강화와 함께 다양한 마을 사업을 계획하고 추진하는 역할을 담당한다.
⇨ 읍·면·동장과 대등한 지위로 격상된 것은 주민자치회이다. 주민자치회는 주민총회 개최 등 대표성 강화와 함께 다양한 마을 사업을 계획하고 추진하는 역할을 담당한다.

③ [×] 주민자치위원회는 주민대표성 확보를 위한 주요기구이다.
⇨ 주민자치위원회는 지역 유지 중심의 대표성이 미약한 기구이며, 주민대표성 확보를 위한 주요기구는 주민자치회이다.

❹ [○] 주민자치회는 지방자치단체와 대등한 협력적 관계이다.
⇨ 주민자치회는 시·군·구청장이 위촉하는 주민대표성을 확보하는 기관으로 지방자치단체와 대등한 협력적 관계이다.

주민자치위원회와 주민자치회의 비교 ✎

구분	주민자치위원회	주민자치회
법적 근거	지방자치법 및 조례	지방자치법 및 조례
위상	읍·면·동 자문기구	주민자치 협의·실행기구
위촉권자	읍·면·동장	시·군·구청장
주민대표성	대표성 미약(지역유지 중심)	대표성 확보
재정	별도 재원 거의 없음 (읍·면·동사무소의 지원)	자체재원(회비, 사용료, 위탁사업 수입), 기부금 등 다양
기능	주민자치센터 프로그램 심의 및 운영(문화, 복지 편익 기능 등)	주민자치사무, 협의 및 자문사무, 자체 위임·위탁 사무처리
지자체와의 관계	읍·면·동 주도로 운영	대등한 협력적 관계

11 학습조직 정답 ③

① [O] 조직구성원 간 지식의 공유를 활발히 하는 것이 바람직하다.
⇨ 학습조직이란 지식의 창출, 지식의 활용, 지식의 공유, 지식의 저장과 관련된 학습 프로세스가 활성화되어 개인, 팀, 조직 단위의 수준에서 학습활동이 활성화되어 있는 조직이다.
② [O] 조직의 과거 성공에 기반한 정례화된 경험학습에만 의존하는 것은 바람직하지 않다.
⇨ 학습조직은 체제 중심적 사고를 통해 새로움을 추구하고 창조적인 변화를 촉진할 수 있는 능력을 가진 조직이다.
❸ [×] 조직 내 정보의 효율적 전달을 위하여 집권화된 조직구조를 가지는 것이 바람직하다.
⇨ 학습조직을 위해서는 탈관료적·분권적·수평적·신축적·유기적 구조가 필요하다.
④ [O] 조직구성원들이 스스로 학습 담당자라는 인식을 가지도록 해야 한다.
⇨ 구성원들에게 권한강화를 강조하며, 조직의 구성원이 더불어 학습하는 계속적인 학습·전파 및 적용이 필요하다.

┌─ 학습조직의 특징과 지향 ✏
(1) 지식의 창출·공유·활용에 능숙(문제해결능력 향상)
(2) 창조적인 변화를 촉진할 수 있는 능력을 가진 조직
(3) 탈관료제 지향(분권적·신축적·수평적·유기적 조직)
(4) 전략적 사고와 변화를 탐구하는 조직
(5) 집단학습, 팀 및 상호주관성 중시
(6) 자아실현적 인간관과 개방체제를 전제
(7) 표준화(규칙·절차·관행) 거부
(8) 환류를 통한 의사소통(비공식 소통) 중시
(9) 시행착오(실험) 허용
(10) 분명한 리더십 중시(공유·분배된 리더십)
(11) 기능분립적 구조의 편협함(문맹) 배격
(12) 구성원의 권한 강화

12 계급제와 직위분류제 정답 ④

① [O] 계급제는 일반적으로 계급 간의 사회적 평가, 보수, 성분, 교육면에서 심한 차이를 두고, 계급 간의 승진을 어렵게 하는 특징을 띤다.
⇨ 계급제의 특징으로는 4대 계급제(행정·집행·서기·서기보), 폐쇄형 인사제도, 계급 간의 차별, 고급공무원의 엘리트화, 일반행정가의 양성 등이 있다.
② [O] 계급제는 사람을 중심으로 공직분류를 하는 것으로서 공무원 개개인의 자격과 능력을 기준으로 계급을 분류하는 것을 말한다.
⇨ 계급제는 사람을 중심으로 계급을 분류하고 이에 따라 보수와 대우를 달리하는 것으로 주관적인 사람 중심의 분류방법이다.
③ [O] 직위분류제는 담당 직책이 요구하는 능력을 소유한 자를 임용할 수 있다는 점에서 채용시험, 전직, 승진 등에서 좀 더 합리적 기준을 제공한다.
⇨ 직위분류제는 직무의 성질·곤란도와 책임도에 따라 공직을 분류하여 관리하는 것으로 객관적인 직무 중심의 공직분류방법이다.
❹ [×] 직위분류제는 공무원의 채용에서 신축적이고 적응성이 높아 계급제에 비해 직업공무원제의 수립에 상대적으로 더 유리하다.
⇨ 계급제는 공무원의 채용에서 신축적이고 적응성이 높아 직위분류제보다 직업공무원제의 수립에 상대적으로 더 유리하다.

13 영기준예산제도(ZBB)의 한계 정답 ①

❶ [×] 구성원의 참여 부족
⇨ 영기준예산제도는 구성원의 참여를 통해서 예산이 결정된다.
② [O] 경직성 경비에 대한 적용상의 한계
⇨ 경직성 경비에 대한 적용상의 어려움이 있다. 미연방정부나 조지아 주 모두 예산삭감에 실패하였는데, 이는 정부예산에 경직성 경비가 많다는 점을 간과하였기 때문이다.
③ [O] 과다한 시간과 노력이 소요
⇨ 매년 반복적으로 모든 예산을 전면적으로 재검토하는 데 많은 시간과 노력이 필요하다.
④ [O] 기득권자의 저항 우려
⇨ 행정인이 사업의 변동이나 효율성 평가에 위협·불안감을 느끼고 사업이나 성과의 분석·평가를 귀찮게 여겨 저항하기가 쉽다.

14 역대 정부의 행정개혁 정답 ②

우리나라 역대 정부의 행정개혁은 ㄱ. 행정쇄신위원회(김영삼 정부) → ㄷ. 정부혁신지방분권위원회(노무현 정부) → ㄴ. 정부 3.0(박근혜 정부) → ㄹ. 열린 혁신(문재인 정부) 순으로 진행되었다.
ㄱ. 행정쇄신위원회
⇨ 대통령 소속으로 행정규제 완화 등 불합리한 법령과 제도의 개선, 국민 편의 증진을 위한 관행 개선, 정부 조직 및 행정 수행 체제의 합리적 개편 등의 역할을 담당하였다.
ㄴ. 정부 3.0
⇨ 공공정보를 적극 개방·공유하고, 부처 간 칸막이를 없애며 소통·협력함으로써 국민 개개인에 대해 맞춤형 서비스를 제공하는 정부운영의 패러다임이다.
ㄷ. 정부혁신지방분권위원회
⇨ 대통령 소속기관으로 정부혁신과 지방분권에 관한 사항을 종합적·체계적으로 심의하기 위해 설치하였다. 현재는 자치분권위원회가 그 역할을 담당하고 있다.
ㄹ. 열린 혁신
⇨ 국민이 문제를 제기하는 것을 넘어 문제 해결과정까지 주도하고 정부는 이를 뒷받침하는 정부운영의 패러다임이다. 국민-정부 간 경계가 파괴되고, 공동생산 및 자원공유 확산을 목표로 한다.

15 직위분류제 수립절차 정답 ③

직위분류제의 수립절차는 ㄱ. 준비단계 - ㄹ. 직무조사 - ㄷ. 직무분석 - ㄴ. 직무평가 - ㅁ. 직급명세서의 작성 - ㅂ. 정급의 순서로 이루어진다.

16 예산심의 주체의 행태 정답 ①

❶ [×] 상임위원회는 해당 부처의 사업내용을 잘 알기 때문에 적극적으로 삭감지향적이다.
　⇨ 일반적으로 상임위원회는 해당 부처의 사업내용을 잘 알고 부처관계자와 이익을 같이하는 경우가 대부분이므로 증액지향적 또는 현상유지적 성향이다.

17 공공선택론(public choice theory) 정답 ④

① [○] 1962년에 뷰캐넌(Buchanan)과 털록(Tullock)이 출간한 『국민합의의 분석: 입헌민주주의의 논리적 근거(The Calculus of Consent: Logical Foundations of Constitutional Democracy)』와 관련이 있다.
　⇨ 버지니아 학파의 뷰캐넌(Buchanan)이 도입하였으며, 이후 오스트롬(Ostrom) 부부에 의해 발전하였다.
② [○] 정부를 공공재의 생산자로, 시민을 소비자로 규정한다.
　⇨ 비시장적 의사결정의 경제학적 접근으로 정부를 생산자로, 시민을 소비자로 규정한다.
③ [○] 다중공공관료제와 같은 제도적 장치를 중시하며, 이를 통한 지역이기주의를 극복하기에 유용하다.
　⇨ 공공선택모형은 신제도론적 접근방법을 적용하여 제도적 장치를 이용한 지역이기주의 극복에 유용하다.
❹ [×] 연역적 접근방법을 적용하며 방법론적 전체주의적 입장을 따른다.
　⇨ 공공선택이론은 연역적 접근과 방법론적 개체주의에 입각하는 민주주의적인 패러다임으로서 정부실패를 극복하기 위한 신제도주의의 기법이다.

18 기준타당도 정답 ③

❸ [○] 동시적 타당도
　⇨ 기준타당도의 검증방법에는 동시적 타당도와 예측적 타당도 검증이 있는데 시험을 재직자에게 실시한 다음 그들의 시험성적과 업무실적과의 상관관계를 알아보는 방법은 동시적 타당도 검증이다. 예측적 타당도 검증은 시험합격자를 일정기간 근무하게 한 다음 시험성적과 업무실적을 비교하는 것이다.

19 예산집행과정 정답 ②

① [×] 긴급배정은 계획의 변동이나 여건의 변화로 인하여 당초의 연간정기배정계획보다 지출원인행위를 앞당길 필요가 있을 때, 해당 사업에 대한 예산을 분기별 정기 배정계획과 관계없이 앞당겨 배정하는 제도이다.
　⇨ 긴급배정이 아니라 당겨배정에 관한 설명이다. 긴급배정은 회계연도 개시 전에 예산을 배정하는 것을 의미한다.
❷ [○] 예산의 이체는 법령의 제정·개정·폐지 등으로 그 직무와 권한에 변동이 있을 때, 관련되는 예산의 귀속을 변경시키는 것을 말한다.
　⇨ 예산의 이체는 사전의결 원칙의 예외에 해당하며 기획재정부장관은 그 중앙관서의 장의 요구에 따라 이체할 수 있다(「국가재정법」 제47조).

③ [×] 예비비는 「국고금 관리법」에 의하여 기획재정부장관이 관리한다.
　⇨ 예비비는 「국고금 관리법」이 아니라 「국가재정법」 제51조에 의한다.
④ [×] 국고채무부담행위에 대한 국회의 의결은 국가로 하여금 다음 연도 이후에 지출할 수 있는 권한을 부여하는 것이다.
　⇨ 국고채무부담행위는 지출권한이 아니라 채무부담 의무를 인정하는 것이다.

관련법령

「국가재정법」상 예산집행과정

제25조 【국고채무부담행위】 ① 국가는 법률에 따른 것과 세출예산금액 또는 계속비의 총액의 범위 안의 것 외에 채무를 부담하는 행위를 하는 때에는 미리 예산으로써 국회의 의결을 얻어야 한다.
② 국가는 제1항에 규정된 것 외에 재해복구를 위하여 필요한 때에는 회계연도마다 국회의 의결을 얻은 범위 안에서 채무를 부담하는 행위를 할 수 있다. 이 경우 그 행위는 일반회계 예비비의 사용절차에 준하여 집행한다.
제47조 【예산의 이용·이체】 ① 각 중앙관서의 장은 예산이 정한 각 기관 간 또는 각 장·관·항 간에 상호 이용(移用)할 수 없다. 다만, 다음 각 호의 어느 하나에 해당하는 경우에 한정하여 미리 예산으로써 국회의 의결을 얻은 때에는 기획재정부장관의 승인을 얻어 이용하거나 기획재정부장관이 위임하는 범위 안에서 자체적으로 이용할 수 있다.
1. 법령상 지출의무의 이행을 위한 경비 및 기관운영을 위한 필수적 경비의 부족액이 발생하는 경우
2. 환율변동·유가변동 등 사전에 예측하기 어려운 불가피한 사정이 발생하는 경우
3. 재해대책 재원 등으로 사용할 시급한 필요가 있는 경우
4. 그 밖에 대통령령으로 정하는 경우
② 기획재정부장관은 정부조직 등에 관한 법령의 제정·개정 또는 폐지로 인하여 중앙관서의 직무와 권한에 변동이 있는 때에는 그 중앙관서의 장의 요구에 따라 그 예산을 상호 이용하거나 이체(移替)할 수 있다.
제51조 【예비비의 관리와 사용】 ① 예비비는 기획재정부장관이 관리한다.

20 진실험의 특징 정답 ④

① [○] 실험집단에서의 허위변수나 혼란변수의 개입을 통제한다.
　⇨ 실험집단에서 내적타당도를 높이기 위해서 허위변수나 혼란변수의 개입을 통제한다.
② [○] 무작위로 배정해서 동질성을 확보한다.
　⇨ 진실험에서 인과관계를 높이기 위한 가장 일반적인 방법이 무작위 배정이다.
③ [○] 준실험에 비해 실행가능성이 낮다.
　⇨ 동질성을 확보하기 위해서 동일한 경험을 확보해야 하므로 준실험에 비해 실행가능성이 낮다.
❹ [×] 준실험에 비해 외적 타당도가 높다.
　⇨ 진실험은 준실험에 비해서 동질성의 확보문제 때문에 실행가능성과 외적 타당도가 낮으나, 내적 타당도가 높다는 점이 특징이다.

정책실험의 유형별 특징

유형	비교집단	동질성	내적 타당도	외적 타당도	실행가능성
비실험	×	×	낮음	높음	높음
준실험	○	×	중간	중간	중간
진실험	○	○	높음	낮음	낮음

정답

p. 38

01	① PART 7	06	① PART 2	11	④ PART 6	16	④ PART 1
02	④ PART 1	07	③ PART 4	12	② PART 3	17	④ PART 5
03	③ PART 2	08	④ PART 5	13	② PART 5	18	① PART 4
04	④ PART 3	09	④ PART 2	14	② PART 4	19	① PART 7
05	④ PART 5	10	② PART 2	15	① PART 1	20	③ PART 3

PART 1 행정학의 기초이론 / PART 2 정책학 / PART 3 행정조직론 / PART 4 인사행정론 / PART 5 재무행정론 / PART 6 행정환류론 / PART 7 지방행정론

취약 단원 분석표

단원	맞힌 답의 개수
PART 1	/ 3
PART 2	/ 4
PART 3	/ 3
PART 4	/ 3
PART 5	/ 4
PART 6	/ 1
PART 7	/ 2
TOTAL	/ 20

---

01 지방자치단체의 재정   정답 ①

❶ [×] 지방자치단체의 자주재원은 지방세와 지방교부세이며, 의존재원은 세외수입과 국고보조금 등이 있다.
⇨ 지방자치단체의 자주재원은 지방세와 세외수입을 말하며, 지방교부세·국고보조금·조정교부금 등은 중앙정부나 상급자치단체로부터 지원받는 의존재원이다.

② [O] 지방재정자립도는 지방자치단체의 재정상황과는 무관하게 의존재원이 적으면 적을수록 재정자립도는 높게 나타난다.
⇨ 지방재정자립도는 전체 세입 중 자주재원이 차지하는 비율만을 의미하므로, 의존수입이 대부분을 차지하는 현대 지방재정하에서 지방자치단체의 실질적 재정상태를 나타내지 못하는 것으로 평가받고 있다. 이는 중앙정부로부터 얼마나 재정지원을 받고 있는가가 아니라 중앙정부로부터 얼마나 재정지원을 받지 않고 재정수요를 자체적으로 해결해 나가고 있는가를 보여주는 개념이다.

③ [O] 일반적으로 일반재원의 비중이 커지면 지출 선택의 범위가 넓어져 재정운영의 자주성과 탄력성이 커진다.
⇨ 일반재원이란 자금용도가 정해져 있지 않고 지방자치단체가 그 예산과정을 통하여 용도를 결정할 수 있는 재량의 범위가 넓은 재원으로, 지방세 중 보통세·세외수입·지방교부세 등이 해당된다.

④ [O] 지방재정자립도는 예산 규모에서 지방세 수입과 세외수입의 합계액이 차지하는 비율을 의미한다.
⇨ 지방재정자립도는 지방자치단체의 일반회계 예산에서 자주재원(지방세 + 세외수입)이 차지하는 비율이다.

지방재정 구성체계 ✎

자주재원	지방세	보통세, 목적세
	세외수입	경상세외수입, 임시세외수입
의존재원	국고보조금	장려적 보조금, 위탁금, 부담금
	지방교부세	보통교부세, 특별교부세, 소방안전교부세, 부동산교부세

---

02 피터스(Peters)의 미래국정모형   정답 ④

① [×] 특정한 정책영역에 항구적인 관할권을 지닌 전통적인 형태의 조직에 의존하기보다는 기존 조직의 신축성을 증대시키거나 소멸시키는 것이 바람직한 결과를 낳게 됨을 강조한다.
⇨ 조직의 항구성(영속성)을 문제 삼는 신축적 정부모형에 대한 내용으로, 영속적인 조직·정년보장 등에 대해서 문제점을 제기한다.

② [×] 정부관료제는 시민에 봉사하기 위해 직무에 최선을 다하려는 희생적이고도 재능 있는 사람들로 구성된 것으로 가정한다.
⇨ 공무원의 창의력을 분출시키려는 탈내부규제 정부모형에 대한 내용으로, 내부규제를 완화하고 관료들에게 권한위임과 재량권 부여를 강조한다.

③ [×] 책임운영기관과 같은 준자치적인 조직들이 상부로부터의 정책이나 이념적 지시에 순응할 것을 기대한다.
⇨ 책임운영기관과 같이 경영적 기법을 활용하는 시장적 정부모형에 대한 내용으로, 시장의 효율성을 신뢰하며 관료제의 독점 등의 문제를 지적한다.

❹ [O] 공공조직이 보다 수평적으로 전환됨으로써 조직의 고위층과 최하위층 간 계층의 수가 많지 않아야 한다는 것을 강조한다.
⇨ 피터스(Peters)의 미래국정모형 중 참여적 정부모형에 대한 내용으로, 참여적 정부모형은 계층제가 참여를 저해한다고 본다. 즉, 공공조직이 계층제를 탈피하고 보다 수평적인 평면구조로 전환됨으로써 조직의 고위층과 최하위층 간에 계층의 수를 축소시켜 나가야 한다는 모형이다.

---

03 점증모형의 특징   정답 ③

① [×] 완전한 합리적인 결정을 통한 최적의 대안을 선택하기가 어려우며, 현실적으로 만족할만한 수준에서 결정이 이루어진다고 본다.
⇨ 만족모형에 대한 설명이다. 만족모형은 포괄적 합리모형이 모든 대안을 탐색하고 결과를 예측하기에 어려움이 있으므로 최적대안보다는 만족대안, 완전한 합리성보다는 제한된 합리성을 통한 현실적이고 귀납적인 접근법을 추구한다.

② [×] 불확실한 상황 속에서 우연히 정책결정이 이루어진다고 본다.
⇨ 쓰레기통모형에 대한 설명이다. 쓰레기통모형은 조직화된 무질서 상태(무정부상태)에서 응집성이 매우 약한 조직이 어떤 의사결정행태를 나타내는가에 분석초점을 두는 모형으로, 의사결정의 네 가지 흐름이 조직화된 무정부 상태에서 흘러 다니다가 우연히 한 곳에 모이게 되면 정책이 결정된다.
❸ [○] 합리모형의 비현실성을 비판하며, 대안선택은 기존의 정책이나 결정을 순차적·부분적으로 수정·개선해 나간다고 본다.
⇨ 정책결정과정에 있어서의 대안선택은 기존의 정책이나 결정의 점진적·순차적 수정 내지 약간의 향상으로 이루어지며, 정책수립과정이 '그럭저럭 해쳐나가는(muddling through)' 과정으로 고찰되는 것은 점증모형의 특징이다.
④ [×] 조직을 서로 다른 목표들을 지닌 구성원들의 연합체로 가정한다.
⇨ 연합모형에 대한 설명이다. 연합모형은 조직이 상이한 목표를 가진 하위단위들의 상호작용에 의해 움직이는 것으로 파악하고, 목표가 서로 대립하여 갈등적 관계에 놓여 있는 하위단위 간의 갈등 해결이 의사결정이라고 보는 모형이다.

04　조직과 환경과의 관계　　정답 ④

① [×] 구조적 상황이론 – 개별조직 – 임의론
⇨ 구조적 상황이론은 개별조직 수준에서 결정론적 관점이다.
② [×] 전략적 선택이론 – 조직군 – 결정론
⇨ 전략적 선택이론은 개별조직 수준에서 임의론적 관점이다.
③ [×] 조직군생태학이론 – 개별조직 – 결정론
⇨ 조직군생태학이론은 조직군 수준에서 결정론적 관점이다.
❹ [○] 공동체생태학이론 – 조직군 – 임의론
⇨ 공동체생태학이론은 조직군 수준에서 조직들이 호혜적 관계를 통해서 목표를 달성하려는 임의론적 관점이다.

05　재정준칙　　정답 ④

❹ [×] 국가채무준칙은 국가채무의 규모에 상한선을 설정하는 준칙으로, 한도 설정은 절대규모의 비율로 설정된다.
⇨ 국가채무준칙은 국가채무의 규모에 상한선을 설정하는 준칙으로, 한도 설정은 절대규모가 아닌 GDP 대비 국가채무의 비율로 설정된다.

재정준칙의 유형 🖉

재정수입준칙	재정수입에 대한 구체적인 기준을 정하는 것으로 적절한 재정수입을 통해서 재정지출에 사용하도록 하는 준칙
재정지출준칙	• 총지출 한도, 분야별 명목·실질지출한도, 명목·실질지출 증가율 한도를 설정하는 준칙 • 다른 변수에 영향을 받지 않고 독립적으로 통제가 가능하며, 경제성장률이나 재정적자규모의 예측에 의존하지 않음 • 조세지출을 우회적으로 활용함으로써 재정건전성이 훼손될 가능성이 있음
재정수지준칙	• 매 회계연도마다 또는 일정 기간 재정수지를 균형이나 일정 수준으로 유지하도록 하는 준칙 • 경기변동과는 무관하게 설정되는 것이므로 실질적인 효과를 파악하기 어렵기 때문에 경제 안정화를 저해할 수 있음
국가채무준칙	• 국가채무의 규모에 상한선을 설정하는 준칙 • 한도 설정은 절대규모가 아니라 GDP 대비 국가채무의 비율로 설정

06　목표의 변동　　정답 ①

❶ [○] 목표의 확장(Goal Expansion)
⇨ 우리나라는 2022년 카타르 월드컵에서 16강의 목표를 8강으로 상향 설정했으므로 목표의 확장에 해당한다. 목표의 확장은 기존 목표에 같은 종류의 새로운 목표가 추가되거나, 목표의 범위가 넓어지는 것이다.
② [×] 목표의 승계(Goal Succession)
⇨ 목표의 승계는 조직 본래의 목표가 완전히 달성되었거나 달성이 불가능한 경우 조직이 다른 목표를 내세워 정통성을 확보하는 것이다.
③ [×] 목표의 대치(Goal Displacement)
⇨ 목표의 대치는 조직이 궁극적으로 달성해야 할 목표를 망각하거나 왜곡하여 수단으로 격하시키거나 수단을 오히려 목표의 위치에 격상시키는 것이다.
④ [×] 목표의 결합(Goal Combination)
⇨ 목표의 변동 유형 중 목표의 결합은 없는 개념이다.

07　다면평가제도의 장단점　　정답 ③

① [○] 평가대상자의 자기 개발을 촉진하는 교육효과로 말미암아 능력발전에 기여할 수 있다.
⇨ 직무수행과 능력에 대한 공정한 평가 및 환류는 구성원에게도 자기개발을 위한 동기유발효과가 있다.
② [○] 조직의 계층적 구조가 완화되고 팀워크가 강조되는 조직유형에 부합되는 제도이며, 집권적 인사평가를 분권화하는 데 기여한다.
⇨ 행정 분권화, 부하직원들에 대한 힘 실어주기에 유리한 조건을 형성할 수 있다.
❸ [×] 인간관계가 평가의 중심이 되기 때문에 조직 내 포퓰리즘의 활성화에 기여한다.
⇨ 다면평가제도는 평가의 공정성과 객관성을 높일 수 있는 장점이 있지만, 평가대상자의 능력보다는 인간관계를 더욱 중요한 평가요소로 보기 때문에 포퓰리즘(인기영합주의)적 행정이 나타날 수 있다는 문제점(단점)이 있다.
④ [○] 조직 내의 모든 사람과 원활한 의사소통을 증진시키는 효과가 있다.
⇨ 상관 한 사람에게만 복종하고 책임지는 데에서 빚어지는 관료적 행태의 병폐를 시정하며, 충성심의 방향을 다원화하고 국민중심적·고객중심적 행정을 강화하는 데 기여할 수 있다.

08 「국가재정법」에 규정된 예산의 원칙 정답 ④

① [O] 정부는 「성별영향평가법」 제2조 제1호에 따른 성별영향평가의 결과를 포함하여 예산이 여성과 남성에게 미치는 효과를 평가하고, 그 결과를 정부의 예산편성에 반영하기 위하여 노력하여야 한다.
⇨ 「국가재정법」 제16조 제5호에 명시되어 있다.

② [O] 정부는 예산이 「기후위기 대응을 위한 탄소중립·녹색성장 기본법」 제2조 제5호에 따른 온실가스 감축에 미치는 효과를 평가하고, 그 결과를 정부의 예산편성에 반영하기 위하여 노력하여야 한다.
⇨ 「국가재정법」 제16조 제6호에 명시되어 있다.

③ [O] 정부는 재정을 운용함에 있어 재정지출 및 조세지출의 성과를 제고하여야 한다.
⇨ 「국가재정법」 제16조 제3호에 명시되어 있다.

❹ [×] 정부는 예산과정의 합법성과 예산과정에의 국민참여를 제고하기 위하여 노력하여야 한다.
⇨ 예산과정의 합법성이 아니라 투명성이다. 정부는 예산과정의 투명성과 예산과정에의 국민참여를 제고하기 위하여 노력하여야 한다.

> **관련법령**
> **「국가재정법」상 예산의 원칙**
> 제16조 【예산의 원칙】 정부는 예산을 편성하거나 집행할 때 다음 각 호의 원칙을 준수하여야 한다.
> 1. 정부는 재정건전성의 확보를 위하여 최선을 다하여야 한다.
> 2. 정부는 국민부담의 최소화를 위하여 최선을 다하여야 한다.
> 3. 정부는 재정을 운용할 때 재정지출 및 「조세특례제한법」 제142조의2 제1항에 따른 조세지출의 성과를 제고하여야 한다.
> 4. 정부는 예산과정의 투명성과 예산과정에의 국민참여를 제고하기 위하여 노력하여야 한다.
> 5. 정부는 「성별영향평가법」 제2조 제1호에 따른 성별영향평가의 결과를 포함하여 예산이 여성과 남성에게 미치는 효과를 평가하고, 그 결과를 정부의 예산편성에 반영하기 위하여 노력하여야 한다.
> 6. 정부는 예산이 「기후위기 대응을 위한 탄소중립·녹색성장 기본법」 제2조 제5호에 따른 온실가스(이하 "온실가스"라 한다) 감축에 미치는 효과를 평가하고, 그 결과를 정부의 예산편성에 반영하기 위하여 노력하여야 한다.

09 비덩(Vedung)의 정책도구 정답 ④

① [O] 규제적 도구(sticks)
② [O] 유인적 도구(carrots)
③ [O] 정보적 도구(sermons)
⇨ 비덩(Vedung)은 정책도구(수단)를 강제성 정도에 따라 ㉠ 규제적 도구(sticks), ㉡ 유인적 도구(carrots), ㉢ 정보적 도구(sermons)로 나누었다.
❹ [×] 재정적 도구(finances)
⇨ 재정적 도구는 비덩(Vedung)의 정책도구와 관련이 없다. 후드(Hood)는 통치자원에 따른 분류에 의해서 조직, 재정, 정보자원, 법적 파워로 구분하고 있다.

10 비용편익분석과 비용효과분석 정답 ②

① [O] 비용편익분석은 어떤 프로젝트와 관련된 편익과 비용들을 모두 금전적 가치로 환산한 후, 이 결과를 토대로 프로젝트의 소망성을 평가하는 방법을 말한다.
⇨ 비용편익분석은 자원의 합리적 배분을 위한 기법으로, 프로젝트와 관련된 편익과 비용들을 모두 금전적 가치로 환산하여 일정편익을 최소비용으로 얻거나 일정비용으로 최대편익을 얻고자하는 계량적 분석기법이다.

❷ [×] 비용편익분석에서 실질적 비용, 보조금, 세금 등은 비용에 포함하고, 매몰비용은 비용에서 제외한다.
⇨ 비용편익분석에서 실질적 비용, 보조금은 비용에 포함하고 세금, 매몰비용은 비용에서 제외한다. 비용은 금전적 비용이 아닌 실질적 비용으로 측정하며 보조금은 해당 사업 자체에 소요되는 것이므로 비용의 범주에 포함시킨다. 매몰비용은 이미 지불된 회수불능의 비용으로 제외하며 미래에 지불해야 할 미래비용만 고려하여야 한다. 세금은 그 사업에 직접 투자되는 금액이 아니며 단지 기업에서 정부로의 금전적 이동에 불과하므로 비용에서 제외되어야 한다.

③ [O] 비용효과분석은 비용을 화폐단위로 측정하지만 화폐단위로 측정하기 어려운 정책의 효과는 화폐가 아닌 측정가능한 산출물 단위로 산정하여 분석하는 기법이다.
⇨ 비용효과분석은 비용편익분석과 동일한 논리로 이루어진 분석기법이나 비용은 금전적 가치로, 효과는 금전 외의 산출물로 분석하는 방법이다.

④ [O] 비용효과분석은 산출물을 금전적 가치로 환산하기 어렵거나 산출물이 동일한 사업의 평가에 주로 이용되고 있다.
⇨ 비용효과분석은 편익의 효과를 화폐가치로 환산하기 어려운 경우, 즉 국방·경찰·보건 등 효과가 무형적인 사업의 분석에 적합하다.

비용편익분석과 비용효과분석 ✎

구분	비용편익분석	비용효과분석
적용	1930년대 미국의 수자원개발 (유형적 사업)	국방, 경찰, 보건 (무형적 사업)
정의	편익(소비자잉여)/ 비용(기회비용)	결과/비용(고려 ×)
특징	• 객관적 가치(화폐) • 동종산업 ○, 이종산업 ○ • 개인 간의 효용비교 ×	• 주관적 가치 • 동종산업 ○, 이종산업 × • 개인 간의 효용비교 ○
비용의 고정유무	가변비용/편익분석 (장기적 안목에서 분석)	고정비용/효과분석

11 행정통제 정답 ④

① [O] 내부·비공식통제 - 비공식집단, 대표관료제
⇨ 그 외에 공익, 행정윤리 등도 내부·비공식통제에 속한다.
② [O] 내부·공식통제 - 대통령, 국무총리에 의한 통제
⇨ 그 외에 독립통제기관(감사원, 국민권익위원회)도 내부·공식통제에 속한다.
③ [O] 외부·공식통제 - 입법통제, 사법통제
⇨ 그 외에도 옴부즈만에 의한 통제가 있다.

④ [×] 외부·비공식통제 - 정당, 교차기능조직에 의한 통제
⇨ 교차기능조직에 의한 통제는 내부적이고 공식적인 통제에 해당한다. 교차기능조직은 조직의 여러 가지 다양한 기능을 조정하고 통합하는 역할로, 최근에는 교차기능팀으로 많이 활용된다.

---

12 균형성과표(BSC) 정답 ②

① [O] 균형성과표는 재무적 관점과 비재무적 관점의 균형을 강조한다.
⇨ 균형성과표는 조직에 영향을 주는 다양한 동인을 4가지 관점으로 균형화시켜 비전을 달성할 수 있는 바람직한 관리 평가지표를 도출하는 방법으로, 재무와 비재무, 결과와 과정, 과거와 현재 및 미래, 내부와 외부 등을 균형 있게 고려하는 성과관리체제이다.
② [×] 균형성과표를 정부부문에 적용시키는 경우 가장 중요한 변화는 재무적 관점보다 학습과 성장의 관점이 강조되어야 한다는 점이다.
⇨ 균형성과표를 정부(공공)부문에 적용시킬 경우 가장 중요하게 일어나는 변화는 기업에서 강조하는 전통적인 재무적 관점보다 정부기관의 임무달성과 직결되는 고객 관점이 가장 중시된다는 점이다.
③ [O] 균형성과표를 조직에 적용시키는 경우 4대 관점뿐만 아니라 인적 자원을 추가하는 관점도 있고, 종업원 만족 및 환경이나 커뮤니티 관점을 추가하는 관점도 있다.
⇨ 균형성과표의 관점으로 ㉠ 재무적 관점, ㉡ 고객 관점, ㉢ 내부 과정(프로세스) 관점, ㉣ 학습과 성장 관점의 4대 관점에다가 인적 자원을 추가하는 관점도 있고, 종업원 만족 및 환경·커뮤니티 관점을 추가하는 관점도 있다.
④ [O] 균형성과표는 과정과 결과 중 어느 하나를 강조하는 것이 아니라 이들 간의 인과성을 바탕으로 통합적 균형을 추구한다.
⇨ ㉠ 재무, ㉡ 고객, ㉢ 내부 과정(프로세스), ㉣ 학습과 성장의 4개의 관점 모두의 균형을 중요시한다.

균형성과표(BSC)의 네 가지 관점 🖉

관점	주요내용
재무적	• 이해관계자의 관점으로서 위험·성장·수익에 대한 전략 • 기업에서 강조하는 후행지표(과거실적 강조)
고객	차별화와 가치를 창출하는 전략, 공행정에서 중시
내부 과정	다양한 프로세스에 대한 전략적 우선순위 결정
학습과 성장	• 조직의 변화·혁신·성장을 지원하는 분위기 창출에 대한 우선순위 • 나머지 세 가지 관점의 토대로서 장기적인 성장과 발전 강조하는 선행지표(미래의 변화와 발전 예상)

---

13 우리나라의 프로그램예산제도 정답 ②

① [O] 정부는 「국가재정법」을 제정하여 2007년부터 예산체계를 기존의 품목별 예산에서 프로그램별 예산으로 전환하였으며, 예산운용의 초점을 투입보다는 성과 중심에 둔다.
⇨ 프로그램예산제도는 기존의 투입이나 통제 중심의 품목별 분류체계에서 벗어나 성과와 책임을 지향하는 프로그램 중심으로 예산을 분류·운영하기 위한 제도이다.

② [×] 프로젝트는 동일한 정책을 수행하는 프로그램의 묶음이다. 정부는 프로그램예산제도를 통하여 기존에 다양한 회계와 기금에 흩어져 있던 사업의 총예산을 일목요연하게 파악할 수 있는 성과를 거두는 것에 목적을 둔다.
⇨ 프로그램은 동일한 정책을 수행하는 프로젝트의 묶음이다. 프로그램예산제도는 세부업무와 단가를 통해 예산금액을 산정하는 품목(투입)별 예산을 탈피하고 성과 중심의 예산운영을 실시한다.
③ [O] 프로그램예산의 도입취지는 비용정보 및 성과관리 개념을 예산체계에 도입함으로써 성과가 높은 사업으로 재원을 배분하여 재정의 효율성을 제고하는 데 있다.
⇨ 프로그램예산제도는 사업관리 시스템이 함께 운용되기 때문에 재정집행의 투명성과 효율성을 제고할 수 있다.
④ [O] 프로그램예산은 중앙정부의 기능을 중심으로 분야-부문-프로그램-단위사업의 상하계층구조에 따라 예산을 편성하는 예산기법이다.
⇨ 일반적인 기본구조는 정부의 기능(function)·정책(policy)·프로그램(program)·단위사업(activity project)의 계층구조이다.

---

14 근무성적평정상의 오류 정답 ②

① [O] 연쇄효과
⇨ 연쇄효과는 근무성적평정에서 특정 평정요소의 결과가 다른 평정요소에 영향을 미쳐 유사한 수준으로 평가결과가 나타나는 후광효과(halo effect)를 의미한다.
② [×] 성숙효과
⇨ 성숙효과는 정책평가를 위한 사회실험에서 구성원의 자연적인 성장에 의한 효과를 말하는 것이므로, 근무성적평정의 오류와는 무관하다.
③ [O] 시간적 오류
⇨ 시간적 오류는 쉽게 기억할 수 있는 최근의 실적이나 사건을 중시하여 발생하는 근접오류를 의미한다.
④ [O] 관대화 경향
⇨ 관대화 경향은 근무성적을 실제 수준보다 높게 평가하는 오류를 의미한다.

---

15 행정과 경영 및 정치와의 관계 정답 ①

① [×] 정치행정일원론은 부패된 정치로부터 행정을 분리시켜 능률성을 증진시켰다.
⇨ 부패된 정치로부터 행정을 분리시켜 능률성을 증진시켰던 것은 정치행정이원론(공사행정일원론)이다.

---

16 경쟁적 가치접근법과 조직의 성장가설 정답 ④

① [O] 인간관계모형 - 공동체단계
⇨ 인간관계모형은 조직 그 자체보다는 인간을 중시하고, 통제보다는 유연성을 강조한다.
② [O] 개방체제모형 - 창업단계
⇨ 개방체제모형은 조직 내 인간보다는 조직 그 자체를 강조하고, 환경과의 바람직한 관계를 유지하기 위한 조직구조의 유연성을 강조한다.

③ [O] 내부과정모형 – 공식화단계
⇨ 내부과정모형은 조직 그 자체보다는 인간을 중시하고, 정보관리와 의사소통을 통한 통제를 강조한다.
❹ [×] 합리목표모형 – 정교화단계
⇨ 정교화단계는 개방체제모형과 관련이 있다. 합리목표모형은 조직 내 인간보다는 조직 그 자체를 강조하고, 통제를 중시하며 합리적 계획과 목표설정 및 평가를 중시하며, 공식화 단계와 관련이 있다.

경쟁적 가치접근법

(1) 의의
- 퀸과 로보그(Quinn & Rohrbaugh)는 조직의 효과성을 특정 측면으로 보는 전통적 접근법을 지양하고 통합하여 고찰하는 접근법을 주장하였으며, 조직(외부)과 인간(내부), 통제와 유연성의 경쟁적 가치 기준에 따라 구분한 네 가지 평가모형을 제시함
- 효과성 평가모형

구분	조직(외부)	인간(내부)
통제	합리목표모형	내부과정모형
유연성	개방체제모형	인간관계모형

(2) 조직의 성장단계에 따른 조직효과성모형
퀸과 카메론(Quinn & Cameron)은 조직효과성 측정 시 조직의 성장단계에 따라 적절한 모형이 달라진다고 주장하며, 성장단계별 조직효과성모형을 제시함

창업단계	• 혁신과 창의성 및 자원의 집결을 강조하는 단계 • 개방체제모형을 적용함
공동체단계	• 비공식적 의사전달과 협동심을 강조하는 단계 • 인간관계모형을 적용함
공식화단계	• 규칙과 절차 및 활동의 효율성을 중시하는 단계 • 내부과정모형 및 합리목표모형을 적용함
정교화단계	• 조직이 외부환경에 적응하고 환경을 조정해 가면서 조직 자체의 변화와 성장을 도모하는 단계 • 개방체제모형을 적용함

17　　계획예산제도(PPBS)　　　　정답 ④

① [×] 예산편성에 조직구성원의 참여가 이루어진다는 것이 특징이다.
⇨ 예산편성에 조직구성원의 참여가 이루어진다는 것은 영기준예산제도의 특징이다.
② [×] 장기계획을 예산과 연계시켜 각 대안을 최소 수준, 현행 수준, 증가 수준으로 나누어 분석한다.
⇨ 장기계획을 예산과 연계시켜 각 대안을 최소 수준, 현행 수준, 증가 수준으로 나누어 분석하는 것은 영기준예산제도의 특징이다.
③ [×] 장기적 시계(time horizon)를 갖고 있으나 예산절약에는 무관심하다.
⇨ 계획예산제도는 장기적 시계(time horizon)를 갖고 있으며 합리주의 예산으로 예산절약에도 많은 관심을 갖는다.
❹ [O] 프로그램구조(program structure)는 사업범주(category) → 하위사업범주(subcategory) → 사업요소(element)로 세분화할 수 있다.
⇨ 프로그램구조는 사업범주 → 하위사업범주 → 사업요소로 이루어져 있다. 분류체계상 사업범주는 부문·장에, 하위사업범주는 관·항·세항에, 사업요소는 세세항에 상응한다.

프로그램예산제도의 기본구조

분야	부문	(실·국·과)	정책사업	(회계·기금)	단위사업	편성비목	통계비목
기능	조직	–		회계분류	–		품목

18　　채용후보자명부의 유효기간　　　　정답 ①

❶ [×] 채용후보자명부의 유효기간은 5급은 5년, 6급 이하는 2년의 범위에서 대통령령 등으로 정한다.
⇨ 채용후보자명부의 유효기간은 급수에 관계없이 2년의 범위에서 대통령령 등으로 정한다. 다만, 시험 실시기관의 장은 필요에 따라 1년의 범위에서 그 기간을 연장할 수 있다.
② [O] 시보제도는 5급은 1년, 6급 이하 공무원은 6개월로 시보기간을 규정하고 있다.
⇨ 임용권자는 추천받은 신규채용후보자를 바로 정규공무원으로 임명하는 것이 아니라 이들을 시보로 임용하여 시보기간을 거치게 한다.
③ [O] 행정기관 소속 5급 이상 공무원 및 고위공무원단에 속하는 일반직공무원은 소속장관의 제청으로 인사혁신처와 협의를 거쳐 국무총리를 경유하여 대통령이 임용한다.
⇨ 다만, 고위공무원단에 속하는 일반직공무원의 경우 소속장관은 당해기관에 소속되지 아니한 공무원에 대해서도 임용 제청을 할 수 있다.
④ [O] 시보기간 중 근무성적이 양호한 경우에는 정규공무원으로 임용되며, 불량한 경우에는 면직이 가능하다.
⇨ 시보기간 중에는 신분보장이 제한적이며, 휴직기간·직위해제기간 및 징계에 의한 정직 또는 감봉처분을 받은 기간은 시보임용기간에 산입하지 않는다.

19　　지방교부세　　　　정답 ①

❶ [×] 보통교부세는 일반재원이고, 특별교부세, 부동산교부세, 소방안전교부세는 특정재원이다.
⇨ 보통교부세·부동산교부세는 일반재원이고, 특별교부세·소방안전교부세는 특정재원이다.
② [O] 지방교부세는 국고보조금에 비해 중앙의 조건과 통제가 약한 편이다.
⇨ 지방교부세는 재원의 용도가 지정되어 있지 않으므로 지방자치단체의 재량에 의한 지방재정의 자주적·계획적 운영을 보장한다.
③ [O] 현행 내국세 비율의 19.24%를 교부하고 있으며 소방안전교부세가 추가되었다.
⇨ 지방교부세의 재원은 지방교부세율(국세의 19.24%)과 종합부동산세의 세수 전액을 재원으로 하며, 2015년 소방안전교부세가 추가되었다.
④ [O] 지방자치단체 간의 재정불균형을 조정하기 위한 수평적 재정조정의 성격을 가지고 있다.
⇨ 지방교부세는 국가가 내국세의 일정부분(19.24%)을 지방자치단체에 교부해주는 제도이므로 수직적 재정조정제도에 해당한다. 하지만 재정이 열악한 지방자치단체만 교부대상이 되므로 이는 지방자치단체 간의 재정불균형을 시정하는 효과를 가지기 때문에 수평적 재정조정제도의 성격도 가지고 있다.

20 공기업 정답 ③

① [O] 소유주체설은 공기업의 소유를 강조하는 입장으로서 전통적인 이론이다.
⇨ 소유주체설은 정부가 공기업의 자본금 등을 전액 출자하여 소유하고 있는 경우만 공기업으로 보는 입장이다.

② [O] 관리주체설은 공기업의 지배를 강조하는 입장으로서 비교적 최근의 이론이다.
⇨ 관리주체설은 정부가 전액 출자를 하지 않았으나 운영에 대한 최종책임을 지고 실질적으로 지배하고 있는 경우도 공기업으로 보는 입장이다.

❸ [×] 우리나라의 경우 준시장형 공기업을 공기업에 포함시키고 있으므로 소유주체설의 입장에서 공기업을 정의한다.
⇨ 우리나라의 경우 50% 이상 정부가 출자한 법인체까지를 포함시키므로, 관리주체설을 따르고 있다고 볼 수 있다.

④ [O] 미국의 경우 민유민영의 공기업을 인정하므로 관리주체설의 입장이다.
⇨ 우리나라와 미국은 관리주체설을 따르고 있다.

❯ 정답

p. 44

01	① PART 2	**06**	① PART 3	**11**	④ PART 4	**16**	④ PART 2
02	③ PART 7	**07**	② PART 2	**12**	④ PART 3	**17**	② PART 3
03	④ PART 4	**08**	② PART 1	**13**	① PART 4	**18**	① PART 6
04	③ PART 1	**09**	④ PART 5	**14**	③ PART 5	**19**	④ PART 5
05	④ PART 2	**10**	③ PART 5	**15**	② PART 1	**20**	① PART 7

PART 1 행정학의 기초이론 / PART 2 정책학 / PART 3 행정조직론 / PART 4 인사행정론 / PART 5 재무행정론 / PART 6 행정환류론 / PART 7 지방행정론

❯ 취약 단원 분석표

단원	맞힌 답의 개수
PART 1	/ 3
PART 2	/ 4
PART 3	/ 3
PART 4	/ 3
PART 5	/ 4
PART 6	/ 1
PART 7	/ 2
TOTAL	**/ 20**

---

01   잠재가격   정답 ①

❶ **[O]** 잠재가격(shadow price)
⇨ 시장실패 등으로 인하여 시장가격을 믿거나 사용할 수 없을 때 비용과 편익의 화폐가치에 대해 주관적인 판단을 하는 방법이나 절차로 잠재가격(shadow price)을 활용한다. 이는 그 재화의 기회비용과 이익을 올바르게 반영한 가격을 말한다.

② **[×]** 기회비용(opportunity cost)
⇨ 기회비용(opportunity cost)은 특정대안의 선택으로 선택기회가 포기된 사업의 생산비용을 말한다.

③ **[×]** 소비자 잉여(consumer's surplus)
⇨ 소비자 잉여(consumer's surplus)는 어떤 상품에 대해 소비자가 최대한 지불해도 좋다고 생각하는 가격(수요가격)에서 실제로 지불하는 가격(시장가격)을 뺀 차액이다.

④ **[×]** 서베이 분석(survey analysis)
⇨ 서베이 분석(survey analysis)은 잠재가격 결정방법으로, 시민들이 기꺼이 지불할 의사가 있는 비용의 수준을 질문지나 면접을 통하여 파악한다.

---

02   지방정부의 기관구성 형태(미국)   정답 ③

❸ **[×]** 위원회형(commission)은 주민들의 간선으로 구성된 위원회가 입법권과 행정권을 행사한다.
⇨ 위원회형(commission)은 주민들의 직선으로 구성된 위원회가 입법권(의결기능)과 행정권(집행기능)을 행사하는 기관통합형의 변형된 형태이다.

지방정부의 기관구성 형태(미국)

시장-시의회형태 (mayor- council form)	강시장- 의회형태	시장이 강력한 정치적 리더십을 행사하며 행정에 대한 전반적인 책임을 수행
	약시장- 의회형태	의회가 입법권과 행정권을 가지고 집행부(시장)를 감독

위원회형 (commission)	주민직선으로 구성된 위원회가 입법권과 행정권 행사
의회-시지배인형 (council-manager)	시지배인(manager)이 행정에 대한 전반적인 권한을 책임을 지며 시장은 의전지도자, 즉 상징적 존재로서 의례적 · 명목적 기능만 수행

---

03   균형인사정책   정답 ④

① **[O]** 다양한 속성(성, 연령, 국적, 기타 개인적 차이)이나 다양한 가치 · 발상을 받아들여 기업의 활성화를 위한 조직문화 변혁을 목표로 하는 전략이며, 기업과 고용된 개인의 성장 · 발전으로 이어지게 하려는 전략이다.
⇨ 다양한 배경의 구성원들을 조직의 공식적, 비공식적 구조에 보다 많이 포용하려는 자발적인 조직행동이다.

② **[O]** 다양성(diversity)은 한 집단 내에 개인들이 보유하고 있는 각기 다른 특성, 신념, 상대적 위치 등을 보유하고 있는 상태를 말하며 다양성은 외적인 요소에 의한 '표면적 다양성'과 내적인 요소에 의한 '내면적 다양성'으로 구분된다.
⇨ 다양성은 '표면적 다양성'과 '내면적 다양성'으로 구분되며, 최근 개인의 성격, 가치관의 차이와 같은 내면적 다양성의 중요성이 점차 커지고 있다.

③ **[O]** 개인별 맞춤형 관리, 일과 삶의 균형(워라밸), 우리나라의 균형인사정책(대표관료제) 등이 대표적인 관리방안이다.
⇨ 구성원들을 일률적으로 관리하지 않고 다양한 차이와 배경, 시각을 조직업무에 적극 반영시키려는 전략적 인적자원관리(SHRM)로서 개인별 맞춤형 관리, 일과 삶의 균형(워라밸), 우리나라의 균형인사정책(대표관료제) 등이 대표적인 관리방안이다.

❹ **[×]** 우리나라의 균형인사정책을 통한 조직 내 다양성 증대는 실적주의와 조화를 이룬다.
⇨ 우리나라의 균형인사정책을 통한 조직 내 다양성 증대는 실적주의와 충돌하여 행정의 능률성과 전문성을 떨어뜨린다는 한계를 갖는다.

다양성 관리(diversity management)

개념	• 다양한 속성(성, 연령, 국적, 기타 개인적 차이)이나 다양한 가치·발상을 받아들여 기업의 활성화를 위한 조직문화 변혁을 목표로 하는 전략이며, 기업과 고용된 개인의 성장·발전으로 이어지게 하려는 전략 • 이러한 다양한 활동에 관한 조직의 관여나 정교한 정책과 프로그램을 통하여 다양한 배경의 종업원들을 조직의 공식적, 비공식적 구조에 보다 많이 포용하려는 자발적인 조직행동유형 • 다양성(diversity)은 한 집단 내에 개인들이 보유하고 있는 각기 다른 특성, 신념, 상대적 위치 등을 보유하고 있는 상태를 말하며 다양성은 외적인 요소에 의한 '표면적 다양성'과 내적인 요소에 의한 '내면적 다양성'으로 구분됨 • 최근 개인의 성격, 가치관의 차이와 같은 내면적 다양성의 중요성이 점차 커지고 있음
관리방안	• 구성원들을 일률적으로 관리하지 않고 다양한 차이와 배경, 시각을 조직업무에 적극 반영시키려는 전략적 인적자원관리(SHRM) • 개인별 맞춤형 관리, 일과 삶의 균형(워라벨), 우리나라의 균형인사정책(대표관료제) 등
한계	균형인사정책을 통한 조직 내 다양성 증대는 실적주의와 충돌하여 행정의 능률성과 전문성을 떨어뜨릴 수 있음

---

04 신제도주의의 유파별 비교 정답 ③

① [O] 신제도주의에서 제도는 독립변수일 수도 있고 종속변수일 수도 있다.
  ⇨ 제도를 독립변수일 수도, 종속변수일 수도 있다고 보는 입장은 역사적 신제도주의이다.
② [O] 합리적 선택 신제도주의에 의하면 행위자의 선호는 외생적 선호라고 가정한다.
  ⇨ 합리적 선택 신제도주의는 행위자의 선호를 외생적 선호로 가정하며, 연역적으로 접근한다.
❸ [×] 역사적 신제도주의는 개체주의적 입장을 취하며, 주로 중범위 수준에서 분석을 수행한다.
  ⇨ 역사적 신제도주의는 전체주의적 입장을 취하며, 주로 중범위 수준에서 분석을 수행한다.
④ [O] 사회학적 신제도주의는 제도의 변화 원인으로 동형화와 적절성의 논리를 강조한다.
  ⇨ 또한 제도의 유사성을 중점으로 행위자의 선호를 내생적 선호로 파악한다.

신제도주의의 유파별 비교

구분	합리적 선택 신제도주의	역사적 신제도주의	사회학적 신제도주의
학문	경제학	정치학	사회학, 문화인류학
제도의 개념	개인의 합리적·전략적 선택	개별 국가의 역사적 맥락, 경로의존성	사회문화 및 상징
중점	제도의 균형성	제도의 지속·상이성	제도의 유사성
차원	개인	국가	사회
측면	공식	공식	비공식

범위	좁음(미시) - 개체주의	중범위(거시) - 전체주의	넓음(거시) - 전체주의
변화	거래비용 감소	결절된 균형	동형화
선호	외생적	내생적	내생적
접근	연역적	귀납적	귀납적

---

05 로위(Lowi)의 정책유형 정답 ④

① [×] A - 선거구 조정, 정부조직이나 기구 신설, 공직자 보수 등에 관한 정책이 포함된다.
  ⇨ A는 분배정책으로, 정책내용이 세부단위로 쉽게 구분되고 각 단위는 다른 단위와 별개로 처리될 수 있다.
② [×] B - 정책내용이 세부단위로 쉽게 구분되고, 각 단위는 다른 단위와 별개로 처리될 수 있다.
  ⇨ B는 구성정책이며, 이는 정치체제의 구조와 운영에 관련된 정책으로, 선거구 조정, 정부조직이나 기구 신설, 공직자 보수 등에 관한 정책이 포함된다.
③ [×] C - 피해자와 수혜자가 명백하게 구분되며, 정책결정자와 집행자가 서로 결탁하여 갈라먹기식(log-rolling)으로 정책을 결정하는 것이 용이하다.
  ⇨ C는 규제정책으로, 피해자와 수혜자가 명백하게 구분되며, 정책결정자와 집행자가 서로 결탁하여 갈라먹기식(log-rolling)으로 정책을 결정하는 것은 곤란하다.
❹ [O] D - 중앙정부 차원에서 집권적으로 결정되며, 전 사회구성원들의 공감대가 필요하다.
  ⇨ D는 재분배정책이며, 이는 재산, 권력, 권리들을 많이 소유하고 있는 집단으로부터 그렇지 못한 집단으로 이전시키는 정책이다. 이러한 재분배정책은 중앙정부 차원에서 집권적으로 결정된다. 이에 따른 갈등과 대립을 최소화하도록 전 사회구성원들의 공감대가 필요하다.

---

06 우드워드(J. Woodward)의 기술유형 정답 ①

❶ [×] 대량생산체제를 지니고 있는 조직은 유기적 구조형태를 나타낸다.
  ⇨ 대량생산체제는 기계적 구조형태를 띠며, 소량생산체제 및 연속공정생산체제는 유기적 구조형태를 띤다.
② [O] 단일소량생산체제는 작업이 매우 비반복적일 경우에 사용된다.
  ⇨ 단일소량생산체제는 개별 주문자의 요구에 따라 소량의 제품을 하나씩 생산하므로 작업이 매우 비반복적일 경우에 사용된다.
③ [O] 연속공정생산체제는 기술적 복잡성이 가장 높은 경우에 사용된다.
  ⇨ 연속공정생산체제는 원유정제과정처럼 기계의 관여가 크므로 기술적 복잡성이 가장 높은 경우에 해당한다.
④ [O] 대량생산체제는 표준화된 제품을 생산하는 데 사용된다.
  ⇨ 대량생산체제는 TV나 세탁기처럼 표준화된 제품을 생산하는 데 사용된다.

우드워드(Woodward)의 기술유형론

단일 소량생산체제	• 개별 주문자의 요구에 따라 소량의 물건을 생산하는 매우 비 반복적 작업(⑩ 선박, 항공기 등) • 기술적 복잡성이 낮음
다수단위 대량생산체제	• 표준화된 작업으로서 같은 종류의 상품을 대량생산하는 방 식(⑩ 칫솔, 연필 등 공산품) • 기술적 복잡성이 중간
연속적 절차생산체제	• 파이프라인을 사용하여 연속적으로 처리하는 작업 (⑩ 정유공장의 화학제품 등) • 기술적 복잡성이 높음

---

07 합리적 정책결정모형   정답 ②

① [O] 정책결정에 있어서 문제의 인지와 정의, 목표의 설정, 대안의 비교·평가, 최적대안의 선택 등 일련의 행위가 진행된다.
   ⇨ 합리적인 정책결정과정은 정책문제의 인지와 정의(구조화) → 정책목표의 설정 → 정책대안의 탐색 및 개발 → 정책대안의 결과 예측 → 정책대안의 비교 및 평가 → 최적대안의 선택 순으로 진행된다.

❷ [×] 목표와 수단이 상호조정될 수 있다.
   ⇨ 합리적 정책결정모형에 따르면 목표수단분석을 통해서 주어진 목표달성을 위한 최선의 수단을 강구한다. 양자가 상호조정될 수 있는 것은 점증적 정책결정모형의 특징이다.

③ [O] 분석방법은 주로 계량적인 방법에 의존하고, 모든 가치를 수량적으로 표현한다.
   ⇨ 그렇기 때문에 계량화할 수 없는 질적 요인을 분석하기 곤란한 측면이 있다.

④ [O] 정책결정에 있어서 인간의 심리나 인간사회의 동태적 요소들을 고려하지 않는다.
   ⇨ 합리모형은 정책결정자가 고도의 이성과 합리성에 근거하여 결정하고 행동한다고 보며, 목표나 가치가 명확하게 고정되어 있다고 가정한다. 즉, 정책결정 시 인간의 심리, 인간사회의 동태적 요소 등은 고려하지 않는다.

---

08 거버넌스의 책임문제   정답 ②

❷ [×] 행정서비스의 체질개선을 통하여 주민에 대한 행정책임을 명확하게 하고 있다.
   ⇨ 거버넌스의 경우, 행정서비스에 대한 민영화나 주민공산산(coproduction)을 추구하기 때문에 오히려 주민을 하나의 행정주체로 받아들여 책임도 함께 하는 책임의 분산이 뉴거버넌스의 주된 흐름으로 볼 수 있다. 그러므로 ②는 옳지 않은 서술이다.

---

09 예산제도의 특징   정답 ④

① [O] 품목별예산제도는 예산편성이 단순하여 입법통제가 용이하다.
   ⇨ 품목별예산제도(LIBS)는 구체적인 항목별로 예산을 정해줌으로써 관료의 권한과 재량을 제한하는 통제지향적 예산제도이다. 입법부의 재정통제를 통한 재정민주주의 실현의 한 수단으로서 등장했다고 볼 수 있다.

② [O] 성과주의예산제도는 관리 중심의 예산제도로서 시민이 이해하기가 용이하다.
   ⇨ 성과주의예산제도(PBS)는 사업의 이해와 계획수립이 용이하며, 효율적인 자원배분이 가능하다.

③ [O] 계획예산제도는 각 행정기관 중심의 할거주의를 지양하고, 국가적 차원의 자원배분이 용이하다.
   ⇨ 계획예산제도(PPBS)는 자원배분의 합리화, 의사결정의 일원화, 장기사업계획에 대한 신뢰성 제고, 계획과 예산의 유기적 연계, 최고관리층의 관리수단이라는 특징이 있다.

❹ [×] 영기준예산제도는 상향식 예산편성방식으로서 예산액의 계속적인 점증을 초래한다.
   ⇨ 영기준예산제도는 점증이 아니라 자원난 시대에 대비하기 위한 감축 중심의 합리적 예산제도이다.

---

10 예산결정이론   정답 ③

① [×] 윌다브스키(Wildavsky)
   ⇨ 윌다브스키(Wildavsky)는 예산결정의 정치적 성격에 관한 연구를 하였다.

② [×] 린드블럼(Lindblom)
   ⇨ 정책결정의 점증모형을 연구한 학자로, 예산에서의 점증주의란 지난 연도의 예산액을 기준으로 다음 연도의 예산액을 결정하는 방법이다.

❸ [O] 키(V. O. Key)
   ⇨ 문제와 같은 질문을 한 학자는 정치학자인 키(V. O. Key)의 주장으로 "Key Question"을 통해서 예산결정이론의 필요성을 주장하였다.

④ [×] 에치오니(Etzioni)
   ⇨ 에치오니(Etzioni)는 혼합모형을 주장한 학자이다.

---

11 근무성적평정상의 오류   정답 ④

① [×] 선택적 지각의 오류
   ⇨ 선택적 지각의 오류는 전체가 아닌 부분적인 정보만을 받아들여 평정하는 오류이다.

② [×] 방어적 지각의 오류
   ⇨ 방어적 지각의 오류는 자신에게 불리한 정보를 회피하고 자기에게 유리한 것만 받아들이는 오류이다.

③ [×] 이기적 착오의 오류
   ⇨ 이기적 착오의 오류는 잘된 성과는 자신의 내적 요소에 의한 것, 잘못된 성과는 외적 요소에 의한 것으로 평정하는 오류이다.

❹ [O] 근본적 귀속의 오류
   ⇨ 개인적 요인은 과대(과소)평가하고, 상황적 요소는 과소(과대)평가하는 경향의 오류는 근본적 귀속의 오류이다.

근무성적평정상의 오류

연쇄효과(halo effect)	하나의 평정요소가 다른 평정요소에 영향을 미치는 오류
관대화의 오류	하급자와의 인간관계를 의식하여 평정등급이 높게 나타나는 오류
집중화의 오류	무난하게 주로 중간등급을 주는 현상으로 인한 오류
규칙적 오류	평정자의 가치관 및 평정기준의 차이에 의한 규칙적 오류
총계적 오류	평정자의 피평정자에 대한 불규칙적인 오류
논리적 오류	평정요소 간 논리적 상관관계가 있다는 관념에 의한 오류
상동오차(고정관념)	집단이나 계층에 대한 편견, 성질이 다른 오류
시간적 오류(근접오류)	최근의 실적이나 사건이 평가에 영향을 미치는 오류
대비적 오류	평정대상자를 바로 직전의 평정대상자와 비교하여 평정하는 오류
선택적 지각의 오류	전체가 아닌 부분적인 정보만을 받아들여 평정하는 오류
방어적 지각의 오류	자신에게 불리한 정보를 회피하고 자기에게 유리한 것만 받아들이는 오류
이기적 착오의 오류	잘된 성과는 자신의 내적 요소에 의한 것, 잘못된 성과는 외적 요소에 의한 것으로 평정하는 오류
근본적 귀속의 오류	개인적 요인은 과대(과소)평가하고, 상황적 요소는 과소(과대)평가하는 경향의 오류
피그말리온(스티그마)효과	자기충족적(미충족적) 예언이 긍정적(부정적) 효과를 가져오는 오류

12 진성리더십(Authentic leadership) 정답 ④

① [O] 미국 에너지 기업인 엔론(Enron) 사태와 같이 경영진들의 비윤리적인 사건들로 인해 신뢰할 만한 리더십에 대한 필요성이 강조되면서 2000년 이후에 등장한 개념이다.
  ⇨ 진성리더십은 리더의 비윤리적 행태로 인한 상호 불신에 반하여 등장한 리더십 개념이다.
② [O] 리더의 진정성을 강조하는 리더십으로, 명확한 자기인식에 기초하여 확고한 가치와 원칙을 세우고 투명한 관계를 형성하여 조직구성원들에게 긍정적인 영향을 미치는 리더십이다.
  ⇨ 진성리더십은 리더 스스로 확고한 가치와 원칙을 세워 조직구성원과의 투명한 관계를 형성하는 리더십이다.
③ [O] 진성리더십은 일반적으로 자아인식, 내면화된 도덕적 신념, 균형 잡힌 정보처리, 관계의 투명성이라는 네 가지 차원으로 이루어진다.
  ⇨ 진성리더십의 구성 요소는 일반적으로 자아인식(self-awareness), 내면화된 도덕적 신념(internalized moral perspective), 균형 잡힌 정보처리(balanced processing of information), 관계의 투명성(relational transparency)이 있다.

❹ [×] 진성리더십은 확실성이 높은 행정환경에서 사회가 원하는 리더십 상을 보여주는 모델로 평가된다.
  ⇨ 진성리더십은 확실성이 아닌 불확실성이 높은 행정환경에서 사회가 원하는 리더십 상을 보여주는 모델로 평가된다.

13 임금피크제 정답 ①

❶ [×] 정년보장형의 경우 정년이 늦어짐에 따라 정년퇴직자가 감소하여 신규채용이 어렵기 때문에 세대 간의 갈등을 초래할 수 있다.
  ⇨ 정년이 늦어짐에 따라 정년퇴직자가 감소하여 신규채용이 어렵기 때문에 세대 간의 갈등을 초래할 수 있는 것은 정년연장형의 문제에 해당한다. 정년보장형 및 고용연장형의 경우에는 이러한 문제가 발생하지 않는다.
② [O] 임금피크제에는 정년의 연장 여부 및 대상자의 고용형태를 기준으로 한 정년보장형, 정년연장형, 고용연장형 등이 있다.
  ⇨ 정년보장형은 사업주가 근로자에게 취업규칙 등에서 정한 정년을 보장해주는 것을 전제로 임금을 조정하는 제도이며, 정년연장형은 사업주가 근로자에게 취업규칙 등에서 정한 정년을 연장하는 것을 전제로 임금을 조정하는 제도이다. 또한 고용연장형은 사업주가 근로자에게 정년퇴직 이후에 계약직 등의 형식으로 고용하는 대신 임금을 조정하는 제도이다.
③ [O] 개인은 고용안정성 증대와 탄력적인 인건비 운용이 가능하기 때문에 국가적 성장 잠재력을 유지 및 강화할 수 있다.
  ⇨ 임금피크제를 통해 공공기관은 인건비 부담의 증가를 해소하고, 보다 저렴한 비용으로 훈련된 인력을 활용함으로써 생산성 향상이 가능하다. 반면 근로자는 정년연장 또는 보장으로 고용안정에 도움이 되며, 임금피크제 절감재원으로 신규 채용을 증가시킬 수 있으므로 청년 구직자에게 일자리 제공이 가능하는 장점이 있다.
④ [O] 임금피크제는 근로자의 계속 고용을 위하여 일정 연령을 기준으로 임금을 조정하고, 소정기간 동안의 고용을 보장하는 제도를 말한다.
  ⇨ 임금피크제는 일정 연령이 되면 임금을 삭감하는 대신 정년은 보장하는 제도이다. 워크셰어링(work sharing)의 한 형태로 미국·유럽·일본 등 일부 국가에서 공무원과 일반 기업체 직원들을 대상으로 선택적으로 적용하고 있으며, 우리나라에서는 2001년부터 금융기관을 중심으로 이와 유사한 제도를 도입해 운용하고 있다.

14 사회간접자본(SOC)에 대한 민자유치방식 정답 ③

① [×] BTO
  ⇨ 민간이 운영하면서 운영기간 동안 시설소유권은 정부에게 있다. 기업은 시설자산으로부터 일정기간 동안 사용료 수익을 소비자로부터 받는 방식이다.
② [×] BTL
  ⇨ 정부가 운영하며 운영기간 동안 시설소유권도 정부에게 있다. 기업은 리스(Lease)자산을 기초로 일정기간 동안 임대료를 정부로부터 받는 방식이다.

❸ [O] BTO-rs
⇨ 위험분담형 민자사업으로 정부와 민간이 시설 투자비와 운영비용을 일정 비율로 나누는 새로운 방식이다. 민간이 사업 위험을 대부분 부담하는 BTO와 정부가 부담하는 BTL로 단순화되어 있는 기존 방식을 보완하는 제도로 도입되었다. 손실과 이익을 절반씩 나누기 때문에 BTO 방식보다 민간이 부담하는 사업 위험이 낮아지며, 정부는 이를 통해 공공부분에 대한 민간투자를 활성화할 수 있다. 최근 포스코 건설로 민자유치가 결정된 '신안산선'에 이 방식이 적용되었다.

④ [×] BTO-a
⇨ 손익공유형 민자사업으로 정부가 전체 민간 투자금액의 70%에 대한 원리금 상환액을 보전해주고 초과 이익이 발생하면 공유하는 방식이다. 손실이 발생하면 민간이 30%까지 떠안고 30%가 넘어가면 재정이 지원된다. 초과 이익은 정부와 민간이 7대 3의 비율로 나눈다. 민간의 사업 위험을 줄이는 동시에 시설 이용요금을 낮출 수 있는 게 장점이다. 대표적으로 서울경전철 사업, 하수 · 폐수 처리시설 등 환경시설에 적용하고 있다.

---

15 행태주의와 제도주의　　　정답 ②

① [O] 행태주의 접근방법은 사회로부터 행정체제에 대한 투입을 중시한다.
⇨ 행태주의 접근방법은 제도의 움직임이나 제도 내 인간의 행태, 실제 활동을 중시하였으며, 행정조직의 구조적 · 제도적 측면보다는 행정인의 행태나 상호적용 및 집단규범 등을 중시하였다. 또한 행정인의 의식구조, 사고방식, 신념체계 등을 본질로 하는 행정문화를 분석하는 것에 중점을 두었다.

❷ [×] 행태주의 접근방법은 행정과 정치현상에서 개별 국가의 특수성을 중시한다.
⇨ 행태주의 접근방법은 정치와 행정현상에서 개별 국가의 특수성보다는 모든 사회에 적용 가능한 보편성과 국가 간의 공통성을 강조하였다.

③ [O] 1950년대까지 정치와 정부 연구의 주류를 이루었던 구제도주의는 정부의 공식적 구조에만 관심을 가졌다.
⇨ 구제도주의는 법, 통치체제, 행정조직 등 공식적인 측면만을 제도로 봄으로써 제도만을 연구대상으로 삼아 정태적으로 분석하였다.

④ [O] 1970년 이후 부활한 신제도주의는 인간이 제도를 만들지만 아울러 거시적인 제도가 인간의 미시적인 행동을 제약한다고 본다.
⇨ 신제도주의는 공식적 측면뿐만 아니라 규범, 관습 등 비공식적 측면까지도 제도로 보고 이를 통해서 개인의 행위를 설명하려고 하였으며, 제도와 행위자 간의 상호영향력을 인정하였다.

---

16 내부수익률(IRR)의 특성　　　정답 ④

① [×] 내부수익률은 순현재가치(NPV)가 1이 되도록 하는 할인율이다.
⇨ 내부수익률은 순현재가치(NPV)가 0이 되도록 하는 할인율이다.

② [×] 내부수익률은 할인율을 알고 있을 때 적용한다.
⇨ 내부수익률은 그 자체가 할인율이므로 할인율을 모르고 있을 때 적용한다.

③ [×] 내부수익률보다 사회적 할인율이 높아야 타당성이 있다.
⇨ 내부수익률이 사회적 할인율보다 높아야 사업의 타당성이 있다.

❹ [O] 내부수익률보다 순현재가치(NPV)가 더 정확하다고 평가한다.
⇨ 내부수익률은 시점이 상이할 경우 복수의 해를 갖기 때문에 일반적으로 순현재가치법이 더 정확하다고 평가받는다.

비용편익분석(능률성)의 평가기준

평가기준	개념	특징
순현재가치 (NPV)	총편익(TB) – 총비용(TC)	• B–C > 0이면 능률적 • 가장 일반적 기준
비용편익비 (B/C ratio)	총편익(TB) / 총비용(TC)	• B/C > 1이면 능률적 • 이차적 · 보완적 기준
내부수익률 (IRR)	총편익(TB) = 총비용(TC)일 때의 할인율	• 내부수익률 > 기준할인율일 때 능률적 • 할인율을 모를 때 적용
자본의 회수기간	투자원금을 회수하는 데 걸리는 시간	• 가급적 짧을수록 좋음 • 할인율이 높을 때는 단기, 낮을 때는 장기투자가 유리

---

17 비공식조직　　　정답 ②

① [O] 불만과 갈등 극복을 통해 구성원들의 심리적 안정감 형성에 기여한다.
⇨ 귀속감 · 심리적 안정감 등을 충족하여 구성원들의 사기앙양을 기할 수 있다.

❷ [×] 비공식조직은 공식조직의 응집력을 높이는 작용을 한다.
⇨ 비공식조직은 구성원 간 경험의 공유로 심리적 안정감 형성이나 욕구불만의 발산처가 되기도 하지만 반대로 개인적 불만이 집단 불만으로 확산됨으로써 파벌이 조성되고 갈등이 확대되어 공식조직을 와해시키거나 심리적 불안감을 조성하기도 한다. 따라서 비공식조직이 공식조직의 결속력이나 응집력을 높인다고 볼 수 없다.

③ [O] 각 구성원이 지켜야 할 행동규범을 확립하여 사회적 통제의 기능을 수행한다.
⇨ 각 구성원이 지켜야 할 행동규범을 구성원들의 일상적인 상호작용을 통하여 정립한다.

④ [O] 비공식조직의 커뮤니케이션을 공식적 정책결정에 이용함으로써 공식조직의 기능을 보완할 수 있다.
⇨ 공식조직의 능력을 보완하고 구성원 간의 협조와 지식 및 경험의 공유를 통해서 업무의 능률적인 수행을 기할 수 있다.

공식조직과 비공식조직

(1) 공식조직과 비공식조직의 비교

공식조직	비공식조직
목적을 전제로 형성된 인위적 · 제도적 조직	자연발생적 조직
외재적 · 제도적 · 가시적 단위	내재적 · 비제도적 · 비가시적 단위
능률의 원리가 지배	인간 감정의 원리가 지배
전체적인 질서	부분적인 질서
권한이 상층부로부터 위임	권위가 구성원들로부터 부여

(2) 비공식조직의 순기능과 역기능

순기능	역기능
• 귀속감, 심리적 안정감 등의 충족을 통한 구성원의 사기앙양 • 계층제의 경직성 완화를 통한 적응성 제고 및 분위기 쇄신 • 공식조직의 능력을 보완하고 구성원 간의 협조와 지식 및 경험의 공유를 통해서 능률적인 업무 수행 • 원활한 의사소통	• 비공식조직의 이익강조로 인한 조직의 통합과 공식적 목표달성 저해 우려 • 파벌조성과 정실주의가 만연할 가능성 발생 • 공식적 권위의 약화 우려

18 옴부즈만제도(Ombudsman) 정답 ①

❶ [×] 세계 최초의 옴부즈만은 1809년 미국의 의회 옴부즈만이다.
⇨ 세계 최초의 옴부즈만은 1809년 미국이 아니라 스웨덴의 의회 옴부즈만이다.

② [○] 입법부가 행정부를 감시·통제하기 위한 제도이다.
⇨ 입법부가 행정부를 감시·통제하기 위한 제도로서 넓은 의미로 입법통제의 일환이다.

③ [○] 옴부즈만은 법적으로 확립되고, 기능적으로 자율적이다.
⇨ 대부분 국가의 경우 옴부즈만은 의회 소속의 공무원이며, 우리나라와 프랑스는 행정부 소속이다. 그러나 옴부즈만은 직무수행에 있어서 의회의 영향을 받지 않고 독립적으로 수행한다.

④ [○] 일반적으로 옴부즈만은 독립적 조사권, 시찰권 등의 권한을 가지고 있다.
⇨ 일반적인 옴부즈만의 권한으로 조사권, 시찰권, 소추권을 들지만 소추권은 실제 대부분의 국가가 인정하고 있지 않다.

19 세계잉여금 정답 ④

① [○] 지방교부세 및 지방교육재정교부금의 정산에 사용할 수 있다.
⇨ 세계잉여금은 「지방교부세법」에 따른 교부세의 정산 및 「지방교육재정교부금법」에 따른 교부금의 정산에 사용할 수 있다.

② [○] 공적자금상환이나 추가경정예산안의 편성에 사용할 수 있다.
⇨ 교부세 및 교부금 정산에 사용한 금액을 제외한 세계잉여금은 100분의 30 이상을 「공적자금상환기금법」에 따른 공적자금상환기금에 우선적으로 출연하여야 하며, 추가경정예산안의 편성에도 사용할 수 있다.

③ [○] 사용하거나 출연한 금액을 공제한 잔액은 다음 연도의 세입에 이입하여야 한다.
⇨ 사용하거나 출연한 금액을 공제한 세계잉여금의 잔액은 다음 연도의 세입에 이입하여야 한다.

❹ [×] 사용 또는 출연은 국회의 사전 동의를 받아야 한다.
⇨ 세계잉여금의 사용 시기는 국회의 결산승인이나 사전 동의가 아니라 대통령의 결산승인 이후에 사용 가능하다. 입법과정에서 국회의 결산승인 이후에 사용해야 한다는 주장과 대통령의 결산승인 이후에 사용가능해야 한다는 주장이 대립되어 논란이 있었으나, 최종적으로 대통령의 결산승인 이후에 사용가능하도록 입법화되었다.

20 주민투표 정답 ①

❶ [×] 국가 또는 다른 지방자치단체의 권한 또는 사무에 속하는 사항도 주민투표 대상이다.
⇨ 제시문은 주민투표 제도에 대한 내용이다. 국가 또는 다른 지방자치단체의 권한 또는 사무에 속하는 사항은 주민투표 대상이 아니다.

② [○] 전체 투표수가 주민투표권자 총수의 4분의 1에 미달되는 때에는 개표를 하지 아니한다.
⇨ 주민투표에 부쳐진 사항은 주민투표권자 총수의 4분의 1 이상의 투표와 유효투표수 과반수의 득표로 확정되며, 전체 투표수가 주민투표권자 총수의 4분의 1에 미달되는 때에는 개표를 하지 아니한다.

③ [○] 재외국민의 경우, 국내거소 신고 등 일정 요건하에 주민투표권이 부여될 수 있다.
⇨ 재외국민 또한 주민투표권이 부여될 수 있으며, 국가 또는 지방자치단체는 투표권을 부여받은 재외국민 또는 외국인이 주민투표에 참여할 수 있도록 외국어와 한국어를 함께 표기하여 관련 정보를 제공하는 등 필요한 조치를 취하여야 한다.

④ [○] 지방자치단체의 장 및 지방의회는 주민투표결과 확정된 사항에 대해 2년 이내에는 이를 변경하거나 새로운 결정을 할 수 없다.
⇨ 동일한 사항(그 사항과 취지가 동일한 경우를 포함한다)에 대하여 주민투표가 실시된 후 2년이 경과되지 아니한 사항이나 법령에 위반되거나 재판 중인 사항 등은 주민투표에 부칠 수 없다.

관련법령

「주민투표법」상 주민투표의 대상

제2조【주민투표권행사의 보장】② 국가 또는 지방자치단체는 제5조 제1항에 따라 투표권을 부여받은 재외국민 또는 외국인이 주민투표에 참여할 수 있도록 외국어와 한국어를 함께 표기하여 관련 정보를 제공하는 등 필요한 조치를 취하여야 한다.

제5조【주민투표권】① 18세 이상의 주민 중 다음 각 호의 어느 하나에 해당하는 사람에게는 주민투표권이 있다.
1. 그 지방자치단체의 관할 구역에 주민등록이 되어 있는 사람
2. 출입국관리 관계 법령에 따라 대한민국에 계속 거주할 수 있는 자격을 갖춘 외국인으로서 지방자치단체의 조례로 정한 사람

제7조【주민투표의 대상】① 주민에게 과도한 부담을 주거나 중대한 영향을 미치는 지방자치단체의 주요 결정사항으로서 그 지방자치단체의 조례로 정하는 사항은 주민투표에 부칠 수 있다.
② 제1항의 규정에 불구하고 다음 각 호의 사항은 이를 주민투표에 부칠 수 없다.
1. 법령에 위반되거나 재판 중인 사항
2. 국가 또는 다른 지방자치단체의 권한 또는 사무에 속하는 사항
3. 지방자치단체의 예산·회계·계약 및 재산관리에 관한 사항과 지방세·사용료·수수료·분담금 등 각종 공과금의 부과 또는 감면에 관한 사항
4. 행정기구의 설치·변경에 관한 사항과 공무원의 인사·정원 등 신분과 보수에 관한 사항
5. 다른 법률에 의하여 주민대표가 직접 의사결정주체로서 참여할 수 있는 공공시설의 설치에 관한 사항. 다만, 제9조 제5항의 규정에 의하여 지방의회가 주민투표의 실시를 청구하는 경우에는 그러하지 아니하다.
6. 동일한 사항에 대하여 주민투표가 실시된 후 2년이 경과되지 아니한 사항

제24조【주민투표결과의 확정】① 주민투표에 부쳐진 사항은 주민투표권자 총수의 4분의 1 이상의 투표와 유효투표수 과반수의 득표로 확정된다. 다만, 다음 각 호의 어느 하나에 해당하는 경우에는 찬성과 반대 양자를 모두 수용하지 아니하거나, 양자택일의 대상이 되는 사항 모두를 선택하지 아니하기로 확정된 것으로 본다.
1. 전체 투표수가 주민투표권자 총수의 4분의 1에 미달되는 경우
2. 주민투표에 부쳐진 사항에 관한 유효득표수가 동수인 경우

▶ 정답

p. 50

01	② PART 7	**06**	③ PART 6	**11**	② PART 3	**16**	① PART 3
02	④ PART 4	**07**	③ PART 5	**12**	④ PART 2	**17**	③ PART 4
03	④ PART 4	**08**	③ PART 1	**13**	① PART 5	**18**	④ PART 1
04	③ PART 1	**09**	③ PART 7	**14**	① PART 2	**19**	③ PART 6
05	④ PART 4	**10**	④ PART 2	**15**	④ PART 7	**20**	① PART 3

PART 1 행정학의 기초이론 / PART 2 정책학 / PART 3 행정조직론 / PART 4 인사행정론 / PART 5 재무행정론 / PART 6 행정환류론 / PART 7 지방행정론

▶ 취약 단원 분석표

단원	맞힌 답의 개수
PART 1	/ 3
PART 2	/ 3
PART 3	/ 3
PART 4	/ 4
PART 5	/ 2
PART 6	/ 2
PART 7	/ 3
TOTAL	**/ 20**

---

01 지방공기업 대상사업

정답 ②

① [○] 자동차운송사업
③ [○] 토지개발사업
④ [○] 지방도로사업
  ⇨ 자동차운송사업, 토지개발사업, 지방도로사업은 「지방공기업법」 제2조에서 규정하고 있는 지방공기업 대상사업에 해당한다.
❷ [×] 마을상수도사업
  ⇨ 「지방공기업법」 제2조 제1항 제1호에 따르면 마을상수도사업은 지방공기업 대상사업에서 제외된다.

관련법령

「지방공기업법」상 지방공기업 대상사업

제2조 【적용 범위】 ① 이 법은 다음 각 호의 어느 하나에 해당하는 사업(그에 부대되는 사업을 포함) 중 제5조에 따라 지방자치단체가 직접 설치·경영하는 사업으로서 대통령령으로 정하는 기준 이상의 사업(지방직영기업)과 제3장 및 제4장에 따라 설립된 지방공사와 지방공단이 경영하는 사업에 대하여 각각 적용한다.
1. 수도사업(마을상수도사업은 제외한다)
2. 공업용수도사업
3. 궤도사업(도시철도사업을 포함한다)
4. 자동차운송사업
5. 지방도로사업(유료도로사업만 해당한다)
6. 하수도사업
7. 주택사업
8. 토지개발사업
9. 주택(대통령령으로 정하는 공공복리시설을 포함한다)·토지 또는 공용·공용건축물의 관리 등의 수탁

---

02 공직부패의 원인

정답 ④

① [○] 권력문화적 접근은 공권력의 남용이나 독재 등 미분화된 권력문화를 부패의 원인으로 본다.
  ⇨ 공직부패의 원인에 대한 권력문화적 접근으로 옳은 설명이다.

② [○] 제도적 접근은 사회의 법과 제도상의 결함이나 운영상의 문제를 부패의 원인으로 본다.
  ⇨ 공직부패의 원인에 대한 제도적 접근으로 옳은 설명이다.
③ [○] 사회문화적 접근은 특정한 지배적 관습이나 경험적 습성이 부패를 조장한다고 본다.
  ⇨ 사회문화적 접근은 공직사회의 독특한 인사문화, 선물관행 등의 관습 및 습성을 부패의 원인으로 본다.
❹ [×] 시장·교환적 접근은 시장실패 등 시장경제의 근본적인 모순을 부패의 원인으로 본다.
  ⇨ 시장·교환적 접근은 부패행위를 시장경제의 근본적인 모순이 아니라 경제적 자원을 획득하는 하나의 수단으로 보는 입장이다. 부패한 관료는 자신의 공직을 사적 이익을 창출하는 하나의 수단으로 여기고 경제적 지대(economic rent)를 창출하므로 부정부패의 원인을 제공한다는 접근방법이다.

공직부패의 이론적 접근법

기능주의적 접근법	무능한 것이 부패한 것보다 더 나쁘며, 공직부패가 어느 정도 국가발전에 긍정적 역할을 할 수 있다는 입장
후기 기능주의적 접근법	부패는 자기영속적인 것이며, 다양한 원인을 먹고 사는 하나의 괴물로서 반드시 근절하여야 한다는 입장
도덕적 접근법	부패의 원인을 이러한 행위에 참여한 개인들의 윤리·자질의 탓으로 돌리는 입장
사회 문화적 접근법	공무원사회의 독특한 인사문화나 선물관행이 부패를 가져온다는 입장
체제론적 접근법	공무원 부패는 어느 하나의 변수에 의해 설명되는 것이 아니라, 문화적 특성, 구조상의 모순, 공무원의 부정적 행태 등 다양한 요인에 의하여 복합적으로 나타난다고 보는 입장
제도적 접근법	사회의 법과 제도상의 결함이나 또는 이러한 것들에 대한 관리기구들과 그 운영상의 문제들이 부정부패의 원인으로 작용한다는 입장
구조적 접근법	'공직사유관' 등 공무원들의 잘못된 의식구조 등에 의한 구조적 요인을 부패의 원인으로 보는 입장
시장 교환적 접근법	부패행위를 경제적 자원을 획득하는 하나의 수단으로 보는 입장
권력문화적 접근법	공권력의 남용이나 독재 등 미분화된 권력문화를 부패의 원인으로 보는 입장

03 | 적립방식과 부과방식 정답 ④

❹ [×] 부과방식은 연금수혜자가 계속 누적되고 평균수명의 연장에 따라 기금고갈의 위기가 발생하게 되며, 인플레이션, 임금수준의 변동과 같은 경제적 위험에 대처하기 어렵다.

⇨ 연금수혜자가 계속 누적되고 평균수명의 연장에 따라 기금고갈의 위기가 발생하게 된다. 인플레이션, 임금수준의 변동과 같은 경제적 위험에 대처하기 어려운 것은 적립방식의 단점이다.

── 연금재정운용방식(재원조달방식) ✐ ──────────

(1) 적립방식(기금제, funded system)

개념	· 공무원으로 재직기간 중 보수의 일부를 갹출하고 여기에 정부의 부담금을 합하여 '기금으로 적립'해 가는 방식 · 제도 시행부터 서서히 재원을 적립해 가고, 연금급여가 완전히 발생할 때에는 갹출된 보험료와 적립금인 기금의 운용에 의한 이자 및 사업수익, 국고의 부담 등에 의해 연금급여를 지급(미국, 한국 등)
장점	· 각 세대가 독립해 있고 세대 간 소득재분배를 고려하지 않으므로 후세대의 부담을 증가시키지 않음 · 누적된 기금으로 운영하므로 고령화와 같은 인구구조의 변화나 경기변동에 영향을 받지 않고 안정적인 제도운영이 가능
단점	· 연금지출이 본격적으로 이루어지고 평균수명의 연장에 따라 연금수혜자가 계속 누적되어 가면서 기금고갈의 위기 발생 · 인플레이션과 임금수준의 변동과 같은 위험이 발생함

(2) 부과방식(비기금제, pay-as-you-go system)

개념	· 당해 연도의 연금지출을 당해 연도의 수입으로 조달하는 방식 · 현재 재직 중인 공무원으로부터 갹출한 수입과 당해 정부예산에서 연금급여 지출에 소요되는 재원을 충당하는 방식 · 일정 기간 내에서 수지균형을 맞추어 나감(pay-as-you-go) · 기금의 적립은 이루어지지 않으며 비상시를 대비한 지불준비금만을 보유(프랑스, 독일 등 유럽국가).
장점	· 세대 간 부양을 기초로 하기 때문에 인플레이션이나 임금수준의 변동과 같은 위험에 충분히 대응할 수 있음 · 처음 예정되었던 연금수준의 유지가 가능
단점	인구구성에 의존하기 때문에 고령화가 진행되는 상황에서 후세대의 부담을 증가시켜, 세대 간 소득재분배의 불합리성을 초래할 수 있음

04 | 후기 행태주의 정답 ③

① [×] 생태론적 접근방법(ecological approach)

⇨ 행정현상을 자연적·사회적·문화적 환경과 관련시켜 이해하려는 입장으로, 서구 행정제도가 후진국에서 잘 작동되지 않는 이유는 사회·문화적 환경이 다르기 때문이라고 보고 있다.

② [×] 행태론적 접근방법(behavioral approach)

⇨ 인간행태의 규칙성과 인과성을 경험적으로 입증하고 설명하려는 과학적이고 체계적인 접근방법이다.

❸ [○] 후기 행태론적 접근방법(post-behavioral approach)

⇨ 행태주의에 반기를 들었던 후기 행태주의의 슬로건은 적실성(relevance)과 실천(action)에 있다.

④ [×] 현상학적 접근방법(phenomenological approach)

⇨ 현상, 즉 대상의 근본적 특성을 직관적으로 인식하고자 하는 관념론이다. 행정연구를 기준으로 보면, 사회현상은 상호 주관적인 경험으로 이루어지므로 외면에 대한 경험적 관찰보다 그 이면의 동기나 의도에 대한 해석을 중요시하는 접근방법이다.

── 후기 행태주의의 특징 ✐ ──────────

(1) 행태주의가 당면 사회문제를 해결하는 데 한계가 있다고 비판
(2) 사회문제 해결을 위한 행정의 가치지향성 및 정책지향성 강조
(3) 적실성(relevance)과 실천(action)을 강조

05 | 공직의 분류(임용주체) 정답 ④

지방공무원으로 옳은 것은 ㄴ, ㄹ이다.

ㄱ. [×] 경기도 행정부지사
⇨ 행정부지사는 일반직 국가공무원(고위공무원단)이다.

ㄴ. [○] 충청남도 정무부지사
⇨ 정무부지사는 별정직 1급 상당 지방공무원(지방관리관)이다.

ㄷ. [×] 경상북도 교육청 부교육감
⇨ 도교육청 부교육감은 국가공무원(고위공무원단)이다.

ㄹ. [○] 강남구 부구청장
⇨ 시·군·자치구의 부단체장인 부시장, 부군수, 부구청장은 일반직 지방공무원이다.

06 | 보편적 서비스 정책의 특징 정답 ③

① [○] 훈련과 지원(training & support)은 사람들의 일상적인 삶의 제도적 맥락 속에서 통합된 방식으로 적절한 훈련과 지원을 제공하여 사람들이 기술의 부족 때문에 접근가능성에서 배제되지 않도록 하여야 한다.

⇨ 보편적 서비스의 특징 중 훈련과 지원(training & support)에 대한 설명으로 옳다.

② [○] 접근성(access)은 살고 있거나 일하고 있는 장소에 관계없이 접속하기를 원하는 모든 사람들을 위한 접속을 제공하여야 한다.

⇨ 보편적 서비스의 특징 중 접근성(access)에 대한 설명으로 옳다.

❸ [×] 활용가능성(usability)은 정보시스템이 다른 대안들에 비해 상대적으로 비용 효과적이고, 보편적으로 사용가능하여야 하며, 빈부격차 등 경제적인 이유 때문에 배제되지 않도록 하여야 한다.

⇨ 요금의 적정성(affordability)에 대한 설명에 해당한다. 활용가능성(usability)은 다양한 목적을 위해 정보를 생산하고 소비하기를 원하는 사람들 중 장비의 부적절성 또는 개인적 장애 때문에 배제되지 않도록, 성능이 우수하고 유연성을 가진 쌍방향성 기기와 인터페이스를 고안하여야 한다는 것을 의미한다.

④ [○] 유의미한 목적성(meaningful purpose)은 정보시스템이 대부분의 사람들을 위해 개인적으로나 사회적으로 의미 있는 일을 위한 토대로서의 역할을 할 수 있도록 제공되어야 한다.

⇨ 보편적 서비스의 특징 중 유의미한 목적성(meaningful purpose)에 대한 설명으로 옳다.

07 예산의 전통적 원칙 정답 ③

① [×] 완전성의 원칙
⇨ 제시문은 정부의 모든 수입과 지출은 모두 예산에 계상되어야 한다는 완전성(포괄성)의 원칙에 대한 설명이다. 그 예외로 순계예산, 기금, 수입대체경비 등이 있으며, 「국가재정법」상 현물출자나 전대차관(외국환은행이 국내 거주자에게 수입자금으로 전대하기 위해 외국에서 차입하는 자금)이 있다.

② [×] 정확성의 원칙
⇨ 정확성의 원칙은 예산과 결산이 가능한 한 일치해야 한다는 것으로, 그 예외에는 적자예산, 흑자예산, 불용액 등이 있다.

❸ [○] 통일성의 원칙
⇨ 통일성의 원칙은 특정한 수입과 특정한 지출이 연계되어서는 안 된다는 것으로, 그 예외에는 특별회계, 기금, 목적세, 수입대체경비 등이 있다.

④ [×] 단일성의 원칙
⇨ 단일성의 원칙은 회계장부가 너무 많으면 재정구조를 이해하기 어렵기 때문에 예산은 가능한 단일의 회계 내에서 정리되어야 한다는 것으로, 그 예외에는 특별회계, 기금, 추가경정예산 등이 있다.

08 포스트모더니즘 행정학 정답 ③

① [○] 구성주의
⇨ 우리가 발견할 수 있는 객관적 사실이 있다고 보는 객관주의를 배척하고, 사회적 현실은 우리들의 마음속에서 구성된다고 보는 구성주의를 지지한다.

② [○] 타자성(他者性)
⇨ 다른 사람을 인식적 객체로서가 아니라 도덕적 타자로서 인정하는 것이다.

❸ [×] 다수결주의
⇨ 포스트모더니즘 행정학은 다수결주의에 따른 대의제 민주주의를 근대적인 방식이라고 비판하며 인간에게 주어지는 여러 가지 구조적 제약으로부터의 해방을 주장한다.

④ [○] 가치상대주의
⇨ 포스트모더니즘 행정학은 보편주의와 객관주의를 추구하는 것은 헛된 꿈이라고 비판하고 지식의 상대주의를 주장한다.

09 「지방자치법」상 특별지방자치단체 정답 ③

① [○] 2개 이상의 지방자치단체가 공동으로 특정한 목적을 위하여 광역적으로 사무를 처리할 필요가 있을 때에는 특별지방자치단체를 설치할 수 있다. 이 경우 특별지방자치단체를 구성하는 지방자치단체는 상호 협의에 따른 규약을 정하여 구성하고, 지방자치단체의 지방의회 의결을 거쳐 행정안전부장관의 승인을 받아야 한다.
⇨ 「지방자치법」 제199조(설치) 제1항에 명시되어 있다.

② [○] 행정안전부장관은 규약에 대하여 승인하는 경우 관계 중앙행정기관의 장 또는 시·도지사에게 그 사실을 알려야 한다.
⇨ 「지방자치법」 제199조(설치) 제2항에 명시되어 있다.

❸ [×] 행정안전부장관이 국가 또는 시·도 사무의 위임이 포함된 규약에 대하여 승인할 때에는 승인 후에 관계 중앙행정기관의 장 또는 시·도지사에게 알려야 한다.
⇨ 행정안전부장관이 국가 또는 시·도 사무의 위임이 포함된 규약에 대하여 승인할 때에는 승인 후에 알리는 것이 아니라 사전에 관계 중앙행정기관의 장 또는 시·도지사와 협의하여야 한다.

④ [○] 특별지방자치단체를 설치하기 위하여 국가 또는 시·도 사무의 위임이 필요할 때에는 구성 지방자치단체의 장이 관계 중앙행정기관의 장 또는 시·도지사에게 그 사무의 위임을 요청할 수 있다.
⇨ 「지방자치법」 제199조(설치) 제4항에 명시되어 있다.

관련법령

「지방자치법」상 특별지방자치단체의 설치

제199조【설치】① 2개 이상의 지방자치단체가 공동으로 특정한 목적을 위하여 광역적으로 사무를 처리할 필요가 있을 때에는 특별지방자치단체를 설치할 수 있다. 이 경우 특별지방자치단체를 구성하는 지방자치단체는 상호 협의에 따른 규약을 정하여 구성 지방자치단체의 지방의회 의결을 거쳐 행정안전부장관의 승인을 받아야 한다.
② 행정안전부장관은 제1항 후단에 따라 규약에 대하여 승인하는 경우 관계 중앙행정기관의 장 또는 시·도지사에게 그 사실을 알려야 한다.
③ 특별지방자치단체는 법인으로 한다.
④ 특별지방자치단체를 설치하기 위하여 국가 또는 시·도 사무의 위임이 필요할 때에는 구성 지방자치단체의 장이 관계 중앙행정기관의 장 또는 시·도지사에게 그 사무의 위임을 요청할 수 있다.
⑤ 행정안전부장관이 국가 또는 시·도 사무의 위임이 포함된 규약에 대하여 승인할 때에는 사전에 관계 중앙행정기관의 장 또는 시·도지사와 협의하여야 한다.
⑥ 구성 지방자치단체의 장이 제1항 후단에 따라 행정안전부장관의 승인을 받았을 때에는 규약의 내용을 지체 없이 고시하여야 한다. 이 경우 구성 지방자치단체의 장이 시장·군수 및 자치구의 구청장일 때에는 그 승인사항을 시·도지사에게 알려야 한다.

10 립스키(Lipsky)의 일선관료제이론 정답 ④

① [○] 일선관료(street-level bureaucrats)는 시민들과 직접 대면하면서 정책을 집행하는 사람이다.
⇨ 일선관료란 시민들과 직접 접촉하는 공무원으로 경찰, 교사, 지방법원판사, 사회복지요원 등이 대표적인 일선관료이다.

② [○] 일선관료들은 자원이 부족한 상황에도 불구하고 과중한 업무부담을 가진다.
⇨ 일선관료의 작업환경은 그들이 수행해야 하는 업무량에 비해 제공되는 자원들이 만성적으로 부족한 현상을 겪고 있다.

③ [○] 일선관료들은 모호하고 대립적인 기대들이 존재하는 업무 환경 때문에 정책목표를 달성할 수 없는 경우가 많다.
⇨ 이는 목표 모호성과 객관적 평가기준의 부재에 대한 내용으로, 일선관료들이 일하는 부서 자체의 목표들이 모호하거나 이율배반적인 경우가 많다는 것이다.

❹ [×] 인간적인 측면에서 일선관료들이 담당해야 할 업무가 많으나, 재량권이 부족하여 업무가 지연된다.
⇨ 일선관료제하에서 일선관료들은 상당부분 재량권을 가지고 있지만 인적·물적 자원 및 시간이 부족하여 실질적으로 재량권을 발휘하지 못하고 업무 지연 등 비효율성을 초래하게 된다.

11 리더십대체물접근법 　　　　정답 ②

커와 저미어(Kerr & Jemier)가 주장한 리더십대체물접근법에 대한 설명으로 옳지 않은 것은 ㄱ, ㄴ, ㄷ, ㅁ이다.

ㄱ. [×] 리더십을 불필요하게 만드는 요인은 리더십의 중화물이다.
⇨ 중화물은 리더십의 필요성을 감소시키는 요인이다.

ㄴ. [×] 리더의 필요성을 감소시키는 요인은 리더십의 대체물이다.
⇨ 대체물은 리더십을 불필요하게 만드는 요인이다.

ㄷ. [×] 조직이 제공하는 보상에 대한 무관심은 리더십의 대체물이다.
⇨ 조직이 제공하는 보상에 대한 무관심은 대체물이 아니라 중화물이다.

ㅁ. [×] 엄격한 규칙과 절차는 리더십의 대체물이다.
⇨ 엄격한 규칙과 절차는 대체물이 아니라 중화물이다.

ㄹ. [○] 리더가 통제할 수 없는 보상은 리더십의 중화물이다.

ㅂ. [○] 리더와 부하 간 긴 공간적 거리는 리더십의 중화물이다.
⇨ 중화물은 조직 내의 명확한 계획과 목표, 규칙과 규정, 높은 응집력, 리더가 통제할 수 없는 보상체계, 리더와 부하 간의 긴 공간적 거리 등이 존재하는 경우 등이다. 반면, 대체물은 과업이 일상적이거나 구조화되어 있고 결과에 대한 환류가 빈번하게 이루어지며 구성원이 과업 그 자체로 만족감을 느끼는 경우 등이다.

커와 저미어(Kerr & Jermier)의 리더십대체물접근법 🖋

대체물	• 리더십을 불필요하게 만드는 요인 • 과업이 일상적이거나 구조화되어 있고 결과에 대한 환류가 빈번하게 이루어지며 구성원이 과업 그 자체로 만족감을 느끼는 경우
중화물	• 리더십의 필요성을 약화시키는 요인 • 조직의 보상에 대한 무관심, 리더가 통제할 수 없는 보상, 비유연성(엄격한 규칙과 절차), 리더와 부하 간의 긴 공간적 거리 등이 존재하는 경우

12 메이(J. May)의 정책의제설정모형 　　　　정답 ④

① [×] 외부주도형
⇨ 사회행위자들이 의제설정을 주도하는 모형으로 '사회문제 → 이슈제기 → 공중의제 → 공식의제' 과정을 거친다.

② [×] 동원형
⇨ 대중적 지지가 낮을 때 국가가 주도하여 행정 PR, 상징 등을 활용하여 대중적 지지를 높이려는 모형으로 '공식의제 → 공중의제' 과정을 거친다.

③ [×] 내부주도형
⇨ 내부주도형은 정책결정자들에게 접근할 수 있는 영향력을 가진 집단들이 정책을 주도하는 모형으로 '사회문제 → 공식의제' 과정을 거친다. 정책의 대중확산이나 정책경쟁의 필요를 아예 느끼지 않는 모형이다.

❹ [○] 공고화(굳히기)형
⇨ 메이(May)의 정책의제설정모형 중에서 공고화(굳히기)형에 대한 내용이다. 공고화형은 대중적 지지가 높기 때문에 정부 내 의사결정자들이 주도하여 정부의제로 채택하는 모형이다.

13 점증주의예산과정 　　　　정답 ①

❶ [×] 비용편익분석, 선형계획법 등 계량적 모형을 이용하여 예산을 배정하는 것이 사업목표를 효과적으로 달성할 수 있다고 본다.
⇨ 비용편익분석·선형계획법 등 계량적 모형을 이용하여 예산을 배정하는 것은 합리주의예산의 특징에 해당한다.

② [○] 합리주의와 달리 결정과 관련된 모든 요소를 검토할 수 없다고 본다.
⇨ 따라서 점증주의 예산은 예산결정에 있어 최선의 대안을 추구하지 않고 만족할 만한 수준에서 선(善)의 추구보다는 오류나 악(惡)의 제거에 역점을 둔다.

③ [○] 기존의 예산과 조금 차이가 나는 대안을 검토하여 그 가운데 하나를 선택하게 된다.
⇨ 전년도 예산이 예산결정의 기준이 되므로, 쇄신적이지 못하고 보수적인 예산 결정이 이루어진다.

④ [○] 점증주의는 결정자의 인식 능력의 한계를 전제로 하며, 결정상황을 제약하는 비용·시간 등의 요소를 감안하여 결정의 복잡한 문제를 단순화시키자는 것이다.
⇨ 점증주의는 의사결정자의 분석 능력 및 시간이 부족하고 정보도 제약되어 있으며, 대안 비교의 기준마저 불분명한 상태에서는 현존 정책에서 소폭적인 변화만을 대안으로 고려하여 정책을 결정할 수밖에 없다고 본다.

14 계층화분석법(AHP) 　　　　정답 ①

❶ [○] 계층화분석법(AHP)
⇨ 쌍대비교의 원리에 따라 두 가지 대안의 상호비교를 통하여 우선순위를 파악해 나가는 기법으로, 두 대안 간 상호비교가 불가능한 경우에는 사용할 수 없다는 단점이 있다.

② [×] 민감도 분석
⇨ 모형의 파라미터가 불확실할 때 여러 가지 가능한 값에 따라 대안의 결과가 어떻게 달라지는지를 분석한다.

③ [×] 교차영향분석
⇨ 어떤 사건이 일어날 확률에 기초하여 미래의 어떤 사건이 일어날 확률에 대해서 식견 있는 판단을 이끌어 내는 기법이다(전통적 델파이기법의 보완).

④ [×] 비용편익분석
⇨ 자원의 합리적 배분을 위한 기법으로, 일정편익을 최소비용으로 얻거나 일정비용으로 최대편익을 얻고자하는 계량적 분석기법이다.

계층화분석법(AHP; Analytical Hierarchy Process) 🖋

개념	• 1970년대 사티(T. Saaty)가 개발한 대안을 선택하거나 우선순위를 설정하는데 널리 이용되는 방법 • 하나의 문제를 시스템으로 보고 당면한 문제를 여러 개의 계층으로 분해한 다음 각 계층별로 복수의 평가기준(구성요소)이나 대안들을 설정하여 네트워크 형태로 구조화하고 이들이 상위계층의 평가기준들을 얼마나 만족시키는가에 따라 대안들의 선호도를 숫자로 전환하여 종합적으로 평가하는 방법
분석 단계	• 제1단계: 문제를 몇 개의 계층 또는 네트워크 형태로 구조화함 • 제2단계: 각 계층에 포함된 하위목표 또는 평가기준으로 표현되는 구성요소들을 둘씩 짝을 지어 바로 상위계층의 어느 한 목표 또는 평가기준에 비추어 평가하는 이원비교(쌍대비교)를 시행함 • 제3단계: 각 계층에 있는 요소별 우선순위를 설정하고 숫자로 전환한 다음 전체적으로 종합하여 최종적으로 대안 간 우선순위를 설정함

원리	• 동일성과 분해의 원리: 문제를 계층별로 분해해서 관찰하고 그들이 관찰한 것을 전달할 수 있는 능력 • 차별화와 비교판단(이원비교·쌍대비교)의 원리: 관찰한 요소들 간의 관계를 설정하고 요소들의 강도를 차별화하는 원리 • 종합의 원리: 이들 관계를 총체적으로 이해할 수 있도록 종합화

---

15 지방자치단체의 구역변경 　정답 ④

① [O] 지방자치단체의 명칭과 구역변경 및 폐치분합을 할 때는 법률로 정한다.
　⇨ 지방자치단체의 명칭과 구역은 종전과 같이 하고, 명칭과 구역을 바꾸거나 지방자치단체를 폐지하거나 설치하거나 나누거나 합칠 때에는 법률로 정한다(「지방자치법」 제5조 제1항).

② [O] 지방자치단체 한자 명칭의 변경이나 관할구역 경계변경은 대통령령으로 정한다.
　⇨ 지방자치단체 한자 명칭의 변경이나 관할구역 경계변경은 대통령령으로 정한다(「지방자치법」 제5조 제2항).

③ [O] 지방자치단체를 폐지한 경우 새로 그 지역을 관할하게 된 지방자치단체가 종전의 지방자치단체의 사무와 재산을 승계한다.
　⇨ 지방자치단체의 구역을 변경하거나 지방자치단체를 폐지하거나 설치하거나 나누거나 합칠 때에는 새로 그 지역을 관할하게 된 지방자치단체가 그 사무와 재산을 승계한다(「지방자치법」 제8조 제1항).

❹ [×] 지방자치단체를 폐지하거나 설치하거나 나누거나 합칠 때 또는 명칭이나 구역을 변경할 때에는 관계 지방자치단체의 의회의 의견을 듣고, 「주민투표법」에 따라 주민투표를 실시하여야 한다.
　⇨ 지방자치단체를 폐지하거나 설치하거나 나누거나 합칠 때 또는 그 명칭이나 구역을 변경할 때에는 관계 지방의회의 의견을 들어야 한다. 다만, 「주민투표법」에 따라 주민투표를 한 경우에는 지방의회의 의견을 듣지 않아도 된다(「지방자치법」 제5조 제3항).

우리나라 지방자치단체의 구역변경 🖉

지방자치단체 명칭변경, 구역변경, 폐치·분합	법률
지방자치단체 한자 명칭변경, 경계변경	대통령령
자치구가 아닌 구·읍·면·동의 폐치·분합	행정안전부장관 승인 후 조례
자치구가 아닌 구·읍·면·동의 명칭 및 구역변경	조례 제정 후 시·도지사에게 보고
리의 폐치·분합·구역변경	조례

---

16 기관의 유형 　정답 ①

❶ [O] 계선기관(line agency)
　⇨ 계선기관(line agency)은 계층제의 구조를 가진 조직에서 명령통일의 원리에 의하여 그 조직의 본래적 기능을 직접 수행함으로써 조직의 목표 달성에 직접 기여하는 기관이다.

② [×] 막료기관(staff agency)
　⇨ 막료기관(staff agency)은 간접적으로 행정목표를 수행하고 계선기관이 효과적으로 목표를 성취하도록 보좌하는 기관으로 간접기관이다.

③ [×] 위원회(committee)
　⇨ 위원회(committee)는 특정한 목적하에, 위원으로 구성된 합의체로서 합의제 기관을 의미한다.

④ [×] 자문기관(advisory board)
　⇨ 자문기관(advisory board)은 조직체에서 집행기관이 집행할 안의 내용과 방법, 기타 문제의 자문에 대하여 답신하는 기관이다.

계선기관의 특징과 장단점 🖉

특징	• 계층적 → 계선조직은 명령통일의 원리가 적용됨 • 조직목표달성에 직접적으로 기여함 • 국민과 직접 접촉함 • 명령·집행권을 행사함
장점	• 권한과 책임의 한계가 명확함 • 신속하고 능률적 → 소규모조직에 적합함 • 조직의 안정성 확보가 가능함
단점	조직의 경직성 우려

---

17 공직의 분류 　정답 ③

① [×] 국회수석전문위원
　⇨ 국회수석전문위원은 별정직으로 특수경력직공무원에 해당한다. 별정직은 일반직으로 충원이 곤란한 특정한 직위(직무의 성질이 공정성·기밀성이나 특별한 신임을 요하는 직위)에 특정한 업무를 담당하게 하기 위하여 경력직공무원과는 다른 절차와 방법에 의해 임용하여 업무를 수행하게 한다.

② [×] 헌법재판소 헌법연구관보
　⇨ 헌법재판소 헌법연구관보는 별정직으로 특수경력직공무원에 해당하므로 신분보장이 되지 않는다. 이와 달리 헌법재판소 헌법연구관은 특정직으로 경력직공무원에 해당하기 때문에 신분이 보장된다.

❸ [O] 감사원 사무차장
　⇨ 감사원 사무차장은 일반직 1급(고위공무원단 가등급)으로 원칙적으로 신분이 보장되는 경력직공무원이다. 감사원 사무총장은 차관급으로 신분보장이 되지 않는 정무직공무원이다.

④ [×] 국가정보원 기획조정실장
　⇨ 국가정보원 기획조정실장은 정무직으로 특수경력직공무원이다.

관련법령

「감사원법」상 감사원 사무차장
제19조 【사무총장 및 사무차장】 ① 사무총장은 정무직으로, 사무차장은 일반직으로 한다.
　② 사무총장은 원장의 명을 받아 사무처의 사무를 관장하며 소속 직원을 지휘하고 감독한다.

---

18 고전적 접근법과 행태적 접근법의 차이 　정답 ④

① [×] 고전적 접근법이 인간 지향적이라면 행태적 접근법은 기계 지향적이다.
　⇨ 고전적 접근법이 기계 지향적이라면 행태적 접근법은 인간 지향적이다.

② [×] 고전적 접근법이 심리 지향적이라면 행태적 접근법은 물질 지향적이다.
　⇨ 고전적 접근법이 물질 지향적이라면 행태적 접근법은 심리 지향적이다.

③ [×] 고전적 접근법이 종업원 지향적이라면 행태적 접근법은 생산 지향적이다.
⇨ 고전적 접근법이 생산 지향적이라면 행태적 접근법은 종업원 지향적이다.
❹ [○] 고전적 접근법이 전문화 지향적이라면 행태적 접근법은 직무확충 지향적이다.
⇨ 고전적 접근법은 과학적관리론이나 관료제이론 등 과업중심의 X이론이라면, 행태적 접근법은 인간관계론과 행태론을 포함하는 Y이론의 민주적이고 인간중심의 접근법을 말한다. 고전적 접근법은 동작연구와 시간연구를 지향하고 행태적 접근법은 직무확충을 지향한다.

19　스마트 전자정부　정답 ③

① [○] 국정운영은 정부 주도가 아닌 창의적 국민파워 기반의 개방형 국정운영으로의 변화가 필요하다.
⇨ 기존 공급자 중심의 획일적 서비스에서 공공정부를 개방해 국민이 직접 원하는 서비스를 개발하는 방식으로 변화하였다.
② [○] 재난이 발생하기 전 신속하게 예측하여 사전에 예방할 수 있는 정부이다.
⇨ 스마트 전자정부는 사후 복구 위주가 아니라 사전 예방 및 예측을 중시한다.
❸ [×] 개인 수요보다는 시민집단 수요 중심의 맞춤형 전자정부 서비스 제공을 강조한다.
⇨ 스마트 전자정부는 시민집단 수요보다는 개인 수요 중심의 맞춤형 통합 서비스 제공을 강조한다. 스마트 전자정부란 진화된 IT기술과 정부서비스의 융·복합으로 언제 어디서나 매체에 관계없이 국민이 자유롭게 원하는 서비스를 맞춤형으로 이용하고 참여·소통할 수 있는 선진화된 유비쿼터스 정부를 의미한다.
④ [○] 정부는 국민이 요구하기 전에 먼저 알아서 서비스를 제공한다.
⇨ 또한 그 외에도 과거 국민이 직접 자격 증명을 신청하여 지원금이나 복지 등을 받았다면, 스마트 전자정부는 정부가 자격 요건을 확인 및 지원하는 방식으로 수혜방식이 변화하였다.

기존 전자정부와 스마트 전자정부 비교

구분		기존 전자정부 (~2010)	스마트 전자정부 (2011~)
국민	접근방법	PC만 가능	스마트폰, 태블릿PC, 스마트TV 등 다매체
	서비스방식	공급자 중심의 획일적 서비스	• 개인별 맞춤형 통합서비스 • 공공정부 개방을 통해 국민이 직접 원하는 서비스 개발
	민원 신청	• 개별 신청 • 동일서류도 복수 제출	1회 신청으로 연관 민원 일괄 처리
	수혜방식 (지원금 / 복지 등)	국민이 직접 자격 증명 신청	정부가 자격 요건 확인·지원
공무원	근무위치	사무실(PC)	위치 무관 (스마트워크 센터 / 모바일 오피스)
	일하는 방식 (재난 / 안전 등)	사후 복구 위주	사전 예방 및 예측

20　조직구조의 유형　정답 ①

❶ [×] 기능구조는 조직 전체의 업무를 공동기능별로 부서화하는 것으로서, 수평적 조정의 필요성이 높을 때 효과적인 조직구조이다.
⇨ 기능구조는 수직적인 기능별로 조직을 형성하기 때문에 수평적인 의사조정이나 통합이 어렵다. 따라서 수평적 조직의 필요성이 낮을 때 효과적인 조직구조이다.
② [○] 사업구조는 산출물에 기반을 둔 사업부서화 방식의 조직형태로서, 성과 책임성의 소재가 분명하여 성과관리체계에 유리하다.
⇨ 사업구조는 성과 중심의 자기완결적 조직단위로, 각 사업부서들은 산출물별로 자율적으로 운영되며 부서 내 기능 간 조정이 용이하다.
③ [○] 매트릭스구조는 기능구조와 사업구조를 결합한 조직형태로서, 신축성과 적응성이 요구되는 불안정하고 급변하는 조직 환경에 효과적이다.
⇨ 매트릭스구조는 조직의 환경영역이 복잡하고 불확실한 경우 효과적이다. 또한 새로운 프로젝트 수행 시 기존 인력을 신축적·경제적으로 활용할 수 있으며, 한시적 사업에 대하여 신속하게 대처할 수 있다.
④ [○] 네트워크구조는 조직 자체의 기능은 핵심역량 위주로 합리화하고 여타 기능은 외부기관들과 교환관계를 통해 수행하는 조직구조방식이다.
⇨ 네트워크구조는 조직을 핵심역량 위주로 합리화하고 나머지 주변적 기능은 타 조직에 맡기면서(out-sourcing) 형성되는 조직 형태로, 독립적인 구성원들 간에는 느슨하게 결합(loosely-coupled org.)되어 있으며, 이를 통해 분산된 자원을 통합적으로 활용할 수 있으며 환경변화에 신축적으로 적응할 수 있다.

조직구조의 유형

기능구조 (functional structure)	조직의 전체업무를 공동기능별로 부서화한 조직으로, 수평적 조정의 필요성이 낮을 때 효과적이며 규모의 경제실현이 용이함
사업구조 (divisional structure)	산출물에 기반을 둔 조직구조로서 불확실한 환경이나 비정형적 기술, 부서 간 상호의존, 외부지향적인 조직목표를 가진 경우에 유리하나, 규모의 비경제와 비효율성으로 인한 손실이 초래됨
매트릭스구조 (matrix structure)	기능구조와 사업구조를 결합한 이중적 권한구조를 가지는 조직구조로서, 기능부서의 전문성과 프로젝트조직의 신속한 대응성을 결합함
수평구조 (horizontal structure)	구성원을 핵심업무과정 중심으로 조직화한 구조로 팀 조직이 대표적임
네트워크조직 (network structure)	조직의 자체기능은 핵심역량 위주로 합리화하고 부수적인 기능은 외부기관들과 아웃소싱을 통해 생산하는 느슨한 조직

❯ 정답
p. 56

01	③ PART 3	**06**	① PART 5	**11**	④ PART 3	**16**	④ PART 2
02	① PART 1	**07**	③ PART 4	**12**	③ PART 6	**17**	③ PART 1
03	④ PART 1	**08**	③ PART 2	**13**	② PART 4	**18**	① PART 5
04	④ PART 7	**09**	② PART 3	**14**	④ PART 2	**19**	④ PART 2
05	③ PART 4	**10**	④ PART 5	**15**	① PART 1	**20**	② PART 7

PART 1 행정학의 기초이론 / PART 2 정책학 / PART 3 행정조직론 / PART 4 인사행정론 / PART 5 재무행정론 / PART 6 행정환류론 / PART 7 지방행정론

❯ 취약 단원 분석표

단원	맞힌 답의 개수
PART 1	/ 4
PART 2	/ 4
PART 3	/ 3
PART 4	/ 3
PART 5	/ 3
PART 6	/ 1
PART 7	/ 2
TOTAL	/ 20

---

01 리더십이론 정답 ③

① [O] 자질이론은 다른 사람과 구별되는 리더의 기본적 특성인 리더의 신체적 특성, 지적능력, 성격 등을 통해서 누가 리더가 되는가를 연구하였다.
⇨ 자질이론은 속성이론, 특성이론이라고도 하며, 리더의 자질이나 속성에 따른 접근법이다.

② [O] 행태이론은 행태주의의 영향을 받아서 눈에 보이지 않는 특성보다는 실제 리더들이 어떻게 행동하는지에 대해서 연구한다.
⇨ 행태이론은 리더의 행동유형에 따라 리더십의 효과성이 달라진다는 이론으로, 리더십의 행태와 추종자들이 보이는 감정적·행태적인 반응 사이의 관계를 규명하려고 하였다.

❸ [×] 아이오와 대학, 미시간 대학, 오하이오 대학 연구는 리더십의 상황이론을 연구한 리더십모델이다.
⇨ 아이오와 대학, 미시간 대학, 오하이오 대학 연구는 리더십의 상황론이 아니라 행태론을 연구한 리더십모델이다.

④ [O] 블레이크(Blake)와 머튼(Mouton)은 미시간과 오하이오 대학의 연구결과에 자극을 받아 오늘날 경영개발계획에 널리 적용되는 관리망모형을 개발하였다.
⇨ 블레이크(Blake)와 머튼(Mouton)의 관리망모형은 리더십의 유형을 생산에 대한 관심과 인간에 대한 관심의 두 차원으로 구분하고, 각각 9등급으로 나누어 분석하였다.

02 공공서비스의 성과지표 정답 ①

ㄱ. 포장된 도로 – 산출
⇨ 산출은 행정의 노력으로 1차적이고 직접적으로 발생하는 것을 의미한다.

ㄴ. 도로포장을 위해 이용된 자원 – 투입
⇨ 투입은 사업에 투입된 시간이나 비용 등을 의미한다.

ㄷ. 주민의 삶의 질 향상 – 영향
⇨ 영향은 결과가 사회전반에 퍼져 발생하며 장기적으로 사회에 미치는 효과이다. 이는 행정활동의 가장 장기적인 결과라고 볼 수 있다.

ㄹ. 차량의 통행속도 증가율 – 결과
⇨ 결과는 산출물이 환경과 교호작용하여 발생하는 것이다. 산출물로 인한 2차적 결과라고 할 수 있다.

성과지표의 종류

투입지표 (input)	사업에 투입된 시간이나 비용, 노력, 장비의 절감 여부를 기준으로 하는 것으로, 도로건설·포장사업의 경우 사업비 절감액이나 사업비 지출액 등이 이에 해당함
과정지표 (process)	사업추진을 단계적으로 나누고 각 단계의 목표달성 여부를 평가하는 지표로서, 도로건설사업의 경우 공사진척률이나 공사과정에서 나타난 민원해결 건수 등이 이에 해당함
산출지표 (output)	1차적인 성과를 의미하는 것으로서, 도로건설사업의 경우 도로 증가의 비율이 이에 해당함
결과지표 (result)	최종적인 결과를 의미하는 것으로서, 도로건설사업의 경우 차량 통행속도 증가율이 이에 해당함
영향지표 (impact)	사회에 미친 최종적인 영향을 의미하는 것으로서, 도로건설사업의 경우 지역사회 경쟁력 제고 등이 이에 해당함

03 행정이념 정답 ④

① [×] 합리성
⇨ 합리성은 어떤 행위가 궁극적 목표달성의 최적수단이 되느냐의 여부를 가리키는 개념으로, 목적과 수단·원인과 결과 간의 관계에 관한 타당한 근거를 가지고 행동하는 것을 의미한다.

② [×] 능률성
⇨ 일반적으로 '산출/투입'의 극대화를 추구한다. 이는 비용편익분석, 순현재가치법, 내부수익률 등으로 판단할 수 있다.

③ [×] 효율성
⇨ '효과/비용'을 극대화하면서 그 산출이 주어진 목표를 달성할 수 있게 하는 것으로, 최종 산출의 양적 측면을 표시하는 능률성과 질적 측면을 표시하는 효과성을 통합시킨 개념이다.

❹ [O] 민주성
⇨ 모든 국민의 복지 증진을 통한 삶의 질 향상은 행정이념과 연관지어 볼 때 민주성으로 보는 것이 가장 가깝다. 민주성은 행정조직 내외에 있어서 인간적 가치의 구현 정도로서, 정치·행정과정의 민주화를 통하여 국민의 의견을 적극적으로 반영하고 참여를 제도화하며, 행정 내부에서도 구성원들의 자유와 권리를 인정하는 것이다.

04 지방자치단체장 및 보조기관 정답 ④

① [O] 특별시의 부시장 정수는 대통령령으로 정한다.
⇨ 특별시의 부시장은 3명, 광역시·특별자치시의 부시장과 도 및 특별자치도의 부지사는 2명(인구 800만 이상의 광역시 및 도는 3명)으로 한다(「지방자치법 시행령」 제71조 제1항).
② [O] 지방자치단체장의 임기는 4년이며, 재임은 3기에 한한다.
⇨ 지방자치단체의 장의 임기는 4년으로 하며, 지방자치단체의 장의 계속 재임(在任)은 3기에 한한다(「지방자치법」 제108조).
③ [O] 지방자치단체장은 지방의회의 의결이 지체될 경우 선결처분을 할 수 있다.
⇨ 지방자치단체의 장은 지방의회가 성립되지 아니한 때와 지방의회의 의결사항 중 주민의 생명과 재산보호를 위하여 긴급하게 필요한 사항으로서 지방의회를 소집할 시간적 여유가 없거나 지방의회에서 의결이 지체되어 의결되지 아니할 때에는 선결처분을 할 수 있다(「지방자치법」 제122조).
❹ [×] 지방자치단체의 행정기구와 공무원의 정원은 행정안전부령으로 정하는 기준에 따라 그 지방자치단체의 조례로 정한다.
⇨ 지방자치단체의 행정기구와 공무원의 정원은 행정안전부령이 아닌 대통령령(「지방자치단체의 행정기구와 정원기준 등에 관한 규정」)이 정하는 기준에 따라 지방자치단체의 조례로 정한다.

05 켈리(Kelly)의 귀인이론 정답 ③

① [×] 여러 사람이 동일한 상황에서 동일하게 행동하는 정도가 높다면, 그 행동의 원인을 내적 요소에 귀인하려는 경향이 나타난다.
⇨ 여러 사람이 동일한 상황에서 동일하게 행동하는 정도(합의성)가 높다면, 그 행동의 원인을 외적 요소에 귀인하려는 경향이 나타난다.
② [×] 개인이 다른 시간에도 동일하게 행동하는 정도가 높다면, 그 행동의 원인을 외적 요소에 귀인하려는 경향이 나타난다.
⇨ 개인이 다른 시간에도 동일하게 행동하는 정도(일관성)가 높다면, 그 행동의 원인을 내적 요소에 귀인하려는 경향이 나타난다.
❸ [O] 개인이 다른 상황에서 동일하게 행동하는 정도가 높다면, 그 행동의 원인을 내적 요소에 귀인하려는 경향이 나타난다.
⇨ 개인이 다른 상황에서 동일하게 행동하는 정도(특이성1)가 높다면, 그 행동의 원인을 내적 요소에 귀인하려는 경향이 나타난다.
④ [×] 개인이 다른 상황에서 상이하게 행동하는 정도가 높다면, 그 행동의 원인을 내적 요소에 귀인하려는 경향이 나타난다.
⇨ 개인이 다른 상황에서 상이하게 행동하는 정도(특이성2)가 높다면, 그 행동의 원인을 외적 요소에 귀인하려는 경향이 나타난다.

___귀인이론(Kelly, 1971)___

(1) 개념
- 자신이나 다른 사람들의 행동의 원인을 찾아내기 위해 추론하는 과정을 설명하는 이론으로 하이더(Heider)가 창시하고 켈리(Kelly)의 공변모형으로 주장한 이론
- 개인의 행동의 원인을 내부귀인(기질, 성격, 특성, 태도 등 개인적 요소)과 외부귀인(외부압력, 사회적 규범, 우연한 기회, 행운 등 상황적 요소)으로 나누어 각 사건에 대한 합의성, 일관성, 특이성이 높고 낮은 경우로 나누어서 원인을 설명

(2) 행동특성

행동특성	개념	행동의 원인	
		내면적	외면적
합의성 (consensus)	여러 사람이 동일한 상황에서 동일하게 행동하는 정도 **예** 부하직원 여러 명이 같은 방식으로 소란스럽게 일을 하는 경우 → 외적 요인	낮음	높음
일관성 (consistency)	개인이 다른 시간에도 동일하게 행동하는 정도 **예** 부하직원이 매주 여러 번 일관되게 소란스럽게 일을 하는 경우 → 내적 요인	높음	낮음
특이성 (distinctiveness)	개인이 다른 상황에서 동일하게 행동하는 정도 **예** 부하직원이 사무실과 공장에서 모두 소란스럽게 일을 하는 경우 → 내적 요인	높음	낮음
	개인이 다른 상황에서 상이하게 행동하는 정도 **예** 부하직원이 회의시간과 야유회에서 다르게 행동하는 경우 → 외적 요인	낮음	높음

06 수입대체경비 정답 ①

수입대체경비는 재정 운용에서 지출이 직접 수입을 수반하는 경우, 그 수입이 확보되는 범위 안에서 직접 지출할 수 있도록 규정된 경비를 말한다. 이러한 수입대체경비는 ㄴ. 예산 완전성의 원칙(예산총계주의)과 ㄷ. 예산 통일성의 원칙의 예외가 된다.
ㄱ. [×] 예산 공개성의 원칙
⇨ 모든 예산은 공개되어야 한다는 원칙이다. 다만, 국가안보를 위한 예산은 공개하지 않는다.
ㄴ. [O] 예산 완전성의 원칙
⇨ '예산총계주의'로서 모든 세입과 세출은 예산에 명시적으로 나열되어 있어야 한다는 원칙이다.
ㄷ. [O] 예산 통일성의 원칙
⇨ 특정한 수입과 특정한 지출이 연계되어서는 안 된다는 원칙이다.
ㄹ. [×] 예산 단일성의 원칙
⇨ 예산은 가능한 단일의 회계 내에서 정리되어야 한다는 원칙이다. 회계장부가 너무 많으면 재정구조를 이해하기 어렵기 때문이다.
ㅁ. [×] 예산 한정성의 원칙
⇨ 예산은 주어진 목적(질적), 규모(양적) 그리고 시간에 따라 집행되어야 한다는 원칙이다.
ㅂ. [×] 예산 사전의결의 원칙
⇨ 예산은 '미리' 국회의 의결을 얻어 회계연도가 시작되면 바로 집행할 수 있도록 해야 한다는 원칙이다. 헌법 제54조는 이를 명확히 규정하고 있다.

07 공무원의 징계 정답 ③

① [O] 징계로 파면처분을 받은 때부터 5년이 지나지 아니한 자와 징계로 해임처분을 받은 때부터 3년이 지나지 아니한 자는 공무원으로 임용될 수 없다.
　⇨ 파면과 해임은 강제퇴직의 한 종류로서 공무원직이 박탈되는 것이다.

② [O] 금품 및 향응 수수, 공금의 횡령 · 유용으로 징계 해임된 경우, 재직기간이 5년 이상인 사람의 퇴직급여는 4분의 1을 감액하여 지급한다.
　⇨ 해임은 원칙적으로 퇴직급여에 영향을 주지 않으나, 금품 및 향응 수수, 공금의 횡령 · 유용으로 징계 해임된 자의 퇴직급여는 감액된다.

❸ [×] 금품 및 향응 수수, 공금의 횡령 · 유용으로 징계 해임된 경우, 재직기간이 5년 미만인 사람의 퇴직급여는 6분의 1을 감액하여 지급한다.
　⇨ 금품 및 향응 수수, 공금의 횡령 · 유용으로 징계 해임된 경우, 재직기간이 5년 미만인 사람의 퇴직급여는 6분의 1이 아니라 8분의 1을 감액하여 지급한다.

④ [O] 탄핵 또는 징계에 의하여 파면된 경우, 재직기간이 5년 미만인 사람의 퇴직급여는 4분의 1을 감액하여 지급한다.
　⇨ 탄핵 또는 징계에 의하여 파면된 때, 재직 중의 사유로 금고 이상의 형을 받은 때, 금품 및 향응수수, 공금의 횡령 · 유용으로 징계 해임된 때는 퇴직급여 감액사유에 해당한다.

퇴직급여 지급제한		
	원칙적으로 제한 없으나, 금품 수수 및 공금횡령 시 지급제한	
해임	재직기간 5년 미만	1/8 감액
	재직기간 5년 이상	1/4 감액
파면	재직기간 5년 미만	1/4 감액
	재직기간 5년 이상	1/2 감액

08 연합모형 정답 ③

① [×] 린드블룸(Lindblom)과 윌다브스키(Wildavsky)의 점증모형
　⇨ 점증모형은 1959년 린드블룸(Lindblom), 윌다브스키(Wildavsky) 등이 주장한 정책결정의 현실적 · 실증적 모형이다. 정책결정과정에 있어서의 대안선택이 종래의 정책이나 결정의 점진적 · 순차적 수정 내지 약간의 향상으로 이루어지며, 정책수립과정을 '그럭저럭 헤쳐나가는(muddling through)' 과정으로 고찰한다.

② [×] 에치오니(Etzioni)의 혼합주사모형
　⇨ 혼합모형은 1967년 에치오니(Etzioni)가 주장한 것으로, 정책결정의 규범적 · 이상적 접근방법인 합리모형과 현실적 · 실증적 접근방법인 점증모형을 절충하여 개발한 모형이다.

❸ [O] 마치(March)와 사이어트(Cyert)의 연합모형
　⇨ 현재의 수준이 적정하다고 판단하여 조직의 의사결정자가 더 우수한 대안의 탐색을 중지하게 된다는 모형은 마치(March)와 사이어트(Cyert)의 연합모형에 해당한다.

④ [×] 코헨(Cohen)과 올슨(Olsen)의 쓰레기통모형
　⇨ 쓰레기통모형은 조직화된 무질서 상태(무정부 상태)에서 응집성이 매우 약한 조직이 어떤 의사결정행태를 나타내는가에 분석초점을 두고 코헨(Cohen), 마치(March), 올슨(Olsen) 등이 제시한 모형이다.

09 학습조직 정답 ②

① [O] 학습조직은 조직을 바라보는 새로운 관점, 새로운 사고방식으로의 전환을 의미한다. 따라서 학습조직의 단일모형은 없으며, 학습조직의 개념은 다양한 조직유형으로 실현될 수 있다.
　⇨ 조직의 학습을 촉진하기 위해 최근 등장하고 있는 조직유형으로는 수평조직, 네트워크조직, 가상조직 등으로 다양하다.

❷ [×] 학습조직에서 '학습'은 개인 차원의 업무추진활동에서 발생하는 자연적인 비공식적 학습(Informal Learning)을 강조하는 것이 아니라 개인 차원의 공식적인 학습(Formal Learning)을 강조한다.
　⇨ 학습조직에서 '학습'은 개인 차원의 공식적인 학습(Formal Learning)이 아니라 개인 차원의 업무추진활동에서 발생하는 자연적인 비공식적 학습(Informal Learning)이나 이러한 학습과정과 결과가 공유되는 가운데 시너지 효과가 발생하는 조직학습을 강조한다.

③ [O] 효율성을 핵심 가치로 하는 전통적인 조직과는 달리 학습조직에서의 핵심 가치는 문제해결(problem solving)이다.
　⇨ 학습조직의 핵심 가치는 '문제해결'이며 네트워크조직이나 가상조직 등도 모두 학습조직에 포함된다고 할 수 있다. 학습조직은 지식의 창출 · 공유 및 활용에 뛰어난 조직으로서 문제의 체계적인 해결능력을 향상시킨다.

④ [O] 학습조직이 성공하기 위해서는 강한 문화와 사려 깊은 리더십이 필요하다.
　⇨ 강한 학습조직은 강한 문화를 가져야 한다. 강한 조직문화는 부처할거주의가 없는 문화로서 부처 간의 경계를 최소화하고 구성원들 상호 간에 동정과 지원의 정서가 형성되어야 한다.

10 예산과정 정답 ④

① [×] 예산편성은 헌법상 회계연도 개시 120일 전까지 행정부가 편성하여 국회에 제출하여야 한다.
　⇨ 예산편성은 헌법상 회계연도 개시 90일 전까지 행정부가 편성하여 국회에 제출하여야 한다.

② [×] 국회는 회계연도 개시 30일 전까지 예산을 심의 · 의결하여야 하며, 의결되지 않은 경우 준예산을 편성하여야 한다.
　⇨ 국회는 예산안을 회계연도 개시 30일 전까지 의결하도록 되어 있으며, 새로운 회계연도가 개시될 때까지 의결되지 못한 때에는 준예산을 편성하도록 하고 있다.

③ [×] 국회의 예산 심의과정에서 증액된 부분은 부처별 한도액 제한을 받는다.
　⇨ 국회의 예산 심의과정에서 증액된 부분은 부처별 한도액 제한을 받지 않는다.

❹ [O] 국회 심의 후의 예산은 당초 행정부가 제출한 예산보다 증액되기도 한다.
　⇨ 예산은 정부의 동의하에 증액 및 새 비목의 설치가 가능하므로 당초 행정부가 제출한 예산보다 증액되기도 한다.

11 성과관리 정답 ④

① [O] 목표성취도에 유인기제를 연결하기 때문에 관리대상자들이 성과목표를 낮게 설정하는 경향을 보인다.
 ⇨ 성과관리체제 구축의 원칙은 성과지표의 구성, 성과목표의 설정, 성과의 측정, 성과측정결과의 활용으로 성과목표는 실제 달성 여부가 비교될 수 있는 유형의 측정 가능한 구체적인 활동수준을 의미한다. 관리대상자들은 목표성취도와 연결된 유인기제를 얻고자 스스로 성과목표를 낮게 설정하게 된다.
② [O] 성과관리를 통해서 관료적 조직문화의 변화를 유도한다.
 ⇨ 성과관리체제는 조직의 성과제고를 위한 성과 중심의 사고, 성과를 높이기 위한 조직의 구조와 기술개선, 성과에 기초한 급여와 승진 및 배치전환, 성과에 기초한 예산 등을 포함한다.
③ [O] 다양한 이해관계자들과 압력단체들의 개입 때문에 성과계획이 합리적으로 수립되기 어렵다.
 ⇨ 성과관리체제는 기본적으로 성과계획을 수립하고, 성과계약을 체결하여 평가대상자를 평가하게 된다. 평가결과에 따라 보수나 신분상 불이익이 발생할 수 있기 때문에, 성과계획 수립단계부터 많은 이해관계자들의 갈등이 발생하고 합리적인 계획이 수립되기가 어렵다.
❹ [×] 업무수행과 성과 사이에 개입하는 변수들이 많아 인과관계를 확인하기 용이하다.
 ⇨ 성과관리는 업무수행과 성과 사이에 개입하는 변수들이 많으면 인과관계를 확인하기 곤란하다.

12 유비쿼터스(Ubiquitous)의 지향점 정답 ③

❸ [×] 유비쿼터스(Ubiquitous)의 지향점인 5C는 컴퓨팅(Computing), 커뮤니케이션(Communication), 접속(Connectivity), 콘텐츠(Contents), 고객(Customer)이다.
 ⇨ 유비쿼터스(Ubiquitous)의 지향점인 5C는 컴퓨팅(Computing), 커뮤니케이션(Communication), 접속(Connectivity), 콘텐츠(Contents), 조용함(Calm)이다.

13 직무평가 정답 ②

① [×] 서열법
 ⇨ 직무를 전체적·종합적으로 평가하여 상대적 중요도에 의해 서열을 부여하는 방법이다.
❷ [O] 분류법
 ⇨ 분류법은 직무 전체를 종합적으로 판단하여 미리 정해 놓은 등급기준표에 의해 직무의 책임과 곤란도 등을 파악하는 방법이다. 서열법보다 다소 세련된 방안으로서 정부부문에서 많이 사용하나, 등급을 정의하는 작업이 곤란한 문제가 있다.
③ [×] 점수법
 ⇨ 점수법은 직위의 직무구성요소를 정의하고 요소별로 직무평가기준표에 의한 점수를 총합하는 방식으로 일반적으로 가장 많이 사용하는 직무평가방법이다.

④ [×] 요소비교법
 ⇨ 요소비교법은 평가요소별로 계량화하여 평가하되, 점수법의 임의성을 보완하기 위하여 평가할 직위에 공통되는 평가요소를 선정한 후에 기준직위(대표직위)를 선정하여 이 두 가지를 대비시키는 방법으로 점수를 부여하고, 이를 토대로 보수액을 산정한다. 가장 늦게 고안된 객관적이고 정확한 직무평가방법으로, 금액가중치방식이라고도 한다.

14 정책네트워크의 모형 정답 ④

① [×] 하위정부모형(sub-gov't model)
 ⇨ 공식참여자인 정부관료와 의회의 상임위원회, 비공식 참여자인 이익집단이 이해관계를 공유하며 정책영역별로 정책과정에 영향을 미치는 모형이다.
② [×] 이슈네트워크(issue network)
 ⇨ 공통의 기술적 전문성과 다양한 견해를 가진 대규모의 참여자들을 함께 묶는 지식공유집단으로 특정한 경계가 존재하지 않는 광범위한 정책연계망이다.
③ [×] 정책공동체(policy community)
 ⇨ 정책공동체는 공식적인 학회·자문회의, 비공식적인 의견교환 등 특정 분야의 정책에 관심을 가진 사람들이 접촉하는 하나의 가상적 공동체이다.
❹ [O] 인지공동체(epistemic community)
 ⇨ 정책공동체의 한 유형으로서 특정 분야의 정책문제에 대한 전문성과 권위 있는 지적 능력을 지닌 것으로 인정되는 전문직업가들의 연계망을 의미한다.

15 메이요(Mayo)의 인간관계론 정답 ②

① [O] 조직구성원의 생산성은 생리적·경제적 유인으로만 자극받는 것이 아니라, 사회·심리적 요인에 의해서도 크게 영향을 받는다.
 ⇨ 사회적인 존재로서의 인간을 파악하고 사회적 욕구, 사회적 유인에 의한 동기부여를 강조하였다.
❷ [×] 인간의 사회적 행동의 기초로서 경쟁주의와 개인주의가 지배적이라고 본다.
 ⇨ 인간의 사회적 행동의 기초로서 의사전달과 참여가 지배적이라고 본다.
③ [O] 비경제적 보상을 위해서는 대인관계·비공식적 자생집단 등을 통한 사회·심리적 욕구의 충족이 중요하다.
 ⇨ 공식적인 구조뿐만 아니라 작업장에서 인간관계, 인맥, 혈연, 지연 등과 같은 비공식적 구조도 중시되어야 한다고 보았다.
④ [O] 궁극적으로 조직구성원의 복지보다는 조직의 능률성·생산성을 향상시키는 데 목적이 있다.
 ⇨ 인간에 대한 관심을 부각시켜 행태과학의 발전에 기여하였으나, 여전히 조직의 능률성과 생산성을 향상시키는 데 목적이 있다.

16 최적모형 정답 ④

① [O] 현실주의와 이상주의를 절충할 수 있는 모형이다.
 ⇨ 최적모형은 합리적 요인(경제적 합리성)과 초합리적 요인(직관·통찰력·창의력)을 고려하는 정책결정모형이다.

② [○] 합리적·종합적 분석에 의한 정책결정이 달성하기 어려운 조건과 상황에서 순수한 합리성에 대한 현실적인 차선책을 제시한다.
⇨ 1970년 드로어(Dror)가 제창한 모형으로서 기존의 합리적 결정방식이 지나치게 수리적 완벽성을 추구해 현실성을 잃는 것을 경계하고, 그 반대로 다른 접근방식들이 너무 현실지향적이 되는 것을 막는다는 의도에서 제시하였다.
③ [○] 점증주의적 정책의 개선으로 합리적·종합적 모형(rational comprehensive model)이 아니라 규범적 최적모형(normative optimum model)을 제시한다.
⇨ 최적모형은 규범적·처방적 모형으로 상위정책결정단계 → 정책결정단계 → 후정책결정단계 순으로 정책결정이 진행된다.
❹ [×] 직관, 판단, 창의 등과 같은 초합리적 요소(extrarational factors)를 강조하지 않는다.
⇨ 최적모형은 직관이나 판단력, 창의와 통찰력 등의 초합리적 요소를 중시한다.

---

17 정부실패의 원인 — 정답 ③

정부실패의 원인으로 옳은 것은 ㄴ. 파생적 외부효과, ㄷ. X-비효율성, ㅂ. 사적 목표의 설정이다. ㄱ. 공공재의 존재, ㄹ. 공유지의 비극, ㅁ. 불완전한 정보는 시장실패의 원인에 해당한다.

ㄱ. [×] 공공재의 존재
⇨ 공공재는 사적재와 반대되는 것으로 비배제성과 비경합성의 특성을 지닌 재화이다. 비배제성은 대가를 지불하지 않는 참여자를 배제할 수 없는 특성이고, 비경합성은 나의 소비가 다른 사람의 소비를 감소시키지 않는 특성이다.
ㄴ. [○] 파생적 외부효과
⇨ 파생적 외부효과는 정부실패의 원인 중 하나로, 정부개입에 따른 예상치 못한 부차적 효과이다. 대가를 지불하지 않고 편익 혹은 손해를 가져오는 시장실패의 원인으로서의 외부효과와는 달리 정부개입에 의한 외부효과라는 점에서 구별이 필요하다.
ㄷ. [○] X-비효율성
⇨ X-비효율성은 정부실패의 원인 중 하나로, 경제적 요인이 아닌 심리적·행태적 요인에 의하여 나타나는 관리상의 비효율성이다. 행정서비스의 경우 대부분 독점적으로 생산되고 경쟁에 노출되지 않기 때문에 이로 인하여 조직 관리상의 비효율성이 발생한다.
ㄹ. [×] 공유지의 비극
⇨ 공유지의 비극은 개인적 합리성과 사회적 합리성 간의 갈등상황이다. 즉, 개인의 이익 극대화가 사회 전체의 이익 극대화를 가져오지 못하는 현상(구성의 오류)으로서 이는 신제도론적 연구와도 밀접한 관련을 가진다.
ㅁ. [×] 불완전한 정보
⇨ 시장체제는 정보가 완전한 경우에 한하여 능률적인 체제이다. 그러나 현실경제에는 정보의 비대칭 상황이 많이 존재하여 소비자의 합리적인 선택을 방해한다. 이는 시장의 '보이지 않는 손(invisible hand)'의 전제조건을 부정하는 것이므로 시장실패를 야기한다.
ㅂ. [○] 사적 목표의 설정
⇨ 사적 목표의 설정은 정부실패의 원인 중 하나로, 관료가 국가발전이나 공익이라는 전체의 이익을 위해서가 아닌, 행정조직 내부의 목표에 집착하는 내부성 추구현상이다. 이로 인해 궁극적인 목표달성이 어려워진다.

---

18 발생주의 회계제도 — 정답 ①

❶ [×] 거래나 사건이 발생하는 시점에서 인식하는 것으로, 자산·부채·수입·지출을 정확하게 측정하기 위한 회계기법이다.
⇨ 수입·지출과 수익·비용은 다른 개념이다. 현금주의는 현금의 수입과 지출시점에 수익과 비용을 인식하지만 발생주의는 현금의 수입·지출과는 관계없이 거래나 사건이 발생하는 시점에 수익과 비용을 인식하는 것으로 수익은 물건을 판매하여 현금을 회수할 권리가 발생했을 때 수익으로 인식하고 비용은 재화나 서비스를 인도하여 사용할 수 있게 되었을 때 비용으로 인식하는 방법이다. 즉, 발생주의는 자산·부채의 인식과 측정을 중시하지만 수입·지출을 정확히 측정하려는 것은 아니다. 발생주의는 자산과 부채의 증감 등 실질적인 거래를 정확히 인식하려는 것이지 현금의 수입과 지출을 인식하는 제도가 아니기 때문이다.
② [○] 미지급금·부채성충당금 등을 포함하여 부채를 정확하게 측정한다.
⇨ 발생주의 회계제도는 자산·부채 파악으로 재정의 실질적 건전성을 확보할 수 있다.
③ [○] 산출에 대한 원가 산정이 가능하기 때문에 분권화된 조직의 자율과 책임을 구현할 수 있는 중요한 수단이다.
⇨ 발생주의는 예산의 자율성을 제고하고, 재정의 투명성·신뢰성·책임성을 높일 수 있는 회계제도이다.
④ [○] 대차평균의 원리에 의한 자기검증기능으로 회계오류를 시정할 수 있다.
⇨ 발생주의 회계제도는 복식부기를 전제로 하므로 대차평균의 원리에 의한 자기검증기능을 가지기 때문에 회계의 오류를 시정할 수 있다.

---

19 집단적 문제해결의 기법 — 정답 ④

① [×] 델파이기법(delphi method)
⇨ 델파이기법(delphi method)은 문제해결의 아이디어를 제공하는 사람들이 서로 대면적인 접촉을 하지 않고 수차례의 회람을 통하여 형성한 판단들을 종합·정리하는 방법이다.
② [×] 브레인스토밍(brain storming)
⇨ 브레인스토밍(brain storming)은 참가자들이 될 수 있는 대로 많은 독창적 의견을 내도록 노력해야 하므로, 이미 제안된 여러 아이디어들을 종합하여 새로운 아이디어를 만들어내는 편승기법(piggy backing)의 사용을 허용한다.
③ [×] 변증법적 토론(dialectical inquiry)
⇨ 변증법적 토론(dialectical inquiry)은 두 집단으로 나누어 토론을 하기 때문에 특정 대안의 장점과 단점이 최대한 노출될 수 있다.
❹ [○] 명목집단기법(nominal group method)
⇨ 개인들이 개별적인 해결방안을 구상하고 그에 대해 제한된 집단적 토론을 한 다음, 표결로 의사를 결정하는 방법은 명목집단기법(nominal group method)으로, 집단 간의 의사소통이 원활하지 않다는 것이 문제점이다.

---

20 지방세 중 시·군세 — 정답 ②

ㄱ. [×] 취득세
ㅁ. [×] 레저세
ㅂ. [×] 지방소비세
⇨ 지방세 중 특별시·광역시세, 도세에 해당하는 보통세이다.

ㄴ. [O] 담배소비세

ㅅ. [O] 주민세

ㅈ. [O] 지방소득세

ㅊ. [O] 자동차세

ㅋ. [O] 재산세

⇨ 지방세 중 시·군세는 ㄴ. 담배소비세, ㅅ. 주민세, ㅈ. 지방소득세, ㅊ. 자동차세, ㅋ. 재산세이다.

ㄷ. [×] 등록면허세

⇨ 지방세 중 도세에 해당한다.

ㄹ. [×] 지역자원시설세

ㅇ. [×] 지방교육세

⇨ 지방세 중 특별시·광역시세, 도세에 해당하는 목적세이다.

ㅌ. [×] 교육세

⇨ 교육세는 국세에 해당한다.

▶정답

p. 62

01	④	PART 1	**06**	④	PART 4	**11**	②	PART 6	**16**	③ PART 3
02	③	PART 5	**07**	③	PART 4	**12**	②	PART 1	**17**	① PART 2
03	④	PART 2	**08**	③	PART 7	**13**	④	PART 7	**18**	② PART 5
04	④	PART 3	**09**	④	PART 5	**14**	②	PART 7	**19**	④ PART 4
05	③	PART 6	**10**	①	PART 3	**15**	②	PART 4	**20**	① PART 2

PART 1 행정학의 기초이론 / PART 2 정책학 / PART 3 행정조직론 / PART 4 인사행정론 / PART 5 재무행정론
/ PART 6 행정환류론 / PART 7 지방행정론

▶취약 단원 분석표

단원	맞힌 답의 개수
PART 1	/ 2
PART 2	/ 3
PART 3	/ 3
PART 4	/ 4
PART 5	/ 3
PART 6	/ 2
PART 7	/ 3
TOTAL	**/ 20**

---

01 높은 시간의 할인율 정답 ④

① [×] 정치적 보상구조의 왜곡
  ⇨ 행정인은 문제해결의 당위성만을 강조하고 무책임하게 정부활동을 확대하는 경향이 있다.
② [×] 비용과 편익의 절연
  ⇨ 정책으로 인하여 편익을 누리는 집단과 비용을 부담하는 집단이 다르기 때문에 편익을 누리는 집단은 정책의 확대를, 비용을 부담하는 집단은 정책의 축소를 주장한다. 이에 따라 진정한 정책의 수요대로 정책을 집행하기가 어렵다.
③ [×] 독점적 생산구조
  ⇨ 정부실패의 원인 중 하나로, 민간은 다양한 생산주체가 경쟁을 통해서 재화나 서비스를 공급하지만, 공공부문은 독점적으로 생산한다.
❹ [○] 높은 시간의 할인율
  ⇨ 정치인들의 짧은 임기와 관료들의 짧은 순환보직기간(1-2년)으로 인하여 한 곳에 오래 머무를 수 없는 정치인이나 관료들은 멀리 있는 미래의 장기적인 이익과 손해를 낮게 평가하고 눈앞의 단기적 이익과 손해를 높게 평가하게 되는데 이는 그들의 시간할인율이 매우 높기 때문이다. 할인율이 높고 할인기간이 길수록 장래 이익의 현재가치는 작아지게 되므로 정치인이나 관료들은 자신의 재임기간 중에 이득을 실현하려는 욕심이 앞서 지금 당장의 눈앞의 이득에만 집착하는 행태를 가지게 되고 이로써 정책실패가 발생하는 것이다.

02 예산안 자동부의제도 정답 ③

예산안 자동부의제도는 2012년 5월 2일에 '국회선진화법'으로 불리는 「국회법」 개정안이 통과되면서 시행되는 제도로, 관련 위원회가 예산안 등의 심사를 매년 11월 30일까지 마치지 못한 때에는 그 다음날에 위원회에서 심사를 마치고 바로 본회의에 부의된 것으로 보는 제도이다.

관련법령

「국회법」상 예산안 자동부의제도

제85조의3 【예산안 등의 본회의 자동 부의 등】 ① 위원회는 예산안, 기금운용계획안, 임대형 민자사업 한도액안(이하 "예산안 등"이라 한다)과 제4항에 따라 지정된 세입예산안 부수 법률안의 심사를 매년 11월 30일까지 마쳐야 한다.
② 위원회가 예산안 등과 제4항에 따라 지정된 세입예산안 부수 법률안(체계 · 자구 심사를 위하여 법제사법위원회에 회부된 법률안을 포함한다)에 대하여 제1항에 따른 기한까지 심사를 마치지 아니하였을 때에는 그 다음 날에 위원회에서 심사를 마치고 바로 본회의에 부의된 것으로 본다. 다만, 의장이 각 교섭단체 대표의원과 합의한 경우에는 그러하지 아니하다.

03 쓰레기통모형 정답 ④

① [○] 진빼기 결정이나 날치기 통과
  ⇨ 진빼기 결정이란 해결해야 할 주된 문제와 함께 이와 관련된 다른 문제들이 있어서 결정이 이루어지지 않을 때, 관련된 문제들이 스스로 다른 의사결정 기회를 찾아 떠날 때까지 기다려서 결정하는 것이다. 반면, 날치기 통과는 관련된 문제들이 제기되기 전에 재빨리 의사결정을 하는 것이다.
② [○] 의사결정을 구성하는 네 가지 흐름
  ⇨ 의사결정을 구성하는 네 가지 흐름은 문제, 해결책, 선택(의사결정) 기회, 참여자이다.
③ [○] 조직화된 무정부 상태
  ⇨ 쓰레기통모형은 조직화된 무질서 상태(무정부 상태)에서 응집성이 매우 약한 조직이 어떤 의사결정행태를 나타내는가에 분석초점을 두고 코헨(Cohen), 마치(March), 올슨(Olsen) 등이 제시한 모형이다.
❹ [×] 갈등의 준해결
  ⇨ 갈등의 준해결은 쓰레기통모형이 아니라 연합모형의 특징이다.

04 서번트 리더십 정답 ④

❹ [×] 주요 특성은 항상 학습함, 먼저 고객들의 말을 경청함, 설득과 대화로 업무를 추진함 등이 있다.
⇨ 서번트 리더십의 주요 특성은 '먼저 고객들의 말을 경청함'이 아니라 '먼저 종업원들의 말을 경청'하는 것이다.

서번트 리더십의 7가지 특성 ✎

(1) 리더로서 자신을 부하의 입장에서 생각하고 부하를 위한 지원자로 인식함
(2) 조직에서 가장 가치 있는 자원은 사람이라고 여김
(3) 항상 학습함
(4) 먼저 종업원들의 말을 경청함
(5) 설득과 대화로 업무를 추진함
(6) 조직이 가족과 같은 공동체를 형성하도록 유도함
(7) 권한위임을 통해 리더십을 공유함

리더십의 비교 ✎

구분	거래적 리더십	변혁적 리더십	서번트 리더십
영향력의 원천	지위	조직원	상호관계
목표	단기적 사업목표의 달성	장기적 조직의 비전과 가치 추구	개인과 조직의 공동발전
행동요인	조건적 보상, 예외적 관리	카리스마, 영감, 개별적 배려, 지적자극	경청, 공감, 치유, 인지, 설득, 비전제시, 통찰력, 청지기 의식, 구성원 성장을 위한 몰입, 공동체 형성
동기부여	보상과 혜택	의지와 열정	공동선 추구
지도방법	피드백 (Feedback)	모델링(Modeling)	봉사(Serving)
주요 학자	Burns(1978), Bass(1985), Avolio(1992)		Greenleaf(1970), Spears(2005)

05 정보화의 역기능 정답 ③

① [×] 집단극화
⇨ 집단극화는 집단의 의사결정이 개인의 의사결정보다 더 극단적인 방향으로 이행하는 현상을 말한다.
② [×] 전자 파놉티콘(electronic panopticon)
⇨ 전자 파놉티콘(electronic panopticon)은 전자감옥을 말하는 것으로 정보를 장악한 소수가 다수를 감시하고 통제하는 정보화의 역기능을 말한다.
❸ [○] 인포데믹스(infordemics)
⇨ 추측이나 뜬소문이 덧붙여진 부정확한 정보가 인터넷이나 휴대전화를 통해 전염병처럼 빠르게 전파됨으로써 개인의 사생활 침해는 물론 경제, 정치, 안보 등에 치명적인 영향을 미치는 것은 정보화의 역기능 중 인포데믹스(infordemics)이다.
④ [×] 선택적 정보 접촉
⇨ 선택적 정보 접촉은 정보의 범람 속에서 자신의 입장에 유리한 정보만을 선별적으로 흡수하고 배포하는 행태를 말한다.

06 미국의 실적주의 확립과정 정답 ④

① [○] 실적주의의 확립은 엽관주의의 폐단을 극복하기 위해 대두되었다.
⇨ 엽관주의의 부정부패 및 행정의 전문성·안정성 저하 등의 폐해를 극복하기 위한 제도가 필요하였다.
② [○] 1883년 「펜들턴(Pendleton)법」에 의해서 기반이 마련되었다.
⇨ 1883년 「펜들턴법」의 제정으로 실적주의의 기초가 마련되었다.
③ [○] 1939년 「해치(Hatch)법」에 의해서 공무원의 정치활동이 금지되었다.
⇨ 뉴딜정책의 실시와 더불어 정당의 행정침해를 막기 위하여 「해치(Hatch)법」은 공직에 대한 정당의 지배와 공무원의 정치활동금지 등을 규정하였다.
❹ [×] 1978년 「연방공무원제도법」에 의해서 연방인사위원회와 실적제도보호위원회가 설치되었다.
⇨ 1883년 「펜들턴법」에 의해서 연방인사위원회가 설립되었으며, 1978년 「연방공무원제도개혁법」에 의해서 연방인사위원회가 폐지되고 인사관리처와 실적제도보호위원회가 신설되었다.

07 국민권익위원회 정답 ③

① [○] 국민권익위원회는 국무총리 소속의 행정위원회이다.
⇨ 고충민원의 처리와 이에 관련된 불합리한 행정제도를 개선하고, 부패의 발생을 예방하며 부패행위를 효율적으로 규제하도록 하기 위하여 국무총리 소속으로 국민권익위원회를 둔다.
② [○] 위원회는 위원장 1명, 부위원장 3명, 상임위원 3명을 포함한 15명의 위원으로 구성된다.
⇨ 국민권익위원회는 위원장 1명을 포함한 15명의 위원(부위원장 3명과 상임위원 3명을 포함한다)으로 구성한다.
❸ [×] 위원회는 고충민원을 유발하는 행정제도 및 그 제도의 운영에 개선이 필요하다고 판단하는 경우 해당 제도를 개선할 수 있다.
⇨ 국민권익위원회는 고충민원을 유발하는 행정제도 및 그 제도의 운영에 개선이 필요하다고 판단하는 경우 이에 대한 권고 또는 의견표명을 할 수 있을 뿐이다.
④ [○] 위원장과 위원의 임기는 각각 3년으로 하되 1차에 한하여 연임할 수 있다.
⇨ 국민권익위원회 위원장과 위원의 임기는 각각 3년으로 하되 1차에 한하여 연임할 수 있다.

관련법령

「부패방지 및 국민권익위원회의 설치와 운영에 관한 법률」상 국민권익위원회
제11조【국민권익위원회의 설치】 ① 고충민원의 처리와 이에 관련된 불합리한 행정제도를 개선하고, 부패의 발생을 예방하며 부패행위를 효율적으로 규제하도록 하기 위하여 국무총리 소속으로 국민권익위원회를 둔다.
제13조【위원회의 구성】 ① 위원회는 위원장 1명을 포함한 15명의 위원(부위원장 3명과 상임위원 3명을 포함한다)으로 구성한다.
제16조【직무상 독립과 신분보장】 ② 위원장과 위원의 임기는 각각 3년으로 하되 1차에 한하여 연임할 수 있다.

08 주민자치와 단체자치의 비교   정답 ③

① [×] 기관구성 – 주민자치: 기관대립형 / 단체자치: 기관통합형
   ⇨ 기관구성의 형태는 주민자치의 경우 기관통합형(의회우월주의)이고, 단체자치의 경우 기관대립형(집행기관 우위형)이다.

② [×] 권한배분 – 주민자치: 포괄적 위임주의 / 단체자치: 개별적 지정주의
   ⇨ 권한배분방식을 기준으로 주민자치는 개별적 지정주의이며, 단체자치는 개괄적(포괄적) 위임주의이다.

❸ [○] 자치성격 – 주민자치: 대내적 자치 / 단체자치: 대외적 자치
   ⇨ 주민자치는 정치적 의미의 자치로서 고유권설로서 지방정부 내에 중점을 두므로 대내적 자치이고, 단체자치는 법률적 성격으로 중앙으로부터 전래받은 것으로 지방자치단체 외부에 중점을 두게 되므로 대외적 자치의 성격을 갖는다.

④ [×] 사무구분 – 주민자치: 있음 / 단체자치: 없음
   ⇨ 주민자치는 모두 자치사무이므로 사무구별이 없고, 단체자치는 자치사무와 위임사무를 구별한다.

주민자치와 단체자치의 비교

구분	주민자치	단체자치
의미	정치적 의미 (민주적 성격, 실질적, 대내적 자치)	법률적 의미 (법률적 위임, 형식적, 대외적 자치)
자치의 중점	주민참여 (지방정부와 주민과의 관계)	지방분권 (지방자치단체와 국가의 관계)
사무의 구분	사무구별 없음	자치사무와 위임사무의 구별
권한배분방식	개별적 수권주의	개괄적(포괄적) 수권주의
기관의 형태	기관통합형(최근 대세)	기관대립형
지방세	독립세 (자치단체가 과세주체)	부가세 (국가가 과세주체)
자치권	국가 이전의 고유권 (고유권설)	국가로부터 부여받은 권리 (전래권설)
자치단체	순수한 자치단체 (독립적 지위)	이중적 지위 (자치단체+하급기관)
통제의 중점	주민통제	중앙통제
중앙통제방식	입법적·사법적 통제	행정적 통제
주요 국가	영국, 미국 등 (영미법계)	프랑스, 독일, 한국 등 (대륙법계)

09 세계잉여금   정답 ④

① [○] 지방교부세 및 지방교육재정교부금의 정산에 사용할 수 있다.
   ⇨ 세계잉여금은 「지방교부세법」에 따른 교부세의 정산 및 「지방교육재정교부금법」에 따른 교부금의 정산에 사용할 수 있다.

② [○] 공적자금상환이나 추가경정예산안의 편성에 사용할 수 있다.
   ⇨ 교부세 및 교부금 정산에 사용한 금액을 제외한 세계잉여금은 100분의 30 이상을 「공적자금상환기금법」에 따른 공적자금상환기금에 우선적으로 출연하여야 하며, 추가경정예산안의 편성에도 사용할 수 있다.

③ [○] 사용하거나 출연한 금액을 공제한 잔액은 다음 연도의 세입에 이입하여야 한다.

⇨ 사용하거나 출연한 금액을 공제한 세계잉여금의 잔액은 다음 연도의 세입에 이입하여야 한다.

④ [×] 사용 또는 출연은 국회의 사전 동의를 받아야 한다.
   ⇨ 세계잉여금의 사용 시기는 국회의 결산승인이나 사전 동의가 아니라 대통령의 결산승인 이후에 사용가능하다. 입법과정에서 국회결산승인 이후에 사용해야 한다는 주장과 대통령의 결산승인 이후에는 사용가능해야 한다는 주장이 대립되어 논란이 있었으나 최종적으로 대통령의 결산승인 이후에 사용가능하도록 입법화되었다.

10 「정부조직법」상 중앙행정기관   정답 ①

❶ [×] 「국가인권위원회법」 제3조에 따른 국가인권위원회
   ⇨ 「국가인권위원회법」 제3조에 따른 국가인권위원회는 최근 개정된 「정부조직법」 제2조에서 중앙행정기관으로 규정되어 있지 않다.

② [○] 「개인정보 보호법」 제7조에 따른 개인정보보호위원회
   ⇨ 개인정보보호위원회는 국무총리 소속으로 개인정보 보호에 관한 사무를 독립적으로 수행한다.

③ [○] 「신행정수도 후속대책을 위한 연기·공주지역 행정중심복합도시 건설을 위한 특별법」 제38조에 따른 행정중심복합도시건설청
   ⇨ 행정중심복합도시건설청은 국토교통부 소속으로 행정중심복합도시건설사업의 총괄·조정 따위 사무를 담당한다.

④ [○] 「새만금사업 추진 및 지원에 관한 특별법」 제34조에 따른 새만금개발청
   ⇨ 새만금개발청은 국토교통부 소속으로 새만금사업에 관한 사무를 관장한다.

관련법령

「정부조직법」상 중앙행정기관
제2조 【중앙행정기관의 설치와 조직 등】 ① 중앙행정기관의 설치와 직무범위는 법률로 정한다.
② 중앙행정기관은 이 법에 따라 설치된 부·처·청과 다음 각 호의 행정기관으로 하되, 중앙행정기관은 이 법 및 다음 각 호의 법률에 따르지 아니하고는 설치할 수 없다.
  1. 「방송통신위원회의 설치 및 운영에 관한 법률」 제3조에 따른 방송통신위원회
  2. 「독점규제 및 공정거래에 관한 법률」 제35조에 따른 공정거래위원회
  3. 「부패방지 및 국민권익위원회의 설치와 운영에 관한 법률」 제11조에 따른 국민권익위원회
  4. 「금융위원회의 설치 등에 관한 법률」 제3조에 따른 금융위원회
  5. 「개인정보 보호법」 제7조에 따른 개인정보 보호위원회
  6. 「원자력안전위원회의 설치 및 운영에 관한 법률」 제3조에 따른 원자력안전위원회
  7. 「신행정수도 후속대책을 위한 연기·공주지역 행정중심복합도시 건설을 위한 특별법」 제38조에 따른 행정중심복합도시건설청
  8. 「새만금사업 추진 및 지원에 관한 특별법」 제34조에 따른 새만금개발청

11 행정절차   정답 ②

① [○] 정보공개를 통하여 정책의 투명성이 증가하면 행정통제를 자연스럽게 추진할 수 있게 된다.

⇨ 행정상의 중요한 정보와 행정상 결정이나 집행에 관해 시민이 알 수 있도록 적극적으로 공개하는 것이 가장 중요하다. 우리나라의 경우 「공공기관의 정보공개에 관한 법률」이 있으나 아직 비공개의 대상이 많아 논란이 되고 있다.

❷ [×] 행정절차를 강화하게 되면 비공식적 절차에 의한 통제를 제한하여 행정과 시민 간의 분쟁을 심화시키는 원인이 된다.
⇨ 「행정절차법」을 강화하게 되면 행정과 시민 간의 분쟁을 감소시키는 장점이 있다.

③ [O] 우리나라는 내부고발자 보호에 관한 규정을 두고 있으나, 실효성이 부족하다는 비판이 있다.
⇨ 내부고발자 보호제도는 조직의 구성원이 조직의 개인이나 집단이 불법·부당한 행위를 하는 것을 대외적으로 폭로하는 것을 보호해 주는 제도를 의미한다. 우리나라의 경우 2001년 「부패방지 및 국민권익위원회의 설치와 운영에 관한 법률」의 제정을 통해 내부고발자 보호장치를 도입하였으나 아직 활성화되지 못하고 있다.

④ [O] 정책결정과정에 시민들의 참여 기회를 확대하는 것으로 행정통제가 추진되나, 이익집단에 의해서 압력을 받을 우려가 제기된다.
⇨ 「행정절차법」 등의 제정을 통해 정책결정과정에서 주민의 참여를 보장하는 것이 중요하며, 시민참여예산제나 주민감사청구제도가 투명성 확보의 장치가 된다.

---

12 신공공관리론(NPM)의 특징 정답 ②

신공공관리론(NPM)의 특징으로 옳은 것은 ㄱ, ㄴ, ㄷ, ㅁ이다.

ㄱ. [O] 가격메커니즘과 경쟁원리
⇨ 신공공관리론은 기업가적 마인드와 창의, 혁신의 유도, X-비효율성의 제거를 통한 경쟁원리를 중시한다.

ㄴ. [O] 고객 지향적 공공서비스
⇨ 신공공관리론은 소비자 주권을 최우선으로 생각하여, 고객만족을 위한 행정서비스 제공을 목적으로 한다.

ㄷ. [O] 사회경제영역에 대한 정부 촉매작용
⇨ 전통적 정부는 직접 행정서비스를 제공하는 역할을 하였다면, 신공공관리론은 유도와 지원을 통한 방향잡기 방식의 촉매 역할을 한다.

ㄹ. [×] 시민에 대한 봉사
⇨ 시민에 대한 봉사는 신공공관리론을 비판하며 등장한 신공공서비스론(NPS)의 특징이다.

ㅁ. [O] 개인들의 총이익
⇨ 신공공관리론은 신제도주의 경제학을 이론적 배경으로 하기 때문에, 시장원리를 통한 개인들의 총이익을 중시한다.

ㅂ. [×] 공유가치에 대한 담론의 결과
⇨ 공유가치에 대한 담론의 결과는 신공공관리론을 비판하며 등장한 신공공서비스론(NPS)의 특징이다.

---

13 지방재정조정제도 정답 ④

① [O] 지방교부세
⇨ 지방교부세는 지방자치단체 간의 재정격차를 완화하고 전국적인 최저수준을 확보하기 위하여 지방자치단체의 재정수요에 필요한 부족재원을 국가가 지방자치단체에 보전해 주는 재원이다. 지방교부세의 재원은 지방교부세율(국세의 19.24%)과 종합부동산세의 세수 전액을 재원으로 한다.

② [O] 국고보조금
⇨ 국고보조금은 지방자치단체의 행정수행에 소요되는 경비의 일부 또는 전부를 충당하기 위하여 용도를 특정하여 교부하는 자금이다.

③ [O] 지방교육재정교부금
⇨ 지방교육재정교부금은 지방자치단체가 교육기관 및 교육행정기관을 설치·경영하는 데 필요한 재원을 국가가 교부하여 지역 간 교육의 균형 있는 발전을 도모하기 위한 것이다.

❹ [×] 조정교부금
⇨ 조정교부금, 징수교부금 등은 국가(중앙정부)가 아닌 광역자치단체가 기초자치단체의 재정을 조정해주는 제도이다.

---

14 지방세의 조건 정답 ②

① [O] 과세의 응익성
⇨ 과세의 응익성은 지방세의 과세는 수익을 얻는 사람에게 비용을 부담시켜야 한다는 원칙이다.

❷ [×] 지역 간 이동성
⇨ 지방세의 세원은 그 지역에서 고착되어 있어야지 이동되어서는 안 된다. 지역 간 이동성은 응익주의를 저해하며 이에 대한 탄력적인 대처를 못할 경우 정부실패의 원인이 된다.

③ [O] 세원의 안정성
⇨ 세원의 안정성은 지방세의 세원은 어느 정도 안정성과 지속성을 가져야 한다는 것이다.

④ [O] 세수의 탄력성
⇨ 세수의 탄력성은 세수도 경제적인 상황 등의 변화에 따라 탄력적으로 변해야 한다는 것이다.

---

15 공무원의 임용 절차 정답 ②

① [O] 시보임용기간은 5급은 1년, 6급 이하는 6개월이다.
⇨ 시보임용기간은 5급은 1년, 6급 이하는 6개월이다. 4급 이상의 신규 임용 시에는 적용되지 않는다.

❷ [×] 공무원 공개경쟁채용시험에 합격한 사람의 채용후보자 명부의 유효기간은 원칙적으로 2년이며, 연장할 수 없다.
⇨ 공무원 공개경쟁채용시험에 합격한 사람의 채용후보자 명부의 유효기간은 원칙적으로 2년이나, 시험실시기관의 장이 필요하다고 생각하면 1년 범위 내에서 연장할 수 있다. 경력경쟁채용시험의 합격의 효력은 원칙적으로 1년이다.

③ [O] 「국가공무원법」상 파면으로 징계처분을 받은 때부터 5년이 지나지 않으면 임용 결격사유에 해당한다.
⇨ 「국가공무원법」상 파면으로 징계처분을 받으면 5년, 해임으로 징계처분을 받으면 3년의 임용 결격기간을 갖는다.

④ [O] 지방교육행정직 공무원의 임용권자는 지방자치단체 교육감이다.
⇨ 지방교육행정직 공무원의 임용권자는 지방자치단체 교육감이다. 지방행정직 공무원의 임용권자는 지방자치단체의 장이다.

16 직무만족(job satisfaction)　　정답 ③

① [O] 직무에 대한 개인의 태도로서 조직학 분야에서 널리 연구된 변수 중의 하나이다.
⇨ 직무만족은 직무에 대한 개인의 태도이자 개인이 자신의 업무에 대해 만족하는 정도로서, 여러 가지 요인들에 의하여 좌우된다고 볼 수 있다.
② [O] 직무만족과 불만족의 주요 원인은 크게 조직요인, 근무부서요인, 개인적 요인 등 세 가지로 나눌 수 있다.
⇨ 직무만족과 불만족의 주요한 세 가지 요인은 조직요인, 근무부서요인, 개인적 요인이다. 구체적 예로 조직요인에는 봉급 등이 있으며, 근무부서요인에는 동료관계 등이 있다. 또한 개인적 요인에는 욕구 및 자아실현 등이 있다.
❸ [×] 조직구성원이 자신이 소속되어 있는 조직을 자신과 동일시하며 그 조직에 헌신하고자 하는 정도를 말한다.
⇨ 직무만족이 아닌 조직몰입(organizational commitment)의 설명에 해당한다. 조직몰입도가 높은 구성원은 직무를 열심히 수행하고 이직률이 낮은 경향이 있다. 조직몰입도는 근속 연수와 같은 개인적 요인과 의사결정에의 참여 정도 및 직장의 안정성 같은 조직적 요인에 의해 영향을 받는다.
④ [O] 직원들의 직무만족과 불만족은 그들의 이직률과 결근율에 영향을 미친다.
⇨ 직원들의 직무만족 또는 불만족의 결과는 결근율 또는 이직률 등으로 나타난다.

17 정책평가의 내적 타당성 저해요인　　정답 ①

❶ [O] 성숙효과(maturation)
⇨ 제시문의 사례는 자연적인 성숙을 의미하는 성숙효과에 대한 설명이다. 성숙효과란 평가에 동원된 실험집단이 정책효과와는 관계없이 스스로 성장함으로써 나타날 수 있는 효과로 관찰기간이 길수록 성숙효과가 나타날 가능성이 높다.
② [×] 회귀인공요소(regression artifact)
⇨ 실험 직전의 측정결과를 토대로 실험집단을 구성할 때, 평소와는 달리 유별나게 좋거나 나쁜 결과를 얻은 사람들이 선발된 후, 본래의 모습이나 성격으로 회귀하는 현상이다.
③ [×] 측정요소(testing)
⇨ 측정 그 자체가 연구되고 있는 현상에 영향을 주는 경우이다. 즉, 실험집단들이 자신이 측정을 받고 있다는 사실을 감지하고 있으면 의도적인 행위나 무의식적 반응이 수반될 수 있기 때문에 엄밀한 측정이 이루어지기 어렵다.
④ [×] 역사적 요인(history)
⇨ 연구기간 동안에 일어나는 사건이 실험집단에 영향을 미쳐 대상변수에 중요한 영향을 끼치는 경우이다.

18 예산제도의 연혁과 특징　　정답 ②

① [O] 품목별예산제도(LIBS)는 지출의 대상인 급여·시설비·방위비 등의 각 세부항목을 표시하여 편성하는 예산제도를 말한다.
⇨ 품목별예산제도(LIBS)는 지출대상인 급여나 수당 등을 품목별로 분류하여 그 지출대상과 한계를 규정하려는 예산제도이다.

❷ [×] 성과주의예산제도(PBS)는 조직별 분류를 기초로 하기 때문에 정부의 사업 및 활동에 대해 국민들의 이해를 증진시킬 수 있다.
⇨ 성과주의예산제도(PBS)는 조직별 분류가 아니라 기능별 분류를 기준으로 하기 때문에 국민들이 이해하기에 용이하다는 장점이 있다(시민을 위한 분류).
③ [O] 일선공무원들이 계획예산제도(PPBS)의 전반적인 프로그램 구조가 함축한 조직개편의 위협을 두려워하여, 이 제도의 시행에 소극적이었다.
⇨ 계획예산제도(PPBS)는 최고관리자의 권한집중과 의사결정의 집권화에 의한 조직갈등과 경직화현상이 발생한다. 또한 복잡한 분석기법과 편성방법을 공무원이나 의회가 제대로 이해하지 못해 시행에 소극적이었다.
④ [O] 영기준예산제도(ZBB)는 신속한 예산조정 등 변동 대응성의 증진에 기여한다는 등의 장점을 지니며, 우리나라에서는 1983년부터 예산안 편성에 이 제도를 적용하고 있다.
⇨ 영기준예산제도(ZBB)는 모든 사업을 재검토한다는 점에서 재정운영의 경직성을 타파하고 탄력성을 확보할 수 있으며, 예산운영 면에서 의사결정단위가 조직단위가 될 수도 있고 사업단위가 될 수도 있다는 점에서 다양성과 신축성을 갖는다.

19 시험의 요건(효용성)　　정답 ④

① [O] 일반직공무원에게 기술적인 지식을 측정하는 것은 타당도(validity)가 저하된다.
⇨ 일반직공무원에게 기술적인 지식을 측정하는 것은 측정하고자 하는 내용을 정확하게 측정한 것이 아니므로 타당도가 낮아진다.
② [O] 매년 다른 기술과목의 시험을 보는 것은 신뢰도(consistency)가 저하된다.
⇨ 매년 다른 기술과목의 시험을 보는 것은 결과의 일관성이 저하되므로 신뢰도가 낮아진다.
③ [O] 면접시험은 필기시험에 비해 시험의 주관성이 개입될 우려가 있고 신뢰도(consistency)가 저하된다.
⇨ 면접시험은 면접평가자가 평가하므로 주관성이 개입될 우려가 있고 결과도 다르기 때문에 신뢰도가 저하된다.
❹ [×] 주관식 시험은 객관식 시험에 비해 객관도(objectivity)가 높다.
⇨ 주관식 시험은 평가자의 주관이 개입될 우려가 크기 때문에 객관식 시험에 비해 동일한 결과가 나올 가능성이 낮으므로, 객관도가 낮다.

시험의 요건

구분	내용	측정방법
타당도	측정하고자 하는 내용의 정확한 측정여부(목적의 일치)	기준, 내용, 구성타당도를 측정
신뢰도	시기나 장소가 점수에 영향을 받지 않는 정보(결과의 일관성)	재시험법, 반분법, 동질이형법 등
객관도	어느 누가 채점해도 동일한 결과(동일한 결과)	–
난이도	쉬운 문제와 어려운 문제의 조화(변별력)	–
실용도	시험의 경제성, 집행의 용이성	–

20 무의사결정론   정답 ①

❶ [○] 바흐라흐(Bachrach)와 바라츠(Baratz)의 무의사결정론
⇨ 제시문의 사례는 무의사결정론으로, 바흐라흐(Bachrach)와 바라츠(Baratz)는 『권력의 두 얼굴(two faces of power)』에서 무의사결정론을 근거로 다원론을 비판하였다.

② [×] 트루먼(Truman)의 파도이론
⇨ 트루먼(Truman)은 이익집단론을 연구한 다원주의 학자로, 파도이론에 따르면 하나의 집단이 형성되어 활동을 시작하게 되면 다른 집단과 균형을 유지하기 위해서 파열(disturbance)이나 분열(cleavages) 현상이 나타나게 된다. 이러한 파열이나 분열을 바로잡기 위해서 그에 대응하는 다른 집단이 나타난다고 본다.

③ [×] 미첼스(Michels)의 과두제의 철칙
⇨ 미첼스(Michels)는 어느 조직체, 어떤 사회에서도 집단이 구성되면 거기에는 소수의 엘리트에 의한 지배, 즉 과두제가 나타나는 것은 조직의 철칙이라고 주장하였다.

④ [×] 벤틀리(Bentley)의 이익집단이론
⇨ 이익집단론을 연구한 다원주의 학자인 벤틀리(Bentley)는 "사회란 사람들로 구성된 집단의 경향 또는 요구에 불과하다."라고 하면서 정책결정과정에서 이익집단의 압력을 결정요인으로 보는 한편 "이익이 있는 곳에 이익집단이 있다."라고 하여 이익집단의 자연발생설을 주장하였다.

정답

p. 68

01	①	PART 2	06	④	PART 5	11	③	PART 3	16	② PART 4
02	④	PART 3	07	④	PART 1	12	②	PART 1	17	② PART 4
03	③	PART 7	08	③	PART 4	13	③	PART 6	18	② PART 5
04	④	PART 7	09	②	PART 2	14	③	PART 5	19	④ PART 3
05	④	PART 1	10	②	PART 2	15	③	PART 7	20	③ PART 6

PART 1 행정학의 기초이론 / PART 2 정책학 / PART 3 행정조직론 / PART 4 인사행정론 / PART 5 재무행정론 / PART 6 행정환류론 / PART 7 지방행정론

취약 단원 분석표

단원	맞힌 답의 개수
PART 1	/ 3
PART 2	/ 3
PART 3	/ 3
PART 4	/ 3
PART 5	/ 3
PART 6	/ 2
PART 7	/ 3
TOTAL	/ 20

---

01 조합주의　　　　　　　　　　　정답 ①

❶ [×] 조합주의는 관료의 적극적 역할보다는 소극적 역할에 초점을 둔다.
⇨ 조합주의는 관료의 소극적 역할보다는 적극적 역할에 초점을 둔다.

② [O] 엘리트주의에서는 관료의 적극적 역할보다는 지배계층의 역할에 주목한다.
⇨ 엘리트주의란 소수의 엘리트가 사회나 국가를 지배하고 이끌어 나가야 한다고 믿는 입장으로서 정책의 과정은 다원적인 세력이 아니라 엘리트에 의해서 주도되고 결정된다고 본다.

③ [O] 철의 삼각에서 관료는 특수 이익집단의 이익에 종속되는 경향이 있다.
⇨ 철의 삼각이란 공식참여자인 정부 관료와 의회의 상임위원회, 비공식 참여자인 이익집단이 상호 이해관계를 공유하면서 정책영역별로 정책과정에 영향을 미치는 현상이다.

④ [O] 다원주의에서는 관료보다는 외부집단이나 지배계층의 역할을 더욱 중요시한다.
⇨ 다원주의란 정치적 영향력이나 권력이 개인이나 소수가 아닌 사회 내의 구성원이나 집단에 분산되어 있고 이들 집단 간 영향력의 차이에 따라 정책이 결정된다는 것이다.

정책의제설정에 관한 국가론

다원주의	이익집단이 의제 주도, 국가는 수동적 심판관	신다원론	국가가 능동적 개입
엘리트주의 (선량주의)	엘리트들이 일반대중 지배	신엘리트주의	무의사결정론
마르크스 주의	국가는 자본가 계급의 도구(K. Marx)	신마르크스 주의	국가의 상대적 자율성
국가주의 (베버주의)	정부관료제의 절대적 자율성(M. Weber)	신베버주의	국가의 상대적 자율성 (Krasner)
조합주의	국가(관료)가 이익집단 지배·억압	신조합주의	산업조직(다국적 기업 등)의 영향력 강조

02 권력의 유형　　　　　　　　　　정답 ④

① [×] 합법적 권력
⇨ 조직이나 계층상의 위계에 의하여 행사되는 권력(정통적 권력)이다.

② [×] 보상적 권력
⇨ 복종의 대가로서 승진이나 봉급의 인상 등 보상을 제공할 수 있는 능력에 기반을 둔 권력이다.

③ [×] 전문적 권력
⇨ 전문적 지식이나 기술에 의하여 전개되는 권력이다.

❹ [O] 준거적 권력
⇨ 어떤 사람의 능력이나 매력에 존경과 호감을 느낌으로써 그를 자기의 역할모델로 삼으며(역할모형화) 일체감과 신뢰를 바탕으로 하는 권력으로 리더의 개인적인 특성에 기반을 둔 권력이다.

03 행정협의조정위원회　　　　　　　정답 ③

① [O] 중앙행정기관의 장과 지방자치단체의 장이 사무를 처리할 때 의견을 달리하는 경우 이를 협의·조정하기 위하여 국무총리 소속으로 행정협의조정위원회를 둔다.
⇨ 「지방자치법」 제187조(중앙행정기관과 지방자치단체 간 협의·조정) 제1항에 명시되어 있다.

② [O] 행정협의조정위원회는 위원장 1명을 포함하여 13명 이내의 위원으로 구성한다.
⇨ 「지방자치법」 제187조(중앙행정기관과 지방자치단체 간 협의·조정) 제2항에 명시되어 있다.

❸ [×] 행정협의조정위원회의 당연직 위원은 기획재정부장관, 행정안전부장관, 대통령비서실장 및 국무조정실장이다.
⇨ 행정협의조정위원회의 당연직 위원은 기획재정부장관, 행정안전부장관, 국무조정실장 및 법제처장이다.

④ [O] 행정협의조정위원회의 구성과 운영 등에 필요한 사항은 대통령령으로 정한다.
⇨ 「지방자치법」 제187조(중앙행정기관과 지방자치단체 간 협의·조정) 제3항 제3호에 명시되어 있다.

관련법령

「지방자치법」상 행정협의조정위원회

제187조【중앙행정기관과 지방자치단체 간 협의·조정】 ① 중앙행정기관의 장과 지방자치단체의 장이 사무를 처리할 때 의견을 달리하는 경우 이를 협의·조정하기 위하여 국무총리 소속으로 행정협의조정위원회를 둔다.

② 행정협의조정위원회는 위원장 1명을 포함하여 13명 이내의 위원으로 구성한다.

③ 행정협의조정위원회의 위원은 다음 각 호의 사람이 되고, 위원장은 제3호의 위촉위원 중에서 국무총리가 위촉한다.

1. 기획재정부장관, 행정안전부장관, 국무조정실장 및 법제처장

2. 안건과 관련된 중앙행정기관의 장과 시·도지사 중 위원장이 지명하는 사람

3. 그 밖에 지방자치에 관한 학식과 경험이 풍부한 사람 중에서 국무총리가 위촉하는 사람 4명

④ 제1항부터 제3항까지에서 규정한 사항 외에 행정협의조정위원회의 구성과 운영 등에 필요한 사항은 대통령령으로 정한다.

---

04 우리나라의 주민투표 　　　　　정답 ④

① [×] 대한민국의 국적을 취득할 때까지 외국인은 주민투표권자가 될 수 없다.

⇨ 출입국관리 관계 법령에 따라 대한민국에 계속 거주할 수 있는 자격을 갖춘 외국인으로서 지방자치단체의 조례로 정한 사람에게는 주민투표권이 부여된다(「주민투표법」 제5조 제1항 제2호).

② [×] 주민투표권이 없는 자라도 주민투표운동을 할 수 있다.

⇨ 주민투표권이 없는 자는 주민투표운동을 할 수 없다(「주민투표법」 제21조 제2항 제1호).

③ [×] 주민투표에 부치는 사항은 당해 지방자치단체의 주요 결정사항에 한한다.

⇨ 주민에게 과도한 부담을 주거나 중대한 영향을 미치는 지방자치단체의 주요 결정사항으로서 그 지방자치단체의 조례로 정하는 사항은 주민투표에 부칠 수 있다(「주민투표법」 제7조 제1항).

❹ [○] 주민투표의 발의는 지방자치단체의 장에게만 인정되고 있다.

⇨ 우리나라의 「지방자치법」에 따르면 주민투표의 발의는 지방자치단체의 장에게만 인정되고 있다.

관련법령

우리나라의 주민투표 관련법령

「주민투표법」

제5조【주민투표권】 ① 18세 이상의 주민 중 제6조 제1항에 따른 투표인명부 작성기준일 현재 다음 각 호의 어느 하나에 해당하는 사람에게는 주민투표권이 있다. 다만, 「공직선거법」 제18조에 따라 선거권이 없는 사람에게는 주민투표권이 없다.

1. 그 지방자치단체의 관할 구역에 주민등록이 되어 있는 사람

2. 출입국관리 관계 법령에 따라 대한민국에 계속 거주할 수 있는 자격(체류자격변경허가 또는 체류기간연장허가를 통하여 계속 거주할 수 있는 경우를 포함한다)을 갖춘 외국인으로서 지방자치단체의 조례로 정한 사람

제21조【투표운동기간 및 투표운동을 할 수 없는 자】 ② 다음 각 호의 어느 하나에 해당하는 자는 투표운동을 할 수 없다.

1. 주민투표권이 없는 자

「지방자치법」

제18조【주민투표】 ① 지방자치단체의 장은 주민에게 과도한 부담을 주거나 중대한 영향을 미치는 지방자치단체의 주요 결정사항 등에 대하여 주민투표에 부칠 수 있다.

---

05 행정의 가치와 이념 　　　　　정답 ④

행정가치에 대한 설명으로 ㄱ, ㄴ, ㄷ, ㄹ 모두 옳다.

ㄱ. [○] 실체설은 공익을 사익을 초월한 실체적·규범적·도덕적 개념으로 파악하며, 공익과 사익 간의 갈등이란 있을 수 없다고 본다.

⇨ 실체설은 개인보다 집단의 이익을 우선시하는 전체주의적 입장에 입각해 있다.

ㄴ. [○] 과정설은 공익을 사익의 총합이라고 파악하며, 사익을 초월한 별도의 공익이란 존재하지 않는다고 본다.

⇨ 과정설은 개인주의, 현실주의의 입장에 해당하고 의사결정의 점증모형(다원주의)과 관련된다.

ㄷ. [○] 롤스(Rawls)의 사회정의의 원리에 의하면 정의의 제1원리는 동등한 자유의 원리이며, 제2원리는 정당한 불평등의 원리이다. 제2원리 내에서 충돌이 생길 때에는 기회균등의 원리가 차등조정의 원리에 우선되어야 한다.

⇨ 롤스(Rawls)는 사회정의란 분배적 정의를 의미하는 것으로 공정성으로서 정의를 파악하였다. 즉, 평등원칙에 따라 사회구성원들에게 공정하게 배분되어야 한다고 보았다.

ㄹ. [○] 베를린(Berlin)은 자유의 의미를 두 가지로 구분하였는데, 간섭과 제약이 없는 상태를 소극적 자유라고 하고 무엇을 할 수 있는 자유를 적극적 자유라고 하였다.

⇨ 소극적 자유는 권력과 맞서는 개인의 자유를 강조하는 '정부로부터의 자유(freedom from government)'이며, 적극적 자유는 정부의 간섭주의를 지향하는 '정부에 의한 자유(freedom by government)' 내지는 '정부로의 자유(freedom to government)'이다.

---

06 품목별예산제도와 계획예산제도 　　　　　정답 ④

① [○] 기본적 지향 - LIBS: 통제 / PPBS: 계획

⇨ 품목별예산제도(LIBS)의 기본 방향은 통제를 지향하고, 계획예산제도(PPBS)의 기본 방향은 계획을 지향한다.

② [○] 기획책임 - LIBS: 분산 / PPBS: 집중

⇨ 품목별예산제도(LIBS)의 기획책임은 분산되어 있고, 계획예산제도(PPBS)의 기획책임은 집중되어 있다.

③ [○] 대안선택 - LIBS: 점증적 결정 / PPBS: 총체적 결정

⇨ 품목별예산제도(LIBS)의 대안선택은 점증적 결정에 따르고, 계획예산제도(PPBS)의 대안선택은 총체적 결정에 따른다.

❹ [×] 통제책임 - LIBS: 운영단위 / PPBS: 중앙

⇨ 품목별예산제도(LIBS)의 통제책임은 중앙에, 계획예산제도(PPBS)의 통제책임은 운영단위에 있다.

---

07 포스트모더니즘의 특징 　　　　　정답 ④

① [○] 우리가 발견할 수 있는 객관적 사실이 있다고 보는 객관주의를 배척하고 사회적 현실은 우리들의 마음 속에서 구성된다고 본다.

⇨ 구성주의(constructivism)에 대한 설명이다.

② [○] 보편주의와 객관주의를 추구하는 것은 헛된 꿈이라고 비판하고 지식의 상대주의를 주장한다.

⇨ 상대주의적 세계관에 대한 설명이다.

③ [O] 개인들은 조직과 사회적 구조의 지시와 제약으로부터 해방되어야 한다고 주장한다.
⇨ 해방주의에 대한 설명이다. 그 외 포스트모더니즘이론의 특징으로는 상상, (영역)해체 등이 있다.
❹ [×] 나 아닌 다른 사람을 도덕적 타자가 아니라 인식적 객체로 인정하는 것이다.
⇨ 포스트모더니즘의 특징 중 타자성(他者性, altérité)에 대한 설명이다. 나 아닌 다른 사람을 인식적 객체가 아니라 도덕적 타자로 인정하는 것이다.

---

08 신규임용절차   정답 ③

❸ [O] ㄱ - ㄷ - ㄹ - ㄴ - ㅁ
⇨ 신규임용절차는 ㄱ. 모집, ㄷ. 시험, ㄹ. 채용후보자명부작성 및 기관 추천, ㄴ. 시보임용, ㅁ. 임명 및 보직부여의 순서로 이루어진다.

---

09 정책결정모형의 특징   정답 ②

① [O] 윌다브스키(Wildavsky)의 점증주의적 정책결정모형은 합리주의적 정책결정모형의 현실적 한계를 비판하면서 등장한 모형으로서 다원적 정치체제의 정책결정에 대한 설명력이 높다.
⇨ 점증모형은 1959년 린드블룸(Lindblom), 윌다브스키(Wildavsky) 등이 주장한 정책결정의 현실적·실증적 모형이다. 정책결정과정에 있어서의 대안선택은 종래의 정책이나 결정의 점진적·순차적 수정 내지 약간의 향상으로 이루어지며, 정책수립과정이 '그럭저럭 헤쳐나가는(muddling through)' 과정으로 고찰된다.
❷ [×] 에치오니(AEtzioni)의 혼합주사모형 중 세부적 결정에서는 대안의 종류를 포괄적으로 고려하고 대안들에 대한 결과예측은 제한적으로 한다.
⇨ 에치오니(Etzioni)의 혼합모형에서는 세부적(부분적) 결정은 근본적 결정의 테두리 내에서 선정된 소수의 대안에 대해서만 검토하고(점증모형) 그 결과예측에 대해서는 모든 결과를 세밀하게 예측한다(합리모형).
③ [O] 쓰레기통모형에서는 문제, 해결책, 선택 기회, 참여자의 네 요소가 독자적으로 흘러다니다가 어떤 계기로 교차해 만나게 될 때 의사결정이 이뤄진다고 본다.
⇨ 쓰레기통모형은 조직화된 무질서 상태(무정부 상태)에서 응집성이 매우 약한 조직이 어떤 의사결정행태를 나타내는가에 분석초점을 두고 코헨(Cohen), 마치(March), 올센(Olsen) 등이 제시한 모형이다.
④ [O] 사이먼(Simon)은 현실적 제약 조건을 고려하여 제한된 합리성을 추구하는 정책결정모형을 제시하였다.
⇨ 만족모형은 1958년 사이먼(Simon)과 마치(March)에 의해 사회심리적으로 접근된 이론으로서, 제한된 합리성을 고려하여 개인의 심리적 제약요인을 고려하므로 개인적·행태론적 차원의 현실적·실증적이다.

합리모형, 점증모형, 혼합주사모형의 비교 ✎

구분		대안탐색	결과예측
합리모형		포괄적(모든 대안)	포괄적(모든 결과)
점증모형		제한적(소수의 대안)	제한적(결과의 일부)
혼합주사모형	근본적 결정	포괄적(모든 대안) – 합리모형	제한적 (중요한 결과만 개괄적으로 예측) - 점증모형
	세부적 결정	제한적(소수의 대안) – 점증모형	포괄적 (모든 결과를 세밀하게 예측) - 합리모형

---

10 정책집행실패원인   정답 ②

① [O] 집행과정에 참여자가 너무 많아서 정책집행에 어려움을 겪었다.
⇨ 프레스만-윌다브스키 패러독스(Pressman - Wildavsky paradox)라고 하는데 의사결정과정상에서 많은 참여자들은 이들이 각기 거부점(veto point)으로 작용하여 정책집행상의 실패를 가져온다는 것이다. 나머지의 요인에 의해서도 정책집행의 실패가 일어난다고 보았다.
❷ [×] 중요한 지위에 있는 자들이 너무 장기간 자리하고 있어서 정책집행에 대한 보수적 성격을 갖게 되었다.
⇨ 중요한 지위에 있는 자들이 너무 자주 교체되어서 집행에 대한 지지와 협조가 줄어들었다.
③ [O] 정책목표를 달성할 수 있는 적절한 수단마련에 실패했다.
⇨ 정책이 단순하지 않았음에도 불구하고 정책집행을 위한 여러 가지 다양한 요인이 고려되지 못하였다.
④ [O] 정책집행을 담당하는 기구가 적절하지 못하였다.
⇨ 경기회복담당기관(EDA; 경제개발처)이 복지사업의 집행을 담당하는 등 적절하지 않은 기관이 정책집행을 담당하였다.

---

11 정부조직의 미션, 비전, 핵심가치   정답 ③

① [O] 미션은 '왜 우리 조직이 존재해야 하는지?' 또는 '우리 조직이 없으면 무엇이 문제인지?'에 대한 답을 담고 있다.
⇨ 미션은 조직의 존재 이유이다.
② [O] 비전은 조직의 미래의 모습에 대한 '머릿속의 그림'이자 '언어로 그린 그림'이다.
⇨ 비전이란 조직에서 추구해야 할 바람직하며 실현 가능한 미래상이다.
❸ [×] 핵심가치는 무엇이 할 일이고, 무엇이 할 일이 아닌지에 대한 지침 내지 기준을 제공해야 한다.
⇨ 핵심가치는 미션과 비전을 달성하는 과정에서 '어떻게 행동하여야 하는가'에 대한 기준을 말한다. 무엇이 할 일이고, 무엇이 할 일이 아닌지에 대한 지침 내지 기준을 제공하는 것은 미션선언문이다.
④ [O] 비전이 구성원에 의하여 공유되기 위해서는 리더와 부하가 함께 비전을 설정하는 것이 바람직하다.
⇨ 일방적으로 윗선에서 미션과 비전을 설정하여 전달하기보다는 구성원들과 함께 할 때, 그 가치가 더욱 극대화된다.

12 개방체제의 특성 　　　　　정답 ②

① [O] 동적 항상성(dynamic homeostasis)
⇨ 개방체제는 환경과의 불균형을 해소하기 위하여 동태적 적응을 통해서 지속적인 상태를 유지할 수 있다.
❷ [×] 긍정적 엔트로피(positive entropy)
⇨ 개방체제는 체제의 안정과 균형·생존을 위하여 긍정적 엔트로피를 받아들이지 않고 엔트로피(해체·소멸)를 부정하는 부정적 엔트로피(negative entropy)를 추구한다.
③ [O] 환경적 자각
⇨ 개방체제는 행정을 둘러싸고 있는 외부환경과의 관계, 즉 환경과의 상호작용을 인식한다.
④ [O] 분화와 통합
⇨ 개방체제는 여러 하위체제로 분화되고, 각 하위체제는 자율적이지만 동시에 복잡한 관계망을 형성하면서 전체 체제로 통합된다.

13 제4차 산업혁명 　　　　　정답 ③

① [O] 2016년 세계 경제 포럼(WEF; World Economic Forum)에서 언급되었으며 컴퓨터, 인터넷으로 대표되는 제3차 산업혁명(정보혁명)에서 한 단계 더 진화한 혁명으로도 일컬어진다.
⇨ 2016년 6월 스위스에서 열린 세계 경제 포럼(WEF)인 다보스 포럼(Davos Forum)에서 언급되었으며, 정보통신기술(ICT) 기반의 새로운 산업시대를 대표하는 용어로 사용되었다.
② [O] 초연결(hyperconnectivity)과 초지능(superintelligence)을 특징으로 하기 때문에 기존 산업혁명에 비해 더 넓은 범위(scope)에 더 빠른 속도(velocity)로 영향(impact)을 미친다.
⇨ 제4차 산업혁명은 초연결과 초지능을 특징으로 한다.
❸ [×] 탈분권, 공유와 개방을 통한 맞춤형 시대의 지능화 세계를 지향하며, 이를 구축하기 위해 빅데이터, 인공지능, 블록체인 등의 여러 가지 기술이 동원된다.
⇨ 제4차 산업혁명은 탈분권이 아니라 탈집권을 특징으로 한다. 즉, 탈집권, 공유와 개방을 통한 맞춤형 시대의 지능화 세계를 지향한다.
④ [O] 사물인터넷, 로봇공학, 양자암호 등 첨단 정보통신기술이 경제·사회 전반에 융합되어 혁신적인 변화가 나타나는 차세대 산업혁명이다.
⇨ 사물인터넷(IoT), 로봇공학기술, 양자암호 이외에도 인공지능(AI), 가상현실(VR), 빅데이터, 드론 등의 기술을 기반으로 한다.

14 정부예산의 과목구조 　　　　　정답 ③

① [O] 우리나라 예산은 소관별로 구분된 후, 기능별로 분류되고 마지막으로 목별로 분류된다.
⇨ 우리나라 세출예산구조는 부문 → 장 → 관 → 항 → 세항 → 세세항 → 목 순으로 분류된다.

② [O] 성질별로 분류할 때 물건비는 목(성질)에 해당하고, 운영비는 세목에 해당한다.
⇨ 우리나라의 세출예산은 인건비, 물건비, 경상이전비, 자본지출경비, 융자금 및 출자금, 보전지출, 정부내부거래, 예비비 및 기타의 8개 영역에 49개 목과 102개 세목으로 구성되어 있다. 성질별로 물건비는 목에 해당하고, 운영비는 세목에 해당한다.
❸ [×] 기능을 중심으로 장은 부문, 관은 분야, 항은 프로그램, 세항은 단위사업을 의미한다.
⇨ 프로그램예산 측면에서 볼 때 기능을 중심으로 장은 분야, 관은 부문, 항은 프로그램(정책사업), 세항은 단위사업을 각각 의미한다.
④ [O] 장 사이의 상호 융통(이용)은 국회의 통제를 받는다.
⇨ 이용은 국회의결이 필요하지만, 전용은 국회의결이 필요하지 않다.

15 지방세 　　　　　정답 ③

① [O] ㄱ - 지방소비세
⇨ 지방소비세는 지방세 중 보통세로서, ㄱ은 지방소비세에 대한 설명이다.
② [O] ㄴ - 지역자원시설세
⇨ 지역자원시설세는 지방세 중 목적세로서, ㄴ은 지역자원시설세이다.
❸ [×] ㄷ - 지방교부세
⇨ 지방교부세가 아닌 지방소득세에 대한 설명이다. 지방교부세는 국가가 지방자치단체의 재정불균형을 시정하기 위하여 교부하는 지방재정조정제도(의존재원)이다.
④ [O] ㄹ - 지방교육세
⇨ 지방교육세는 지방세 중 목적세로서, ㄹ은 지방교육세에 대한 설명이다.

16 연금지급의 제한사유 　　　　　정답 ②

① [O] 재직 중의 사유로 금고 이상의 형이 확정된 경우
⇨ 「공무원연금법」 제65조 제1항 제1호에 규정되어 있다.
❷ [×] 공직자가 직위해제된 경우
⇨ 직위해제처분은 공무원의 신분은 유지되는 것이기 때문에 연금지급 제한사유가 되지 않는다. 직위해제는 징계의 종류가 아니라 신분상의 불이익한 처분 중 하나에 해당한다.
③ [O] 탄핵 또는 징계에 의하여 파면된 경우
⇨ 「공무원연금법」 제65조 제1항 제2호에 규정되어 있다.
④ [O] 금품 및 향응 수수, 공금의 횡령·유용으로 징계에 의하여 해임된 경우
⇨ 「공무원연금법」 제65조 제1항 제3호에 규정되어 있다.

17 직위분류제의 필요성 　　　　　정답 ②

① [O] 행정의 전문화와 능률화에 기여한다.
⇨ 개방형 임용을 추구하므로 행정의 전문화와 능률화를 촉진시킨다.
❷ [×] 조직의 원활한 횡적 의사소통을 위해 필요하다.
⇨ 직위분류제에 의한 합리적 인사관리는 횡적(수평적) 의사소통을 단절시켜 할거주의를 야기할 가능성이 크다.

③ [O] 근무성적평정의 객관화 등 과학적·합리적 인사행정에 기여한다.
⇨ 직위분류제는 객관적인 직무 중심의 공직분류방법이라는 점에서 특정 공무원의 능력과 자격 등을 기준으로 하는 주관적인 인간 중심의 계급제와는 다르다.
④ [O] 직위 간 권한과 책임의 한계를 명확히 할 수 있다.
⇨ 직무분석과 직무평가를 통하여 권한과 책임의 한계를 명백하게 함으로써 정원관리에 합리성을 기할 수 있다.

---

18 예비타당성조사   정답 ②

① [O] 중앙관서의 장이 예비타당성조사를 면제받으려는 경우에는 해당 사업의 명칭, 개요, 필요성과 면제 사유 등을 명시한 예비타당성조사 면제요구서를 기획재정부장관에게 제출하여야 한다.
⇨ 「국가재정법 시행령」 제13조 제3항에 규정되어 있다.
❷ [×] 기획재정부장관은 예비타당성조사 면제요구서를 제출받은 경우 국가기밀과 관계된 사업의 경우에도 관계 전문가의 자문을 거쳐 예비타당성조사 면제 여부를 결정하고 소관 중앙관서의 장에게 그 결과를 통보하여야 한다.
⇨ 「국가재정법 시행령」 제13조의2 제2항에 따르면, 예비타당성조사 면제 여부 결정 시 국가기밀과 관계된 사업의 경우에는 관계 전문가의 자문을 거치지 아니할 수 있다.
③ [O] 남북교류협력에 관계되거나 국가 간 협약·조약에 따라 추진하는 사업은 면제대상이다.
⇨ 「국가재정법」 제38조 제2항 제4호에 규정되어 있다.
④ [O] 공공청사, 교정시설, 초·중등 교육시설의 신·증축 사업은 면제대상이다.
⇨ 「국가재정법」 제38조 제2항 제1호에 규정되어 있다.

관련법령

예비타당성조사
「국가재정법」
제38조【예비타당성조사】① 기획재정부장관은 총사업비가 500억 원 이상이고 국가의 재정지원 규모가 300억 원 이상인 신규 사업으로서 다음 각 호의 어느 하나에 해당하는 대규모사업에 대한 예산을 편성하기 위하여 미리 예비타당성조사를 실시하고, 그 결과를 요약하여 국회 소관 상임위원회와 예산결산특별위원회에 제출하여야 한다. 다만, 제4호의 사업은 제28조에 따라 제출된 중기사업계획서에 의한 재정지출이 500억 원 이상 수반되는 신규 사업으로 한다.
1. 건설공사가 포함된 사업
2. 「지능정보화 기본법」 제14조 제1항에 따른 정보화 사업
3. 「과학기술기본법」 제11조에 따른 국가연구개발사업
4. 그 밖에 사회복지, 보건, 교육, 노동, 문화 및 관광, 환경 보호, 농림해양수산, 산업·중소기업 분야의 사업
② 제1항에도 불구하고 다음 각 호의 어느 하나에 해당하는 사업은 대통령령으로 정하는 절차에 따라 예비타당성조사 대상에서 제외한다.
1. 공공청사, 교정시설, 초·중등 교육시설의 신·증축 사업
2. 문화재 복원사업
3. 국가안보에 관계되거나 보안이 필요한 국방 관련 사업
4. 남북교류협력과 관계되거나 국가 간 협약·조약에 따라 추진하는 사업
5. 도로 유지보수, 노후 상수도 개량 등 기존 시설의 효용 증진을 위한 단순개량 및 유지보수사업
6. 「재난 및 안전관리기본법」 제3조 제1호에 따른 재난복구 지원, 시설 안전성 확보, 보건·식품 안전 문제 등으로 시급한 추진이 필요한 사업

7. 재난예방을 위하여 시급한 추진이 필요한 사업으로서 국회 소관 상임위원회의 동의를 받은 사업
8. 법령에 따라 추진하여야 하는 사업
9. 출연·보조기관의 인건비 및 경상비 지원, 융자 사업 등과 같이 예비타당성조사의 실익이 없는 사업
10. 지역 균형발전, 긴급한 경제·사회적 상황 대응 등을 위하여 국가 정책적으로 추진이 필요한 사업으로서 다음 각 목의 요건을 모두 갖춘 사업. 이 경우, 예비타당성조사 면제 사업의 내역 및 사유를 지체 없이 국회 소관 상임위원회에 보고하여야 한다.
  가. 사업목적 및 규모, 추진방안 등 구체적인 사업계획이 수립된 사업
  나. 국가 정책적으로 추진이 필요하여 국무회의를 거쳐 확정된 사업
③ 제1항의 규정에 따라 실시하는 예비타당성조사 대상사업은 기획재정부장관이 중앙관서의 장의 신청에 따라 또는 직권으로 선정할 수 있다.
④ 기획재정부장관은 국회가 그 의결로 요구하는 사업에 대하여는 예비타당성조사를 실시하여야 한다.
⑤ 기획재정부장관은 제2항 제10호에 따라 예비타당성조사를 면제한 사업에 대하여 예비타당성조사 방식에 준하여 사업의 중장기 재정소요, 재원조달방안, 비용과 편익 등을 고려한 효율적 대안 등의 분석을 통하여 사업계획의 적정성을 검토하고, 그 결과를 예산편성에 반영하여야 한다.

「국가재정법 시행령」
제13조【예비타당성조사】③ 중앙관서의 장이 법 제38조 제3항에 따라 예비타당성조사를 신청하는 경우에는 사업의 명칭·개요·필요성 등을 명시한 예비타당성조사 요구서를 기획재정부장관에게 제출하여야 한다.
④ 기획재정부장관은 제3항의 요구에 따라 또는 직권으로 해당 사업 관련 중·장기 투자계획과의 부합성 및 사업추진의 시급성 등을 검토한 후 관계 전문가의 자문을 거쳐 예비타당성조사의 실시 여부를 결정하여야 한다.
⑤ 기획재정부장관은 제4항에 따라 예비타당성조사를 실시하기로 결정한 경우에는 조사대상사업의 경제성 및 정책적 필요성 등을 종합적으로 검토하여 그 타당성 여부를 판단하고, 그 결과를 공개하여야 한다.
제13조의2【예비타당성조사의 면제 절차】① 중앙관서의 장이 법 제38조 제2항에 따라 예비타당성조사를 면제받으려는 경우에는 해당 사업의 명칭, 개요, 필요성과 면제 사유 등을 명시한 예비타당성조사 면제요구서를 기획재정부장관에게 제출하여야 한다.
② 기획재정부장관은 제1항에 따른 예비타당성조사 면제요구서를 제출받은 경우 법 제38조 제2항 각 호의 어느 하나에 해당하는 사업에 대해서는 관계 전문가의 자문을 거쳐 예비타당성조사 면제 여부를 결정하고 소관 중앙관서의 장에게 그 결과를 통보하여야 한다. 다만, 국가기밀과 관계된 사업의 경우에는 관계 전문가의 자문을 거치지 아니할 수 있다.
③ 소관 중앙관서의 장은 제2항에 따라 예비타당성조사 면제 결정을 통보받은 경우 법 제38조 제2항 제7호에 따른 재난예방을 위하여 시급한 추진이 필요한 사업의 면제 결정에 대해서는 국회 소관 상임위원회의 동의를 받아야 하며, 같은 항 제10호 전단에 해당하는 사업의 면제 결정에 대해서는 그 사업의 내용과 면제 사유를 지체 없이 국회 소관 상임위원회에 보고하여야 한다.

---

19 매트릭스구조   정답 ④

매트릭스구조에 대한 설명으로 ㄱ, ㄴ, ㄷ, ㄹ 모두 옳다.
ㄱ. [O] 기능구조와 사업구조의 화학적 결합을 시도하는 조직구조이다.
⇨ 기능구조와 사업구조를 화학적으로 결합한 이중적 권한구조를 가지는 조직구조로서 기능부서의 전문성과 사업부서(프로젝트구조)의 신속한 대응성을 결합한 조직이다.
ㄴ. [O] 이원적 권한 체계를 갖는 데 그 기본적 특성이 있다.
⇨ 수평적·수직적인 이원적 권한 체계가 매트릭스구조의 특징이다.

ㄷ. [O] 기능부서 통제권한의 계층은 수직적으로 흐르고, 사업부서 간 조정권한의 계층은 수평적으로 흐르게 된다.
  ⇨ 기능부서의 권한은 수직적으로 흐르고, 사업구조의 권한은 수평적으로 흐르는 입체적 조직이다.

ㄹ. [O] 기능부서의 기술적 전문성이 요구되는 동시에 사업부서의 신속한 대응성의 필요가 증대되면서 등장하였다.
  ⇨ 기능부서의 전문성과 사업구조의 신속한 대응성을 결합한 것이다.

20   행정통제의 유형   정답 ③

① [×] 법적 통제
  ⇨ 법적 통제는 외부 지향적이고 통제의 강도가 강하다.
② [×] 전문적 통제
  ⇨ 전문적 통제는 내부 지향적이고 통제의 정도가 약하다.
❸ [O] 정치적 통제
  ⇨ 외부 지향적이고 통제의 강도가 낮은 것은 정치적 통제이다.
④ [×] 관료적 통제
  ⇨ 관료적 통제는 내부 지향적이고 통제의 정도가 강하다.

행정통제의 유형(Dubnick & Romzek)

구분		통제의 원천	
		내부	외부
통제의 정도	강	관료적(bureaucratic) 통제	법적(legal) 통제
	약	전문적(professional) 통제	정치적(political) 통제

정답

p. 74

01	③ PART 2	06	① PART 4	11	③ PART 2	16	② PART 5
02	① PART 7	07	④ PART 1	12	② PART 7	17	② PART 4
03	③ PART 1	08	② PART 2	13	① PART 3	18	③ PART 4
04	② PART 7	09	③ PART 5	14	④ PART 3	19	② PART 2
05	④ PART 5	10	④ PART 1	15	③ PART 3	20	④ PART 6

PART 1 행정학의 기초이론 / PART 2 정책학 / PART 3 행정조직론 / PART 4 인사행정론 / PART 5 재무행정론 / PART 6 행정환류론 / PART 7 지방행정론

취약 단원 분석표

단원	맞힌 답의 개수
PART 1	/ 3
PART 2	/ 4
PART 3	/ 3
PART 4	/ 3
PART 5	/ 3
PART 6	/ 1
PART 7	/ 3
TOTAL	/ 20

---

01 앨리슨(Allison)모형 정답 ③

① [×] 합리적 행위자모형은 SOP 확립을 매우 중요하게 생각한다.
⇨ 합리적 행위자모형이 아니라 조직과정모형에 대한 설명이다. 조직과정모형에서 조직은 학습을 통하여 SOP와 프로그램 목록을 만들고 이들에 의존하여 의사결정을 한다.

② [×] 조직과정모형은 조직의 목표에 대한 공유도가 강하고 정책목표에 대한 일관성도 높다.
⇨ 조직과정모형이 아니라 합리적 행위자모형에 대한 설명이다. 합리적 행위자모형에서는 행위자의 목표가 곧 조직 전체의 목표이기 때문에 목표의 공유도(집단의 응집력)가 매우 강하다.

❸ [○] 관료정치모형은 권력의 소재가 개인들의 정치적 자원에 기반하고 있다.
⇨ 관료정치모형은 구성원들의 목표에 대한 공유도가 극히 약하므로 개개인은 자신이 지닌 정치적 자원을 이용하여 정치적 게임규칙에 따라 목표달성을 위해서 노력하게 된다.

④ [×] 하나의 조직에서는 세 가지 의사결정방식 중 반드시 하나의 의사결정방식만 나타난다.
⇨ 앨리슨(Allison)모형은 정책결정방식을 세 가지로 나누었으며, 이 방식들은 정책사례에서 하나씩 적용될 수도 있고 세 가지 유형이 동시에 나타날 수도 있다고 본다.

---

02 「지방자치분권 및 지방행정체제개편에 관한 특별법」 정답 ①

❶ [×] 국가는 지방자치단체와 「지방자치법」에 따른 지방자치단체의 장 등의 협의체 및 각계각층의 의견을 수렴하여 자치분권 및 지방행정체제 개편에 필요한 법적·제도적인 조치를 마련하여야 하며, 자치분권정책을 수행하기 위한 법적 조치를 마련하는 때에는 개별적·세부적으로 하여야 한다.
⇨ 「지방자치분권 및 지방행정체제개편에 관한 특별법」 제3조 제1항에 따르면, 자치분권정책을 수행하기 위한 법적 조치를 마련하는 때에는 포괄적·일괄적으로 하여야 한다.

② [○] 지방자치단체는 국가가 추진하는 자치분권정책에 부응하여 행정 및 재정의 책임성과 효율성을 높이는 등의 개선조치를 마련하여야 한다.
⇨ 「지방자치분권 및 지방행정체제개편에 관한 특별법」 제3조 제2항에 규정되어 있다.

③ [○] 지방자치단체는 국가가 추진하는 지방행정체제 개편에 적극 협조하여야 한다.
⇨ 「지방자치분권 및 지방행정체제개편에 관한 특별법」 제3조 제3항에 규정되어 있다.

④ [○] 자치분권위원회는 자치분권 종합계획을 시행하기 위하여 관계 중앙행정기관의 장과 협의를 거쳐 매년 자치분권 시행계획을 수립·시행하여야 한다.
⇨ 「지방자치분권 및 지방행정체제개편에 관한 특별법」 제6조에 규정되어 있다.

> 관련법령
>
> **「지방자치분권 및 지방행정체제개편에 관한 특별법」의 주요 내용**
>
> **제3조【국가와 지방자치단체의 책무】**① 국가는 지방자치단체와 「지방자치법」 제165조에 따른 지방자치단체의 장 등의 협의체 및 각계각층의 의견을 수렴하여 자치분권 및 지방행정체제 개편에 필요한 법적·제도적인 조치를 마련하여야 하며, 자치분권정책을 수행하기 위한 법적 조치를 마련하는 때에는 포괄적·일괄적으로 하여야 한다.
> ② 지방자치단체는 국가가 추진하는 자치분권정책에 부응하여 행정 및 재정의 책임성과 효율성을 높이는 등의 개선조치를 마련하여야 한다.
> ③ 지방자치단체는 국가가 추진하는 지방행정체제 개편에 적극 협조하여야 한다.
> **제5조【자치분권 종합계획의 수립】**① 제44조에 따른 자치분권위원회는 자치분권 및 지방행정체제 개편을 효과적으로 추진하기 위하여 관계 중앙행정기관의 장과 협의하고 지방자치단체의 의견을 수렴하여 자치분권 종합계획을 수립하여야 한다.
> ② 자치분권 종합계획은 다음 각 호의 사항을 포함하여야 한다.
> 1. 자치분권 및 지방행정체제 개편에 관한 기본방향과 추진목표
> 2. 주요 추진과제 및 추진방법
> 3. 재원조달방안
> 4. 그 밖에 자치분권 및 지방행정체제 개편을 위하여 필요한 사항
> ③ 자치분권 종합계획은 국무회의의 심의를 거쳐 대통령에게 보고하여야 한다. 이미 수립된 자치분권 종합계획을 변경할 때에도 또한 같다.
> ④ 위원회는 수립된 자치분권 종합계획을 국회에 보고하여야 한다.
> **제6조【연도별 시행계획의 수립·시행】**자치분권위원회는 제5조에 따른 자치분권 종합계획을 시행하기 위하여 관계 중앙행정기관의 장과 협의를 거쳐 매년 자치분권 시행계획을 수립·시행하여야 한다.
> **제44조【자치분권위원회의 설치】**자치분권 및 지방행정체제 개편을 추진하기 위하여 대통령 소속으로 자치분권위원회를 둔다.

03 공공선택론의 특징 정답 ③

① [O] 시민 개인의 선호와 선택을 중시하고, 이를 위해 경쟁을 통한 행정의 대응성을 제고한다.
⇨ 공공선택론을 주장한 오스트롬(Ostrom)의 민주행정 패러다임은 정부운영의 능률성을 중시하는 신공공관리론과 달리 시민 요구에 대한 대응성을 중시한다.
② [O] 정치 또한 사익과 사익의 교환과정에서 발생하는 현상으로 본다.
⇨ 행정작용뿐만 아니라 정치작용도 일종의 교환행위이며 이 과정에서 정치인이 극대화하고자 하는 것은 공익이 아니라 사익에 불과하다고 본다.
❸ [×] 국가는 재정운영의 효율성을 높임으로써 사회전체의 후생극대화를 추구한다.
⇨ 공공선택론은 방법론적 전체주의에 의한 국가나 관료집단이 공익을 추구하는 것이 아니라, 이기적 혹은 합리적 개인이 효용극대화(최적화)를 추구하는 것으로 가정한다.
④ [O] 단일의 권력중추가 통제하는 고전적 구조를 비판하고, 상호경쟁이 가능한 중첩적인 관할권과 가외적 구조를 대안으로 제시한다.
⇨ 공공선택론은 관할권을 중첩시켜 경쟁성을 확보함으로써 공공재의 질이 향상된다고 보았다.

04 티부(Tiebout)가설의 전제조건 정답 ②

① [O] 사무엘슨(Samuelson)의 중앙정부 차원의 공공재이론에 대한 반론으로 제기된 것이다.
⇨ 티부가설은 지방공공재의 시장배분적 과정을 중시한 모형으로 '공공재는 분권적인 배분체제가 효율적이지 못하다'는 전통적인 사무엘슨(Samuelson)의 이론을 반박한 것이다.
❷ [×] 재정이 부족한 지방자치단체에는 중앙정부가 국고보조금을 지원해 준다고 전제한다.
⇨ 티부가설은 재정이 부족한 지방자치단체라도 국가에서 재정을 지원하지 않는 것을 전제한다. 국가의 재정지원이나 보조금의 확대는 효율성이라는 티부가설의 장점을 약화시키기 때문이다.
③ [O] 주민들이 지방정부 간에 자유롭게 이동할 수 있기 때문에 지방공공재(local public goods)에 대한 주민들의 선호가 표시된다.
⇨ 티부가설은 지역 간 이동에 필요한 거래비용 등 제약 없이 지역 간 이동이 가능해야 한다는 것과, 불완전한 이동이 아닌 완전한 이동성을 전제(집을 팔고 이주)한다.
④ [O] 외부효과와 이동비용은 없는 것으로 가정하며, 세수방식은 재산세를 중심으로 한다.
⇨ 티부가설은 외부효과가 존재한다면 지역 간 이동이 불필요해질 수도 있기 때문에 외부효과는 없는 것으로 가정하며, 세수방식은 안정적인 재산세를 중심으로 한다.

05 우리나라의 재정지출 정답 ④

❹ [×] 지방교부세, 지방교육재정교부금, 채무상환액 등은 의무지출이고, 정부부처 운영비, 국채에 대한 이자지출은 재량지출이다.
⇨ 지방교부세, 지방교육재정교부금, 채무상환액, 국채에 대한 이자지출 등은 의무지출이고, 정부부처 운영비는 대표적인 재량지출이다.

재정지출(의무지출 + 재량지출)

(1) 의무지출(경직성 경비)
• 정부 재정지출이 필요한 사항 중 지출 근거와 요건이 법령에 근거해 지출규모가 결정되는 법정지출 및 이자지출로, 지급기준이 정해져 실질적으로 축소가 어려운 경직성 지출
• 지방교부세, 지방교육재정교부금, 채무상환, 법정부담금(연금·건강보험), 사회보장지출, 국채에 대한 이자지출, 유엔 평화유지활동(PKO) 예산 분담금 등
• 우리나라는 2013년 예산안부터 재정지출 사업을 의무지출과 재량지출로 구분하여 산출내역 및 증가율 등을 국가재정 운용계획에 포함하여 국회에 제출하고 있음

(2) 재량지출
• 정부가 정책적 의지에 따라 대상과 규모를 어느 정도 조정 가능한 예산으로 매년 입법조치가 필요한 유동적인 지출
• 정부부처 운영비 등

06 직위분류제의 구성요소 정답 ①

ㄱ. 한 사람의 근무를 요하는 직무와 책임
⇨ 직위에 대한 설명이다.
ㄴ. 직무의 종류는 유사하나 곤란도·책임도가 서로 다른 직급의 군
⇨ 직렬에 대한 설명이다.
ㄷ. 직위가 내포하는 직무의 성질 및 난이도, 책임의 정도가 유사한 직위의 집단
⇨ 직급에 대한 설명이다.
ㄹ. 직무의 종류는 다르지만, 직무수행의 책임도와 자격요건이 상당히 유사하여 동일한 보수를 지급할 수 있는 직위의 횡적 군
⇨ 등급에 대한 설명이다.
ㅁ. 직무의 성질이 유사한 직렬의 군
⇨ 직군에 대한 설명이다.

07 사회적 자본(social capital) 정답 ④

① [O] 사회적 규범 또는 효과적인 사회적 제재력을 제공한다.
⇨ 사회적 자본의 구성요소는 신뢰, 호혜성 규범, 사회적 네트워크, 믿음, 규율으로 이루어져 있으며, 이는 효과적인 제재와 통제의 수단이 된다.
② [O] 경제적 자본에 비해 형성과정이 불투명하고 불확실하다.
⇨ 사람들 사이의 수많은 일상적인 상호작용과정에서 창출되며, 무형의 자본·사람의 인식·믿음 속에 존재한다.
③ [O] 집단결속력으로 인해 다른 집단과의 관계에 있어서 부정적 효과를 나타낼 수도 있다.
⇨ 사회적 자본을 소유하고 있는 사람들 사이의 가치관, 규범, 목적의 공유는 결속력을 강화시키며 이를 통해서 혁신적 조직발전을 가져올 수 있다.
❹ [×] 동조성(conformity)을 요구하면서 개인의 행동이나 사적 선택을 적극적으로 촉진시킨다.
⇨ 사회적 자본은 동조성을 요구하여 구성원들로 하여금 개인의 자유로운 행동이나 사적 선택을 저해할 수 있는데 이는 사회적 자본의 부정적 측면이다.

08 정책수단의 분류(Salamon)　　정답 ②

ㄱ. [O] 직접소비
ㄴ. [O] 경제규제
ㄹ. [O] 직접대부
ㅁ. [O] 공공정보
ㅂ. [O] 공기업
ㅊ. [O] 보험
　⇨ ㄱ. 직접소비(직접시행), ㄴ. 경제규제, ㄹ. 직접대부, ㅁ. 공공정보, ㅂ. 공기업, ㅊ. 보험 등은 직접성이 가장 높은 정책수단이다.
ㄷ. [×] 조세감면
ㅇ. [×] 사회규제
　⇨ ㄷ. 조세감면, ㅇ. 사회규제, 계약, 라벨부착 등은 중간 정도의 직접성이다.
ㅅ. [×] 바우처
ㅈ. [×] 보조금
　⇨ ㅅ. 바우처, ㅈ. 보조금, 정부지원기업 등은 가장 낮은 직접성이다.

직접성의 정도에 의한 정책수단의 분류(Salamon) ✎

직접성의 정도	정책수단
저	보조금, 지급보증, 바우처, 정부지원기업, 불법행위책임
중	조세감면, 계약, 사회규제, 라벨부착 요구, 교정조세, 부과금
고	직접시행, 공기업, 경제규제, 직접보험, 직접대부, 공공정보 (행정PR)

09 예산의 입법과목과 행정과목　　정답 ③

❸ [O] 입법과목 – 장, 관, 항 / 행정과목 – 세항, 목
　⇨ 예산의 세출과목 중 장·관·항은 입법과목, 세항·목은 행정과목이다.

우리나라 세출예산항목의 구조 ✎

구분	입법과목			행정과목	
소관	장(章)	관(款)	항(項)	세항(細項)	목(目)
중앙관서	분야	부문	정책사업	단위사업	편성비목
조직별 분류	기능별 분류		사업별·활동별 분류		품목별 분류
변경·제한	이용대상(국회의결 요)			전용대상(국회의결 불요)	

10 신공공서비스론(NPS)　　정답 ④

제시문은 신공공서비스론(NPS)에 대한 설명이다.
① [O] 담론의 중요성을 강조한다.
　⇨ 신공공서비스론(NPS)은 신공공관리론(NPM)에 의해 훼손된 담론의 중요성을 소생시켰고, 담론 실천의 장으로 공동체정신에 기초한 시민정신의 정립을 제안하고 있다.

② [O] 서비스에 기반한 정부의 새로운 역할을 강조한다.
　⇨ 신공공서비스론(NPS)은 정부의 역할로 시민에 대한 서비스 제공과 봉사(Service)를 강조한다.
③ [O] 민주주의의 정신과 협력에 기반한 관료의 특성과 책임을 강조한다.
　⇨ 신공공서비스론(NPS)은 민주주의·실증주의·해석학·비판이론·후기 근대주의 등을 포괄하는 다양한 접근법에 이론적 토대를 두고 있다.
❹ [×] 복잡한 미래 사회에서 정부의 방향잡기 역할을 강조한다.
　⇨ 신공공서비스론(NPS)은 신공공관리론(NPM)을 비판하며 새롭게 등장한 이론으로, 정부가 방향을 잡는 것은 복잡한 미래사회에서 수행하기 어렵거나 불가능하다고 보고 시민에 대한 봉사(Service)를 강조하였다.

신공공관리론(NPM)과 신공공서비스론(NPS) 비교 ✎

구분	신공공관리론(NPM)	신공공서비스론(NS)
이론적 토대	경제이론에 기초한 분석적 토의	민주적 시민이론, 조직인본주의, 공동체 및 시민사회모델, 포스트모던 행정학
공익에 대한 입장	개인들의 총이익	공유 가치에 대한 담론의 결과
합리성	기술적·경제적 합리성	전략적 합리성
정부의 역할	방향잡기(steering)	봉사(service)
관료의 반응대상	고객(customer)	시민(citizen)
책임에 대한 접근	시장지향적	다면적·복잡성
행정재량	기업적 목적을 달성하기 위하여 넓은 재량 허용	재량이 필요하지만 그에 따른 제약과 책임 수반
기대하는 조직구조	기본적 통제를 수행하는 분권화된 조직	조직 내외적으로 공유된 리더십을 갖는 협동적 조직
관료의 동기유발	기업가 정신, 작은 정부를 추구하려는 신자유주의적 욕구	공공서비스, 시민에 봉사하고 사회에 기여하려는 욕구

11 정책집행모형　　정답 ③

① [×] 고전적 기술자형
　⇨ 정책결정자가 정책목표를 명확하게 설정하고 정책집행자는 이를 지지한다.
② [×] 지시적 위임가형
　⇨ 정책결정자가 명확한 정책목표를 설정하고 정책집행자들은 설정된 목표의 소망성에 동의한다.
❸ [O] 재량적 실험가형
　⇨ 제시문의 사례는 공식적인 정책결정자는 추상적이고 일반적인 정책목표를 지지하지만 지식의 부족 또는 불확실성 때문에 정책목표를 구체적으로 설정할 수 없는 것으로 재량적 실험가형에 해당한다.
④ [×] 관료적 기업가형
　⇨ 정책집행자가 정책목표를 결정하고 공식적 정책결정자를 설득 또는 강제하여 해당 정책목표를 받아들이도록 한다.

12 우리나라의 지방자치제도 정답 ②

① [O] 지방의원에 대한 제명에 있어서는 재적의원 3분의 2 이상의 찬성이 있어야 한다.
⇨ 「지방자치법」 제92조(자격상실 의결)에 의하면 지방의원의 제명을 위해서는 재적의원 3분의 2 이상의 찬성이 있어야 한다.
❷ [×] 지방의회 의장 또는 부의장에 대한 불신임의결은 재적의원 3분의 1 이상 발의와 재적의원 과반수의 찬성으로 행한다.
⇨ 지방의회 의장과 부의장에 대한 불신임은 재적의원 4분의 1 이상의 발의와 재적의원 과반수의 찬성으로 결정된다.
③ [O] 지방자치단체장은 주민투표의 전부 또는 일부 무효의 판결이 확정된 때에는 그 날부터 20일 이내에 무효로 된 투표구의 재투표를 실시하여야 한다.
⇨ 「국민투표법」 제97조(재투표) 제4항에 따라, 재투표는 판결이 확정된 날로부터 20일 이내에 실시하되, 중앙선거관리위원회는 7일 전에 재투표일을 공고하여야 한다.
④ [O] 지방의회는 매년 1회 그 지방자치단체의 사무에 대하여 시·도에서는 14일의 범위에서, 시·군 및 자치구에서는 9일의 범위에서 감사를 실시한다.
⇨ 「지방자치법」 제49조(행정사무 감사권 및 조사권) 제1항에 의하면, 지방의회는 매년 1회 그 지방자치단체의 사무에 대하여 시·도에서는 14일의 범위에서, 시·군 및 자치구에서는 9일의 범위에서 감사를 실시하고, 지방자치단체의 사무 중 특정 사안에 관하여 본회의 의결로 본회의나 위원회에서 조사하게 할 수 있다.

관련법령

우리나라의 지방자치제도
「지방자치법」
제49조【행정사무 감사권 및 조사권】 ① 지방의회는 매년 1회 그 지방자치단체의 사무에 대하여 시·도에서는 14일의 범위에서, 시·군 및 자치구에서는 9일의 범위에서 감사를 실시하고, 지방자치단체의 사무 중 특정 사안에 관하여 본회의 의결로 본회의나 위원회에서 조사하게 할 수 있다.
② 제1항의 조사를 발의할 때에는 이유를 밝힌 서면으로 하여야 하며, 재적의원 3분의 1 이상의 찬성이 있어야 한다.
제62조【의장·부의장 불신임의 의결】 ① 지방의회의 의장이나 부의장이 법령을 위반하거나 정당한 사유 없이 직무를 수행하지 아니하면 지방의회는 불신임을 의결할 수 있다.
② 제1항의 불신임 의결은 재적의원 4분의 1 이상의 발의와 재적의원 과반수의 찬성으로 한다.
③ 제2항의 불신임 의결이 있으면 의장이나 부의장은 그 직에서 해임된다.
제91조【의원의 자격심사】 ① 지방의회의원은 다른 의원의 자격에 대하여 이의가 있으면 재적의원 4분의 1 이상의 찬성으로 의장에게 자격심사를 청구할 수 있다.
② 심사 대상인 지방의회의원은 자기의 자격심사에 관한 회의에 출석하여 의견을 진술할 수 있으나, 의결에는 참가할 수 없다.
제92조【자격상실 의결】 ① 제91조 제1항의 심사 대상인 지방의회의원에 대한 자격상실 의결은 재적의원 3분의 2 이상의 찬성이 있어야 한다.
② 심사 대상인 지방의회의원은 제1항에 따라 자격상실이 확정될 때까지는 그 직을 상실하지 아니한다.
「국민투표법」
제26조【재투표 및 투표연기】 ① 지방자치단체의 장은 주민투표의 전부 또는 일부무효의 판결이 확정된 때에는 그 날부터 20일 이내에 무효로 된 투표구의 재투표를 실시하여야 한다. 이 경우 투표일은 늦어도 투표일전 7일까지 공고하여야 한다.

13 리더십 모형 정답 ①

❶ [O] 블레이크와 모튼(Blake & Mouton)의 관리망모형
⇨ 생산에 대한 관심과 인간에 대한 관심을 각각 9등급으로 나누어서 분류한 모형은 블레이크와 모튼(Blake & Mouton)의 관리망모형이다.
② [×] 피들러(Fiedler)의 상황적합성이론
⇨ 리더십의 효율성은 상황변수에 따라 결정된다고 보고 '가장 좋아하지 않는 동료(LPC; Least preferred Co-worker)'라는 척도에 의하여 관계 중심적 리더십과 과업 중심적 리더십의 행태를 비교·분석하여 연구하였다.
③ [×] 허쉬와 블랜차드(Hersey & Blanchard)의 3차원 리더십이론
⇨ 리더십의 효율성은 상황에 의존하는데, 모든 상황에서 효과적인 리더의 유형은 없다고 보았다. 리더의 행동을 인간 중심적 행동과 과업 중심적 행동으로 구분하고 중요한 상황변수로서 부하의 성숙도를 채택하였다.
④ [×] 레딘(Reddin)의 효과성모형
⇨ 리더십의 인간관계지향과 과업지향의 두 가지 변수를 효과성이라는 차원에 접목시켜 네 가지의 기본유형을 제시하였는데, 이들 유형의 효과성은 상황의 적합성 여부에 따라 가변적이라고 주장하였다.

14 동기부여이론 정답 ④

① [O] 매슬로우(Maslow)의 욕구계층론에 의하면 인간의 욕구는 생리적 욕구, 안전욕구, 사회적 욕구, 존중욕구, 자기실현욕구의 5개로 나누어져 있으며 하위 계층의 욕구가 충족되어야 상위 계층의 욕구가 나타난다.
⇨ 매슬로우(Maslow)의 욕구단계이론(욕구계층론)에서는 욕구의 순차적 발로, 욕구의 상대적 충족, 미완성의 욕구 충족이라는 특징들이 나타난다.
② [O] 허즈버그(Herzberg)의 동기-위생이론에 따르면 욕구가 충족되었다고 해서 모두 동기부여로 이어지는 것이 아니고, 어떤 욕구는 충족되어도 단순히 불만을 예방하는 효과밖에 없다. 이러한 불만 예방효과만 가져오는 요인을 위생요인이라고 설명한다.
⇨ 허즈버그(Herzberg)의 욕구충족 이원론(동기-위생이론)에는 불만요인과 만족요인이 있는데 불만요인은 작업자와 관련된 환경적 요인으로 불만족을 제거해 주는 것이고, 만족요인은 직무와 관련된 심리적 요인으로 만족을 주는 것이다. 이들 요인은 서로 독립된 별개라고 본다.
③ [O] 애덤스(Adams)의 형평성이론에 의하면 인간은 자신의 투입에 대한 산출의 비율이 비교대상의 투입에 대한 산출의 비율보다 크거나 작다고 지각하면 불형평성을 느끼게 되고, 이에 따른 심리적 불균형을 해소하기 위하여 형평성 추구의 행동을 작동시키는 동기가 유발된다고 본다.
⇨ 애덤스(Adams)의 형평성(공정성)이론에 따르면, 사람들의 행위는 타인과의 관계에서 형평성을 유지하는 방향으로 동기가 부여된다고 본다.
❹ [×] 브룸(Vroom)의 기대이론에 의하면 동기의 정도는 노력을 통해 얻게 될 중요한 산출물인 목표달성, 보상, 만족에 대한 주관적 믿음에 의하여 결정되는데 특히 성과와 보상 간의 관계에 대한 인식인 기대치의 정도가 동기부여의 주요 요인이다.
⇨ 브룸(Vroom)의 기대이론에서 성과와 보상에 대한 인식은 기대치가 아니라 수단성에 해당한다.

브룸(Vroom)의 동기기대이론(VIE이론)

유의성(V)	보상(2차 산출, 결과)의 중요성에 대한 주관적인 선호의 강도
수단성(I)	성과(1차 산출)가 바람직한 보상(2차 산출, 결과)을 가져다 줄 것이라고 믿는 주관적인 정도
기대감(E)	노력·능력을 투입하면 성과가 있을 것이라는 주관적인 기대감

15 전문가적 직무　　　　정답 ③

① [O] 비숙련 직무는 생산부서의 일로서 수평적 전문화와 수직적 전문화의 수준이 모두 높은 경우에 효과적이다.
　⇨ 반면, 수직적 전문화가 높고 수평적 전문화가 낮을 때에는 일선관리직무가 효과적이다.

② [O] 고위관리 직무는 전략적 기획이나 결정으로서 수평적 전문화와 수직적 전문화의 수준이 모두 낮은 경우에 효과적이다.
　⇨ 반면, 수직적 전문화가 낮고 수평적 전문화가 높은 경우에는 전문가적 직무가 효과적이다.

❸ [×] 직무확장(job enlargement)은 기존의 직무에 수평적으로 연관된 직무요소 또는 기능들을 추가하는 수평적 직무재설계의 방법으로서, 수평적 전문화의 수준이 높아지는 것이다.
　⇨ 직무확장(job enlargement)은 기존의 직무에 수평적으로 연관된 직무요소 또는 기능들을 추가하는 수평적 직무재설계의 방법으로서, 수평적 조정을 통해서 수평적 전문화의 수준이 낮아지게 된다.

④ [O] 직무풍요화(job enrichment)는 직무를 맡는 사람의 책임성과 자율성을 높이고, 직무수행에 관한 환류가 원활히 이루어지도록 직무를 재설계하는 방법으로서, 수직적 전문화의 수준이 낮아지는 것이다.
　⇨ 직무풍요화(job enrichment)는 직무의 수직적 확장, 즉 재량권한이나 책임감을 높여 줌으로써 보다 적극적으로 생산성 향상을 시도하는 것이다. 종전 상관의 직무내용이었던 감독 권한의 일부를 부여받는 것이다.

수직적 · 수평적 전문화

구분		수평적 전문화	
		높음	낮음
수직적 전문화	높음	비숙련 직무(생산부서)	일선관리업무
	낮음	전문가적 직무	고위관리 직무

(1) **수평적 전문화(수평적 분업)**
　과업 범위의 세분화 정도로서 한사람이 한가지의 일만 반복적으로 수행하는 정도 → 직무확장과 반대 개념
(2) **수직적 전문화(수직적 분업)**
　과업수행방법이나 결과에 대해 책임을 지는 정도(하급자가 권한과 책임 없이 상급자가 결정한 방법대로 과업을 반복하는 경우는 수직적 분업화가 높은 경우) → 직무충실과 반대 개념

16 예산제도의 개념과 특징　　　　정답 ②

① [O] 품목별예산(LIBS)은 공무원에 대한 회계책임 확보와 행정부에 대한 재정통제가 용이하다.
　⇨ 품목별예산(LIBS)은 예산과목의 최종 단위인 목을 중심으로 예산액이 배분되기 때문에 회계책임과 예산통제를 용이하게 할 수 있다.

❷ [×] 성과주의예산(PBS)은 최종산출물 중심으로 정책성과에 대한 질적 평가가 이루어진다.
　⇨ 성과주의예산은 업무단위가 실제 중간산출물인 경우가 많아 예산성과의 질적인 측면을 파악하고 평가하기가 곤란하다는 것이 단점이다.

③ [O] 계획예산(PPBS)은 예산의 절약과 능률성과 같은 자원배분의 최적화를 기하려는 기획 중심의 예산이다.
　⇨ 계획예산(PPBS)은 장기적인 기획과 단기적인 예산편성을 유기적으로 연결시킴으로써 합리적으로 자원을 배분하기 위한 제도로, 분석적 기법을 활용하여 자원의 절약 및 예산 운영의 합리성 증진에 기여한다.

④ [O] 영기준예산(ZBB)은 0의 수준에서 새로이 정책이나 사업을 편성하려는 감축 중심의 예산이다.
　⇨ 영기준예산(ZBB)은 과거의 관행을 참조하지 않고 모든 사업이나 활동을 근본적으로 검토하여 우선순위를 결정한 뒤 예산을 편성하려는 감축 중심의 예산제도이다.

17 공직부패의 유형　　　　정답 ②

① [O] 거래형 부패는 뇌물을 받고 혜택을 부여하는 전형적인 부패로서 외부부패이다.
　⇨ 거래형 부패는 가장 전형적인 부패로, 관료와 시민 간에 뇌물을 통한 거래가 있으며 물질적인 수단이 부패의 매개체로 이용된다.

❷ [×] 제도화된 부패는 생계비의 부족을 충당하기 위하여 하급관료들에 의해서 발생하는 소소한 부패이다.
　⇨ 생계비의 부족을 충당하기 위한 목적으로 하급관료들에 의해서 발생하는 소소한 부패는 생계형 부패이다. 제도화된 부패는 인허가를 담당하는 공무원이 급행료, 커미션을 당연시하는 부패이다.

③ [O] 일탈형 부패는 단속 중에 뇌물을 받고 눈감아주는 것으로 공직자의 개인적 부패이다.
　⇨ 일탈형 부패는 부패의 제도화 정도에 따른 유형 구분으로, 개인부패에서 많이 발생한다.

④ [O] 사기형 부패는 공금횡령이나 회계부정행위로서 비거래적인 내부부패이다.
　⇨ 사기형 부패는 관료가 공금을 유용하거나 횡령하는 것으로 범죄라는 용어가 일반적으로 적용된다.

부패의 유형

거래형 부패	뇌물받고 혜택을 부여(외부부패), 가장 전형적인 부패
사기형 부패	공금횡령, 회계부정 등의 비거래형 부패(내부부패)
일탈형 부패	공직자의 개인적인 부패(뇌물받고 단속 눈감아주기)
제도화된 부패	급행료 · 커미션을 당연시하는 문화(체제적 부패)
권력형 부패	상층부의 정치권력을 이용한 막대한 부패
생계형 부패	하급관료(민원부서)들의 소소한 부패

18 근무성적평정방법　　　　정답 ③

① [O] 도표식평정척도법은 평정이 용이하나, 평정요소의 합리적 선정이 어렵고 등급기준이 모호하며, 연쇄효과가 우려된다.
　⇨ 도표식평정척도법은 가장 대표적인 평정방법으로서 직무평가에서의 점수법과 기본 원리는 유사하다.

② [O] 사실기록법은 객관적인 사실(작업량 · 근무기록 등)에 기초하므로 객관적이기는 하지만, 작업량을 측정하기 어려운 업무에는 적용하기 곤란하다.
　⇨ 사실기록법의 종류에는 산출기록법, 정기적 시험법, 근태기록법, 가감점수법 등이 있다.

❸ [×] 행태관찰척도법(BOS)은 도표식평정척도법과 중요사건기록법의 장점을 결합한 것으로, 주관적 판단을 배제하기 위하여 직무분석을 통하여 과업분야를 선정하고 등급을 부여한 후 점수를 할당한다.

⇨ 행태관찰척도법(BOS)이 아니라 행태기준척도법(BARS)에 대한 설명이다. 행태관찰척도법(BOS)은 조직구성원의 주요 행태별 척도를 제시한 뒤, 해당 척도를 선택하게 함으로써 평정하는 근무성적평정의 한 방법이다. 직무마다 별도의 행태기준을 작성해야 하고 가장 대표적인 행태 하나만을 배타적으로 선택해야 한다는 점이 한계이다.

④ [O] 체크리스트평정법은 평정요소에 관한 평정항목을 만들기가 힘들 뿐만 아니라, 질문항목이 많을 경우 평정자가 혼란을 가지게 된다.

⇨ 체크리스트평정법은 직무와 관련된 일련의 항목(단어나 문장)을 나열하고 그 중에서 평정대상자에 해당하는 항목을 체크해 나가는 방식이다. 이때 항목의 중요성에 따라 가중치를 부여하는 것이 가중 체크리스트법이다.

근무성적평정방법의 비교

구분	개념	단점
서열법	평정대상자간의 근무성적을 서로 비교해서 서열을 정함	대규모 집단에 적용 곤란
산출기록법	일정기간 동안의 생산량(근무실적) 평가	복잡하고 질적 업무 적용 곤란
체크리스트법	4~5개의 체크리스트 항목 중 하나를 강제로 고르는 방법	평정항목 작성 곤란, 항목이 많을 경우 혼란
목표관리법 (MBO)	근무과정이나 태도보다는 목표 달성도(효과성) 중심의 평정	지나치게 결과에만 치중
도표식평정척도법	가장 많이 이용되며 한편에는 실적·능력 등의 평정요소를, 다른 한편에는 우열을 표시	등급 간에 기준 모호, 연쇄효과 발생
중요사건기록법	근무실적에 영향을 주는 중요 사건들 평정	이례적 행동 강조 위험
강제배분법	집단적 서열법으로 우열의 등급에 따라 구분한 뒤 분포비율에 따라 강제로 배치	역산식 평정 가능성
행태기준척도법 (BARS)	평정의 임의성·주관성을 배제하기 위해 도표식 평정에 중요 사건기록법을 가미	상호배타성의 문제발생
행태관찰척도법 (BOS)	행태기준척도법 + 도표식 평정척도법	등급 간에 기준 모호, 연쇄효과 발생

19 　사이버네틱스모형　　　　정답 ②

① [O] 합리모형과 가장 극단적으로 대립되는 것으로 분석적 합리성이 완전히 존재하지 않는 적응적 의사결정을 인정한다.

⇨ 사이버네틱스모형은 합리모형과 달리 고차원의 목표가 반드시 사전에 존재하는 것으로 전제하지 않고, 습관적·적응적 의사결정을 다룬 모형이다.

❷ [×] 불확실성의 통제, 개인적 의사결정, 도구적 학습을 특징으로 한다.

⇨ 사이버네틱스모형에서는 집단적 의사결정으로 개인의 의사결정과 조직(집단)의 의사결정을 동일시하지 않으며 조직 내의 복잡한 정책문제는 부분적인 하위문제로 분할되어 하위조직에 할당되고 하위조직은 표준운영절차에 따라서 문제를 해결한다.

③ [O] 위너(N. Wiener)에 의하여 최초로 제시되었으며, 오늘날 정책이론이나 조직관리론에서 널리 원용되고 있다.

⇨ 사이버네틱스모형은 위너(N. Wiener)에 의하여 최초로 제시된, 제어와 통신 문제에 관련된 종합적인 과학학문이다.

④ [O] 스타인브루너(J. D. Steinbruner)는 의사결정이나 시스템 공학에 이를 응용하여 관료제에서 이루어지는 정책결정을 단순하게 묘사하려고 하였다.

⇨ 사이버네틱스는 인간의 신경, 감각 등의 기능이나 기계의 제어와 통신기술을 통일적·종합적으로 취급하는 새로운 분야의 과학을 말한다. 스타인브루너(J. D. Steinbruner)는 이를 응용하여 정책결정모형에 적용하려 하였다.

20 　행정개혁에 대한 저항극복방안　　　정답 ④

① [O] 개혁내용의 명확화와 공공성의 강조

② [O] 개혁방법과 기술의 수정

③ [O] 적절한 시기의 선택

⇨ 개혁내용의 명확화와 공공성의 강조, 개혁방법과 기술의 수정, 적절한 시기의 선택은 저항에 대응하는 공리적·기술적 전략에 해당한다. 공리적·기술적 전략은 관련자들의 이익 침해를 방지 또는 보상하고 개혁과정의 기술적 요인을 조정함으로써 저항을 극복하거나 회피하는 전략이다. 그러나 공리적·기술적 전략은 비용이 수반되고, 개혁이 퇴색될 우려가 있으며, 반대급부를 제공한다는 측면에서 도덕성 결여의 문제가 제기된다. 공리적·기술적 전략에는 이 외에도 적절한 인사배치와 신분보장, 점진적 추진, 인센티브 제공 등의 방법이 있다.

❹ [×] 충분한 시간부여

⇨ 개혁을 합리적으로 수용할 수 있도록 충분한 시간부여는 규범적·사회적 전략에 해당한다.

행정개혁에 대한 저항극복방안(Etzioni)

강제적(강압적) 전략	물리적 제재나 권위사용, 의도적인 긴장조성, 급진적 추진
공리적(기술적) 전략	• 개혁시기의 조절, 점진적 추진, 개혁내용의 명확화와 공공성의 강조 • 개혁전략(방법·기술)의 수정, 적절한 인사배치, 경제적 손실 보상, 임용상 불이익 방지
규범적(사회적) 전략	• 참여의 증대, 의사소통의 촉진, 충분한 시간부여 • 집단토론과 교육훈련, 개혁지도자의 신망 개선, 사명감 고취

❯ 정답

p. 80

01	②	PART 1	06	③	PART 1	11	③	PART 4	16	③	PART 4
02	④	PART 3	07	①	PART 5	12	④	PART 3	17	④	PART 5
03	②	PART 2	08	④	PART 7	13	②	PART 2	18	②	PART 3
04	④	PART 1	09	①	PART 2	14	④	PART 4	19	③	PART 6
05	④	PART 7	10	①	PART 3	15	②	PART 5	20	③	PART 5

PART 1 행정학의 기초이론 / PART 2 정책학 / PART 3 행정조직론 / PART 4 인사행정론 / PART 5 재무행정론 / PART 6 행정환류론 / PART 7 지방행정론

❯ 취약 단원 분석표

단원	맞힌 답의 개수
PART 1	/ 3
PART 2	/ 3
PART 3	/ 4
PART 4	/ 3
PART 5	/ 4
PART 6	/ 1
PART 7	/ 2
TOTAL	/ 20

---

01 동형화의 유형　　정답 ②

① [×] 강압적 동형화(coercive isomorphism)
⇨ 강압적 동형화는 외부로부터 강제적으로 이식되는 것을 말하는데, 일제 침략에 의한 민족문화 말살, 협력업체가 거래하는 대기업을 닮아가는 것이 그 예이다.

❷ [○] 규범적 동형화(normative isomorphism)
⇨ 규범적 동형화의 사례에 해당한다. 규범적 동형화는 교육기관이나 전문가의 의견·자문을 통한 정당화를 의미하며, 그 사례로는 전문가 집단이 주요 이론, 국내·외 성공 사례를 중심으로 변화의 방향을 제시하면 지방자치단체가 따라하는 현상이 있다.

③ [×] 모방적 동형화(mimetic isomorphism)
⇨ 모방적 동형화는 불확실성 속에서 무엇인가를 해야 할 부담과 필요를 느낄 때, 좋거나 바람직한 제도를 따라하는 것이다. 서양의 합리적 문화를 모방하거나 청소년들이 연예인들의 노래나 춤을 따라하는 것이 그 예이다.

④ [×] 제도적 동형화(institutional isomorphism)
⇨ 제도적 동형화는 디마지오(Dimaggio)와 파웰(Powell)의 주장한 것으로 일련의 개념, 사실, 현상을 제도가 단지 하나의 개념적 틀에 집어넣어 닮아가는 현상을 의미한다. 이러한 동형화의 유형에는 강압적·모방적·규범적 동형화가 있다.

02 복수차관제 시행부처　　정답 ④

ㄴ. [○] 과학기술정보통신부
ㄷ. [○] 외교부
ㅁ. [○] 국토교통부
ㅂ. [○] 산업통상자원부
ㅇ. [○] 기획재정부
⇨ 우리나라에서 복수차관제를 시행하는 정부부처는 ㄴ. 과학기술정보통신부, ㄷ. 외교부, ㅁ. 국토교통부, ㅂ. 산업통상자원부, ㅇ. 기획재정부 등이다.
ㄱ. [×] 농축산식품부
ㄹ. [×] 통일부
ㅅ. [×] 교육부
⇨ ㄱ. 농축산식품부, ㄹ. 통일부, ㅅ. 교육부에는 차관 1명을 둔다.

관련법령

「정부조직법」상 복수차관제
제26조 【행정각부】 ② 행정각부에 장관 1명과 차관 1명을 두되, 장관은 국무위원으로 보하고, 차관은 정무직으로 한다. 다만, 기획재정부·과학기술정보통신부·외교부·문화체육관광부·산업통상자원부·보건복지부·국토교통부에는 차관 2명을 둔다.

03 톰슨(Thompson)의 대안선택 전략　　정답 ②

ㄱ은 계산전략, ㄴ은 타협전략, ㄷ은 판단전략, ㄹ은 영감전략이다. 톰슨(Thompson)의 의사결정환경에 따른 대안선택의 전략에서 선호는 가치나 목표에 대한 합의(협상)를 말하고, 대안의 장단점에 대한 명확한 증거란 인과관계에 대한 합의(판단)를 말한다.

의사결정환경에 따른 대안선택의 전략(Thompson) 🖉

선호(가치나 목표)와 인과관계(수단이나 대안)에 대한 합의 유무에 따른 대안선택의 전략은 다음과 같음(정철현, 행정의사결정이론)

구분		선호합의	
		유	무
인과관계 합의	유	계산전략	타협전략
	무	판단전략	영감전략

04 「행정규제기본법」　　정답 ④

① [○] 규제는 법률에 근거하여야 하며, 행정기관은 법률에 근거하지 아니한 규제로 국민의 권리를 제한하거나 의무를 부과할 수 없다.
⇨ 「행정규제기본법」 제4조 규제법정주의에 대한 내용이다.

② [○] 국가 또는 지방자치단체는 국민의 자유와 창의를 존중하고 규제를 정하는 경우에도 그 본질적 내용을 침해하지 아니하도록 하여야 한다.

⇨ 「행정규제기본법」 제5조 제1항 본질적 내용의 침해금지원칙에 대한 내용이다.

③ [O] 규제의 존속기한은 규제의 목적을 달성하기 위하여 필요한 최소한의 기간 내에서 설정되어야 하며, 그 기간은 원칙적으로 5년을 초과할 수 없다.

⇨ 「행정규제기본법」 제8조 제2항 규제일몰법에 대한 내용이다.

❹ [×] 규제에 대한 부처별 총량을 정한 뒤 그 상한선을 유지하도록 통제를 실시한다.

⇨ 규제에 대한 총량통제로서 「행정규제기본법」에 규정된 사항이 아니라 규제개혁위원회의 내부지침으로 규정되어 있다.

05 중·대선거구제 도입의 찬성 논거   정답 ④

① [O] 사표를 방지하고 소지역 중심의 정치적 이기주의를 방지할 수 있다.

② [O] 조직기반이 강한 지역 정치인보다는 정책지향성이 높은 유능한 인사가 당선될 가능성이 높다.

③ [O] 군소 정당이나 신생 정당도 의석을 획득할 가능성이 높기 때문에 다양한 의사를 대변할 수 있어 지방정부의 대표성이 강화된다.

⇨ 중선거구제는 1개의 선거구에서 2~3인의 대표를 선출하는 제도이고, 대선거구제는 4인 이상의 다수인을 대표자로 선출하는 제도를 의미한다. 사표 방지와 정치적 이기주의 방지, 정책지향성이 높은 유능한 인사의 당선 가능성 제고, 군소 정당 및 신생 정당의 의석 획득을 통한 지방정부의 대표성 강화는 중·대선거구제의 장점에 해당한다.

❹ [×] 후보자와 유권자의 접촉이 용이하여 지역주민들의 정치적 소외를 방지할 수 있다.

⇨ 후보자와 유권자의 접촉을 통한 지역주민의 정치적 소외 방지는 소선거구제의 장점에 해당한다. 소선거구제는 하나의 선거구에서 1명의 의원을 선출하는 제도이기 때문에 유권자의 접촉이 비교적 용이하여 지역주민들의 정치적 소외를 방지할 수 있는 효과가 있다.

06 신공공서비스론의 논리   정답 ③

① [O] 지역공동체와 시민사회모형, 조직인본주의, 포스트모더니즘 등에 근거하고 있다.

⇨ 신공공서비스론은 행정개혁의 목표상태를 처방하는 규범적 모형으로 민주주의 이론에 입각한 공동체이론과 담론이론에 기초한다.

② [O] 신공공서비스론은 신행정학에서 강조했던 사회적 형평성과 대응성 등을 강조하였다.

⇨ 신공공서비스론(NPS)은 관료의 반응대상을 시민으로 보고, 정부의 역할을 봉사(Service)로 인식하였다.

❸ [×] 신공공서비스론은 집단이나 계층, 지역의 이해관계와 결부된 정책결정 등에 대한 해결책을 찾기가 곤란하다.

⇨ 시민과의 소통이나 참여를 중시하는 신공공서비스론은 신공공관리론과 달리 집단이나 계층, 지역의 이해관계와 결부된 정책결정 등에 대한 해결책을 찾기가 용이하다.

④ [O] 신공공서비스론은 행정의 규범적 특성과 가치가 지나치게 강조됨으로써 행정의 전문성과 효율성 등 수단적인 가치가 위축될 수 있다.

⇨ 신공공서비스론은 관료의 권한과 통제를 중시했던 전통행정이론이지만, 관리를 기업과 같이 할 것을 주장했던 신공공관리론의 대안으로 등장했기 때문에 수단적인 가치가 위축될 가능성이 있다.

07 정부기금   정답 ①

❶ [×] 특정한 목적을 위하여 특정한 자금을 운영할 필요가 있을 때 예산에 포함시켜 운영된다.

⇨ 정부기금은 특정한 목적을 위하여 특정한 자금을 운영할 필요가 있을 때 법률로써 설치하되 예산 외로 운영된다.

② [O] 기금의 조성은 정부출연과 민간출연에 의해 이루어진다.

⇨ 기금은 정부의 출연금을 재원으로 하는 것이 일반적이지만, 법률에 따른 민간부담금을 재원으로 하는 기금도 있다.

③ [O] 운용방법에 따라 소비성기금, 회전성기금, 적립성기금으로 구분된다.

⇨ 기금은 운용방법에 따라 소비성기금, 회전성기금, 적립성기금으로 구분되는데, 주로 적립성기금이나 회전성기금으로 운용된다.

④ [O] 설치된 기금은 중앙관서의 장이 관리하되 의회의 심의와 결산을 받고 운영된다.

⇨ 기금관리주체는 기금결산보고서를 작성하여 기획재정부장관에게 제출하여야 하며, 정부는 기금결산을 국회에 제출하여야 한다.

08 지방자치단체의 사무범위   정답 ④

① [O] 지방자치단체의 구역, 조직, 행정관리 등에 관한 사무

② [O] 교육·체육·문화·예술의 진흥에 관한 사무

③ [O] 농림·상공업 등 산업 진흥에 관한 사무

⇨ 「지방자치법」 제13조 제2항에 규정되어 있다.

❹ [×] 농산물·임산물·축산물·수산물 및 양곡의 수급조절과 수출입 등의 사무

⇨ 「지방자치법」 제15조에 따르면, 농산물·임산물·축산물·수산물 및 양곡의 수급조절과 수출입 등 전국적 규모의 사무는 국가사무에 해당하기 때문에 원칙적으로 지방자치단체가 처리할 수 없다.

관련법령

「지방자치법」상 지방자치단체의 사무범위

제13조 【지방자치단체의 사무범위】 ① 지방자치단체는 관할 구역의 자치사무와 법령에 따라 지방자치단체에 속하는 사무를 처리한다.

② 제1항에 따른 지방자치단체의 사무를 예시하면 다음 각 호와 같다. 다만, 법률에 이와 다른 규정이 있으면 그러하지 아니하다.

1. 지방자치단체의 구역, 조직, 행정관리 등
2. 주민의 복지증진
3. 농림·수산·상공업 등 산업 진흥
4. 지역개발과 자연환경보전 및 생활환경시설의 설치·관리
5. 교육·체육·문화·예술의 진흥
6. 지역민방위 및 지방소방
7. 국제교류 및 협력

제15조 【국가사무의 처리제한】 지방자치단체는 다음 각 호에 해당하는 국가사무를 처리할 수 없다. 다만, 법률에 이와 다른 규정이 있는 경우에는 국가사무를 처리할 수 있다.

1. 외교, 국방, 사법(司法), 국세 등 국가의 존립에 필요한 사무
2. 물가정책, 금융정책, 수출입정책 등 전국적으로 통일적 처리를 할 필요가 있는 사무
3. 농산물·임산물·축산물·수산물 및 양곡의 수급조절과 수출입 등 전국적 규모의 사무
4. 국가종합경제개발계획, 국가하천, 국유림, 국토종합개발계획, 지정항만, 고속국도·일반국도, 국립공원 등 전국적 규모나 이와 비슷한 규모의 사무

5. 근로기준, 측량단위 등 전국적으로 기준을 통일하고 조정하여야 할 필요가
   있는 사무
6. 우편, 철도 등 전국적 규모나 이와 비슷한 규모의 사무
7. 고도의 기술이 필요한 검사·시험·연구, 항공관리, 기상행정, 원자력개발
   등 지방자치단체의 기술과 재정능력으로 감당하기 어려운 사무

---

09 앨리슨(Allison)의 정책결정모형   정답 ①

❶ [×] 앨리슨(Allison)모형은 쿠바 미사일 사태에 대한 사례 분석으로 정부의
정책결정 과정은 합리모형보다는 조직과정모형과 관료정치모형으로 설
명하는 것이 더 바람직하다고 주장한다.
⇨ 앨리슨(Allison)은 의사결정의 세 가지 모형이 하나씩 적용되기도 하지만
정책결정에 동시에 다 적용될 수 있다고 주장하였다.
② [O] 드로어(Dror)가 주장한 최적모형은 기존의 합리적 결정 방식이 지나치게
수리적 완벽성을 추구해 현실성을 잃었다는 점을 지적하고 합리적 분석
뿐만 아니라 결정자의 직관적 판단도 중요한 요소로 간주한다.
⇨ 최적모형이란 합리적 요인(경제적 합리성)과 초합리적 요인(직관·통찰
력·창의력)을 고려하는 정책결정모형이다.
③ [O] 쓰레기통모형은 문제, 해결책, 선택기회, 참여자의 네 요소가 독자적으로
흘러다니다가 어떤 계기로 만나게 될 때 결정이 이루어진다고 설명한다.
⇨ 쓰레기통모형은 조직화된 무질서 상태에서 응집성이 매우 약한 조직이 어
떤 의사결정행태를 나타내는가에 초점을 둔 정책결정모형이다.
④ [O] 에치오니(Etzioni)의 혼합탐사모형에 의하면 결정은 근본적 결정과 세부
적 결정으로 나누어질 수 있으며, 합리적 의사결정모형과 점증적 의사결
정모형을 보완적으로 사용할 수 있다.
⇨ 에치오니(Etzioni)의 혼합모형은 정책결정의 규범적·이상적 접근방법
인 합리모형과 현실적·실증적 접근방법인 점증모형을 절충하였다.

---

10 탈관료제 조직의 학습성   정답 ①

❶ [O] 네트워크구조
⇨ 최근에 대두되고 있는 대프트(Daft)의 조직유형으로서 미래지식형 조직
이론과 관련이 있다. 조직이론의 전개과정을 기준으로 분류하면 기능구
조 → 사업구조 → 매트릭스구조 → 수평구조 → 네트워크구조로 갈수록
신축성·학습성·기동성이 있는 조직이론으로 볼 수 있다. 그러므로 학
습성이 가장 뛰어난(높은) 조직은 네트워크구조이다.
② [×] 기능구조
⇨ 조직의 전체업무를 공동기능별로 부서화한 조직으로 수평적 조정의 필요
성이 낮을 때 효과적이다.
③ [×] 사업구조
⇨ 각 사업부서들이 산출물별로 자율적으로 운영되며 각 부서는 자기완결적
기능단위로서 그 안에서 기능 간 조정이 용이하다.
④ [×] 매트릭스조직
⇨ 기능구조와 사업구조를 화학적(이중적)으로 결합한 이중적 권한구조를
가지는 조직구조로서 기능부서의 전문성과 사업부서(프로젝트구조)의
신속한 대응성을 결합한 조직이다. 즉, 수직적으로는 기능부서의 권한이
흐르고, 수평적으로는 사업구조의 권한구조가 지배하는 이중적 조직이다.

---

11 교육훈련방식   정답 ③

① [×] 실험실훈련
⇨ 실험실훈련은 피훈련자들을 10~15명 정도의 소집단 형태로 구성하여 하
나의 그룹을 만든 다음, 이들이 외부환경과 격리된 상황에서 1~2주 동안
의 생활을 하면서 서로 토론하게 함으로써 자신과 다른 사람의 태도에 자
각과 감수성을 기르게 하는 훈련이다. 감수성훈련이라고도 하며, 자신이
느낀 감정을 솔직하게 진술함으로써 가치관과 참여자의 인간관계를 개선
하는 방법이다.
② [×] 태도조사법
⇨ 조직 전반에 관한 실태를 조직구성원들의 태도를 통하여 체계적으로 조
사하고, 그 결과를 모든 계층의 구성원들에게 환류시켜 그들이 환류된 자
료를 분석하고 개선방안을 탐색하도록 하여 조직변화를 위한 기초자료로
활용하는 기법이다.
❸ [O] 서류함기법
⇨ 제시문의 내용은 서류함기법을 설명하고 있다. 서류함기법이란 미래에 발
생할 수 있는 다양한 형태의 모의업무상황을 미리 준비해 놓고 하나의 업
무상황을 임의적으로 선택하게 하고 이를 실제 수행하게 하는 방법이다.
④ [×] 액션러닝
⇨ 액션러닝(action learning)은 이론과 지식 전달 위주의 강의식·집합식
교육의 한계를 극복하고 참여와 성과 중심의 교육훈련을 지향하는 방식
으로서 실제 현장에서 부딪치는 정책현안문제에 대한 현장방문, 사례조
사와 성찰미팅을 통하여 구체적인 문제해결능력을 제고하는 방식이다.

---

12 톰슨(Thompson)의 기술유형론   정답 ④

① [×] 중개적 기술(Mediating Technology)
⇨ 중개적 기술은 상호 의존하기를 원하고 광범위하게 분산되어 있는 고객들
을 연결하는 기능을 한다.
② [×] 길게 연계된 기술(Long - linked Technology)
⇨ 길게 연결된 기술은 X라는 행동이 성공적으로 끝난 후에 Y행동이 수행되
고, 또 Y라는 행동이 성공적으로 끝난 후에 Z라는 행동이 수행될 수 있는
것과 같은 관계를 의미한다.
③ [×] 공학적 기술(Engineering Technology)
⇨ 공학적 기술은 톰슨(Thompson)의 기술유형론에 해당하지 않고 페로우
(Perrow)의 기술유형에 해당한다.
❹ [O] 집약적 기술(Intensive Technology)
⇨ 제시문의 설명은 톰슨(Thompson)의 기술유형론에서 집약적 기술(In-
tensive Technology)에 대한 설명이다. 이는 교호적 상호작용의 의존관
계를 가지며, 조정이 가장 곤란하다.

톰슨(Thompson)의 기술유형과 상호의존관계

기술유형	상호의존성	조정방법	조정곤란도	예
중개적 기술	집합적	표준화	가장 용이	은행, 보험회사 등
길게 연계된 기술	순차적	계획	중간	원유정제
집약적 기술	교호적	상호적응	가장 곤란	종합병원, 대학교 등

| **13** | 정책집행의 유형 | 정답 ② |

❷ [×] 정책집행의 실패방지나 성공을 위해서 알아야 할 중요한 원인을 체계적으로 밝혀준다.
⇨ 정책집행의 성공과 실패요인을 구조화하고 체계화해서 구체적으로 명확하게 밝혀주는 것은 하향식 접근방법(top-down approach)의 장점이다.

| **14** | 대표관료제의 특징과 장단점 | 정답 ④ |

대표관료제에 대한 설명으로 옳은 것은 ㄱ, ㄴ, ㄷ, ㄹ, ㅁ, ㅂ 모두이다.
ㄱ. [O] 큰 정부와의 조화
⇨ 대표관료제는 정부의 적극개입을 강조하는 큰 정부에 바탕을 둔다.
ㄴ. [O] 사회주의 이념 기반
⇨ 대표관료제는 기회의 평등(수평적 형평성)이라는 자유주의 이념보다는 결과의 평등(수직적 형평성)이라는 사회주의 이념에 기반을 두는 제도이다.
ㄷ. [O] 사회적 차별 시정 촉구
⇨ 대표관료제는 기회균등이 전제되지 않은 실적주의 인사는 수직적 형평성을 저해한다고 보고 약자들에 대한 사회적 차별의 시정을 촉구하는 제도이다.
ㄹ. [O] 다양성 관리기법의 발전 자극
⇨ 대표관료제는 다양한 계층을 공직에 입문시켜 공직 구성의 다양성을 촉진시킨다.
ㅁ. [O] 역차별의 발생
⇨ 대표관료제는 소수 집단이나 사람들을 우대하기 위한 제도로, 이로 인해 다수 집단이 차별을 받는 역차별이 발생하게 된다.
ㅂ. [O] 실적주의와의 충돌
⇨ 대표관료제는 개인의 능력에 기반을 두는 실적주의와 원칙적으로 상충한다.

| **15** | 희소성의 유형(Schick) | 정답 ② |

① [O] 완화된 희소성(relaxed scarcity)의 상태는 정부가 현존 사업을 계속하고 새로운 예산공약을 떠맡을 수 있는 충분한 자원을 가지고 있는 상황이다.
⇨ 완화된 희소성의 경우 충분한 자원을 가지고 있으므로 예산과정에서는 사업개발에 중점을 두게 되고, 점증주의의 일상성에 얽매이지 않는다.
❷ [×] 만성적 희소성(chronic scarcity)은 대부분의 정부에서 볼 수 있는 일상적인 예산부족 상태로서 신규 사업에 대해서는 자금이 충분한 상태이다.
⇨ 만성적 희소성(chronic scarcity)은 대부분의 정부에서 볼 수 있는 일상적인 예산부족 상태이다. 공공자원은 기존 서비스의 비용만큼 증가하기 때문에 계속사업에 대해서는 자금이 충분히 있지만 신규사업에 대해서는 자금이 충분하지 못한 상태이다.
③ [O] 급성 희소성(acute scarcity)은 이용가능한 자원이 사업비용의 점증적 증가분을 충당하지 못할 경우에 발생한다.
⇨ 급성 희소성 상태에서는 예산관련 기획은 거의 없으며, 관리상의 효율성을 새롭게 강조한다. 즉, 급성 희소성은 장기적 기획보다는 단기적 예산편성의 즉흥성을 유도하게 된다.

④ [O] 총체적 희소성(total scarcity)은 가용자원이 정부의 계속사업을 지속할 만큼 충분하지 못한 경우에 발생한다.
⇨ 정부가 사업의 점증비용을 충당할 수 없는 급성 희소성과 달리 총체적 희소성은 정부가 이미 존재하는 사업에 대해 비용을 충당할 수 없을 때 발생한다.

希소성의 유형(Schick) ✎

구분	희소성의 상태	예산의 특징
완화된 희소성	계속사업 + 증가분 + 신규사업	사업개발에 역점을 두어 PPBS를 고려
만성적 희소성	계속사업 +증가분	• 신규사업의 분석과 평가는 소홀 • 지출통제보다는 관리개선에 역점 • 인식이 확산되면 ZBB를 고려
급격한 희소성	계속사업	• 예산 기획 활동 중단 • 비용절감을 위해 관리상의 효율 강조 • 단기적 · 임기응변적 예산편성에 몰두
총체적 희소성	×	• 허위적 회계처리 　→ 예산 통제 및 관리는 무의미 • 돈의 흐름에 따라 반복적 예산이 편성됨 • 비현실적인 계획, 부정확한 상태 　→ 회피형 예산

| **16** | 도표식평정척도법 | 정답 ③ |

① [O] 평정과정이나 절차가 용이하다.
⇨ 도표식평정척도법은 평정에서 도표를 그려 평정하므로 평가자가 쉽게 평정을 진행할 수 있다.
② [O] 상벌 목적에 이용하는 데 효과적이다.
⇨ 도표식평정척도법은 명확하게 평정결과가 나타나므로 상벌 목적에 이용하는 데 효과적이다.
❸ [×] 등급 간의 비교기준을 명확히 할 수 있지만 연쇄효과를 피하기 어렵다.
⇨ 도표식평정척도법은 평정의 연쇄효과를 피하기 어렵고, 평정요소의 합리적 선정이 어려우며, 등급 간의 기준이 명확하지 않다는 것이 단점이다.
④ [O] 평정결과의 계량화와 통계적 조정을 할 수 있다.
⇨ 도표식평정척도법은 구체적으로 평정척도를 표시하므로 평정결과의 계량화와 통계적 조정을 할 수 있다.

| **17** | 중앙정부의 예산과정 | 정답 ④ |

① [O] 전년도 결산안은 차년도 예산안보다 먼저 국회에 제출한다.
⇨ 전년도 결산안이 5월 31일에 제출되고 예산안은 9월 2일에 제출되므로 결산안이 먼저 국회에 제출된다.
② [O] 결산안의 내용 중에는 감사원의 결산검사보고서가 포함된다.
⇨ 감사원은 기획재정부장관이 제출한 국가결산보고서를 검사하고 그 보고서를 다음 연도 5월 20일까지 기획재정부장관에게 송부하여야 한다(「국가재정법」 제60조).

③ [○] 예산안과 마찬가지로 기금운용계획안도 국회의 심의·의결을 거친다.
⇨ 정부는 주요항목 단위로 마련된 기금운용계획안을 회계연도 개시 120일 전까지 국회에 제출하여야 한다(「국가재정법」 제68조 제1항).
❹ [×] 예산결산특별위원회의 종합심사를 마친 예산안은 소관 상임위원회에 회부되어 세부심사를 거친다.
⇨ 예산안은 소관상임위원회에서 예비심사를 마친 후에 예산결산특별위원회의 종합심사로 이어진다.

---

18 피터(Peter)의 원리 정답 ②

① [×] 파킨슨(Parkinson)의 법칙
⇨ 파킨슨(Parkinson)의 법칙은 본질적인 업무량의 증가는 아무런 관련이 없이 공무원 수가 일정비율로 증가한다는 법칙이다.
❷ [○] 피터(Peter)의 원리
⇨ 피터(Peter)의 원리는 조직의 구성원들은 자신들의 무능력 수준까지 승진하는 경향이 있다는 이론으로, 대부분의 사람들은 무능과 유능은 개인의 역량에 달려 있다고 생각하기 쉬우나, 우리 사회의 무능은 개인보다는 위계조직의 메커니즘에서 발생한다는 내용이다.
③ [×] 마일(Mile)의 법칙
⇨ 마일(Mile)의 법칙은 조직 내의 지위가 사람의 행태를 결정한다는 법칙이다.
④ [×] 베니스(Bennis)의 관료제의 종언
⇨ 베니스(Bennis)는 관료제를 비판하면서 『관료제 너머』에서 관료제의 종언을 예고하였다.

---

19 「민원 처리에 관한 법률」의 주요 내용 정답 ③

① [○] 행정기관의 장은 복합민원을 처리할 주무부서를 지정하고 그 부서로 하여금 관계 기관·부서 간의 협조를 통하여 민원을 한꺼번에 처리하게 할 수 있다.
⇨ 「민원 처리에 관한 법률」 제31조(복합민원의 처리)에 규정되어 있다.
② [○] 법정민원에 대한 행정기관의 장의 거부 처분에 불복하는 민원인은 그 거부 처분을 받은 날부터 60일 이내에 그 행정기관의 장에게 문서로 이의신청을 할 수 있다.
⇨ 「민원 처리에 관한 법률」 제35조(거부 처분에 대한 이의신청)의 내용이다.
❸ [×] 행정기관의 장은 민원인이 동일한 내용의 민원(법정민원을 제외한다)을 정당한 사유 없이 3회 이상 반복하여 제출한 경우에는 3회 이상 그 처리결과를 통지하고, 그 후에 접수되는 민원에 대하여는 종결처리할 수 있다.
⇨ 행정기관의 장은 민원인이 동일한 내용의 민원(법정민원을 제외)을 정당한 사유 없이 3회 이상 반복하여 제출한 경우에는 2회 이상 그 처리결과를 통지하고, 그 후에 접수되는 민원에 대하여는 종결처리할 수 있다. 이는 「민원 처리에 관한 법률」 제23조(반복 및 중복 민원의 처리)의 내용이다.
④ [○] 행정기관의 장은 민원을 신속히 처리하고 민원인에 대한 안내와 상담의 편의를 제공하기 위하여 민원실을 설치할 수 있다.
⇨ 「민원 처리에 관한 법률」 제12조(민원실의 설치)에 규정되어 있다.

---

20 중앙정부예산과 지방자치단체예산 정답 ③

① [○] 중앙정부예산보다 지방자치단체예산은 예산결정의 불확실성이 높다.
⇨ 반면, 지방자치단체예산은 중앙정부의 재정지원에 대한 의존도가 높다.
② [○] 중앙정부예산보다 지방자치단체예산은 추가경정예산의 편성빈도수가 높다.
⇨ 중앙정부예산이 보통 연 1~2회 추가경정예산이 편성되는 반면, 지방자치단체예산은 연 3~4회 정도 편성된다.
❸ [×] 광역자치단체의 예산안은 회계연도 개시 60일 전까지 의회에 제출하고, 의회는 15일 전까지 의결해야 한다.
⇨ 광역자치단체의 예산안은 회계연도 개시 60일 전이 아닌 50일 전까지이다.
④ [○] 기초자치단체의 예산안은 회계연도 개시 40일 전까지 의회에 제출하고, 의회는 10일 전까지 의결해야 한다.
⇨ 기초의회는 상임위원회가 설치되어 있지 않은 경우도 있으므로 기초의회의 경우 예비심사가 없이 예산결산특별위원회의 종합심사만 실시되는 경우가 있다.

중앙정부예산과 지방자치단체예산 비교

구분	중앙정부예산	지방자치단체예산
예산안 제출시한	회계연도 개시 120일 전	광역: 50일 전 기초: 40일 전
의결시한	회계연도 개시 30일 전	광역: 15일 전 기초: 10일 전
예산결정의 확실성	높음	낮음
추가경정예산 편성빈도	보통 연 1~2회	보통 연 3~4회
상임위원회 예비심사	필수	일부 기초의회의 경우 생략함
예산결산 특별위원회	상설	비상설

▶ 정답

p. 86

01	② PART 7	06	② PART 6	11	④ PART 1	16	③ PART 1
02	② PART 2	07	① PART 2	12	④ PART 4	17	④ PART 5
03	① PART 1	08	① PART 7	13	③ PART 4	18	④ PART 4
04	③ PART 5	09	① PART 3	14	③ PART 3	19	③ PART 3
05	③ PART 5	10	③ PART 7	15	③ PART 2	20	② PART 4

PART 1 행정학의 기초이론 / PART 2 정책학 / PART 3 행정조직론 / PART 4 인사행정론 / PART 5 재무행정론 / PART 6 행정환류론 / PART 7 지방행정론

▶ 취약 단원 분석표

단원	맞힌 답의 개수
PART 1	/ 3
PART 2	/ 3
PART 3	/ 3
PART 4	/ 4
PART 5	/ 3
PART 6	/ 1
PART 7	/ 3
TOTAL	/ 20

---

01 「지방자치법」상 주민청원제도　　　　　정답 ②

① [O] 지방의회에 청원을 하려는 자는 지방의회의원의 소개를 받아 청원서를 제출하여야 한다.
　⇨ 지방의회에 청원하려면 지방의회의원의 소개를 받아 청원서를 제출하여야 한다. 청원서에는 청원자의 성명 및 주소를 적고 서명 날인하여야 한다(「지방자치법」 제85조).

❷ [×] 청원은 주민은 가능하지만 법인의 경우에는 청원할 수 없다.
　⇨ 주민뿐만 아니라 법인의 경우에도 청원이 가능하다. 「지방자치법」 제85조 제2항에 따르면, 청원서 작성 시 법인인 경우에는 그 명칭과 대표자의 성명 및 주소를 기재하여 서명 · 날인하여야 한다고 규정되어 있다.

③ [O] 재판에 간섭하거나 법령에 위배되는 내용의 청원은 수리하지 아니한다.
　⇨ 청원이 재판에 간섭하거나 법령에 위배되는 내용이라면 지방의회는 수리하지 않는다(「지방자치법」 제86조).

④ [O] 청원을 소개한 의원은 소관 위원회나 본회의가 요구하면 청원의 취지를 설명하여야 한다.
　⇨ 지방의회의 의장은 청원서를 접수하면 소관 위원회나 본회의에 회부하여 심사를 하도록 하며, 청원을 소개한 의원은 소관 위원회나 본회의가 요구하면 청원의 취지를 설명하여야 한다.

관련법령

「지방자치법」상 주민청원제도

제85조 【청원서의 제출】 ① 지방의회에 청원을 하려는 자는 지방의회의원의 소개를 받아 청원서를 제출하여야 한다.
② 청원서에는 청원자의 성명(법인인 경우에는 그 명칭과 대표자의 성명) 및 주소를 적고 서명 · 날인하여야 한다.
제86조 【청원의 불수리】 재판에 간섭하거나 법령에 위배되는 내용의 청원은 수리하지 아니한다.
제87조 【청원의 심사 · 처리】 ① 지방의회의 의장은 청원서를 접수하면 소관 위원회나 본회의에 회부하여 심사를 하게 한다.
② 청원을 소개한 지방의회의원은 소관 위원회나 본회의가 요구하면 청원의 취지를 설명하여야 한다.
제88조 【청원의 이송과 처리보고】 ① 지방의회가 채택한 청원으로서 그 지방자치단체의 장이 처리하는 것이 타당하다고 인정되는 청원은 의견서를 첨부하여 지방자치단체의 장에게 이송한다.
② 지방자치단체의 장은 제1항의 청원을 처리하고 그 처리결과를 지체 없이 지방의회에 보고하여야 한다.

---

02 외적 타당도의 저해요인　　　　　정답 ②

① [×] 표본의 비대표성
　⇨ 두 집단 간 동질성이 있다 하더라도 각 집단의 구성원이 사회적 대표성이 없으면 그 결과를 일반화하기 곤란하다.

❷ [O] 크리밍 효과
　⇨ 제시문의 사례는 외적 타당도 저해요인으로서 크리밍 효과(creaming effect)를 말한다. 이는 표본선정 시 실험의 효과가 크게 나타날 사람들만을 실험집단에 포함시켜 실시할 경우 그 효과를 일반화시키기 어려운 것을 의미한다.

③ [×] 호손 효과
　⇨ 자신이 관찰되고 있다는 인식 때문에 평소와 다른 행동을 하는 경우로, 주로 진실험에서 발생한다.

④ [×] 실험조작과 측정의 상호작용
　⇨ 실험 전 측정(측정요인)과 실험대상이 됨으로써 발생하는 효과(실험조작)의 상호작용이 나타나는 경우이다.

---

03 신공공서비스론(NPS)　　　　　정답 ①

❶ [×] 촉매적 정부
　⇨ 방향잡기(steering)로서의 촉매적 정부는 신공공관리론(NPM)의 특징이다. 신공공서비스론(NPS)은 정부역할을 시민에게 봉사하는 것으로 본다.

② [O] 시민에 대한 봉사
　⇨ 수동적 고객이 아니라 시민 모두에게 봉사한다.

③ [O] 전략적 사고와 민주적 행동
　⇨ 전략적으로 생각하고 민주적으로 행동할 것을 강조한다.

④ [O] 담론을 통한 공익의 중시
　⇨ 공익은 부산물이 아니라 목표 그 자체임을 강조하며, 담론을 통한 공익을 중시한다.

04 예산의 분류 　　　　　　　정답 ③

① [×] 기능별 분류 - 누가 얼마를 쓰느냐
　⇨ 기능별 분류는 '정부가 무슨 일을 하는데 얼마를 쓰느냐'에 대한 것이다.
② [×] 조직별 분류 - 정부가 무슨 일을 하는데 얼마를 쓰느냐
　⇨ 조직별 분류는 "누가 얼마를 쓰느냐"에 대한 것이다.
❸ [○] 품목별 분류 - 정부가 무엇을 구입하는데 얼마를 쓰느냐
　⇨ 품목별 분류는 '정부가 무엇을 구입하는데 얼마를 쓰느냐'에 대한 것으로 옳은 설명이다.
④ [×] 사업별 분류 - 국민경제에 미치는 총체적인 효과가 어떠한가
　⇨ "국민경제에 미치는 총체적인 효과가 어떠한가"에 대한 것은 경제성질별 분류에 대한 것이다.

예산의 분류

구분	분류기준
품목별 분류	정부가 무엇을 구입하는데 얼마를 쓰느냐
기능(사업·활동)별 분류	정부가 무슨 일을 하는데 얼마를 쓰느냐
조직(기관·소관)별 분류	누가 얼마를 쓰느냐
경제성질별 분류	국민경제에 미치는 총체적인 효과가 어떠한가

05 신성과주의예산제도 　　　　　　정답 ③

① [○] 신성과주의예산(New Performance Budgeting)은 투입 중심의 예산에서 탈피하여 사업목표와 그 성과달성에 관한 정보를 예산편성에 반영하여 예산집행의 효율성을 달성하려는 목적을 가지고 있다.
　⇨ 신성과주의예산제도는 산출(output) 중심이 아니라 결과(outcome) 또는 성과(performance)를 중심으로 예산을 운용하는 제도이다. 즉, 신성과주의예산은 계획과 예산을 성과에 대한 책임으로 연계시키는 통합성과관리체제의 구축이라고 할 수 있다.
② [○] OECD 국가들은 시장메커니즘을 지향하는 신공공관리주의를 채택하였으며, 미국은 1990년대에 신성과주의예산제도를 채택하였다.
　⇨ 1980년대 중반 이후 지속적인 경기침체와 재정적자 그리고 공공서비스의 품질에 대한 불만으로 OECD 국가들은 시장메커니즘을 지향하는 신공공관리주의를 채택하였으며, 미국은 1990년대에 신성과주의예산제도를 채택하였고 우리나라는 1999년 이후 도입하였는데, 1999년에 준비기간을 거쳐 2000년도에 16개 기관이 시범사업을 추진하였다.
❸ [×] 상향적 예산운영방식(bottom-up budgeting)과 다년도 예산제도(multi-year budgeting)를 사용하고 있기 때문에 예산의 경기조절기능을 강화할 수 있다.
　⇨ 신성과주의예산은 상향적 예산운영방식(bottom-up budgeting)이 아니라 하향적 예산운영방식(top-down budgeting)을 활용하며 다년도 예산제도를 사용하고 있기 때문에 예산의 경기조절기능을 강화할 수 있다.
④ [○] 예산집행의 자율권을 부여함으로써 사업집행이나 서비스 전달의 구체적인 수단을 탄력적으로 동원할 수 있다.
　⇨ 1990년대 선진국 예산개혁의 흐름은 자율성과 융통성을 부여하되, 책임성을 확보하는 방향이다. 이때의 책임성 확보는 성과평가를 통해서 실현되는데, 이러한 성과평가를 예산과 연계시킨 제도가 성과주의예산제도이다. 이를 1950년대의 성과주의예산제도와 구분하기 위해 '신성과주의예산제도(New Performance Budgeting)'라고 한다.

06 유비쿼터스 컴퓨팅의 조건 　　　　정답 ②

❷ [×] 이용자 눈에 보여야 한다(visible).
　⇨ 유비쿼터스 컴퓨팅은 이용자 눈에 보이지 않아야 한다(invisible).

유비쿼터스 컴퓨팅(U-Computing)

의의	· 유비쿼터스란 '언제 어디서나 존재하는'의 의미의 라틴어이며, 이를 컴퓨터 시스템에 구현하려는 것이 유비쿼터스 컴퓨팅 · 유비쿼터스 컴퓨팅(Ubiquitous Computing)은 언제 어디서나 어떤 것을 이용해서라도 온라인 네트워크상에 있으면서 서비스를 받는 환경공간 · 이러한 시스템이 전 국가적으로 모든 분야에 적용·확산되면 유비쿼터스 정부(U-Gov)가 됨 · 우리 정부도 새로운 패러다임으로 유비쿼터스 정부를 차세대 전자정부(정부 4.0)의 모습으로 보고 U-전자정부(Ubiquitous e-Gov) 기본계획의 체계화를 통해 U-전자정부 로드맵을 수립 중
지향점	· 5C: 컴퓨팅(Computing), 커뮤니케이션(Communication), 접속(Connectivity), 콘텐츠(Contents), 조용함(Calm) · 5Any: Any-time, Any-where, Any-network, Any-device, Any-service
조건	· 모든 컴퓨터는 서로 연결되어야 함(connected devices) · 이용자 눈에 보이지 않아야 함(invisible) · 언제 어디서나 사용 가능해야 함(computing everywhere) · 현실세계의 사물과 환경 속으로 스며들어 일상생활에 통합되어야 함(calm technology)

07 시뮬레이션기법의 장점 　　　　정답 ①

❶ [×] 투입과 산출의 관계를 명백히 할 수 있다.
　⇨ 시뮬레이션은 정책을 결정하기 전에 위험부담을 줄이고 결과를 예측하기 위해서 실험을 하는 방법으로, 투입과 산출의 관계를 명백히 하기는 어렵고 추정치로 결과를 예측할 따름이다. 왜냐하면 실험실에서의 실험과 현실은 그 차이점이 발생하기 때문이다.
② [○] 관리적 시뮬레이션은 환류가 자기 수정의 기회를 제공해 준다.
③ [○] 시뮬레이션은 앞으로 나타날 문제점들을 예측하는 데 이용될 수 있다.
④ [○] 시뮬레이션기법을 통해서 조직은 실제체제와 유사한 모형을 조작함으로써 실수를 미리 방지할 수 있다.
　⇨ 미래에 발생할 수 있는 사건이나 문제들을 현실에 적합하게 가상적으로 모형을 설정하는 기법이다. 미래에 대한 위험과 불확실성을 줄이려는 기법으로 시간이나 비용을 줄일 수 있는 장점이 있으나, 실제적으로 투입이나 산출의 결과를 명백히 예측할 수는 없다는 단점이 있다.

08 중앙-지방정부 간 기능배분(신우파론적 관점) 　　정답 ①

❶ [×] 재분배정책을 통하여 주민들에게 제공되는 편익은 그들의 조세 부담과는 역으로 결정되며, 주로 지방정부에서 담당해야 한다.

⇨ 형평성 제고를 위한 재분배정책은 지방정부보다는 중앙정부가 담당하는 것이 바람직하며, 머스그레이브(Musgrave)가 제시한 자원배분기능, 소득분배기능, 경제안정기능 등을 수행한다. 그 중에서 일반적으로 지방재정의 기능으로 언급되는 것은 자원배분기능이다. 이는 국가의 기능이 효율성, 공평성, 경제안정 등 포괄적 기능을 수행하는 반면, 지방재정은 효율성이 상대적으로 강조된다는 것이다.

② [O] 개발정책은 지역경제성장을 촉진시키기 위한 정책으로, 원칙적으로 정책의 수혜자가 그 비용을 부담해야 한다.

⇨ 지방정부의 활동을 재분배정책, 배당정책, 개발정책의 세 가지로 구분하였을 때, 교통, 통신, 관광 등 개발정책은 지방 혹은 중앙정부가 관장한다.

③ [O] 중앙-지방정부 간의 기능배분문제는 개인후생을 극대화하고자 하는 시민과 공직자 개개인들의 합리적인 선택행동에서 비롯되는 것이다.

⇨ 중앙과 지방의 관계를 방법론적 개체주의와 합리적이고 이기적인 경제인을 가정하는 공공선택론적 시각(신우파론)으로 본다.

④ [O] 배당정책(allocational policy)은 치안, 소방, 쓰레기 수거, 공공매립지 제공 등이며, 주로 지방정부에서 담당해야 한다.

⇨ 신우파론의 중앙-지방정부 간 기능배분 문제는 비용은 극소화하고 효용은 극대화하기 위한 연역적 추론이 사용되는데, 이 기준에 의하면 재분배정책(사회보장정책 등)은 중앙정부가, 개발정책(교통, 통신, 관광 등)은 지방 혹은 중앙정부가, 배당정책(치안, 소방, 쓰레기 등)은 지방정부가 각각 관장하게 된다.

---

09 조직발전(OD)의 특징   정답 ①

❶ [×] 조직 속의 인간을 X이론식으로 가정하여 이들을 통제·교화시켜야 한다고 본다.

⇨ 조직발전(OD)은 가치관 등 인간의 행태를 변동시켜 조직의 문화를 발전시키는 것으로서 인간에 대한 전제를 X이론적 가정이 아닌 Y이론적 가정을 하고 있다.

② [O] 문제해결을 위해 설계되었으며, 변동 컨설턴트의 역할이 요구된다.

⇨ 조직발전을 위하여 행정이 변동을 관리하는 역할을 수행할 것을 요구한다.

③ [O] 가치관 등 인간의 행태를 변동시켜 조직의 문화를 발전시키는 것인데, 그에 따른 문화적 갈등이 발생할 수도 있다.

⇨ 구성원의 가치관이나 신념, 태도 등을 변화시키기 위하여 의도적이고 계획적인 노력이 투입되며, 이로 인한 문화적 갈등이 발생할 가능성이 있다.

④ [O] 기존 권력구조의 강화에 악용될 수 있으며, 성장이론의 편견이 반영되었다는 비판을 받는다.

⇨ 조직발전은 조직구성원의 변화를 인위적·계획적으로 유도하며, 이러한 과정이 하향적으로 추진되기 때문에 기존 권력구조의 강화에 악용될 수도 있다.

---

10 지방재정   정답 ③

① [O] 지방교부세는 보통교부세, 특별교부세, 소방안전교부세, 부동산교부세 등이 있는데, 일반재원은 보통교부세와 부동산교부세이다.

⇨ 지방교부세의 종류에는 보통교부세, 특별교부세, 소방안전교부세, 부동산교부세 4가지 종류가 있다. 분권교부세는 2015년 1월 폐지되어 보통교부세로 통합되고 소방안전교부세가 신설되었다. 이 중 보통교부세와 부동산교부세는 일반재원이고, 특별교부세와 소방안전교부세는 특정재원이다.

② [O] 지방교부세의 기본 목적은 지방자치단체 간 재정 격차를 줄임으로써 기초적인 행정서비스가 제공될 수 있도록 하는 데 있다.

⇨ 지방교부세는 지방자치단체 간의 재정격차를 완화하고 전국적인 최저 수준을 확보하기 위하여 지방자치단체의 재정수요에 필요한 부족재원을 국가가 지방자치단체에 보전해 주는 재원으로 지방교부세율(국세의 19.24%)과 종합부동산세의 세수 전액을 재원으로 한다.

❸ [×] 국고보조금은 지출 목적이나 경비의 성질을 기준으로 교부금, 부담금, 장려적 보조금 등이 있으며, 현재 대부분의 국고보조사업에는 차등보조율이 적용되고 있다.

⇨ 대부분의 국고보조사업에 차등보조율이 적용되고 있는 것은 아니며, 앞으로 차등보조율 적용대상 국고보조사업의 범위를 더욱 확대할 필요가 있다. 차등보조란 지방자치단체에 대한 보조금 산정 시 기준보조율에서 일정비율을 더하거나(인상보조율), 일정비율을 빼는(인하보조율) 제도를 의미하는 것이다. 차등보조는 지역 간의 균형발전을 위하여 보조금의 예산편성 시 필요하다고 인정되는 보조사업에 한하여 당해 지방자치단체의 재정사업을 감안하여 기준보조율에서 일정률을 가감하는 방식으로 보조한다. 현재 인상보조율의 경우 특별시와 광역시는 제외되며, 인하보조율은 보통교부세를 교부받지 아니한 지방자치단체에만 적용되는 등 그 적용범위가 협소하다.

④ [O] 세외수입은 사용료, 수수료, 분담금 등이 있는데 연도별 신장률이 불안정적이고 규칙성이 약하다.

⇨ 세외수입은 종류와 형태가 다양하며, 연도별 신장률이 안정적이지 않고 불규칙성이 강하다. 세외수입의 특징으로는 자주재원, 잠재수입원, 특정재원, 응익재원, 불규칙적 재원, 다양성 등이 있다.

---

11 윌슨(Wilson)의 『행정의 연구』   정답 ④

① [O] 행정의 능률성과 효과성을 제고하기 위해 독일과 프랑스 등 대륙국가들의 행정연구를 본받아야 한다고 주장하였다.

⇨ 미국의 행정은 유럽에 비해 낙후되어 있으므로 행정의 능률성과 효과성을 위해서 독일과 프랑스 등 대륙 국가들의 선진적인 행정연구를 본받아야 한다고 주장하였다.

② [O] 행정을 수단으로 간주하는 것으로서 강도에게서 칼 가는 방법을 배울 수는 있으나 칼 가는 목적을 배워서는 안 된다고 주장하였다.

⇨ 윌슨(Wilson)은 『행정의 연구』에서 부패한 정치로부터 행정을 분리하여 정치적인 정책결정(칼 가는 목적)이 아니라 행정이 하는 집행(칼 가는 방법)을 강조하였다.

③ [O] 「펜들턴(Pendleton)법」의 제정에 따라 추진되기 시작한 공무원 인사제도의 개혁에 관한 이론적 뒷받침을 시도하였다.

⇨ 정치와 행정을 분리하였다는 점에서 이는 「펜들턴(Pendleton)법」과 맥을 함께 하였다.

❹ [×] 행정의 영역이 정치의 영역과 크게 다르지 않다고 보고, 정치적 행정의 필요성을 주장하였다.

⇨ 윌슨(Wilson)의 『행정의 연구』는 행정을 정치의 영역과 구별하였으며, 경영의 영역과 밀접한 관련이 있다고 보았다(정치행정이원론 = 공사행정일원론). 또한 사회가 발달함에 따라 정부기능도 복잡해지고 있으므로, 이를 위해서 필요한 정책의 집행기구인 행정의 중요성을 역설하였다.

12 근무성적평정상의 오류 정답 ④

① [×] 연쇄효과(Halo Effect)
⇨ 평정자가 가장 중요시하는 하나의 평정요소에 대한 평가결과가 성격이 다른 나머지 평정요소에도 연쇄적으로 영향을 미쳐 유사한 수준으로 평가결과가 나타나는 것이다. 이는 주로 도표식평정척도법에서 나타난다.

② [×] 근접효과(Recency Effect)
⇨ 쉽게 기억할 수 있는 최근의 실적이나 능력을 중심으로 평가하려는 데에서 생기는 오류이다.

③ [×] 관대화 경향(Tendency of Leniency)
⇨ 실제수준보다 관대하게 평가하는 경향이다.

❹ [O] 상동적 오차(Stereotyping)
⇨ 기혼여성이라는 이유로 선입견과 편견을 가지고 근무성적평정을 낮게 주는 것은 상동적 오차이다.

13 대우공무원제도 정답 ③

① [×] 필수실무관제도
⇨ 6급 공무원으로서 8년 이상 재직한 5급 대우공무원은(경력요건) 실무수행능력이 우수하고 경험이 풍부한 자로서, 당해 직급에서 계속하여 업무에 정려하기를 희망하고(승진 포기) 소속 장관이 기관운영에 특히 필요하다고 인정한 자(실적요건) 중 48세 이상 53세 미만의 공무원이 대상이다.

② [×] 직위공모제
⇨ 자기소개서, 업무추진계획서, 연구실적 등 응모자들이 제출한 자료를 토대로 평가하여 해당 분야의 역량을 고루 갖춘 적임자를 선발하는 제도이다.

❸ [O] 대우공무원제도
⇨ 제시문의 내용은 대우공무원제도에 대한 설명이다. 이는 공직사회의 승진적체에 따른 사기저하에 대처하기 위하여 소속 공무원 중 당해 계급에서 승진소요 최저 연수 이상 근무하고 승진임용의 제한사유가 없으며 근무실적이 우수한 자를 바로 상위직급의 대우공무원으로 선발하여 대우수당을 지급하는 것이다.

④ [×] 개방형 직위제도
⇨ 개방형 직위제도는 직위분류제적 성격이 강하며, 공직내외의 경쟁을 중시한다. 임용권자 또는 임용제청권자는 당해 기관의 직위 중 전문성이 특히 요구되거나 효율적인 정책수립을 위하여 필요하다고 판단되어 공직 내부 또는 외부에서 적격자를 임용할 필요가 있는 직위에 대하여는 이를 개방형 직위로 지정하여 운영할 수 있다.

관련법령
「공무원임용령」상 대우공무원 및 필수실무관제도
제35조의3 【대우공무원 및 필수실무관의 선발·지정 등】 ① 임용권자 또는 임용제청권자는 소속 일반직공무원 중 해당 계급에서 승진소요최저연수 이상 근무하고 승진임용의 제한 사유가 없으며 근무 실적이 우수한 사람을 바로 상위 직급의 대우공무원으로 선발할 수 있다.
② 소속 장관은 6급(우정직공무원의 경우에는 우정3급을 말한다) 공무원인 대우공무원 중 해당 직급에서 계속하여 업무에 정려(精勵)하기를 희망하고 실무 수행 능력이 우수하여 기관 운영에 특히 필요하다고 인정하는 사람을 필수실무관으로 지정할 수 있다.
③ 제1항 및 제2항에 따른 대우공무원 및 필수실무관의 선발·지정에 필요한 사항은 인사혁신처장이 정한다.
④ 제1항 및 제2항에 따른 대우공무원 및 필수실무관에게는 「공무원수당 등에 관한 규정」에서 정하는 바에 따라 수당을 지급할 수 있다.

14 매슬로우(Maslow)의 사회적 욕구 정답 ③

① [×] 연금제도와 신분보장
⇨ 연금제도와 신분보장은 위험과 사고로부터 자신을 방어·보호하고자 하는 욕구로서 안전 욕구에 해당한다.

② [×] 보수와 근무환경
⇨ 보수와 근무환경은 생존을 위해 반드시 충족시켜야 할 욕구로서 생리적 욕구이다.

❸ [O] 각종 상담 및 고충처리제도
⇨ 매슬로우(Maslow)의 욕구 5단계에 의하면 사회적 욕구는 어떠한 조직에 소속하여 애정을 느끼는 욕구로서, 각종 상담 및 고충처리는 사회적 욕구를 충족시킬 수 있는 효과적인 방법이다.

④ [×] 직무충실(Job Enrichment)
⇨ 직무충실(Job Enrichment)은 근로자가 현재 수행하고 있는 업무에다가 책임 및 의사결정의 재량권이 추가되는 것으로 자신의 능력을 최대한 발휘하고 이를 통해 성취감을 얻는 자아실현 욕구에 해당한다.

15 행동경제학 정답 ③

❸ [×] 연구방법은 가정에 기초한 연역적 분석이다.
⇨ 넛지이론(nudge theory)은 실제의 인간 행동에 관한 행동경제학의 통찰을 정책설계 및 집행에 적용·응용하기 위한 이론이다. 이러한 행동경제학의 연구방법은 실험을 통한 귀납적 분석을 사용한다.

신고전학파 경제학과 행동경제학

구분	신고전파 경제학	행동경제학
인간관	• 완전한 합리성(이기성) • 경제적 인간 (homo economicus)	• 제한된 합리성, 생태적 합리성 • 이타성·호혜성 • 심리적 인간 (homo psychologicus)
연구방법	가정에 기초한 연역적 분석	실험을 통한 귀납적 분석
의사결정모델	• 효용극대화 행동 • 기대효용이론(효용함수)	• 만족화 행동, 휴리스틱 • 전망이론(가치함수)
정부역할의 근거와 목적	• 시장실패와 제도실패 • 제화의 효율적인 생산과 공급	• 행동적 시장실패 • 바람직한 의사결정 유도
정책수단	법과 규제, 경제적 유인	넛지(선택설계)

16 롤스(Rawls)의 정의론 정답 ③

① [O] 원초적 상태에서 인간은 최소극대화 원리에 입각하여 규칙을 선택하는 것으로 가정한다.
⇨ 롤스(Rawls)는 '무지의 베일(veil of ignorance)'을 원초적인 자연상태로 설정하였다. 이를 전제로 자신의 이익은 극대화하지만 타인에 대한 원한이나 동정 없이 최소한의 이해·관심만 가진 가장 보편적인 인간(상호 무관심적 합리성)의 상태를 가정하였고, 이들은 최소극대화(maximin) 원리에 입각해서 정의가 도출된다고 보았다. 최소극대화 원리는 가장 빈곤층에 속하는 사람들의 편익이 극대화되어야 한다는 것을 말한다.

② [○] 자유와 평등의 조화를 추구하는 중도적 입장을 취하며 정의의 제1원리로서 동등한 자유의 원리를 들고 있다.
⇨ 롤스(Rawls)는 정의의 제1원리로 동등한 자유의 원칙을 들었다. 모든 사람들에게 정치적·경제적 활동의 자유를 보장해 주어야 하며, 모든 사람은 다른 사람의 유사한 자유와 상충되지 않는 한도 내에서 평등한 기본적 자유에 대해 동등한 권리를 갖는다고 보았다(투표권, 피선거권 등을 포함한 정치적 자유, 언론·집회의 자유, 양심과 사상의 자유, 재산소유의 자유 등).
❸ [×] 제2원리에서 기회균등의 원칙과 차등조정의 원칙이 충돌할 경우 차등조정의 원리가 우선한다.
⇨ 제2원리에서는 기회균등의 원리와 차등조정의 원리가 충돌할 경우 기회균등의 원리가 우선하며, 제1원리가 제2원리에 우선한다. 기회균등의 원리는 정당한 사회적·경제적 가치의 불균등을 허용하기 위한 전제적 조건으로서 작용하고, 차등조정의 원리는 기회균등의 원칙이 전제된 상황에서의 사회적·경제적 불평등은 그 불평등이 최소수혜자에게 최대한의 이익이 되어야 한다는 원칙이다.
④ [○] 행정학에 큰 영향을 미쳐 1970년대의 신행정론을 전개하는 데 활력소가 되었다.
⇨ 롤스(Rawls)의 정의론은 신행정론자들이 강조한 사회적 형평과도 같은 맥락으로, 신행정론의 전개에 영향을 주었다.

17 예산제도　정답 ④

① [○] 품목별예산제도(LIBS)는 지출대상을 품목별로 분류하여 지출대상과 그 한계를 명확히 규정하는 통제지향적 예산제도이다.
⇨ 품목별예산제도(LIBS)는 구체적인 항목별로 예산을 정해줌으로써 관료의 권한과 재량을 제한하는 통제지향적 예산제도이다.
② [○] 성과주의예산제도(PBS)는 예산을 기능별·사업계획별·활동별로 분류·편성하여 예산의 지출과 그 지출에 의해 나타나는 성과와의 관계를 명백하게 하기 위한 관리지향적 예산제도이다.
⇨ 성과주의예산제도(PBS)는 사업을 중심으로 편성함으로써 예산액의 절약과 능률보다 사업 또는 정책의 성과에 더 관심을 기울인 예산제도이다. 또한 업무단위의 비용과 업무량을 측정함으로써 정보의 계량화를 시도하여 관리의 능률성을 높이려는 제도이다.
③ [○] 계획예산제도(PPBS)는 각 부처 중심의 할거주의적 예산편성을 지양하고, 국가적 차원의 재원분배를 강조하는 기획지향적 예산제도이다.
⇨ 계획예산제도(PPBS)는 장기적인 계획수립과 단기적인 예산편성을 유기적으로 연관시킴으로써 자원배분에 관한 의사결정을 합리적·일관적으로 행한다.
❹ [×] 영기준예산제도(ZBB)는 하향식 예산편성방식으로서 기존 사업과 새로운 사업을 구분하지 않고, 매년 모든 사업의 타당성을 영기준에서 엄밀히 분석하여 예산을 편성하는 감축지향적 예산제도이다.
⇨ 영기준예산제도(ZBB)는 상향식 예산편성방식으로서 자원난 시대에 대비하는 감축지향적 예산제도이다.

18 우리나라의 공무원 평정과 승진제도　정답 ④

① [○] 기본적으로 도표식평정척도법과 강제배분법에 따라 시행한다.

⇨ 도표식평정척도법이란 가장 대표적인 평정방법으로서 직무평가에서의 점수법과 기본원리는 유사하다. 반면, 강제배분법은 집단적 서열법으로서 등급별로 인원을 강제배분하는 방법으로, 우리나라의 경우 2006년부터 5급 이하 근무성적평가는 3등급 이상으로 평가하되, 최상위 등급은 20%, 최하위 등급은 10%를 강제배분하도록 되어 있다.
② [○] 이중평정제가 도입되고 있으며, 다면평가는 각 기관에 따라 자율적으로 실시하고 있다.
⇨ 여기서 이중평정제는 평가자와 확인자 평정이다.
③ [○] 근무성적평정결과를 공개하고 있으며, 근무성적평정결과에 이의가 있는 경우 소청심사의 대상으로 하고 있지 않다.
⇨ 우리나라는 원칙적으로 근무성적평정결과를 공개하지만, 근무성적평정결과에 이의가 있는 경우 소청심사의 대상은 되지 않는다.
❹ [×] 승진의 경우 원칙적으로 근무성적평정은 80%, 경력평정은 20%를 반영한다.
⇨ 우리나라는 2023년에 「공무원 성과평가 등에 관한 규정」 제30조 제2항)을 개정하여 승진의 경우 원칙적으로 근무성적평정은 90%, 경력평정은 10%를 반영한다.

우리나라의 근무성적평정제도

(1) 의의
- 근무성적평정이란 공무원이 일정기간 동안에 수행한 능력, 근무성적, 가치관, 태도 등을 평가하여 재직, 승진, 훈련수요의 파악, 보수경정 및 상벌에 영향을 주는 인사행정상의 한 과정
- 우리나라의 근무성적평정은 「공무원 성과평가 등에 관한 규정」에 근거하여 시행되고 있음

(2) 종류

구분	성과계약평가	근무성적평가
대상	4급 이상(고위공무원단 포함)	5급 이하
기준	체결한 성과계약	근무실적 및 직무수행능력
특징	상급자가 하급자와 계약	확인자와 평가자의 복수평정(이중평정)
실시	연 1회(12월 31일)	연 2회(6월 30일, 12월 31일)

(3) 평가결과
원칙적으로 평정자는 피평정자에게 평가결과를 공개하여야 함
(4) 조정신청
- 이의신청(확인자) → 조정신청(근무성적평가위원회)
- 소청심사는 불가능

19 각 국의 책임운영기관　정답 ③

① [○] 캐나다의 책임운영기관은 1990년에 설치된 '특별사업기관(SOA; Special Operating Agency)'이다.
⇨ 캐나다의 책임운영기관은 1990년에 설치된 '특별사업기관(SOA; Special Operating Agency)'으로, 이는 김대중 정부 때 우리나라 행정개혁에 영향을 미쳤다.
② [○] 뉴질랜드의 '독립사업기관(Crown Entities)'은 각 부처로부터 독립된 조직으로 직원 신분은 민간인(Hive-out)이다.
⇨ 뉴질랜드의 책임운영기관은 1988년 이후 각 부처로부터 독립된 '독립사업기관(Crown Entities)'이다.

❸ [×] 영국의 '책임집행기관(Executive Agency)'은 1988년 대처(Thatcher) 정부 때 Next Steps에 의해서 설치된 것으로 직원 신분은 민간인(Hive-out)이다.
⇨ 영국의 책임운영기관은 Next Steps에 의하여 설치된 '책임집행기관(Executive Agency)'으로 직원 신분은 공무원(Hive-in)이다.
④ [○] 우리나라의 책임운영기관은 1999년 김대중 정부 때 설치된 것으로, 직원 신분은 공무원(Hive-in)이다.
⇨ 우리나라는 1999년 1월(김대중 정부)에 「책임운영기관의 설치·운영에 관한 법률」을 제정하였고 국립중앙극장, 국립재활원 등에서 처음 실시되었다.

20   우리나라의 인사청문제도   정답 ②

① [○] 헌법재판소 재판관 9인은 모두 인사청문회 대상이다.
⇨ 대법원장·헌법재판소장·국무총리·감사원장·대법관 및 국회에서 선출하는 헌법재판관·중앙선거관리위원회 위원은 인사청문특별위원회 및 본회의의 의결을 거친다.
❷ [×] 중앙선거관리위원회 위원장은 인사청문특별위원회에서 인사청문을 실시한다.
⇨ 대법원장, 헌법재판소장, 국무총리, 감사원장 및 대법관과 국회에서 선출하는 헌법재판소 재판관 및 중앙선거관리위원회 위원은 인사청문특별위원회에서 인사청문을 실시하나(「국회법」제46조의3), 중앙선거관리위원회 위원장의 인사청문에 대해서는 별도의 규정을 두고 있지 않다.
③ [○] 국가정보원장, 경찰청장, 검찰총장 등은 소관 상임위원회에서 인사청문을 실시한다.
⇨ 국가정보원장, 국세청장, 경찰총장, 경찰청장은 국회의 인사청문을 거쳐 대통령이 임명하며, 인사청문특별위원회를 구성하지 아니하고 소관 상임위원회에서 인사청문을 실시한다.
④ [○] 헌법에서 임명에 국회의 동의를 얻도록 정하고 있는 사람들은 인사청문특별위원회를 거쳐야 한다.
⇨ 헌법에 의하여 그 임명에 있어 국회의 동의를 요하는 직위인 대법원장·헌법재판소장·국무총리·감사원장·대법관 및 국회에서 선출하는 헌법재판관, 중앙선거관리위원회 위원은 인사청문특별위원회를 거쳐야 하며, 이는 대정부 구속력이 있다.

국회인사청문 대상 공직자 🖊

의의	• 공직자에 대해서 그 적격성 여부를 국회 차원에서 사전 검증하는 제도로, 인사청문특별위원회의 인사청문과 소관 상임위원회의 인사청문으로 구분 • 「국회법」의 개정으로 헌법상 국회의 임명동의가 필요하거나 국회에서 선출하도록 되어 있는 공직자와 개별법에서 국회의 인사청문을 거치도록 되어있는 공직자에 대해서 인사청문을 실시
인사청문 대상 공직자	• 헌법에 의하여 그 임명에 국회의 동의를 요하는 직위: 대법원장, 헌법재판소장, 국무총리, 감사원장, 대법관 및 국회에서 선출하는 헌법재판관, 중앙선거관리위원회 위원 → 인사청문특별위원회 및 본회의의 의결을 거치며, 대정부 구속력이 있음 • 개별법에 의하여 국회의 인사청문을 거치는 직위(대통령이 임명): 국가정보원장, 국세청장, 검찰총장, 경찰청장 → 인사청문특별위원회를 구성하지 아니하고 소관 상임위원회에서 인사청문을 실시하며, 대정부 구속력이 없음

정답

p. 92

01	④	PART 7	**06**	②	PART 4	**11**	④	PART 1	**16**	③	PART 5
02	④	PART 1	**07**	①	PART 5	**12**	①	PART 7	**17**	③	PART 7
03	①	PART 4	**08**	③	PART 5	**13**	④	PART 2	**18**	①	PART 1
04	④	PART 6	**09**	④	PART 3	**14**	②	PART 2	**19**	③	PART 3
05	③	PART 4	**10**	③	PART 6	**15**	④	PART 2	**20**	④	PART 3

PART 1 행정학의 기초이론 / PART 2 정책학 / PART 3 행정조직론 / PART 4 인사행정론 / PART 5 재무행정론 / PART 6 행정환류론 / PART 7 지방행정론

취약 단원 분석표

단원	맞힌 답의 개수
PART 1	/ 3
PART 2	/ 3
PART 3	/ 3
PART 4	/ 3
PART 5	/ 3
PART 6	/ 2
PART 7	/ 3
TOTAL	**/ 20**

---

01 「주민투표법」 　　　　　정답 ④

① [O] 18세 이상의 주민 중 그 지방자치단체의 관할 구역에 주민등록이 되어 있는 사람에게는 주민투표권이 있다. 다만, 「공직선거법」 제18조에 따라 선거권이 없는 사람에게는 주민투표권이 없다.
　⇨ 「주민투표법」 제5조

② [O] 주민에게 과도한 부담을 주거나 중대한 영향을 미치는 지방자치단체의 주요결정사항은 주민투표에 부칠 수 있다.
　⇨ 「주민투표법」 제7조 제1항

③ [O] 주민투표에 부쳐진 사항은 주민투표권자 총수의 4분의 1 이상의 투표와 유효투표수 과반수의 득표로 확정된다.
　⇨ 「주민투표법」 제24조 제1항

❹ [×] 투표운동은 주민투표 발의일부터 주민투표일의 전일까지에 한하여 이를 할 수 있다.
　⇨ 투표운동기간은 주민투표일 전 21일부터 주민투표일 전날까지로 한다 (「주민투표법」 제21조 제1항).

---

02 경쟁적 가치접근법 　　　　　정답 ④

① [O] 특정 측면으로 보는 전통적 접근법을 지양하고 전체적으로 통합하여 고찰하는 접근방법이다.
　⇨ 경쟁적 가치접근법은 조직의 효과성을 특정 측면으로 보는 전통적 접근법을 지양하고 통합하여 고찰하는 현대적 접근법으로 퀸과 로보그(Quinn & Rohrbaugh)가 주장하였다. 조직과 인간, 통제와 유연성의 경쟁적 가치기준에 따라 네 가지 효과성 평가모형을 제시하고 조직의 성장단계에 따라 각 모형을 적용하고 있다.

② [O] 개방체제모형은 조직 내의 인간보다 조직 그 자체를 강조하고, 환경과 바람직한 관계를 유지하기 위해 조직구조의 유연성을 강조한다.
　⇨ 효과성 평가모형 중 개방체제모형은 조직(외부)과 유연성·신축성을 강조한 모형에 해당한다.

③ [O] 인간관계모형은 조직 그 자체보다는 인간을 중시하고, 통제보다는 유연성을 강조한다. 구성원의 사기와 응집성을 통하여 효과성이 확보된다고 간주한다.
　⇨ 인간관계모형은 인간(내부)과 유연성·신축성을 강조한 모형에 해당한다.

❹ [×] 합리목표모형은 조직 그 자체보다는 인간을 중시하고, 정보관리와 의사소통을 통하여 조직의 안정성을 추구한다.
　⇨ 합리목표모형이 아니라 내부과정모형에 대한 설명이다. 합리목표모형은 조직 내의 인간보다는 조직 그 자체를 강조하고, 통제를 중시하며 합리적 계획과 목표설정 및 평가를 통한 생산성을 중시한다.

경쟁적 가치접근법의 효과성 평가모형

구분		조직(외부)	인간(내부)
		합리목표모형(합리문화)	내부과정모형(위계문화)
통제		• 목적: 생산성, 능률성 • 수단: 기획, 목표설정, 합리적 통제	• 목적: 안정성, 통제와 감독 • 수단: 의사소통, 정보관리
		개방체제모형(발전문화)	인간관계모형(집단문화)
유연성 (신축성)		• 목적: 성장, 자원획득, 환경적응 • 수단: 유연성, 용이함	• 목적: 인적자원 발달, 팀워크, 능력발휘, 구성원 만족 • 수단: 사기, 응집력

---

03 공무원의 정치운동 금지사항 　　　　　정답 ①

❶ [O] 타인에게 정치단체에 가입하게 하거나 가입하지 아니하도록 권유
　⇨ 「국가공무원법」 제65조, 「지방공무원법」 제57조는 투표권유, 서명주재, 문서게시, 기부금품모집, 정당가입권유 등을 금지하고 있다.

관련법령

「지방공무원법」상 공무원의 정치운동

제57조 【정치운동의 금지】 ① 공무원은 정당이나 그 밖의 정치단체의 결성에 관여하거나 가입할 수 없다.

② 공무원은 선거에서 특정정당 또는 특정인을 지지하거나 반대하기 위하여 다음 각 호의 어느 하나에 해당하는 행위를 하여서는 아니 된다.
1. 투표를 하거나 하지 아니하도록 권유하는 것
2. 서명운동을 기획·주재하거나 권유하는 것
3. 문서 또는 도화(圖畵)를 공공시설 등에 게시하거나 게시하게 하는 것
4. 기부금품을 모집하거나 모집하게 하는 행위 또는 공공자금을 이용하거나 이용하게 하는 것
5. 타인에게 정당이나 그 밖의 정치단체에 가입하게 하거나 가입하지 아니하도록 권유하는 것

04 프리드리히의 자율적(내재적) 행정책임 정답 ④

① [O] 정보의 공개가 중요하며, 예컨대 내부고발자보호법 등이 필요하다.
⇨ 프리드리히(Friedrich)는 행정책임을 자율적·내재적 책임으로 인식하여 외재적 책임의 한계를 인식하고 관료 스스로 책임감을 느끼는 것이 중요하다고 하였다. 즉, 정보의 공개를 통하여 자발적으로 유도되는 것이라고 보았다.

② [O] 민주사회에서 관료의 책임 있는 행위를 확보하는 것은 건전한 작업규칙과 효과적 사기의 문제이다.
⇨ 관료는 전문직업인으로서의 직업윤리와 전문적·기술적 기준을 따라 직책을 잘 수행할 책임을 가지고 있어야 한다.

③ [O] 일반시민으로서의 권리를 인정하여야 하며, 공무원단체의 활동을 보장하여야 한다.
⇨ 권능적 책임이란 공무원들의 직업윤리와 전문기술적인 기능적 책임으로서 그 권리와 활동을 인정해주어야 한다고 보았다.

❹ [×] 행정의 책임 있는 수행은 강제되기보다는 유인되어야 하며, 삼권분립 체제에서 국민의 대표기관인 국회의 통제가 중요하다.
⇨ 국회의 통제는 외재적 책임과 관련되므로 내재적 책임에 해당하는 자율적, 권능적 책임과는 거리가 멀다.

05 엽관주의의 장단점 정답 ③

① [×] 부정부패를 방지하기가 용이하다.
⇨ 공직선거에 있어서 매관매직 등의 부정부패를 방지하기가 곤란하다.

② [×] 행정의 안정성과 지속성을 확보하기 용이하다.
⇨ 엽관주의는 공직경질제로 인해서 행정의 안정성과 지속성을 확보하기 어렵다는 단점이 있다.

❸ [O] 정부관료제의 민주화에 기여한다.
⇨ 국민의 선거를 통해서 표를 얻은 정당이 권력을 가짐으로써 국민의 요구가 정책에 반영되어 민주성과 책임성이 높아진다.

④ [×] 국민에 대한 정치적 책임을 확보하기 곤란하다.
⇨ 국민의 선거를 통해서 정부관료제가 이루어지므로 국민에 대한 정치적 책임을 확보하기 용이하다.

┌ 엽관주의의 장단점 ──────────

장점	· 정치적 민주화에 기여 · 정당의 이념이나 정강정책의 강력한 추진 가능 · 공직경질을 통하여 관료주의화나 공직침체 방지 · 행정책임 및 행정통제 구현 가능 · 공직의 개방으로 민주주의의 평등이념에 부합
단점	· 행정의 안정성·지속성 저해 · 정치적 중립의 저해 · 신분보장의 미흡으로 사기저하 우려 · 비능률과 부정부패 초래

06 공무원연금제도의 개정 내용 정답 ②

① [O] 기여금 납부 기한을 최대 36년까지 연장한다.
⇨ 기여금의 납부 기한은 기존 33년에서 36년으로 연장되었다.

❷ [×] 기여율을 기준소득월액의 7%에서 8%로 2020년까지 5년간 단계적으로 인상하였다.
⇨ 연금 기여율을 단계적으로 인상하여 기준소득월액의 7%에서 9%로 2020년까지 5년간 단계적으로 인상하였다.

③ [O] 연금지급 개시 연령은 2033년부터 모든 공무원이 임용 시기 구분 없이 65세로 한다.
⇨ 개정 전 연금지급 개시 연령은 만 60세였으나, 만 65세로 개정되었다.

④ [O] 연금지급률을 기준소득월액의 1.9%에서 1.7%로 2035년까지 20년간 단계적으로 인하한다.
⇨ 이 외에도 유족연금지급률을 기존 퇴직연금의 70%에서 60%로 개정하였다.

┌ 공무원 연금개혁 내용 ──────────

구분	과거	현행
기여율	기준소득월액의 7%	9%
지급률	기준소득월액의 1.9%	1.7%
지급개시 연령	만 60세	만 65세
기여금 납부기간	33년	36년
연금수령조건	가입기간 20년	10년
퇴직수당	민간의 39%	
기존수급자 연금액	물가에 연동 지급	5년간 동결 (2016년~2020년)

(1) 기여율을 5년간 단계적으로 인상
　참고　정부부담률도 동일하게 인상: 기준소득월액의 7% → 9%(2020년)
(2) 지급률을 20년간 단계적으로 인하: 기준소득월액의 1.9% → 1.7%(2035년)
　참고　연금수령액 = 평균보수월액 × 재직기간 × 지급률
(3) 현재 2010년 이전 임용자는 60세부터, 이후 임용자는 65세부터 받도록 한 것을 2021년부터 3년마다 한 살씩 연장하여 2033년부터는 모든 공무원이 65세부터 받음
(4) 퇴직연금 수급자 사망 시 유족에게 연금의 70%를 지급하던 것을 60%로 축소·통일
(5) 기여금 납부기간이 36년으로 길어진 만큼 연금수령기간도 길어짐
(6) 종전 20년에서 최소 10년만 기여금을 내도 연금 수령 가능
(7) 1년 이상 근무 후 퇴직 시 전액 정부예산으로 지급하는 수당
(8) 매년 물가인상률에 따라 조정해온 연금액을 2016년부터 5년간 동결

07 총액배분 자율편성(Top-down) 예산제도 정답 ①

❶ [×] 사전재원배분제도로서 2010년부터 도입되었으며, 재원배분의 효율성·투명성·자율성을 제고할 수 있고 예산편성과정의 비효율성을 제거할 수 있다.
⇨ 총액배분 자율편성(Top-down) 예산제도는 2004년부터 도입된 사전재원배분제도이다.

② [○] 국가적 정책 우선순위에 입각하여 분야별·중앙관서별 지출한도 등을 미리 설정하고 중앙관서별로 예산을 자율편성하는 제도이다.
⇨ 재정당국(기획재정부)이 국정목표와 우선순위에 따라 장기(5개년) 재원배분계획을 마련하면, 이를 토대로 국무회의에서 분야별·부처별 지출한도를 미리 설정한다. 각 부처는 그 한도 내에서 개별사업별로 예산을 자율적으로 편성하여 제출하고, 재정당국(기획재정부)이 이를 최종 조정한다.

③ [○] 예산을 편성할 때 국가 전체적으로 거시적인 우선순위를 정한 후 부처별로 구체적인 사업을 정하는 예산배분방식이다.
⇨ 기획재정부가 각 부처의 예산안을 심의하여 예산을 정해 주는 기존 방식과 달리, 중장기 재정운용계획을 토대로 부처별 예산한도를 미리 정해 주면 각 부처가 그 한도 내에서 자유롭게 예산을 편성하는 제도이다.

④ [○] 특별회계, 기금 등 칸막이식 재원을 확보하려는 유인을 감소시킬 수 있다.
⇨ 이외에도 총액배분 자율편성 예산제도를 통하여 재원 배분의 효율성·투명성·자율성이 제고될 수 있으며, 예산과정의 비효율을 제거하고 재정의 경기조절기능이 강화되는 효과가 있다.

08 재정준칙의 장단점 정답 ③

❸ [×] 재정수지준칙은 경기변동과는 관련되어 설정되는 것이므로 실질적인 효과를 파악하기 용이하다.
⇨ 재정수지준칙은 경기변동과는 무관하게 설정되는 것이므로 실질적인 효과를 파악하기 어렵기 때문에 경제 안정화를 저해할 수 있다.

재정준칙의 장단점 🖋

구분	장점	단점
재정수입준칙	• 정부규모의 조정에 용이 • 세입정책의 향상에 도움	• 경기안정화 기능 미약 • 지출제약이 없어 부채건전성과 직접적 관련 없음
재정지출준칙	• 명확한 운용지침이 되며, 정부규모 조정에 용이 • 다른 변수에 영향을 받지 않고 독립적으로 통제가 가능 • 경제성장률이나 재정적자 규모의 예측에 의존하지 않고 자율적으로 정할 수 있음 • 감독 및 의사소통이 용이	• 세입제약이 없어 부채건전성과 직접적 관련 없음 • 지출한도를 맞추려다 지출배분에 불필요한 변화가 발생할 가능성이 있음 • 조세지출을 우회적으로 활용함으로써 재정건전성이 훼손될 가능성이 있음
재정수지준칙	• 명확한 운용지침으로 부채건전성과 직접적 관련 • 감독 및 의사소통이 용이	• 경기변동과는 무관하게 설정되는 것이므로 실질적인 효과를 파악하기 어렵기 때문에 경제 안정화를 저해할 수 있음 • 기초재정수지는 통제불능 요인에 해당하여 채무증대 우려가 있음
국가채무준칙	• 명확한 운용지침으로 부채건전성과 직접적 관련 • 감독 및 의사소통이 용이	• 경기안정화 기능 미약 • 한시적 조치가 될 가능성이 크며, 단기에 대한 명확한 운영지침이 미비 • 통제불능요인(의무지출 등)에 의한 채무증대 우려가 있음

09 동기부여이론 정답 ④

① [○] 매슬로우(Maslow) - 욕구계층이론
⇨ 매슬로우(Maslow)는 욕구를 생리적 욕구, 안전 욕구, 사회적 욕구, 존경 욕구, 자아실현 욕구의 5단계로 구분하여, 욕구 간 우선순위의 계층을 이룬다고 보는 욕구계층이론(욕구단계이론)을 주장하였다.

② [○] 허즈버그(Herzberg) - 욕구이원론
⇨ 허즈버그(Herzberg)는 동기유발과 관련된 요인으로 불만요인과 만족요인을 제시하였으며, 두 요인 간의 계층화를 강조하지 않고 서로 독립된 별개라고 보는 욕구이원론(동기위생이론)을 주장하였다.

③ [○] 맥클리랜드(McClelland) - 성취동기이론
⇨ 맥클리랜드(McClelland)는 개인의 행동을 동기화시키는 잠재력을 지니고 있는 욕구는 학습되는 것이므로 개인마다 그 욕구의 계층에 차이가 있으며, 개인의 동기는 개인이 사회·문화와 상호작용하는 과정에서 취득되고 학습을 통해 동기가 개발될 수 있다는 전제를 기초로 하여 조직 내 성취욕구를 중요시한 성취동기이론을 주장하였다.

❹ [×] 브룸(Vroom) - ERG 이론
⇨ 브룸(Vroom)의 동기부여이론은 기대이론이다. ERG 이론은 앨더퍼(Alderfer)가 주장하였다.

10 4차 산업혁명의 특징 정답 ③

① [○] 인공지능(AI), 사물인터넷(IoT), 로봇기술, 드론, 자율주행차, 가상현실(VR) 등이 핵심개념이다.
⇨ 4차 산업혁명은 인공지능(AI), 사물인터넷(IoT), 로봇기술, 드론, 자율주행차, 가상현실(VR) 등이 주도하는 차세대 산업혁명으로, 정부 4.0으로서의 새로운 행정패러다임을 의미한다.

② [○] 2016년 6월 스위스에서 열린 다보스포럼(Davos Forum)의 의장이었던 클라우스 슈밥(Klaus Schwab)이 처음으로 사용하면서 이슈화되었다.
⇨ 4차 산업혁명은 스위스 다보스에서 개최된 세계경제포럼(WEF)인 다보스포럼에서 언급되었으며, 정보통신기술(ICT) 기반의 새로운 산업시대를 대표하는 용어가 되었다.

❸ [×] 인터넷이 이끈 컴퓨터 정보화 및 자동화 생산시스템이 주도하는 차세대 산업혁명을 말한다.
⇨ 인터넷이 이끈 컴퓨터 정보화 및 자동화 생산시스템이 주도한 것은 3차 산업혁명이다. 4차 산업혁명은 로봇이나 인공지능(AI)을 통해 실제와 가상이 통합돼 사물을 자동적·지능적으로 제어할 수 있는 가상 물리 시스템의 구축이 기대되는 차세대 산업상의 변화를 일컫는다.
④ [O] 초연결(hyperconnectivity)과 초지능(superintelligence)을 특징으로 하기 때문에 기존 산업혁명에 비해 더 넓은 범위에 더 빠른 속도로 크게 영향을 끼친다.
⇨ 4차 산업혁명은 산업과 산업 간의 초연결성, 초지능성, 초융합성 등을 특성으로 한다.

11 피터스(Peters)의 거버넌스 유형 　　　정답 ④

① [×] 시장적 모형(market model)
⇨ 시장적 모형은 시장의 효율성을 믿으며 관료제의 독점 문제를 지적하는 모형이다.
② [×] 참여적 모형(participatory model)
⇨ 잠재적 모형은 참여관리를 중시하며 담론 민주주의, 공동체주의와 밀접한 관련이 있는 모형이다.
③ [×] 유연 모형(flexible model)
⇨ 유연 모형은 영속적인 정부조직, 정년보장 등에 대해서 문제점을 제기하고 가변적 인사관리를 강조하는 모형으로 신축적 모형이라고도 한다.
❹ [O] 저통제 모형(deregulation model)
⇨ 과도한 내부규제에 문제점을 제기하며 관료에게 재량부여를 통한 기업가적 정부를 강조하는 것은 저통제(탈내부규제) 정부모형의 특징이다.

피터스(Peters)의 뉴거버넌스 모형

구분	전통적 정부	시장적 정부	참여적 정부	신축적 정부	저통제 정부
문제의 진단 기준	전근대적 권위	독점	계층제	영속성	내부통제
구조의 개혁방안	계층제	분권화	평면조직	가상조직	–
관리의 개혁방안	직업 공무원제, 절차적 통제	성과급, 민간기법	총체적 품질관리, 팀제	임시적 관리	관리적 재량 확대
정책결정 개혁방안	정치-행정의 구분	내부시장	협의, 협상	실험	기업가적 정부
공익의 기준	안정성, 평등	저비용	참여, 협의	저비용, 조정	창의성, 활동주의

12 「지방자치법」상 지방의회 　　　정답 ①

❶ [×] 본회의에서 표결할 때에는 조례 또는 회의규칙으로 정하는 무기명투표로 가부(可否)를 결정한다.

⇨ 본회의에서 표결할 때에는 조례 또는 회의규칙으로 정하는 표결방식에 의한 기록표결로 가부(可否)를 결정한다. 다만, 의장 부의장 선거, 임시의장 선출, 의장 부의장 불신임 의결, 자격상실 의결, 징계 의결, 재의 요구에 관한 의결, 그 밖에 지방의회에서 하는 각종 선거 및 인사에 관한 사항은 무기명투표로 표결한다(「지방자치법」 제74조).
② [O] 지방의회의원의 윤리강령과 윤리실천규범 준수 여부 및 징계에 관한 사항을 심사하기 위하여 윤리특별위원회를 둔다.
⇨ 지방의회의원의 윤리강령과 윤리실천규범 준수 여부 및 징계에 관한 사항을 심사하기 위하여 윤리특별위원회를 둔다(「지방자치법」 제65조 제1항).
③ [O] 지방의회의원의 겸직 및 영리행위 등에 관한 지방의회의 의장의 자문과 지방의회의원의 윤리강령과 윤리실천규범 준수 여부 및 징계에 관한 윤리특별위원회의 자문에 응하기 위하여 윤리특별위원회에 윤리심사자문위원회를 둔다.
⇨ 지방의회의원의 겸직 및 영리행위 등에 관한 지방의회의 의장의 자문과 지방의회의원의 윤리강령과 윤리실천규범 준수 여부 및 징계에 관한 윤리특별위원회의 자문에 응하기 위하여 윤리특별위원회에 윤리심사자문위원회를 둔다(「지방자치법」 제66조 제1항).
④ [O] 지방의회의원의 의정활동을 지원하기 위하여 지방의회의원 정수의 2분의 1 범위에서 해당 지방자치단체의 조례로 정하는 바에 따라 지방의회에 정책지원 전문인력을 둘 수 있다.
⇨ 지방의회의원의 의정활동을 지원하기 위하여 지방의회의원 정수의 2분의 1 범위에서 해당 지방자치단체의 조례로 정하는 바에 따라 지방의회에 정책지원 전문인력을 둘 수 있다(「지방자치법」 제41조).

13 정책집행의 유형 　　　정답 ④

① [×] 하향적 접근방법은 집행과정에 영향을 미치는 다양한 요인들을 도출하여 처방을 제시한다.
⇨ 집행과정에 영향을 미치는 다양한 요인들(행위자의 동기, 상호작용 등)을 도출하여 처방을 제시하는 것은 상향적 접근방법에 대한 설명이다.
② [×] 상향적 접근방법은 정책결정과 정책집행을 분리한다.
⇨ 정책결정과 정책집행을 분리하는 것은 상향적 접근방법이 아니라 하향적 접근방법이다.
③ [×] 하향적 접근방법은 실제 집행과정의 인과관계를 상세히 설명할 수 있다.
⇨ 실제 집행과정의 인과관계를 상세히 설명할 수 있는 것은 상향적 접근방법이다.
❹ [O] 상향적 접근방법은 집행자들의 전문적인 경험을 정책목표에 반영한다.
⇨ 상향적 접근방법은 일선관료인 정책집행자들의 전문적인 지식이나 경험을 정책목표에 반영한다.

14 비동질적 통제집단설계 　　　정답 ②

① [×] 여러 시점에서 관찰된 자료를 정책의 평가에 이용하도록 고안된 평가설계의 방법
⇨ 여러 시점에서 관찰된 자료를 정책의 평가에 이용하도록 고안된 것은 단절적 시계열설계방법이다.

❷ [O] 조사대상 집단을 두 개로 나누어 한 집단에는 실험처리를 하고 다른 집단
에는 실험처리를 하지 않고 사전·사후측정을 하는 실험설계
⇨ 비동질적 통제집단설계는 조사대상 집단을 두 개로 나누어 한 집단에는
실험처리를 하고 다른 집단에는 실험처리를 하지 않고 사전·사후측정을
하는 실험설계방법이다.

③ [×] 실험집단과 통제집단을 구분할 때 분명하게 알려진 자격기준을 적용하는
방법
⇨ 분명하게 알려진 자격기준을 적용하는 방법은 회귀불연속설계방법이다.

④ [×] 하나의 집단에 실험처리를 하고 그 측정값을 실험결과로 보는 방법
⇨ 하나의 집단에 실험처리를 하고 그 측정값을 실험결과로 보는 방법은 단
일집단사후측정설계이다.

사회실험(정책실험)의 설계방법 ✏️

진실험설계		• 무작위 배정에 의한 동질적 통제집단설계 • 통제집단사후측정설계, 통제집단사전사후측정설계 • 솔로몬식 4집단실험설계
준 실 험 설 계	축조된 통제	• 비동질적 통제집단 설계(사전측정비교집단 설계): 짝짓기 (매칭)로 구성 • 비동질적 통제집단 사후측정설계: 정태적 집단비교방법 • 회귀불연속 설계(자격기준에 의한 설계)
	재귀적 통제	• 단절적 시계열분석에 의한 평가 • 단절적 시계열 비교집단 설계에 의한 평가
비실험설계		• 대표적 비실험: 정책실시전후비교방법, 사후적 비교집단 선 정방법(단일집단 사전사후측정설계) • 통계적 통제: 통계적 방법으로 외생변수(허위, 혼란변수)를 추정, 제거 • 포괄적 통제: 포괄적인 규범·목표를 통제 • 잠재적 통제: 잠재적 집단(전문가, 패널)의 판단과 비교, 통제

---

15 쓰레기통모형 정답 ④

① [O] 의사결정 참여자 간에 선택기준 등의 합의가 부재하며, 참여자 자신의 선
호조차 불명확한 상태에 있다.
⇨ 문제성 있는 선호에 대한 설명이다. 이 외에 불명확한 기술, 일시적 참여
자를 전제로 한다.

② [O] 상호독립적 관계에 있는 문제·해결책·선택기회·참여자가 우연히 만
나게 될 때 결정이 이루어진다.
⇨ 의사결정의 네 가지 요소는 문제를 크게 부각시키는 극적인 사건이나 정
권변동과 같은 정치적 사건이라는 점화 계기가 이루어질 때 상호 결합
된다.

③ [O] 혼란 상태에서 이루어지는 극도의 비합리적인 조직의 의사결정을 설명
하는 이론으로서, 의사결정은 끼워넣기(by oversight)와 미뤄두기(by
flight) 등의 양태가 나타난다.
⇨ 진빼기 결정(choice by flight)이란 관련된 문제의 주창자가 자신의 주장
을 되풀이하다 힘이 빠져 다른 기회를 찾을 때에 의사결정하는 것이다.

❹ [×] 주어진 문제에 대한 해결책을 탐색하다가 해결책이 나타나면 정책결정을
하게 된다.
⇨ 문제와 해결책 등은 상호독립적 관계에 있다. 즉, 합리모형에서와 같이 정
책분석과정이 순차적으로 이루어지는 것이 아니라, 해결책이 있으면 해
결할 수 있는 문제를 탐색하고, 결정기회가 주어지면 해결해야 할 문제를
탐색한다.

---

16 통합재정의 범위 정답 ③

① [O] 금융성 기금
⇨ 금융성 기금은 통합예산의 범위에 포함되지 않았으나 새로운 IMF 재정통
계편람(2001 GFSM)에 따라 현재는 통합재정에 포함된다고 본다.

② [O] 외국환평형 기금
⇨ 기금은 통합예산의 범위에 포함되며, 기금 중 금융활동을 수행하는 외국
환평형 기금과 금융성 기금은 통합예산의 포괄범위에서 제외되었으나,
최근 IMF의 재정통계편람(2001 GFSM)이 종래 회계단위기준에서 제도
단위기준으로 변경됨에 따라 공기업을 제외한 모든 일반정부부문(정부단
위 + 공공비영리기관)이 통합재정에 포함되고 있다. 따라서 그동안 제외
되어왔던 금융성기금, 외환평형기금 및 공공비영리기관 등도 현재는 통
합재정에 포함된다고 본다.

❸ [×] 한국은행
⇨ 통합예산의 포괄범위는 비금융 공공부문이다. 비금융 공공부문은 일반정
부와 비금융 공기업으로 구성되며 중앙은행(한국은행) 등 공공금융기관
은 제외된다.

④ [O] 지방정부의 일반회계
⇨ 비금융 공공부문의 통합예산은 중앙정부와 지방정부의 일반회계·기타
특별회계·기금·교육비특별회계·세입세출 외 자금을 포함하고, 비금
융 공기업은 중앙정부의 기업특별회계와 지방정부의 공기업 특별회계로
구성 되어 있다.

---

17 지방자치단체의 계층구조 정답 ③

① [×] 이중행정과 이중감독의 폐단이 발생한다.
⇨ 기능 중첩으로 인하여 이중행정과 이중감독의 폐단이 발생하는 것은 중층
제의 단점에 해당한다.

② [×] 행정책임이 불명확하다.
⇨ 기능 배분의 불명확성으로 인하여 행정책임이 모호해지는 것은 중층제의
단점에 해당한다.

❸ [O] 중앙정부와 주민 간의 의사소통이 상대적으로 원활하다.
⇨ 단층제는 중층제보다 중앙정부와 주민 간의 의사소통이 원활하기 때문에
자치권 및 지역적 특수성의 반영이 용이하다.

④ [×] 민주주의 원리의 확산에 용이하다.
⇨ 민주주의 원리를 확산하기에 용이한 것은 중층제의 장점에 해당한다.

---

18 공동규제 시스템의 기본 전제 정답 ①

❶ [×] 콘텐츠에 대한 법적 책임의 면책
⇨ 공동규제 시스템이 이루어지기 위한 기본 전제로서 콘텐츠에 대한 법적
책임이 면책되는 것은 아니다. 즉, 행동강령은 자율 규범이기 때문에 행동
강령에 의한 자율 규제가 이루어진다고 하더라도, 그 자체로 법 집행의 대
상에서 면제되는 것이 아니다.

② [O] 규제기관의 권한 행사에서 예측 가능성 보장
⇨ 공동규제 시스템이 정착되고 원활하게 운영되기 위해서는 특히 규제 기관
의 권한 행사가 예측 가능성을 담보해야 한다.

③ [O] 규제기관이 보유하고 있는 규제권한의 융통성 있고 신중한 행사
　　⇨ 예측 가능성을 보장하기 위해서는 규제기관이 보유하고 있는 규제 권한의 융통성 있고 신중한 행사가 필요하다. 규제기관의 규제권 발동이 융통성 있고 신중하게 이루어져야 하는 이유는 그 운영의 경직성이 자율 규제의 정착을 위한 토대 마련에 악영향을 미칠 수 있기 때문이다.
④ [O] 민간영역(사업자 및 이용자)의 책임인식
　　⇨ 공동규제 시스템을 정착시키기 위해서는 자율 규제의 주체이자 객체인 민간영역이 인터넷 콘텐츠와 관련된 자신의 책임과 의무에 대해서 명확하게 인식해야 한다.

위원회제도의 장단점

장점	• 행정의 중립성과 공정성 향상에 기여 • 결정의 창의성 증진 • 관료제 조직의 경직성 완화 • 행정의 계속성과 안정성에 기여 • 조정의 촉진과 행정의 민주성 도모
단점	• 결정의 지연 및 기밀성 유지 곤란 • 책임성 확보의 어려움 • 시간 및 경비의 과다 • 타협적 결정의 가능성

19　리더십이론　　　　　정답 ③

① [×] 하우스(R. J. House)의 경로-목표이론에 따르면 리더십의 효과성을 제고하기 위해서는 리더의 스타일을 정확히 파악하고 상황에 맞춰 리더를 배치하는 것이 필요하다.
　　⇨ 피들러(F. Fiedler)에 상황적합성이론에 따르면 리더십의 효과성을 제고하기 위해서는 리더의 스타일을 정확히 파악하고 상황에 맞춰 리더를 배치하는 것이 필요하다.
② [×] 피들러(F. Fiedler)에 상황적합성이론에 따르면 참여적 리더십은 부하들이 구조화되지 않은 과업을 수행할 때 필요하다.
　　⇨ 하우스(R. J. House)의 경로-목표이론에 따르면 참여적 리더십은 부하들이 구조화되지 않은 과업을 수행할 때 필요하다.
❸ [O] 허시(P. Hersey)와 블랜차드(K. Blanchard)의 생애주기이론에 따르면 효과적 리더십을 위해서는 리더가 부하의 성숙도에 따라 다른 행동 양식을 보여야 한다.
　　⇨ 허시(P. Hersey)와 블랜차드(K. Blanchard)의 생애주기이론에 따르면 효과적 리더십을 위해서는 리더가 부하의 성숙도에 따라 지시, 설득, 참여, 위임의 형태에 따른 리더십이 필요하다고 강조한다.
④ [×] 리더십대체물이론(leadership substitutes theory)에 따르면 구성원들의 충분한 경험과 능력은 리더십의 중화물로 파악한다.
　　⇨ 리더십대체물이론(leadership substitutes theory)에 따르면 구성원들의 충분한 경험과 능력은 리더십의 중화물이 아닌 대체물로 파악한다. 리더십의 중화물로 파악하는 것은 보상, 비유연성, 먼 공간적 거리이다.

20　위원회제도의 장점　　　정답 ④

① [O] 전문가들을 활용하여 정책결정을 합리화시킬 수 있다.
　　⇨ 다수의 위원에 의한 결정은 단독형에 비해서 창의적이고 혁신적인 결정을 내리기 쉬울 것이다.
② [O] 정책결정에 대한 신뢰를 증대시킬 수 있다.
　　⇨ 행정의 독단적 결정이 아니라 협의를 통해 결정되기 때문에 민주성과 신뢰성의 도모가 가능하다.
③ [O] 정책결정에 있어 신중성을 도모할 수 있다.
　　⇨ 독단적 결정보다는 행정의 중립성과 신중성 및 공정성의 향상에 기여한다.
❹ [×] 정책결정에 대한 책임성을 증진시킬 수 있다.
　　⇨ 위원회 등의 합의제 기관의 경우 책임이 분산되고 애매해진다는 단점이 있다.

▶ 정답

p. 98

01	④ PART 1	06	② PART 2	11	④ PART 3	16	② PART 5
02	③ PART 1	07	① PART 3	12	② PART 7	17	③ PART 5
03	③ PART 1	08	③ PART 3	13	② PART 4	18	③ PART 2
04	④ PART 2	09	④ PART 7	14	① PART 4	19	① PART 7
05	③ PART 5	10	③ PART 6	15	① PART 4	20	③ PART 3

PART 1 행정학의 기초이론 / PART 2 정책학 / PART 3 행정조직론 / PART 4 인사행정론 / PART 5 재무행정론 / PART 6 행정환류론 / PART 7 지방행정론

▶ 취약 단원 분석표

단원	맞힌 답의 개수
PART 1	/ 3
PART 2	/ 3
PART 3	/ 4
PART 4	/ 3
PART 5	/ 3
PART 6	/ 1
PART 7	/ 3
TOTAL	/ 20

---

01 행정신뢰의 형성에 영향을 주는 요인 정답 ④

① [○] 계산적 차원
⇨ 이해타산에 초점을 맞춘 신뢰이다.

② [○] 관계적 차원
⇨ 상대방에 대한 연대감 또는 동일체 의식과 관련 있는 신뢰이다.

③ [○] 인지적 차원
⇨ 사회적 관계에서 어떤 대상은 믿고 어떤 대상은 믿지 않는 분별적 선택과정에서 나타난 신뢰이다.

❹ [×] 효과적 차원
⇨ 행정신뢰의 형성에 영향을 주는 요인 중에 신뢰자(국민)의 차원과 피신뢰자(정부)의 차원이 있다. 효과적 차원은 신뢰자의 차원에 포함되지 않는다.

행정신뢰의 형성에 영향을 주는 요인 – 신뢰의 차원(백완기)

(1) 신뢰자(국민)의 차원 – 신뢰의 주체인 국민(개인)의 심리적 특성

계산적 차원	이해타산에 초점을 맞춘 신뢰
인지적 차원	사회적 관계에서 어떤 대상은 믿고 어떤 대상은 믿지 않는 분별적 선택과정에서 나타난 신뢰
관계적 차원	상대방에 대한 연대감 또는 동일체 의식과 관련됨

(2) 피신뢰자(행정)의 차원 – 신뢰의 대상인 행정이 갖추어야 할 요건

정부의 능력	신뢰자(국민)가 원하는 요구를 충분히 충족시켜 줄 수 있는 의지와 전문적 지식 및 기술을 가지고 있는지의 여부
권력의 정당성	권력의 성립 과정이 국민 의사를 토대로 하여 합법적으로 이루어져야 한다는 것
정책의 일관성	정책이나 언행이 수시로 변하지 않고 지속성을 띠고 있는 것
행정의 공개성	정책결정이나 정보가 모든 사람들에게 차별 없이 노정되는 것
행정의 공정성	고객들에게 불편부당한 자세에서 공평하게 업무를 처리하는 것
집단적 동질성	피신뢰자로부터 고객들이 집단적 동질성을 느끼는 것

---

02 규제개혁의 3단계 정답 ③

OECD가 제시하고 있는 규제개혁의 단계는 규제완화 → 규제품질관리 → 규제관리 순이다.

규제개혁의 3단계(OECD)

규제완화	규제총량 감소
규제품질관리	개별규제의 질적 관리(규제영향분석)
규제관리	거시적 접근을 통한 전반적인 규제체계의 관리

---

03 신공공관리론(NPM)과 뉴거버넌스 비교 정답 ③

① [○] 정부실패에 대한 대안으로 발생하였다.
⇨ 신공공관리론은 공공행정을 기본적으로 정치가 아닌 관리로 규정하고, 행정개혁의 관리주의적 접근을 시도하는 것으로서 1970년대 말 정부실패 경험 이후 정부의 감축과 시장기제의 도입을 기조로 하는 1980년대 행정개혁운동이다. 뉴거버넌스 역시 1980년대 이후 서구를 중심으로 시민세력이 급속히 성장함에 따라 정부실패를 보완하기 위한 하나의 대안으로서 등장하게 되었다.

② [○] 정부역할을 촉진적 정부로 보고 있다.
⇨ 전통적 정부는 정부의 역할을 노젓기(rowing)로 보았지만, 신공공관리론과 뉴거버넌스는 정부의 역할을 방향잡기(steering), 즉 촉진적 정부로 본다.

❸ [×] 결과보다는 과정을 중시한다.
⇨ 결과보다 과정을 중시하는 것은 뉴거버넌스만의 특징이다. 뉴거버넌스는 정부·시장·시민과의 파트너십과 이를 통한 유기적 결합관계를 중시하며, 정부관료제에 대한 민주적 통제 및 시민참여의 확대를 강조한다. 반면 신공공관리론은 민영화, 내부시장제도, 책임운영기관 등의 제도를 도입함으로써 시장원리에 따른 성과 중심의 체제를 지향한다.

④ [○] 행정과 경영 또는 정치의 차이를 상대적으로 구별하고 있다.
⇨ 신공공관리론과 뉴거버넌스 모두 행정과 경영을 절대적이 아닌 상대적으로 구별하는 공통점이 있다.

04 지방자치단체의 자체평가 정답 ④

① [○] 지방자치단체의 장은 그 소속기관의 정책 등을 포함하여 자체평가를 실시하여야 한다.
  ⇨ 반면, 중앙행정기관의 자체평가는 연 2회 실시하며 상반기에는 과정 중심의 평가, 하반기에는 성과 중심의 평가를 실시한다.
② [○] 지방자치단체의 장은 자체평가조직 및 자체평가위원회를 구성·운영하여야 한다. 이 경우 평가의 공정성과 객관성을 담보하기 위하여 자체평가위원의 3분의 2 이상은 민간위원으로 하여야 한다.
  ⇨ 「정부업무평가 기본법」 제18조(지방자치단체의 자체평가) 제2항에 규정되어 있다.
③ [○] 행정안전부장관은 평가의 객관성 및 공정성을 높이기 위하여 평가지표, 평가방법, 평가기반의 구축 등에 관하여 지방자치단체를 지원할 수 있다.
  ⇨ 또한 지방자치단체의 국고보조사업 등 국가위임사무 등에 대해 필요한 경우 행정안전부장관은 관계중앙행정기관의 장과 합동으로 평가를 실시할 수 있다.
❹ [×] 지방자치단체의 장은 정부업무평가시행계획에 기초하여 소관 정책 등의 성과를 높일 수 있도록 자체평가계획을 3년마다 수립하여야 한다.
  ⇨ 지방자치단체의 장은 정부업무평가시행계획에 기초하여 소관 정책 등의 성과를 높일 수 있도록 자체평가계획을 매년 수립하여야 한다(「정부업무평가 기본법」 제18조 제3항).

확정절차	• 부처의 예산요구 • 기획재정부가 정부예산안 편성 • 국회 심의·의결로 확정	• 부처의 예산요구 • 기획재정부가 정부예산안 편성 • 국회 심의·의결로 확정	• 기금관리주체가 계획(안) 수립 • 기획재정부장관과 협의·조정 • 국회 심의·의결로 확정
집행절차	• 합법성에 입각하여 엄격히 통제 • 예산의 목적 외 사용금지원칙	• 합법성에 입각하여 엄격히 통제 • 예산의 목적 외 사용금지원칙	합목적성 차원에서 상대적으로 자율성과 탄력성 보장
계획 변경	추가경정예산 편성	추가경정예산 편성	주요 항목 지출금액의 20% (금융성 기금은 30%) 이상 변경 시 국회 의결 필요
수입과 지출의 연계	추가경정예산 편성	특정한수입과 지출의 연계	특정한 수입과 지출의 연계
결산	국회의 결산심의와 승인	국회의 결산심의와 승인	국회의 결산심의와 승인

05 특별회계 정답 ③

① [×] 특별회계는 기금과는 달리 예산 단일성의 원칙에 부합한다.
  ⇨ 특별회계는 기금과 같이 예산 단일성의 원칙의 예외이다.
② [×] 특별회계의 세입은 주로 조세수입으로 이루어진다.
  ⇨ 특별회계의 세입은 일반회계와 기금의 운용형태가 혼재되어 있다. 일반회계가 주로 조세수입으로 이루어진다.
❸ [○] 국가에서 특정 사업을 운영하기 위해 일반회계와 구분하여 회계처리할 필요가 있을 때 설치한다.
  ⇨ 특별회계의 설치는 국가에서 특정 사업을 운영하기 위해 일반회계와 구분하여 경리할 필요가 있을 때 설치한다.
④ [×] 특별회계는 일반회계와 달리 입법부의 심의를 받지 않는다.
  ⇨ 특별회계는 일반회계와 마찬가지로 입법부의 심의를 받는다.

일반회계·특별회계·기금의 비교 🖊

구분	일반회계	특별회계	기금
설치사유	국가고유의 일반적 재정활동	• 특정사업 운영 • 특정자금 운용 • 특정세입으로 특정세출 충당	• 특정목적을 위해 특정자금을 운용 • 일정자금을활용하여 특정사업을 안정적으로 운영
성격	소비성	주로 소비성	주로 적립성 또는 회전성
재원조달 및 운용형태	공권력에 의한 조세수입과 무상급부원칙	일반회계와 기금의 운용형태 혼재	출연금, 부담금 등 다양한 수입원으로 융자사업 등 기금 고유사업 수행

06 연합모형 정답 ②

① [○] 각 하위부서들은 다른 목표를 제약 조건으로 전제한 후 자기들의 목표를 추구한다.
  ⇨ 각 하위부서들은 다른 하위조직의 목표를 제약조건으로 전제한 후 자기들의 목표를 추구한다. 이때 밀접한 관련이 있는 이웃조직의 가치와 목표는 고려해야 할 제약조건으로 다루어진다.
❷ [×] 정책결정 주체는 참여자들 개개인으로, 동시에 여러 가지 목표를 고려하지는 않는다.
  ⇨ 참여 주체는 하위부서(조직)로서 동시에 여러 가지 목표를 고려하지 않는다. 연합모형(Allison 모형Ⅱ)은 기본적으로 개인 차원이 아닌 집단 차원의 의사결정모형으로서, 정책을 결정하는 주체는 구성원 개개인이 아니라 느슨하게 연결된 반독립적인 하위조직들의 집합체이다. 참여자들 개개인이 정책결정의 주체가 되는 것은 관료정치모형(Allison 모형Ⅲ)이다.
③ [○] 목표의 극대화가 아닌 만족할 만한 수준의 달성을 추구한다.
  ⇨ 목표의 극대화(최적화)가 아닌 나쁘지 않을 정도의 수준에서 만족할 만한 수준의 달성을 추구한다.
④ [○] 환경의 불확실성을 제거하기 위하여 환경을 회피하거나 통제할 방법을 찾는다.
  ⇨ 환경의 불확실성을 제거하기 위하여 환경을 통제할 방법을 찾는다. 즉, 장기적인 전략보다는 단기적인 전략에 치중하고, 환경에 제약을 가하거나 관련자들과 타협함으로써 예측이 가능한 정책결정절차를 선호한다.

07 갈등이론의 변천 정답 ①

갈등이론에 대한 설명으로 옳은 것은 ㄱ, ㄴ이다.
ㄱ. [○] 고전적 이론은 과학적 관리론의 관점으로 갈등에 대한 인식이 없었다.
  ⇨ 고전적 이론은 갈등에 대한 인식이 없었다.

ㄴ. [O]신고전적 이론은 인간관계론적 관점으로 갈등이 조직의 목표달성을 저해한다는 역기능적 관점이다.
⇨ 신고전적 이론은 갈등을 역기능으로 보았다.

ㄷ. [×]행태론적 접근은 갈등의 순기능과 역기능의 상호작용으로 적정수준의 갈등관리가 필요하다고 보며 조직발전의 원동력으로 작용한다고 본다.
⇨ 행태론적 접근은 갈등을 불가피한 현상으로 보거나 갈등발생의 경우 건설적으로 해결하면 조직목표달성에 기여할 수도 있다고 본다.

ㄹ. [×]현대적 접근은 갈등을 불가피한 현상으로 보거나 갈등발생의 경우 건설적으로 해결하면 조직목표달성에 기여할 수도 있다고 본다.
⇨ 현대적 접근은 갈등의 순기능과 역기능의 상호작용으로 적정수준의 갈등관리가 필요하다고 보며 조직발전의 원동력으로 작용한다고 본다.

08 탭스콧(Tapscott)의 지식정보사회의 리더십   정답 ③

① [O]다양한 개인들의 역량이 효과적으로 결합될 수 있는 리더십의 발휘를 강조한다.
⇨ 조직은 상호연계적 리더십의 발휘를 통하여 다양한 개인들의 역량이 효과적으로 결합되어야 창조적 사고가 충만해지고 바람직한 조직문화가 형성될 수 있다고 보았다.

② [O]조직구성원 누구나 리더로서의 기능을 수행해야 하는 네트워크화된 지능을 강조한다.
⇨ 조직구성원 누구나 리더로서의 기능을 수행하는 셀프리더십 개념을 강조한다.

❸ [×]감정 및 가치관이나 상징적인 행태의 중요성 및 어떠한 사건을 부하의 입장에서 볼 때 의미 있게 만드는 리더의 역할을 강조한다.
⇨ 감정 및 가치관이나 상징적인 행태의 중요성은 변혁적 리더십의 특징인 카리스마와 지적 자극과 연관된다.

④ [O]상호연계적 리더십을 형성하고 발휘하는 데 있어서 최고관리자의 역할을 강조한다.
⇨ 최고관리자의 변화에 대한 의지나 변화를 위한 행동 등이 미치는 영향력은 즉각적이고 강력하며, 급격한 변화에 따른 전환 및 적응에 있어 추진력을 제공한다.

09 지방자치단체 상호 간의 관계   정답 ④

ㄱ. [O]지방자체단체조합
⇨ 지방자치단체조합은 둘 이상의 지방자치단체가 사무의 일부나 여러 개의 사무를 공동으로 처리하기 위해서 합의에 의해 규약을 정하고 설치하는 법인체, 즉 법인격을 지닌 공공기관이다. 우리나라의 경우 2개 이상의 지방자치단체가 하나 또는 둘 이상의 사무를 공동으로 처리할 필요가 있을 때, 규약을 정하여 지방의회의 의결을 얻어 시·도의 경우에는 행정안전부장관, 시·군 및 자치구의 경우에는 시·도지사의 승인을 얻어 설치할 수 있다.

ㄴ. [O]지방자치단체 중앙분쟁조정위원회
⇨ 지방자치단체 중앙분쟁조정위원회는 행정안전부에 두는 위원회로, 지방자치단체 상호 간이나 지방자치단체의 장 상호 간 사무를 처리할 때 의견이 달라 다툼이 생길 경우, 행정안전부장관이나 시·도지사가 당사자의 신청에 따라 심의·의결하여 조정할 수 있다.

10 행정책임의 유형(Romzek & Dubnick)   정답 ③

① [×] 정치적 책임
⇨ 정치적 책임은 외부 지향적이고 통제의 정도가 약한 책임이다.

② [×] 법적 책임
⇨ 법적 책임은 외부 지향적이고 통제의 정도가 강한 책임이다.

❸ [O] 전문적 책임
⇨ 내부 지향적이고 통제의 정도가 약한 책임은 전문적 책임이다.

④ [×] 관료적 책임
⇨ 관료적 책임은 내부 지향적이고 통제의 정도가 강한 책임이다.

행정책임의 유형(Romzek & Dubnick)

구분		통제의 원천	
		내부	외부
통제의 정도	강	관료적(bureaucratic) 책임	법적(legal) 책임
	약	전문적(professional) 책임	정치적(political) 책임

11 균형성과표(BSC)   정답 ④

① [O]1992년 하버드 대학의 캐플란(Kaplan)과 노튼(Norton)에 의해 개발된 전략적 경영관리시스템이다.
⇨ 균형성과표(BSC)는 1992년 하버드 대학의 캐플란(Kaplan)과 노튼(Norton)에 의해 개발된 전략적 경영관리시스템이다.

② [O]전통적인 재무적 관점뿐만 아니라, 기업의 목표 또는 전략을 재무, 고객, 내부프로세스, 학습과 성장의 네 가지 관점으로 균형 있게 관리하여 기업의 과거, 현재 및 미래를 동시에 관리해 나가는 전략적인 성과평가시스템이다.
⇨ 균형성과표(BSC)는 조직에 영향을 주는 여러 동인을 4가지 관점으로 균형화시켜 비전을 달성할 수 있는 바람직한 관리평가지표를 도출하며, 재무와 비재무, 결과와 과정, 과거와 현재 및 미래, 내부와 외부 등을 균형 있게 고려하는 성과관리체제이다.

③ [O]학습과 성장 관점은 조직의 변화·혁신·성장을 지원하는 분위기 창출을 하는 것으로 이를 가능하게 하는 세 가지 원천은 종업원, 시스템, 조직이다.
⇨ 학습과 성장의 관점은 재무·고객·내부프로세스의 세 가지 관점의 토대로서 장기적인 성장과 발전을 지향하는 관점이다. 학습과 성장을 가능하게 하는 세 가지 원천은 종업원, 시스템, 조직이다.

❹ [×]고객 관점과 학습 및 성장 관점은 가치지향적 관점인 상부구조에 해당하고, 재무적 관점과 내부프로세스 관점은 하부구조로 행동지향적 관점에 해당한다.
⇨ 재무적 관점과 고객 관점은 가치지향적 관점인 상부구조에 해당하고, 내부프로세스 관점과 학습과 성장 관점은 하부구조로 행동지향적 관점에 해당한다.

12 우리나라의 지방자치제도   정답 ②

① [×] 지방자치단체의 자치입법권, 자치행정권, 자치사법권은 인정되고 있다.
⇨ 외교, 국방, 사법 등은 국가의 사무로서 지방자치단체가 관여하지 않기 때문에 지방자치단체의 자치사법권은 인정되고 있지 않다.

❷ [○] 지방세에는 자동차세, 등록면허세, 재산세 등이 있다.

⇨ 우리나라의 경우 자동차세, 등록면허세, 재산세는 대표적인 지방세의 종류이다.

③ [×] 특별시와 광역시는 상이한 수준의 자치계층이다.

⇨ 특별시 · 광역시 · 도는 광역자치단체로서 동일한 수준의 자치계층이다.

④ [×] 지방자치단체와 지방의회 간의 관계는 기관통합형이다.

⇨ 지방자치단체와 지방의회 간의 관계는 기관대립형이다.

지방세의 체계(11종) 🖊

구분	광역자치단체		기초자치단체	
	특별시 · 광역시	도	자치구	시 · 군
보통세	취득세, 주민세, 자동차세, 담배소비세, 레저세, 지방소비세, 지방소득세	취득세, 등록면허세, 레저세, 지방소비세	등록면허세, 재산세	주민세, 재산세, 자동차세, 담배소비세, 지방소득세
목적세	지역자원시설세, 지방교육세		–	–

---

13 「부정청탁 및 금품 등 수수의 금지에 관한 법률」 정답 ②

① [○] 공직자 등은 직무 관련 여부 및 기부 · 후원 · 증여 등 그 명목에 관계없이 동일인으로부터 1회에 100만 원 또는 매 회계연도에 300만 원을 초과하는 금품 등을 받거나 요구 또는 약속해서는 아니 된다.

⇨ 「부정청탁 및 금품 등 수수의 금지에 관한 법률」 제8조에 규정되어 있다.

❷ [×] '금품 등'이란 금전, 유가증권, 부동산, 물품, 숙박권, 회원권, 입장권, 할인권, 초대권, 관람권, 부동산 등의 사용권 등 일체의 재산적 이익을 말하며 무형의 경제적 이익은 포함되지 않는다.

⇨ '금품 등'에는 금전, 유가증권, 부동산, 물품, 숙박권, 회원권, 입장권, 할인권, 초대권, 관람권, 부동산 등의 사용권 등 일체의 재산적 이익뿐만 아니라 유형 · 무형의 경제적 이익도 포함된다.

③ [○] 상품권은 물품상품권 또는 용역상품권을 말하며, 백화점상품권 · 온누리상품권 · 지역사랑상품권 · 문화상품권 등 일정한 금액이 기재되어 소지자가 해당 금액에 상응하는 물품 또는 용역을 제공받을 수 있는 증표인 금액상품권은 제외한다.

⇨ 「부정청탁 및 금품 등 수수의 금지에 관한 법률 시행령」 제17조와 별표1에 규정되어 있다.

④ [○] 농수산가공품(농수산물을 원료 또는 재료의 50퍼센트를 넘게 사용하여 가공한 제품만 해당한다)과 농수산물 · 농수산가공품 상품권은 15만 원으로 하며 설날 · 추석 전 24일부터 설날 · 추석 후 5일까지의 기간 동안에는 30만 원으로 한다.

⇨ 「부정청탁 및 금품 등 수수의 금지에 관한 법률 시행령」 제17조와 별표1에 규정되어 있다.

관련법령

「부정청탁 및 금품 등 수수의 금지에 관한 법률」상 금품의 유형

제2조【정의】 이 법에서 사용하는 용어의 뜻은 다음과 같다.

3. "금품 등"이란 다음 각 목의 어느 하나에 해당하는 것을 말한다.

가. 금전, 유가증권, 부동산, 물품, 숙박권, 회원권, 입장권, 할인권, 초대권, 관람권, 부동산 등의 사용권 등 일체의 재산적 이익

나. 음식물 · 주류 · 골프 등의 접대 · 향응 또는 교통 · 숙박 등의 편의 제공

다. 채무 면제, 취업 제공, 이권(利權) 부여 등 그 밖의 유형 · 무형의 경제적 이익

[별표 1] 음식물 · 경조사비 · 선물 등의 가액 범위(제17조 제1항 관련)

1. 음식물(제공자와 공직자 등이 함께 하는 식사, 다과, 주류, 음료, 그 밖에 이에 준하는 것을 말한다): 3만 원

2. 경조사비: 축의금 · 조의금은 5만 원. 다만, 축의금 · 조의금을 대신하는 화환 · 조화는 10만 원으로 한다.

3. 선물: 다음 각 목의 금품 등을 제외한 일체의 물품, 상품권(물품상품권 및 용역상품권만 해당한다) 및 그 밖에 이에 준하는 것은 5만 원. 다만, 「농수산물품질관리법」 제2조 제1항 제1호에 따른 농수산물 및 같은 항 제13호에 따른 농수산가공품(농수산물을 원료 또는 재료의 50퍼센트를 넘게 사용하여 가공한 제품만 해당한다)과 농수산물 · 농수산가공품 상품권은 15만 원(제17조 제2항에 따른 기간 중에는 30만 원)으로 한다.

가. 금전

나. 유가증권(상품권은 제외한다)

다. 제1호의 음식물

라. 제2호의 경조사비

[비고]

가. 제1호, 제2호 본문 · 단서 및 제3호 본문 · 단서에서 규정하는 각각의 가액 범위는 각각에 해당하는 것을 모두 합산한 금액으로 한다.

나. 제2호 본문의 축의금 · 조의금과 같은 호 단서의 화환 · 조화를 함께 받은 경우에는 그 가액을 합산한다. 이 경우 가액 범위는 10만 원으로 하되, 제2호 본문 또는 단서의 가액 범위를 각각 초과해서는 안 된다.

다. 제3호에서 "상품권"이란 그 명칭 또는 형태에 관계없이 발행자가 특정한 물품 또는 용역의 수량을 기재(전자적 또는 자기적 방법에 의한 기록을 포함한다)하여 발행 · 판매하고, 그 소지자가 발행자 또는 발행자가 지정하는 자에게 이를 제시 또는 교부하거나 그 밖의 방법으로 사용함으로써 그 증표에 기재된 내용에 따라 발행자 등으로부터 해당 물품 또는 용역을 제공받을 수 있는 증표인 물품상품권 또는 용역상품권을 말하며, 백화점상품권 · 온누리상품권 · 지역사랑상품권 · 문화상품권 등 일정한 금액이 기재되어 소지자가 해당 금액에 상응하는 물품 또는 용역을 제공받을 수 있는 증표인 금액상품권은 제외한다.

라. 제3호 본문의 선물과 같은 호 단서의 농수산물 · 농수산가공품 또는 농수산물 · 농수산가공품 상품권을 함께 받은 경우에는 그 가액을 합산한다. 이 경우 가액 범위는 15만 원(제17조 제2항에 따른 기간 중에는 30만 원)으로 하되, 제3호 본문 또는 단서의 가액 범위를 각각 초과해서는 안 된다.

마. 제1호의 음식물, 제2호의 경조사비 및 제3호의 선물 중 2가지 이상을 함께 받은 경우에는 그 가액을 합산한다. 이 경우 가액 범위는 함께 받은 음식물, 경조사비 및 선물의 가액 범위 중 가장 높은 금액으로 하되, 제1호부터 제3호까지의 규정에 따른 가액 범위를 각각 초과해서는 안 된다.

---

14 공무원의 역량 정답 ①

ㄱ. 역량모델

⇨ 역량모델은 일정한 직위에 필요한 대표적 요소들을 완결성 있게 구축한 형태를 말한다.

ㄴ. 직무역량
⇨ 직무역량은 공무원이 직무수행을 위해 필요한 능력이나 조건요소들로, 정부조직에서 하나의 역할을 효과적으로 수행하기 위해 필요한 지식과 기술, 태도의 집합체이다. 개인이 수행하는 업무의 주요한 부분들에 영향을 주고, 업무성과와 관련성이 높으며, 조직에서 널리 받아들여지는 성과기준에 대비하여 측정될 수 있다.

ㄷ. 전문성
⇨ 전문성은 중위직 공무원에게 기대되는 주요 직무역량이다.

---

15 근무성적평정상의 오류 정답 ①

❶ [○] 집중화 경향(central tendency)
⇨ 집중화(central tendency) 또는 중심화 경향이란 무난하게 평균에 가까운 중간점수로 대부분 평정하기 때문에 척도상의 중간에 절대다수가 집중되는 경향을 말한다. 이는 평정결과를 공개할 경우 더욱 심해지며, 방지하기 위해서는 강제배분법을 사용하는 것이 효과적이다.

② [×] 관대화 경향(tendency of leniency)
⇨ 피평가자와의 인간관계를 의식하여 평정등급이 높게 나타나는 것이다.

③ [×] 엄격화 경향(tendency of strictness)
⇨ 관대화 경향의 반대되는 현상으로, 피평가자와의 인간관계를 의식하여 평정등급이 낮게 나타나는 것을 의미한다.

④ [×] 연쇄효과(halo effect)
⇨ 하나의 평정요소가 다른 평정요소에 영향을 미치는 것을 의미한다.

근무성적평정상의 오류

연쇄효과(Halo effect)	하나의 평정요소가 다른 평정요소에 영향을 미치는 오류
관대화(엄격화)의 오류	피평가자와의 인간관계를 의식하여 평정등급이 높게 (낮게) 나타나는 오류
집중화의 오류	주로 무난한 중간 수준의 등급을 주는 오류
규칙적 오류	평정자의 가치관 및 평정기준의 차이에 의한 규칙적인 오류
총계적 오류	평정자의 피평정자에 대한 불규칙적인 오류
논리적 오류	평정요소 간 논리적 상관관계가 있다는 관념에 의한 오류
시간적 오류(근접오류)	최근의 실적이나 사건이 평가에 영향을 미치는 오류
대비적 오류	현재의 피평정자를 바로 직전의 피평정자와 비교하여 평정하는 오류
유사적 오류	평정자가 자신과 유사한 피평정자에게 우수한 점수를 주는 오류
선택적 지각	부분적인 정보만을 받아들여 평정하는 오류
방어적 지각	자신에게 불리한 정보를 회피하고 자기에게 유리한 것만 받아들이는 오류
이기적 착오	자존적 편견 또는 근본적 귀속의 오류

---

16 예비타당성조사 정답 ②

① [○] 예비타당성조사는 경제적·재정적·정책적 측면에서 중앙예산기관인 기획재정부가 실시하는 것이다.
⇨ 예비타당성조사는 경제적·재정적·정책적 측면에서 관계부처와 협의하여 기획재정부장관이 실시하며, 이에 대한 비교로 타당성조사는 '기술적' 측면에서 사업을 주관하는 해당 부처가 실시한다.

❷ [×] 경제적 분석은 본격적인 타당성조사의 필요성 여부를 판단하기 위하여 개략적인 수준에서 조사하는데, 비용편익분석과 계층화 분석 등을 통해서 경제성 및 재무성 평가를 한다.
⇨ 계층화 분석(AHP)은 일반적으로 지역 간 균형 등 정책적 차원에서 분석해야 할 경우에 사용한다. 경제적 분석은 본격적인 타당성조사의 필요성 여부를 판단하기 위하여 개략적인 수준에서 조사하는 것으로 비용편익분석, 민감도 분석 등을 통해서 경제성 및 재무성 평가를 실시한다.

③ [○] 예비타당성조사는 대형 신규사업의 신중한 착수와 재정투자의 효율성을 높이기 위한 제도이다.
⇨ 예비타당성조사는 타당성조사 이전에 예산반영 여부 및 투자우선순위 결정을 위한 조사이다.

④ [○] 정책적 분석은 정책적 차원에서 고려되어야 할 사항들을 분석하는데 지역경제파급효과, 지역균형개발, 상위계획과의 연관성, 국고지원의 적합성, 재원조달 가능성, 환경성, 추진의지 등을 고려한다.
⇨ 예비타당성조사에서는 경제성 분석 이외에 국민경제적·정책적 차원에서 고려되어야 할 사항들(계층화 분석 등)과 지역경제파급효과, 지역균형개발, 상위계획과의 연관성, 국고지원의 적합성, 재원조달 가능성, 환경성, 추진의지 등 여러 가지를 고려하는 정책적 분석을 시행한다.

계층화 분석법(AHP; Analytical Hierarchy Process)

개념	• 의사결정분석(decision tree)과 함께 대안을 선택하거나 우선순위를 설정하는 데 널리 이용되는 방법 • 하나의 문제를 시스템으로 보고 당면한 문제를 여러 개의 계층으로 분해한 다음, 각 계층별로 복수의 평가기준(구성요소)이나 대안들을 설정하여 네트워크 형태로 구조화하고, 이들이 상위계층의 평가기준들을 얼마나 만족시키는가에 따라 대안들의 선호도를 숫자로 전환하여 종합적으로 평가하는 방법 • 1970년대 사티(T. Saaty) 교수가 개발	
분석단계	제1단계	문제를 몇 개의 계층 또는 네트워크 형태로 구조화함
	제2단계	각 계층에 포함된 하위목표 또는 평가기준으로 표현되는 구성요소들을 둘 씩 짝을 지어 바로 상위계층의 어느 한 목표 또는 평가기준에 비추어 평가하는 이원비교(쌍대비교) 시행
	제3단계	각 계층에 있는 요소별 우선순위를 설정하고 숫자로 전환한 다음 전체적으로 종합하여 최종적으로 대안 간 우선순위 설정

---

17 예산제도의 특징 정답 ③

① [○] 품목별예산제도(LIBS)는 재정통제가 용이하나 자원배분의 효율성을 저해한다.
⇨ 품목별예산제도(LIBS)는 품목별로 예산을 편성하므로 사업이나 성과를 알 수 없기 때문에 자원배분의 효율성을 저해한다는 비판이 있다.

② [O] 성과주의예산제도(PBS)는 비용절감을 통하여 사업의 효율성을 중시한다.
　⇨ 성과주의예산제도(PBS)는 사업에 대한 비용절감을 통하여 효율성을 중시한다.

❸ [×] 계획예산제도(PPBS)의 예산결정의 접근방법은 정치원리를 중시하는 합리주의 예산제도이다.
　⇨ 계획예산제도(PPBS)의 예산결정방법은 정치원리가 아니라 경제원리를 중시하는 합리주의 예산제도이다.

④ [O] 신성과주의예산제도(NPB)는 성과목표는 통제하되 수단의 선택과 운영에 대한 폭넓은 재량을 허용한다.
　⇨ 신성과주의예산제도(NPB)는 결과지향적 예산제도로 목표를 정해주고 그 안에서 각 부처의 재량과 자율을 중시하는 예산제도이다.

| **18** | 진실험의 특징 | 정답 ③ |

① [O] 실험집단에서의 허위변수나 혼란변수의 개입을 통제한다.
　⇨ 진실험은 실험집단에서의 허위변수나 혼란변수의 개입을 통제하여 인과관계를 파악한다.
② [O] 무작위배정을 통해서 집단의 동질성을 확보한다.
　⇨ 진실험의 가장 일반적인 방법인 무작위배정을 통해서 집단의 동질성을 확보한다.
❸ [×] 준실험에 비해 내적타당도와 실행가능성이 높다.
　⇨ 진실험을 동질성을 확보하여 인과관계를 파악하는 데 매우 효과적인 실험으로 준실험에 비해 내적타당도는 높지만 동질성을 확보하기 위하여 인위적 제약을 가하여야 하므로 실험의 실행가능성은 낮다.
④ [O] 일반화가 어려워서 외적 타당도가 낮다.
　⇨ 진실험은 동질성을 확보하여 인과관계를 확보하기 용이한 반면 그러한 실험결과를 다른 곳에 적용하는 일반화가 어려워서 외적 타당도가 낮게 된다.

| **19** | 중앙과 지방 간 협력관계 | 정답 ① |

❶ [×] 지방자치단체의 장은 행정안전부장관에게 경계변경에 대한 조정을 신청할 수 있으며, 이 경우 지방자치단체의 장은 지방의회 재적의원 과반수의 출석과 출석의원 과반수의 동의를 받아야 한다.
　⇨ 지방자치단체의 장은 관할 구역과 생활권과의 불일치 등으로 인하여 주민생활에 불편이 큰 경우 등 대통령령으로 정하는 사유가 있는 경우에는 행정안전부장관에게 경계변경이 필요한 지역 등을 명시하여 경계변경에 대한 조정을 신청할 수 있다. 이 경우 지방자치단체의 장은 지방의회 재적의원 과반수의 출석과 출석의원 3분의 2 이상의 동의를 받아야 한다(「지방자치법」 제6조).
② [O] 지방자치단체는 다른 지방자치단체로부터 사무의 공동처리에 관한 요청을 받으면 법령의 범위에서 협력하여야 한다.
　⇨ 지방자치단체는 다른 지방자치단체로부터 사무의 공동처리에 관한 요청이나 사무처리에 관한 협의·조정·승인 또는 지원의 요청을 받으면 법령의 범위에서 협력하여야 한다(「지방자치법」 제164조).

③ [O] 중앙지방협력회의는 국가와 지방자치단체 간의 협력을 도모하고 지방자치 발전과 지역 간 균형발전에 관련되는 중요 정책을 심의한다.
　⇨ 국가와 지방자치단체 간의 협력을 도모하고 지방자치 발전과 지역 간 균형발전에 관련되는 중요 정책을 심의하기 위하여 중앙지방협력회의를 둔다(「지방자치법」 제186조).
④ [O] 지방자치단체는 2개 이상의 지방자치단체에 관련된 사무의 일부를 공동으로 처리하기 위하여 관계 지방자치단체 간의 행정협의회를 구성할 수 있다.
　⇨ 지방자치단체는 2개 이상의 지방자치단체에 관련된 사무의 일부를 공동으로 처리하기 위하여 관계 지방자치단체 간의 행정협의회를 구성할 수 있다. 이 경우 지방자치단체의 장은 시·도가 구성원이면 행정안전부장관과 관계 중앙행정기관의 장에게, 시·군 또는 자치구가 구성원이면 시·도지사에게 이를 보고하여야 한다(「지방자치법」 제169조).

| **20** | 윌리엄슨과 앤더슨(Williams & Anderson)의 조직시민행동 | 정답 ③ |

❸ [×] 구성원들의 역할모호성 지각은 조직시민행동에 긍정적 영향을 미치고, 구성원들의 절차공정성 지각은 조직시민행동에 부정적 영향을 미친다.
　⇨ 구성원들의 역할모호성 지각은 구성원들의 자신의 역할에 대해 인식하지 못하기 때문에 조직시민행동에 부정적 영향을 미치고, 구성원들의 절차공정성 지각은 구성원들이 절차의 공정성을 정확하게 인식하기 때문에 조직시민행동에 긍정적 영향을 미친다.

▶ 정답

p. 104

01	③ PART 3	06	③ PART 2	11	④ PART 3	16	① PART 5
02	② PART 2	07	③ PART 7	12	② PART 3	17	① PART 1
03	③ PART 4	08	④ PART 7	13	③ PART 1	18	③ PART 5
04	④ PART 5	09	④ PART 1	14	③ PART 4	19	③ PART 6
05	② PART 2	10	② PART 3	15	③ PART 2	20	② PART 4

PART 1 행정학의 기초이론 / PART 2 정책학 / PART 3 행정조직론 / PART 4 인사행정론 / PART 5 재무행정론 / PART 6 행정환류론 / PART 7 지방행정론

▶ 취약 단원 분석표

단원	맞힌 답의 개수
PART 1	/ 3
PART 2	/ 4
PART 3	/ 4
PART 4	/ 3
PART 5	/ 3
PART 6	/ 1
PART 7	/ 2
TOTAL	/ 20

01　서번트 리더십(servant leadership)　정답 ③

① [O] 타인을 위한 봉사에 초점을 두며 종업원, 고객 및 커뮤니티를 우선으로 여기고 그들의 욕구를 만족시키기 위해 헌신하는 리더십을 의미한다.
⇨ 서번트 리더십의 개념으로 옳은 설명이다.
② [O] 서번트 리더십은 리더의 역할을 크게 방향제시자, 의견조율자, 일·삶을 지원해 주는 조력자 등 세 가지로 제시하고 있다.
⇨ 리더의 역할로 옳은 설명이다.
❸ [×] 서번트 리더십은 리더가 모든 책임과 권한을 갖고 구성원들에게 해야 할 업무를 세세하게 지시한다.
⇨ 리더가 모든 책임과 권한을 갖고 구성원들에게 해야 할 업무를 세세하게 지시하는 리더십은 전통적 리더십의 특징이다. 서번트 리더십은 리더가 구성원들과 해결과제에 관해 같이 토의하고 결정을 내리며, 구성원들이 자율적으로 업무를 수행하도록 권한과 책임을 위임하고 지원한다.
④ [O] 서번트 리더십의 주요 특성은 경청(listening), 공감(empathy), 치유(healing), 스튜워드십(stewardship), 부하의 성장을 위한 헌신, 공동체 형성(building community) 등이 있다.
⇨ 서번트 리더십의 주요 특성으로 옳은 설명이다.

02　집단적 의사결정기법　정답 ②

① [×] 델파이기법
⇨ 델파이기법은 1948년 미국의 랜드연구소에서 개발된 전문가의 직관에 의존하는 주관적·질적 미래예측기법으로 관련분야의 전문지식을 가진 전문가들에게 익명성을 보장하여 각각 독자적으로 형성한 판단을 종합·정리하여 예측결과를 도출하는 기법이다.
❷ [O] 브레인스토밍
⇨ 브레인스토밍은 여러 사람이 모여 자유로운 분위기 속에서 어느 특정 문제에 대한 아이디어를 공동으로 제시하는 회의 방식의 집단사고 기법으로, 대면접촉을 통해 미래를 예측하는 분석기법이다.
③ [×] 지명반론자기법
⇨ 지명반론자기법은 대안의 장단점을 최대한 노출시키기 위하여 찬반 두 팀으로 나누어 토론을 시도하는 예측기법이다.

④ [×] 명목집단기법
⇨ 명목집단기법은 개인들이 익명이 보장된 서면으로 아이디어를 제출하고, 그에 대한 비평을 불허하는 제한된 집단적 토론을 한 뒤 해결 방안에 대해 표결을 하는 기법이다.

03　중앙인사행정기관　정답 ③

(ㄱ)에 해당하는 중앙인사행정기관의 형태는 비독립단독제이다.
① [×] 일반적으로 행정부처에서 분리되어 있다.
⇨ 일반적으로 행정부처에서 분리되어 있는 것은 독립합의제이다.
② [×] 정치적 중립성을 보장하는 데 기여한다.
⇨ 정치적 중립성을 보장하는 데 기여하는 것은 독립합의제이다.
❸ [O] 신속한 의사결정이 가능하고 책임소재가 분명해진다.
⇨ 비독립단독제는 신속한 의사결정이 가능하고 책임소재가 명확해진다는 장점이 있다. 또한 행정수반에게 인사관리 수단을 제공하여, 국가정책을 신속하고 강력하게 추진할 수 있다.
④ [×] 다수위원의 타협과 조정을 거치므로 결정의 편향성을 배제할 수 있다.
⇨ 다수위원의 타협과 조정을 거쳐 결정의 편향성을 배제할 수 있는 것은 합의제의 특징이다. 비독립단독제는 독립성의 결여로 인사행정의 정실화가 이루어지며, 기관장의 독선적·자의적 결정이 내려질 수 있다.

비독립단독제의 장단점 ✐

장점	• 신속한 의사결정이 가능 • 인사행정의 책임소재가 분명 • 행정수반에게 인사관리 수단을 제공함으로써 국가정책을 신속하고 강력하게 추진
단점	• 독립성의 결여로 인사행정의 정실화 • 기관장의 독선적·자의적 결정 • 기관장의 잦은 교체로 인해 인사행정의 일관성과 계속성이 결여

04 사회간접자본의 민자유치방식 정답 ④

BTO 방식이나 BTL 방식 모두 준공과 동시에 소유권이 정부로 이전된다는 점에서는 동일하다. 다만, BTO 방식은 소유권이 이전되고 나서 민간이 운영하는 것이고, BTL 방식은 정부가 운영 주체가 되고 민간은 임대료를 받는 점이 다르다.

사회간접자본(SOC)에 대한 민자유치방식 비교

구분	BOT 방식	BTO 방식	BLT 방식	BTL 방식
개념	• 민간이 운영 • 기업은 시설자산으로부터 일정기간 동안 사용료 수익을 소비자로부터 받는 방식		• 정부가 운영 • 기업은 리스(Lease)자산을 기초로 일정기간 동안 임대료를 정부로부터 받는 방식	
적용	• 수익사업으로 투자비 회수가 가능한 시설(도로건설, 주차빌딩 등) • 민간이 위험을 부담(MRG 제도로 보완)		• 비수익사업으로 투자비 회수가 곤란한 시설(학교시설, 공원, 임대주택, 노인요양시설 등) • 민간은 위험 부담이 거의 없음	
특징	가장 일반적인 민간투자 유치 방식	적자 시 정부 보조금으로 사후에 운영 수입 보장	임대료 수입의 정부보장(100%)으로 조달비용이 상대적으로 낮음	정부가 적정 수익률을 반영하여 임대료를 산정·지급하므로 투자 위험감소
소유권 이전시기	운영종료 시점	준공 시점	운영종료 시점	준공 시점
운영기간 동안 시설소유권 주체	민간	정부	민간	정부

05 메이(May)의 정책의제설정모형 정답 ②

① [×] 동원형
⇨ 동원형은 대중적 지지가 낮을 때 국가가 주도하여 행정 PR, 상징 등을 활용하여 대중적 지지를 높이려는 모형으로 '이슈 제기 → 공식의제 → 공중의제' 과정을 거친다.

❷ [O] 공고화(굳히기)형
⇨ 공고화(굳히기)형은 사회적으로 대중적 지지가 높을 것으로 기대될 때 국가가 의제설정을 주도하는 모형으로 학교폭력문제, 왕따문제 등이 그 예이다.

③ [×] 내부접근형
⇨ 내부접근형은 의사결정자들에게 접근할 수 있는 영향력을 가진 집단들이 정책을 주도하는 모형으로 '사회문제 → 공식의제' 과정을 거친다. 정책의 대중확산이나 정책경쟁의 필요를 아예 느끼지 않는 모형이다.

④ [×] 외부주도형
⇨ 외부주도형은 사회행위자들이 의제설정을 주도하는 모형으로 '비정부집단 등에서의 이슈제기 → 공중의제 → 공식의제' 과정을 거친다.

메이(May)의 정책의제설정모형

대중의 관여 정도 설정의 주도자 ＼ 정책의제	높음	낮음
민간	외부주도형	내부접근형
정부	공고화형	동원형

06 정책변동 촉발요인 정답 ③

① [O] 정책에 대한 자원배정과 요구 및 지지투입의 변화
⇨ 정책관련자들의 필요에 의해 정책에 대한 자원배정과 지지투입의 변화가 생긴 경우 정책변동이 일어난다.

② [O] 정책에 관한 지식과 기술의 변화
⇨ 정책에 관한 기술 및 지식의 변화가 생긴 경우 정책변동이 일어난다.

❸ [×] 정책추진자에 대한 신뢰와 지지
⇨ 정책추진자에 대한 신뢰와 지지는 정책변동이 아닌 정책유지에 영향을 주는 요인이다.

④ [O] 정당·이익집단 등의 역할관계 변화
⇨ 정당·이익집단 등 참여집단의 관계에 변화가 생긴 경우 정책변동이 일어난다.

07 지방자치와 관련한 분쟁조정제도 정답 ③

① [O] 행정적 분쟁조정제도로 감독권, 취소정지권 등이 있으며, 대안적 분쟁조정제도로 알선, 중재 등이 채택되어 있다.
⇨ 행정적 분쟁조정제도의 다른 예로는 직무이행명령, 감사제도 등이 있다.

② [O] 사법적 해결방안인 헌법재판소의 권한쟁이나 대법원의 기관쟁의도 분쟁조정제도의 하나이다.
⇨ 제3자에 의한 분쟁조정제도에는 행정협의조정위원회(국무총리 소속) 등이 있다.

❸ [×] 중앙행정기관과 지방자치단체 간의 분쟁조정을 위해 지방자치단체분쟁조정위원회를 두고 있다.
⇨ 지방자치단체 분쟁조정위원회는 지방자치단체 간의 분쟁을 조정하는 위원회이고, 중앙정부와 지방자치단체 간의 분쟁을 조정하는 위원회는 행정협의조정위원회이다.

④ [O] 주민과의 갈등을 조정하는 제도로 공청회, 공람제도 등이 있다.
⇨ 주민들은 각종 자문위원회나 심의회, 청원 등으로 제도에 참여할 수 있다.

관련법령

「지방자치법」상 행정협의조정위원회
제187조【중앙행정기관과 지방자치단체 간 협의·조정】 ① 중앙행정기관의 장과 지방자치단체의 장이 사무를 처리할 때 의견을 달리하는 경우 이를 협의·조정하기 위하여 국무총리 소속으로 행정협의조정위원회를 둔다.
② 행정협의조정위원회는 위원장 1명을 포함하여 13명 이내의 위원으로 구성한다.

08 지방공기업의 유형과 특징 | 정답 ④

① [O] 직접경영형태는 지방직영기업이지만 지방자치단체의 국이나 과 또는 사업부와 같은 행정기관에 의해서 운영하는 것이다.
⇨ 지방자치단체가 직접 설치·경영하는 사업으로서 대통령령으로 정하는 기준 이상의 사업을 '지방직영기업'이라고 하며, 그 설치·운영의 기본사항을 조례로 정하여야 한다(「지방공기업법」 제2조 제1항, 제2항).
② [O] 지방직영기업의 직원은 공무원이며, 그 예산도 지방자치단체의 예산으로 운영한다.
⇨ 「지방공무원법」 제30조의4 제1항에 따라 지방직영기업에 파견된 직원은 직무상 행위를 할 때에는 공무원 신분이다. 또한 동법 제14조에 따라 지방직영기업의 예산은 해당 지방자치단체의 특별회계에서 해당 기업의 경비는 해당 기업의 수입으로 충당하며, 대통령령으로 정하거나 특별한 사유로 인하여 필요한 경우에는 해당 자치단체의 일반회계나 다른 특별회계로부터 재정적 지원을 받을 수 있다.
③ [O] 간접경영형태로서의 지방공사와 지방공단이 있는데 지방자치단체는 공사를 설립하는 경우 대통령령으로 정하는 바에 따라 주민복리 및 지역경제에 미치는 효과, 사업성 등 지방공기업으로서의 타당성을 미리 검토하고 그 결과를 공개하여야 한다.
⇨ 「지방공기업법」 제49조 제3항에 규정되어 있다.
❹ [×] 지방자치단체는 공사를 설립하는 경우 그 설립, 업무 및 운영에 관한 기본적인 사항을 규칙으로 정하여야 한다.
⇨ 지방자치단체는 공사를 설립하는 경우 그 설립, 업무 및 운영에 관한 기본적인 사항을 조례로 정하여야 한다(「지방공기업법」 제49조 제2항).

관련법령

「지방공기업법」상 지방공기업의 설립
제49조(설립) ① 지방자치단체는 제2조에 따른 사업을 효율적으로 수행하기 위하여 필요한 경우에는 지방공사를 설립할 수 있다. 이 경우 공사를 설립하기 전에 특별시장, 광역시장, 특별자치시장, 도지사 및 특별자치도지사는 행정안전부장관과, 시장·군수·구청장은 관할 특별시장·광역시장 및 도지사와 협의하여야 한다.
② 지방자치단체는 공사를 설립하는 경우 그 설립, 업무 및 운영에 관한 기본적인 사항을 조례로 정하여야 한다.
③ 지방자치단체는 공사를 설립하는 경우 대통령령으로 정하는 바에 따라 주민복리 및 지역경제에 미치는 효과, 사업성 등 지방공기업으로서의 타당성을 미리 검토하고 그 결과를 공개하여야 한다.

09 피터스(Peters)의 미래국정모형 | 정답 ④

① [O] 시장적 정부모형 - 성과급
⇨ 시장적 정부모형은 분권화를 지향하고 관리개혁을 위해서 성과급을 처방한다.
② [O] 참여적 정부모형 - TQM
⇨ 참여적 정부모형은 평평한 구조를 주장하고 관리개혁을 위해서 참여적 관리(TQM, 팀제)를 중시한다.
③ [O] 신축적 정부모형 - 가변적 인사관리
⇨ 신축적 정부모형은 한시적 조직을 지향하고 종신고용을 파괴하려고 한다.
❹ [×] 저통제 정부모형 - 팀제
⇨ 저통제 정부모형(탈내부규제 모형)의 관리의 개혁방안은 팀제가 아니라 관리의 재량권 확대(권한부여)이다. 팀제는 참여적 정부모형의 관리개혁 방안이다.

10 지능형 정부 | 정답 ②

① [×] 정부주도로 정책결정이 이루어진다.
⇨ 정부주도가 아닌 국민주도로 정책결정이 이루어진다.
❷ [O] 현장 행정에서 복합문제의 해결이 가능하다.
⇨ 지능형 정부는 단순 업무처리가 아닌 현장에서의 복합문제의 해결이 가능하다. 지능형정부는 인공지능, 빅데이터, 사물인터넷 등 지능정보기술을 활용하여 국민 중심으로 정부서비스를 최적화하고 스스로 일하는 방식을 혁신하며, 국민과 함께 국정 운영을 실현함으로써 안전하고 편안한 상생의 사회를 만드는 디지털 신정부를 의미한다.
③ [×] 생애주기별 맞춤형 서비스를 제공한다.
⇨ 생애주기별 맞춤형 서비스가 아닌 일상틈새를 파고드는 생애주기별 비서형서비스를 제공한다.
④ [×] 서비스 전달방식은 온라인에 기반한 모바일채널이다.
⇨ 온라인에 기반한 모바일채널이 아닌 수요 기본 온·오프라인 채널이다.

기존 전자정부와 지능형 정부

구분	전자정부	지능형 정부
정책결정	정부 주도	국민 주도
행정업무	국민/공무원 문제제기 → 개선	디지털 두뇌를 통한 문제 자동 인지 → 스스로 대안 제시 → 개선
현장결정	단순업무 처리중심	복합문제 해결가능
서비스 목표	양적·효율적 서비스 제공	질적·공감적 서비스 공동생산
서비스 내용	생애주기별 맞춤형	일상틈새 + 생애주기별 비서형
서비스 전달방식	온라인 + 모바일채널	수요 기본 온·오프라인 채널

11 네트워크구조 | 정답 ④

① [O] 동아시아 기업들의 성장으로 네트워크에 대한 관심이 본격화되었다.
⇨ 동아시아 기업들의 성장은 최근 발달하고 있는 네트워크를 통해 이루어져 왔다.
② [O] 핵심역량 위주의 조직구조 형성방식으로서 IT 기술의 확산으로 가능하게 된 조직으로, 연계된 조직 간에는 수직적 계층구조가 존재하지 않으며 자율적으로 운영하게 된다.
⇨ 네트워크구조에서 독립적인 구성원들 간에는 느슨하게 결합되고, 이를 통해 분산된 자원을 통합적으로 활용할 수 있으며 환경변화에 신축적으로 적응할 수 있다.
③ [O] 조직의 경계가 모호하며 구성원 간의 상호의존적 관계를 특징으로 한다.
⇨ 네트워크구조는 조직을 핵심역량 위주로 합리화하고 나머지 주변적 기능은 타 조직에 맡기면서(out-sourcing) 형성되는 조직 형태로, 조직 간의 경계는 유동적이거나 투과적이며 구성원들 간의 끊임없는 상호작용 속에서 만들어지는 상호의존적 관계를 특징으로 한다.
❹ [×] 구성원 간의 긴밀한 관계를 통하여 응집력 있는 조직문화를 가져올 수 있다.
⇨ 네트워크구조에서 구성원들 간의 느슨한 관계는 응집력 있는 조직문화를 형성하기 어렵게 한다.

12 피들러(F. E. Fiedler)의 상황적합성이론 　　정답 ②

① [×] 블레이크(R. R. Blake)와 머튼(J. S. Mouton)의 관리망모형
　⇨ 관리망모형은 리더십의 유형을 생산에 대한 관심과 인간에 대한 관심의 두 차원을 기준으로 각각 9등급으로 나누어서 분석하였다.
❷ [○] 피들러(F. E. Fiedler)의 상황적합성이론
　⇨ 피들러(F. E. Fiedler)는 리더십이 과업구조, 리더와 부하의 관계, 리더의 지위권력 등의 3가지 상황변수에 따라 결정된다는 상황적합성이론을 주장하였다. 또한 리더십의 유형을 '가장 좋아하지 않는 동료(LPC; Least preferred Co-worker)'라는 척도에 의하여 과업중심형과 인간중심형으로 구분하고, 이들 간의 효율성은 상황변수에 따라 달라진다고 주장하였다.
③ [×] 하우스(R. J. House)의 경로 - 목표이론
　⇨ 리더는 부하가 바라는 보상(목표)을 받게 해 줄 수 있는 행동(경로)이 무엇인지 명확하게 해줌으로써 부하의 성과를 높일 수 있다고 주장하였다.
④ [×] 레딘(W. J. Reddin)의 3차원 리더십 유형론 ⇨ 리더십의 인간관계지향과 과업지향의 두 가지 변수를 효과성이라는 차원에 접목시켜 4개의 기본 유형을 제시하였는데, 이들 유형의 효과성은 상황의 적합성 여부에 따라 가변적이라고 주장하였다.

피들러(Fiedler)의 상황변수 🖋
(1) 리더와 부하의 관계가 우호적인지, 적대적인지의 여부
(2) 리더의 직위권력이 부하에게 수용되고 있는지의 여부
(3) 과업구조의 명확성

13 롤스(Rawls)의 정의론 　　정답 ③

① [○] 진리가 사상체계에 있어서 최고의 덕(德)이듯이 사회제도에 관한 최고의 덕을 공정(公正)이라고 주장한다.
　⇨ 롤스(Rawls)의 정의론은 행정에 있어서 효율성의 가치를 달성하려는 노력에는 소홀하고, 공정성의 가치를 달성하는 데는 관심이 있다.
② [○] 정치철학적으로 자유주의적 이론 체계 속에 사회주의적 요구를 통합했다는 점에 주목한다.
　⇨ 롤스(Rawls)는 정의의 두 원칙을 제시하였는데 제1원칙은 '평등한 자유의 원칙'으로 자유주의적 핵심을 나타내고 있으며, 제2원칙은 '정당한 불평등의 원칙'으로 기회균등의 원리와 차등조정의 원리를 포함하는데 이는 사회주의적 핵심을 나타내고 있다.
❸ [×] 롤스(Rawls)의 주장은 행정학에 큰 영향을 미쳐 1980년대에는 이른바 '신공공관리론'을 전개하는 데 활력소가 되었다.
　⇨ 롤스(Rawls)의 주장은 행정학에 큰 영향을 미쳐 1970년대에는 이른바 '신행정론'을 전개하는 데 활력소가 되었다.
④ [○] 인지적 조건으로서 무지의 베일은 너무 인위적 성격을 띠고 있다는 비판이 있다.
　⇨ 롤스(Rawls)는 공정한 이익배분을 위해서는 서로에 대한 사회적 지위나 성격도 모르는 원초적 상태(무지의 베일)에서 분배원칙이 정해져야 한다고 보았는데, 그러한 전제가 비현실적이라는 비판이 있다.

롤스(Rawls)의 정의론 🖋

제1원칙 (평등한 자유의 원칙)		타인의 자유를 방해하지 않는 범위 내에서 개인의 자유는 최대한 보장되어야 함
제2원칙 (정당한 불평등의 원칙)	기회균등의 원리	사회경제적 결과에 대한 배분과정에서, 개인들 사이의 기회가 공정하게 보장된 상태에서 실현된 불평등은 허용이 가능하지만 공정한 기회균등이 보장되지 않는 상태의 불평등은 정의롭다고 말할 수 없음
	차등조정의 원리	• 저축의 원리(장래를 위한 투자분)와 양립되는 범위 내에서 그 사회에서 가장 불우한 사람들을 우대하는 조치(부자를 차별하는 행위)로, 가난한 사람을 위한 불평등(부자보다 많은 몫을 주는 것)은 정의롭다는 것을 의미함 • 형식적인 기회균등의 원리를 실질화하는 측면이 있음
원칙 간의 우선순위		제1원칙이 제2원칙보다 우선되어야 하고, 제2원칙 중에서는 기회균등의 원리가 차등조정의 원리보다 우선됨

14 계급제와 직위분류제의 비교 　　정답 ③

❸ [○] ㄱ - 높음, ㄴ - 낮음, ㄷ - 낮음, ㄹ - 높음
　⇨ 관리자의 리더십 발휘능력이 계급제는 높고(ㄱ), 직위분류제는 실무자의 전문성에 의하여 약화된다(ㄴ). 보수의 형평성이 계급제는 계급의 수준에 따라 보수를 지급하므로 낮고(ㄷ), 직위분류제는 동일직무에 대한 동일보수의 원칙으로 높다(ㄹ).

15 라스웰(Lasswell)의 정책지향 　　정답 ③

① [○] 현대적인 정책학은 1951년에 발표된 라스웰(Lasswell)의 『정책지향』이라는 논문에서 시작되었는데, 그는 이 논문에서 정책학의 연구목적은 사회 속에서 인간이 봉착하는 근본적인 문제를 해결하여 인간의 존엄성을 보다 충실히 구현하는 데 있다고 주장하면서 '민주주의 정책학'을 제창하였다.
　⇨ 라스웰(Lasswell)은 정책학의 방향을 정책과정에 관한 지식과 정책과정에 필요한 지식으로 구분하여 정책연구의 중요성을 역설하였다.
② [○] 라스웰(Lasswell)의 주장은 당시 학계를 지배하던 행태주의 사조 때문에 관심을 받지 못하다가, 행태주의 위세가 수그러진 1960년대 말에 와서야 비로소 다른 학자들에게 그의 이론이 받아들여지게 되었다.
　⇨ 1960년대 행태주의가 퇴조하고 후기 행태주의가 등장하면서 1960년대 말 드로어(Dror)에 의해서 정책학은 재출발을 하게 되었다.
❸ [×] 라스웰(Lasswell)은 정책학이 추구해야 할 기본적인 속성으로 맥락성, 사실지향성, 연구방법의 다양성의 3가지를 제시하였다.
　⇨ 라스웰(Lasswell)이 언급한 정책학이 추구해야 할 기본 속성은 3가지로, ㉠ 의사결정은 사회과정 속에서 이루어져야 한다는 맥락성, ㉡ 문제지향성 및 규범지향성, ㉢ 연구방법의 다양성이다.

④ [O] 정책과정에 관한 지식이란 현실의 정책과정에 대한 과학적 연구결과로부터 얻는 경험적·실증적 지식을 의미하며, 정책과정에 필요한 지식이란 정책과정의 개선을 위해 필요한 처방적·규범적 지식을 의미한다.

⇨ 정책과정에 관한 지식이란 경험적·실증적 지식을 의미하며 정책과정에 필요한 지식이란 처방적·규범적 지식을 의미한다.

---

16 공공부문에서의 희소성과 관련 예산제도   정답 ①

❶ [×] 급성 희소성(Acute Scarcity) - 회피형 예산편성
  ⇨ 희소성의 유형에서 급성 희소성에서는 단기적·임기응변적 예산편성이 이루어지며, 총체적 희소성하에서 회피형·반복적 예산이 편성된다.
② [O] 완화된 희소성(Relaxed Scarcity) - PPBS의 도입
  ⇨ 완화된 희소성은 사업개발에 역점을 두며, 예산제도로 PPBS를 고려한다.
③ [O] 만성적 희소성(Chronic Scarcity) - ZBB에 관심
  ⇨ 만성적 희소성에서 신규사업의 분석과 평가는 소홀하고, 지출통제보다는 관리개선에 역점을 두며, 예산제도로 ZBB를 고려한다.
④ [O] 총체적 희소성(Total Scarcity) - 반복적 예산편성
  ⇨ 총체적 희소성에서 예산통제 및 관리는 무의미하며, 허위로 회계처리를 하거나 돈의 흐름에 따른 반복적 예산을 편성한다.

희소성의 유형과 예산제도 🖉

희소성	희소성의 상태	예산의 특징
완화된 희소성	계속사업 + 증가분 + 신규사업	· 사업개발에 역점을 둠 · PPBS를 고려
만성적 희소성	계속사업 + 증가분	· 신규사업의 분석과 평가는 소홀 · 지출통제보다는 관리개선에 역점 · ZBB를 고려
급성 희소성	계속사업	· 예산기획활동은 중단함 · 비용절감을 위해 관리상의 효율성 강조 · 단기적·임기응변적 예산편성에 몰두
총체적 희소성	×	· 예산통제 및 관리는 무의미하며 허위적 회계처리를 함 · 비현실적인 계획, 부정확한 상태로 인한 회피형 예산편성 · 돈의 흐름에 따라 반복적 예산이 편성됨

---

17 행태론적 접근방법(Behavior approach)   정답 ①

❶ [×] 사이먼(Simon), 왈도(Waldo) 등의 연구경향이다.
  ⇨ 사이먼(Simon)은 행태주의 연구의 대표적인 학자이지만, 왈도(Waldo)는 행태주의를 비판하고 후기행태주의를 주장한 신행정학파의 대표적인 학자이다.
② [O] 행정의 과학성에 기여한 정치행정이원론에 해당된다.
  ⇨ 행정의 과학성에 기여한 정치행정이원론(공사행정일원론)에 해당된다.
③ [O] 논리실증주의에 입각한 과학적 검증과 사회심리학적 접근방법을 사용한다.
  ⇨ 행태주의는 과학적 분석방법에 따라 가치와 사실을 분리하여 사실의 영역에 국한해서 사회현상을 연구하였다.
④ [O] 현상유지적 보수주의화의 우려와 가치중립성의 문제점이 한계이다.
  ⇨ 현상유지적 보수주의화의 우려, 가치중립성의 문제, 계량화의 어려움 등이 행태주의의 한계로 지적된다.

---

18 예산의 특징   정답 ③

① [O] 예산은 국가재정의 핵심이라 보며 희소한 공공재원의 배분에 관한 계획이다.
  ⇨ 예산의 본질은 정책이나 사업에 대한 재정적 뒷받침으로, 국가재정의 핵심이며 희소한 공공재원의 배분에 대한 계획이다.
② [O] 예산의 본질적 모습은 예산을 통해 추진하고자 하는 정책과 사업이라고 할 수 있다.
  ⇨ 예산은 정해진 예산을 통한 예산집행이 이루어지며 그러한 결과물이 정책과 사업이다.
❸ [×] 예산은 다양한 형태의 정보들의 집적되기 때문에 정책결정자의 사실판단에 근거하며 가치판단은 배제되어 있다.
  ⇨ 예산에는 다양한 형태의 정보들이 집적되고 다양한 주체들 간의 상호작용이 발생한다. 예산은 기본적으로 가치배분에 관한 문제로서 희소한 자원의 배분에 관한 가치판단과정이다.
④ [O] 예산을 통한 관료들의 책임성 확보와는 밀접한 관련이 있다.
  ⇨ 예산의 집행과 결산은 행정책임을 해제하는 효과가 있어 관료들의 책임성 확보와 밀접한 관계가 있다.

---

19 공직자로서의 행정책임   정답 ③

① [O] 법적 책임(accountability)은 가장 본래적 의미의 책임으로서 법규나 명령에 따라 행동하여야 할 책임이다.
  ⇨ 법적 책임은 공식적 관계를 중시하여 법적 책임의 성실성을 담보하기 위한 것으로 분담될 수 없는 특징을 가진다.
② [O] 도의적 책임(responsibility)은 공복으로서의 관료의 직책과 관련된 광범위한 도의적·자율적 책임이다.
  ⇨ 도의적 책임은 윤리적 책임이라고도 하며, 국민의 수임자 또는 공복으로서 국민의 요구에 대해 대응하는 것을 핵심으로 한다.
❸ [×] 행정책임에는 결과에 대한 책임을 의미하며, 과정에 대한 책임은 포함되지 않는다.
  ⇨ 행정책임에는 결과에 대한 책임과 함께 과정에 대한 책임도 포함된다.
④ [O] 기능적 책임은 전문직업인으로서의 직업윤리와 전문적·기술적 기준을 따라 직책을 잘 수행할 책임이다.
  ⇨ 직업적 책임으로도 불리는 기능적 책임에 대한 설명으로 옳다.

---

20 직무분석   정답 ②

① [O] 한 사람의 종업원이 수행하는 일의 전체를 직무라고 하며, 인사관리나 조직관리의 기초를 세우기 위하여 직무의 내용을 분석하는 일이다.
  ⇨ 직무분석(job analysis)이란 조직 내의 직무(jobs)에 관한 정보를 체계적으로 수집하여 처리하는 활동이다.
❷ [×] 각 직위의 상대적 비중을 판별하여 등급이나 계급을 정한다.
  ⇨ 각 직위의 상대적 비중을 판별하여 등급이나 계급을 정하는 것은 수평적 분류인 직무평가에 해당한다. 직무분석은 직무의 종류와 성질에 따른 수직적 분류에 해당한다.
③ [O] 논리적 판단에 따른 분류로써 유사한 직렬들을 모아 직군을 형성한다.
  ⇨ 직군과 직렬의 폭을 얼마로 정할 것인가와 같은 문제로, 실제 분석적 기법이 존재하는 것은 아니고 논리적 사고와 판단력을 동원하여 분류작업을 하게 된다.

④ [O] 직렬의 폭을 결정할 때 직무의 공통성, 각 직렬에 포함될 직위 수의 분포, 직업분화에 따른 직무의 전문성 등을 고려한다.

⇨ 직무의 종류와 성질 등을 고려하여 직군·직류·직렬별로 종적(수직적)으로 분류하는 것을 의미하며, 유사한 직위를 모아 직류를 만들고, 직류를 모아 직렬을, 다시 직렬을 모아 직군을 만드는 것으로서 수직적(vertical) 분류 구조를 형성하는 것이다.

▶ 정답

p. 110

01	② PART 2	06	④ PART 2	11	④ PART 2	16	④ PART 1
02	① PART 7	07	③ PART 5	12	② PART 3	17	③ PART 7
03	① PART 5	08	① PART 1	13	② PART 1	18	② PART 5
04	② PART 4	09	④ PART 3	14	④ PART 3	19	② PART 4
05	③ PART 4	10	① PART 3	15	③ PART 6	20	② PART 4

PART 1 행정학의 기초이론 / PART 2 정책학 / PART 3 행정조직론 / PART 4 인사행정론 / PART 5 재무행정론 /
PART 6 행정환류론 / PART 7 지방행정론

▶ 취약 단원 분석표

단원	맞힌 답의 개수
PART 1	/ 3
PART 2	/ 3
PART 3	/ 4
PART 4	/ 4
PART 5	/ 3
PART 6	/ 1
PART 7	/ 2
TOTAL	/ 20

---

01 정책평가의 타당도 정답 ②

① [O] 외적 타당도는 어떤 특정한 상황에서 내적 타당도를 확보한 정책평가가 다른 상황에도 적용될 수 있는 정도를 의미한다.

⇨ 어떤 특정 상황에서 정책이 집행되어 나타난 결과를 통해서 정책효과를 정확하게 판단하여 평가의 내적 타당성이 확보된 경우, 이 판단이 다른 상황에서 그 정책을 집행하게 되었을 때 나타날 효과에 대해서도 그대로 적용이 된다면 그 평가는 외적 타당도가 확보되는 것이다.

❷ [×] 외적 타당도를 저해하는 요소에는 실험조작의 반응효과, 다수적 처리에 의한 간섭, 선발과 성숙의 상호작용 등이 있다.

⇨ 선발과 성숙의 상호작용은 외적 타당도가 아니라 내적 타당도의 저해요인이다.

③ [O] 내적 타당도란 처치와 결과 사이의 관찰된 관계로부터 도달하게 된 인과적 결론의 적합성 정도를 나타내는 것이다.

⇨ 내적 타당도는 주어진 상황에서의 인과관계평가로 특정한 정책이나 처치와 결과 사이의 인과적 결론의 적합성 정도를 의미한다.

④ [O] 내적 타당도를 저해하는 요소에는 역사적 요소, 성숙효과, 측정요소, 측정도구변화, 통계적 회귀요소 등이 있다.

⇨ 이외에도 선발요소, 회귀인공요소, 상실요소, 모방효과 등이 내적 타당도 저해요인에 해당한다.

타당도의 종류 🖊

구성적 타당도	처리, 결과, 모집단 및 상황들에 대한 이론적 구성요소들이 성공적으로 조작화된 정도
통계적 결론의 타당도	만일 정책의 결과가 존재하고 이것이 제대로 조작되었다고 할 때 이에 대한 효과를 찾아낼 만큼 충분히 정밀하고 강력하게 연구 설계가 이루어진 정도
내적 타당도	조작화된 결과에 의하여 발생한 효과가 다른 경쟁적인 원인(외생변수)들에 의해서라기보다는 조작화된 처리에 기인된 것이라고 볼 수 있는 정도
외적 타당도	조작화된 구성요소들 가운데서 우리가 관찰한 효과들이 당초의 연구가설에 구체화된 그것들 이외에 다른 이론적 구성요소들까지도 일반화될 수 있는 정도

---

02 지방자치단체에 대한 국가의 지도 · 감독 정답 ①

❶ [×] 행정안전부장관이나 시 · 도지사는 지방자치단체의 자치사무가 공익을 현저히 해친다고 판단되면 지방자치단체의 서류 · 장부 또는 회계를 감사할 수 있다.

⇨ 자치사무에 대한 행정안전부장관이나 시 · 도지사의 감사는 법령위반사항에 한한다.

② [O] 지방자치단체나 그 장이 위임받아 처리하는 국가사무에 관하여 시 · 도에서는 주무부장관의, 시 · 군 및 자치구에서는 1차로 시 · 도지사의, 2차로 주무부장관의 지도 · 감독을 받는다.

⇨ 지방자치단체 또는 그 장이 위임받아 처리하는 국가사무에 관하여는 주무부장관의 지도 · 감독을 받는다.

③ [O] 중앙행정기관의 장과 지방자치단체의 장이 사무를 처리할 때 의견을 달리하는 경우 이를 협의 · 조정하기 위하여 국무총리 소속으로 행정협의조정위원회를 둔다.

⇨ 행정협의조정위원회는 중앙행정기관의 장이나 지방자치단체의 장의 신청에 의하여, 당사자 간에 사무를 처리할 때에 의견을 달리하는 사항에 대하여 협의 · 조정한다.

④ [O] 지방의회의 의결이 공익을 현저히 해친다고 판단되면 시 · 도에 대하여는 주무부장관이, 시 · 군 및 자치구에 대하여는 시 · 도지사가 재의를 요구하게 할 수 있다.

⇨ 지방의회의 의결이 법령에 위반되거나 공익을 현저히 해한다고 판단되어 주무부장관 또는 시 · 도지사가 재의요구를 지시한 경우는 재의요구 사유에 해당한다.

---

03 발생주의와 복식부기의 장점 정답 ①

❶ [×] 현금의 흐름을 쉽게 파악할 수 있고 자의적인 회계처리가 불가능하여 통제가 용이하다.

⇨ 현금의 흐름을 쉽게 파악할 수 있고 자의적인 추정 등 주관적인 회계처리가 불가능하여 통제가 용이한 것은 현금주의 및 단식부기의 장점이다. 발생주의 및 복식부기방식은 현금의 흐름을 파악하기 힘들고, 회계처리가 자의적인 추정절차 등이 개입되어 상당히 주관적이다.

② [O] 대차평균의 원리를 통해 거래의 원인과 내용을 파악할 수 있다.
⇨ 복식부기는 하나의 거래를 대차평균의 원리에 따라 왼쪽(차변)과 오른쪽(대변)에 이중기록하고, 차변의 합계와 대변의 합계를 반드시 일치(대차평균의 원리)시켜 거래의 원인과 내용을 파악할 수 있다.

③ [O] 자산과 부채를 효율적으로 관리할 수 있고 산출물에 대한 정확한 원가산정을 통해 부문별 성과측정이 가능하다.
⇨ 발생주의는 자산과 부채의 파악으로 재정의 실질적 건전성을 확보할 수 있다.

④ [O] 기록과 계산의 정확성 여부를 검증할 수 있는 자기검증의 기능을 지닌다.
⇨ 발생주의는 자기검증기능으로 회계오류를 시정할 수 있다.

현금주의와 발생주의

구분	현금주의	발생주의
장점	• 절차 간편 • 이해 · 통제 용이 • 현금흐름 파악 용이 • 회계처리의 객관성	• 자산 · 부채 파악으로 재정의 실질적 건전성 확보 • 비용 · 편익 등 재정성과 파악 용이 • 예산의 자율성 제고 • 자기검증기능으로 회계오류 시정 • 재정의 투명성 · 신뢰성 · 책임성 제고 • 출납폐쇄기한 불필요
단점	• 경영성과 파악 곤란 • 단식부기에 의한 조작 가능성 • 자산 · 부채 파악 곤란 (비망기록으로 관리) • 감가상각 등 거래의 실질 및 원가 미반영	• 자산평가 및 감가상각의 주관성 • 채권 · 채무의 자의적 추정 • 절차복잡 및 현금흐름 파악 곤란 • 의회통제 회피의 악용 가능성 • 회계담당자의 주관적 판단 개입

04 대표관료제 정답 ②

① [O] 관료를 사회의 주요 구성집단으로부터 인구 비례에 따라 충원함으로써 사회의 모든 계층과 집단에 공평하게 대응하도록 하는 제도를 말한다.
⇨ 그 사회를 구성하는 모든 주요 집단의 인구비례에 따라 관료를 충원하고, 그들을 정부관료제 내의 모든 계급에 비례적으로 배치함으로써 정부관료제가 그 사회의 모든 계층과 집단에 공평하게 대응하도록 하는 제도이다.

❷ [×] 관료 선발에 있어서 임용할당제 외에 선출직 확대를 통하여 실시하므로 실적제의 저하와 역차별 등의 문제점이 지적된다.
⇨ 선거(선출직)를 통해 관직을 구성하는 것은 사회의 주류집단에 보다 유리한 결과가 나온다는 점에서 대표관료제와 상반된다.

③ [O] 크랜츠(Kranz)는 비례대표로까지 확대하여 직무분야와 계급의 구성비율까지 고려해야 한다고 지적한다.
⇨ 관료제의 개념을 비례대표로까지 확대하여 관료제 내의 출신집단별 구성비율이 총인구 구성비율과 일치해야 할 뿐만 아니라, 나아가 관료제 내의 모든 직무분야와 계급의 구성비율까지도 총인구비율에 상응하게끔 분포되어 있어야 한다고 주장한다.

④ [O] 모셔(Mosher)는 킹슬리(Kingsley)의 대표관료제이론이 재사회화를 고려하지 않은 점을 비판하면서 소극적 관료제를 옹호한다.
⇨ 모셔(Mosher)는 대표관료제를 관료들이 출신 집단의 이익을 위해 적극적으로 행동할 것을 기대하는 적극적 대표관료제와, 사회인구의 구성적 특징을 상징적으로 반영할 뿐이라는 소극적 대표관료제로 나누었는데, 대표의 적극적 측면에 대해서는 의문을 제기하였다.

대표관료제와 관련된 학자

킹슬리 (Kingsley)	• 1944년 처음으로 『대표관료제』를 발표 • 관료제의 구성적 측면을 강조하여 진정한 관료제는 사회 내의 지배적인 여러 세력을 그대로 반영하는 대표관료제라고 정의하였음
크랜츠 (Kranz)	• 관료제의 개념을 비례대표로까지 확대 • 관료제 내의 출신집단별 구성비율이 총인구 구성비율과 일치하여야 하고, 모든 직무분야와 계급의 구성비율까지도 총인구비율에 상응하게끔 분포되어 있어야 한다고 주장함
모셔 (Mosher)	대표관료제를 관료들이 출신집단의 이익을 위해 적극적으로 행동할 것을 기대하는 적극적 대표관료제와, 사회의 인구 구성적 특징을 상징적으로 반영할 뿐이라는 소극적 대표관료제로 나누었는데, 대표의 적극적 측면에 대해서는 의문을 제기하였음
라이퍼 (Riper)	국민들의 가치도 대표관료제에 반영하여야 한다는 가치대표성을 강조함

05 교육훈련기법의 특징 정답 ③

① [O] 신규채용자훈련은 기관의 목적 · 구조 · 기능 등 일반적인 내용과 개인의 구체적인 직책에 관한 내용을 가르치는 것이다.
⇨ 신규채용자훈련은 신규로 채용된 공무원이 어떤 직위의 직책을 부여받기 전에 받는 훈련으로, 기관의 목적, 구조, 기능 등 일반적 내용과 직책에 대한 내용을 알려 주는 것이다.

② [O] 관리자훈련은 분임토의방식을 주로 활용하며 정책결정에 관한 지식, 가치관, 조직의 통솔 등에 관한 내용을 주로 다룬다.
⇨ 관리자훈련은 관리자의 정책결정과 기획수립에 필요한 의사결정능력을 함양시키는 것이다.

❸ [×] 사례연구는 다양한 사례연구로 인하여 대민친절도 향상에 효과적이라는 평가를 받는다.
⇨ 대민친절도 향상에 효과적이라는 평가를 받는 교육훈련기법은 역할연기이다. 사례연구는 다양한 사례연구를 통해서 실무능력향상에 기여하는 것이 장점이다.

④ [O] 감수성훈련은 대인관계에 대한 이해와 감수성을 높이려는 현대적 훈련방법으로서 조직발전(OD)의 핵심 기법이다.
⇨ 감수성훈련은 서로 모르는 10명 내외의 소집단을 만들어 솔직하게 자신의 느낌을 말하고, 다른 사람이 자신을 어떻게 생각하는지를 듣게 함으로써 태도와 행동의 변화를 유도하여 대인관계기술을 향상시키려는 것이다.

06 점증주의 정책결정모형 정답 ④

① [O] 부분적 · 계속적인 방식으로 당면한 정책문제를 해결하고자 한다.
⇨ 점증주의는 소폭적 · 점진적으로 정책문제를 해결하고자 한다.

② [O] 경제적 합리성보다 정치적 합리성을 중요시한다.
⇨ 정치적 합리성에 기초하여 실제의 결정상황에 기초한 현실적이고 기술적인 모형이다.

③ [O] 정치적 다원주의 입장에서 이해관계자들의 타협과 조정을 통해 정책결정이 이루어진다.

⇨ 정책결정은 다양한 이익집단의 존재와 이들 간의 정치적인 힘에 의해 결정된다고 보았다.

❹ [×] 순차적인 결정에 있어서 정책결정자의 직관이나 통찰력 등 초합리적인 요소를 중시한다.

⇨ 정책결정자의 직관이나 통찰력 등과 같은 초합리성을 중시하는 것은 최적모형의 특징이다.

07 예산의 신축성 유지방안   정답 ③

① [×] 예산의 이용(利用)

⇨ 기관 간 또는 입법과목 간(장·관·항)의 융통이다.

② [×] 예산의 전용(轉用)

⇨ 행정과목 간(세항·목)의 융통이다.

❸ [○] 예산의 이체(移替)

⇨ 행정주체의 변동으로서 정부조직이나 개편 시 정부조직 등에 관한 법령의 제정 또는 폐지로 인하여 그 직무와 권한에 변동이 있을 때에 책임소관이 변경되는 것은 예산의 이체(移替)이다.

④ [×] 예산의 이월(移越)

⇨ 예산을 다음 회계연도로 넘겨 사용하는 것이다.

08 탈신공공관리론(Post-NPM)   정답 ①

❶ [×] 불명확한 역할 관계의 안출(案出)

⇨ 탈신공공관리론(Post-NPM)은 불명확한 역할 관계의 안출(案出)이 아니라 명확한 역할 관계의 안출(案出)을 강조하며 신공공관리론의 불명확한 역할에 따른 권한과 책임의 문제를 비판한다.

② [○] 구조적 통합을 통한 분절화의 축소

③ [○] 민간·공공부문의 파트너십 강조

④ [○] 총체적(합체된) 정부의 주도

⇨ 이 외에도 재집권화와 재규제의 주창, 중앙의 정치·행정적 역량의 강화, 환경적·역사적·문화적 요소에의 유의 또한 탈신공공관리론(Post-NPM)의 주요 내용이다.

탈신공공관리론(Post-NPM)의 주요 내용 ✏

(1) 구조적 통합을 통한 분절화의 축소
(2) 재집권화와 재규제의 주창
(3) 총체적(합체된) 정부의 주도
(4) 역할 모호성의 제거 및 명확한 역할 관계의 안출(案出)
(5) 민간·공공부문의 파트너십 강조
(6) 집권화, 역량 및 조정의 확대
(7) 중앙의 정치·행정적 역량의 강화
(8) 환경적·역사적·문화적 요소에의 유의 등

---

09 팀제 도입에 적절한 조직조건   정답 ④

① [○] 오래된 조직보다는 신설 조직의 경우

⇨ 팀제는 수평형 조직으로서 목표를 상호공유하며 팀 단위로 보상과 평가를 받는다. 따라서 오래된 조직보다는 '팀'을 강조하여야 할 신설 조직에 더 적합하다.

② [○] 조직관리보다는 사업성이 강한 경우

⇨ 팀제는 구성원 상호 간의 자율성이 높은 조직구조이므로, 조직관리를 위해서는 전통적인 계층제 중심의 기계적 구조가 더 유용하다.

③ [○] 조직환경이 안정적이기보다는 동태적인 경우

⇨ 팀제는 전통적 조직에 비해 열린 구조의 조직이므로, 동태적인 환경에 유연하게 대처할 수 있다.

❹ [×] 조직이 수행하는 과업이 복잡한 경우보다 단순·반복적인 경우

⇨ 팀제는 현대의 불확실한 환경에 신속하게 대응하기 위해 필요한 조직이다. 수행하는 과업이 복잡하지 않고 단순하고 반복적인 경우라면 굳이 팀제가 필요 없으며 전통적인 기능중심의 기계적 구조가 더 적합하다.

10 정부부처편성의 기준   정답 ①

❶ [○] 목적·기능별 분류

⇨ 국민들이 정부의 사업을 이해하기 용이하기 때문에 '시민을 위한 분류'라고 불리는 것은 목적·기능별 분류이다. 이는 정부가 수행하는 동일한 종류의 기능을 동일한 부처에 편성하는 방법이다.

② [×] 과정·절차별 분류

⇨ 행정을 수행하는 데 있어서 동일한 기구 절차를 사용하거나 동일한 직무에 종사하는 자를 동일부처로 하는 것으로서, 전문기술이 필요한 조직에서 이용되는 방법이다.

③ [×] 고객·대상별 분류

⇨ 동일한 수익자 또는 동일한 대상물을 가진 행정을 동일조직에 편성하는 방법이다.

④ [×] 지역·장소별 분류

⇨ 행정활동이 수행되는 지역 또는 장소를 기준으로 조직을 편성하는 방법이다.

11 정책집행에 대한 학자들의 견해   정답 ④

❹ [×] 엘모어(Eimore)는 거시적 집행구조를 중앙정부와 지방자치단체의 관계, 중앙정부의 부처 간의 관계로서 느슨한 연합체의 성격을 지닌다고 보았다.

⇨ 거시적 집행구조를 중앙정부와 지방자치단체의 관계, 중앙정부의 부처 간의 관계로서 느슨한 연합체의 성격을 지닌다고 본 학자는 엘모어(Eimore)가 아니라 버만(Berman)이다.

12 마일(Mile)의 법칙 　　　　정답 ②

① [×] 공무원의 정원은 본질적인 업무량의 증가와 관계없이 일정비율로 증가한다.
　⇨ 공무원의 정원은 본질적인 업무량의 증가와 관계없이 일정비율로 증가한다는 것은 파킨슨(Parkinson)의 법칙에 대한 설명이다.
❷ [○] 공무원의 입장 및 태도는 그가 속한 조직이나 직위에 의존한다.
　⇨ 마일(Mile)의 법칙이란 공무원의 입장 및 태도는 그가 속한 조직이나 직위 등에 의존한다는 것이다. 예를 들어 농축산식품부 공무원은 농민의 이익을 대변하고 여성가족부 공무원은 여성의 이익을 대변하게 된다는 것이다.
③ [×] 공무원의 수는 국가의 위기 시나 비상시에 급격하게 증가한다.
　⇨ 공무원의 수는 국가의 위기 시나 비상시에 급격하게 증가한다는 것은 피콕과 와이즈맨(Peacock&Wiseman)의 전위효과에 대한 설명이다.
④ [×] 정부의 노동집약적 성격으로 인하여 공적비용이 증가하고 정부가 팽창한다.
　⇨ 정부의 노동집약적 성격으로 인하여 공적비용이 증가하고 정부가 팽창한다는 것은 보몰(Baumol)효과에 대한 설명이다.

13 행정국가 　　　　정답 ②

① [×] 시장의 전적인 신뢰
　⇨ 시장의 전적인 신뢰는 19C 입법국가인 작은 정부를 의미하는 것이다.
❷ [○] 정부의 사회적 가치배분권의 강조
　⇨ 루즈벨트(Roosevelt) 대통령의 뉴딜정책과 존슨(Johnson) 대통령의 위대한 사회정책은 모두 1929년 시장실패를 극복하기 위해서 정부가 적극 개입하는 행정국가의 정책을 나타낸다. 미국의 경제적 · 사회적 위기를 극복하기 위한 정책들로 행정국가의 시작과 완성을 의미하며 이는 사회적 가치배분권을 행정부가 적극적으로 주도하는 국가기능의 강화를 의미하는 것이다.
③ [×] 작지만 강한 행정부
　⇨ 작지만 강한 행정부는 20C 후반 신행정국가의 특징이다.
④ [×] 규제완화와 권한부여
　⇨ 규제완화와 권한부여는 신자유주의에 기반한 신공공관리론의 특징이다.

14 조직구조의 조정기제(연결방법) 　　　　정답 ④

ㄱ. [×] 계층제
ㄷ. [×] 규칙과 계획
ㅅ. [×] 계층 직위의 추가
　⇨ 조직의 수직적 조정기제에 해당한다.
ㄴ. [○] 직접접촉
ㄹ. [○] 사업팀(Project Team)
ㅁ. [○] 정보시스템
ㅂ. [○] 사업관리자(Project Manager)
ㅇ. [○] 임시작업단(Task Force)
　⇨ 조직의 수평적 조정기제에 해당한다.

15 외부주도형 행정개혁 　　　　정답 ③

① [○] 객관적이고 중립적인 개혁방안이 채택될 수 있다.
　⇨ 객관적이고 중립적인 개혁방안이 채택될 수 있다는 것은 외부주도형의 장점이다.
② [○] 개혁에 대한 지지와 수용성이 제고된다.
　⇨ 개혁에 대한 지지와 수용성이 제고되는 것은 외부주도형의 장점이다.
❸ [×] 근본적인 개혁이 가능하고 실현가능성이 높다.
　⇨ 외부주도형의 경우 근본적인 개혁은 가능하지만 기득권 집단의 반발로 인해서 실현가능성이 낮고 내부의 자료수집과 정보접근이 어렵다.
④ [○] 행정내부의 공정한 자료수집과 정보접근이 어렵다.
　⇨ 행정내부의 공정한 자료수집과 정보접근이 어렵다는 것은 외부주도형의 단점이다.

개혁안 입안주체별 장단점

구분	장점	단점
내부주도형 (정부주도형)	• 시간이나 비용 절감 • 집중적이고 간편한 건의 • 실제적인 정책 · 사업계획에 중점 • 개혁안의 집행이 보다 용이하고 빨라서 현실성 및 실현가능성 높음	• 객관성 · 종합성 결여 • 보고서가 짧고 덜 세밀하다. • 광범위한 지지확보 곤란 • 기관 간 권력구조의 근본적 재편성 곤란 • 관료의 이익이나 직원의 복지에 미치게 될 영향만 고려
외부주도형 (민간주도형)	• 보다 종합적 · 객관적 • 정치인이나 민간전문가의 참여로 국민의 광범위한 지지확보 가능 • 본질적인 재편성 가능 • 개혁의 정치적 측면 고려	• 시간이나 경비가 많이 소요 • 보고서가 보다 길고 세밀하며 비용 과다 • 관료들의 저항 발생 • 건의안이 보다 과격하여 실행가능성 낮음 • 내부의 자료수집과 정보접근의 어려움

16 도시레짐이론(urban regime theory) 　　　　정답 ④

① [○] 도시권력구조에 대한 이해를 통해 정부 및 비정부 부분의 다양한 세력 간의 상호의존성을 강조한다.
　⇨ 도시레짐이론은 도시문제를 해결하는 데 공식 · 비공식집단이 협력체제를 구축해야 한다는 점을 강조한다.
② [○] 도시레짐이론에서 강조하는 정부기구 활동의 경제적 종속성을 수용하면서 동시에 정치의 독자성을 강조한다.
　⇨ 도시레짐이론에서 민간경제주체들은 시장에서 경제를 활성화시키고 조세의 기반을 강화하는 역할을 하고 도시정부는 유권자들에게 책임을 지면서 정치적 결단을 내리는 실체적 주체로서 서로 역할분담을 한다고 보므로, 정부기구 활동의 경제적 종속성을 수용하면서도 동시에 정치의 독자성을 강조한다고 볼 수 있다.
③ [○] 도시권력구조에 대한 인식을 제고시키고 도시정치에서 인과관계와 행태적 측면의 연구에 이론성을 강화해준다.
　⇨ 도시레짐이론은 도시권력구조에 대한 인식을 제고시키고 도시정치에서 인과관계와 행태적 측면의 연구에 이론성을 강화해준다.

❹ [×] 도시레짐이론에서 말하는 레짐(regime)은 도시정부라는 제도적 기제를 매개체로 하는 정권적 차원의 레짐(regime)을 의미한다.
⇨ 도시레짐이론에서의 레짐(regime)은 정권적 차원의 레짐(regime)이 아니라, 도시의 경제발전에 관여하는 집단이나 그 집단들이 동원하는 구조와 수단 등을 의미한다. 도시레짐이론이란 도시의 발전과정에 전개되는 국가와 시장 간의 관계를 파악하는 이론으로서 도시레짐이론에서의 레짐(regime)은 도시정부라는 제도적 기제를 매개체로 하여 비공식적이지만 안정된 일정한 세력집단으로서 정부와 기업, 국가와 시장, 정치와 경제 등의 다양한 참여세력들이 어떻게 집단적 정책결정을 이끌어 내는가에 관한 지방거버넌스(local governance)의 일종이다.

---

17 자치구세의 종류 정답 ③

지방세 중 자치구세로 옳은 것은 ㄴ. 재산세, ㄹ. 등록면허세이다.
ㄱ. [×] 주민세
⇨ 주민세는 시·군세, 특별시·광역시세에 포함된다.
ㄴ. [O] 재산세
ㄹ. [O] 등록면허세
⇨ 현행 지방세의 자치구세에는 등록면허세와 재산세가 있다.
ㄷ. [×] 지방소득세
⇨ 지방소득세는 시·군세, 특별시·광역시세에 포함된다.
ㅁ. [×] 취득세
⇨ 취득세는 도세, 특별시·광역시세이다.
ㅂ. [×] 레저세
⇨ 레저세는 도세, 특별시·광역시세이다.

---

18 성과주의예산 정답 ②

성과주의예산제도의 특징으로 옳지 않은 것은 ㄱ, ㄹ, ㅂ이다.
ㄱ. [×] 재정통제 및 회계책임 확보에 용이하다.
⇨ 품목별예산제도(LIBS)의 특징이다. 품목별예산제도는 예산과목의 최종 단위인 목을 중심으로 예산이 배분되기 때문에 재정통제 및 회계책임 확보를 용이하게 할 수 있다.
ㄴ. [O] 사업계획의 수립·실시에 도움을 준다.
⇨ 정부활동을 기능·활동·사업계획에 기초를 두고 예산을 편성하는 제도이므로, 사업계획의 수립·실시에 도움을 준다.
ㄷ. [O] 예산편성 단위를 기준으로 편성한다.
⇨ 예산편성 단위란 성과 단위(업무 단위)를 말하는 것으로, 성과주의예산제도(PBS)는 업무 단위의 비용과 업무량을 측정함으로써 정보의 계량화를 시도하며 관리의 능률성을 높이려는 제도이다.
ㄹ. [×] 계획이 중앙집권적이고 결정방식이 총체적이다.
⇨ 계획예산제도(PPBS)의 특징이다. 계획예산제도는 의사결정이 일원화됨에 따라 신속하고 종합적인 의사결정이 이루어질 수 있으나, 최고관리자의 권한집중과 의사결정의 집권화에 의한 조직 갈등과 경직화 현상도 발생할 수 있다.
ㅁ. [O] 사업의 투입요소를 선정하는 데 용이하다.
⇨ 사업의 투입요소인 업무단위를 기초로 예산을 편성하므로 투입요소를 선정하고 산출을 관리하는 데 용이하다.

ㅂ. [×] 감축관리를 통한 자원난을 극복할 수 있다.
⇨ 영기준예산제도(ZBB)의 특징이다. 영기준예산제도는 우선순위가 낮은 사업을 폐지함으로써 조세부담의 증가를 막고 이를 통해 예산의 감축을 기하여 자원난의 극복에 기여한다.

---

19 승진의 기준 정답 ②

ㄱ은 근무성적평정, ㄴ은 경력평정이다.
공무원의 승진을 결정하는 주관적인 평가방법은 근무성적평정, 인사권자의 판단, 승진심사위원회의 결정 등이 있고, 객관적인 평가방법인 경력평정, 필기시험, 상벌기록 등이 있다. 우리나라 공무원의 승진기준은 주관적인 근무성적평정(ㄱ)을 90% 비율과 객관적인 경력평정(ㄴ)을 10% 비율로 한다. 근무성적평정은 근무능력, 직무수행능력을 평가의 기본요소로 하며 기관장이 재량으로 직무수행태도를 추가할 수 있다. 필기시험, 상벌기록은 객관적인 기준에 해당한다.

근무성적평정과 경력평정의 비교 ✎

구분	근무성적평정	경력평정
장점	• 경쟁의 원리를 통한 조직의 생산성 향상에 기여함 • 평가의 타당성을 제고하고 지적 수준이 높은 자의 임용이 가능해짐 • 일한 만큼, 능력만큼 승진을 대가로 받기 때문에 동기부여효과가 큼	• 정실개입이나 인사청탁의 문제를 극복하여 객관성을 확보할 수 있음 • 행정의 안정성과 직업공무원제의 확보에 기여함
단점	• 주관적 기준을 적용함에 있어 평가를 정확하게 해야 하는 문제점이 있을 수 있음 • 공동체의식이나 협동정신을 바탕으로 하는 조직의 결속력을 해칠 수 있음	• 기관장의 부하통솔을 어렵게 만듦 • 선임순위의 중시로 공직사회의 침체 및 관료주의화를 조장할 수 있음

---

20 엽관주의와 실적주의 정답 ②

❷ [O] 엽관주의는 정부관료제의 민주화에 기여한다.
⇨ 국민의 투표(지지율)에 의해서 관료제를 구성하는 엽관주의는 정부관료제의 민주주의에 기여한다.
① [×] 실적주의는 정치적 측면에서 국민에 대한 행정의 대응성을 강화한다.
③ [×] 실적주의는 건전한 상식을 지닌 시민이 수행할 수 있는 공직에 주로 적용된다.
⇨ 엽관주의에 대한 옳은 설명이다.
④ [×] 엽관주의는 행정의 전문성과 능률성을 지향한다.
⇨ 실적주의에 대한 옳은 설명이다.

최종점검
기출모의고사

01회 l 최종점검 기출모의고사

02회 l 최종점검 기출모의고사

03회 l 최종점검 기출모의고사

▶ 정답

p. 120

01	②	PART 1	06	④	PART 2	11	③	PART 4	16	②	PART 5
02	②	PART 1	07	①	PART 2	12	④	PART 4	17	③	PART 6
03	④	PART 1	08	②	PART 3	13	③	PART 4	18	③	PART 7
04	④	PART 2	09	④	PART 3	14	①	PART 5	19	③	PART 7
05	④	PART 2	10	②	PART 3	15	③	PART 5	20	③	PART 7

PART 1 행정학의 기초이론 / PART 2 정책학 / PART 3 행정조직론 / PART 4 인사행정론 / PART 5 재무행정론 / PART 6 행정환류론 / PART 7 지방행정론

▶ 취약 단원 분석표

단원	맞힌 답의 개수
PART 1	/ 3
PART 2	/ 4
PART 3	/ 3
PART 4	/ 3
PART 5	/ 3
PART 6	/ 1
PART 7	/ 3
TOTAL	/ 20

2022년 국가직 9급

01 행정이론의 등장시기   정답 ②

❷ [O] 행정이론의 등장한 시기는 ㄷ → ㄹ → ㄴ → ㄱ 순서이다.
ㄱ. 뉴거버넌스론에 대한 설명으로 1990년대에 등장하였다.
ㄴ. 공공선택론으로 오스트롬(Ostrom) 부부가 1973년 발표한 논문으로 민주행정패러다임에 대한 것이다.
ㄷ. 정치행정이원론(공사행정일원론)을 주장한 굿노(Goodnow)의 『정치와 행정』에서 주장된 내용으로 1900년에 발표되었다.
ㄹ. 신행정학의 내용으로 왈도(Waldo)의 중심으로 1960년대 후반 주장하였던 내용이다.

2021년 군무원 9급

02 생태론적 접근방법   정답 ②

① [O] 과학적 방법은 동작연구, 시간연구 등에서 같이 행정현상에 존재하는 규칙성을 찾아내 보편타당한 법칙성을 도출하는 데 가장 유용한 방법이다.
  ⇨ 테일러(Taylor)는 과업관리의 원칙을 주장하였는데, 이는 과업의 설정, 과업수행을 위한 표준적 조건 설정, 차별적 성과급제도, 예외에 의한 관리를 내용으로 한다.
❷ [×] 생태론적 접근방법은 행정변수 중에서 특히 환경변화와 사람의 행태를 연구대상으로 한다.
  ⇨ 생태론적 접근방법은 개인보다 조직이나 집단을 분석단위로 하는 중범위적 관점에서 환경요인에 의해 행정이 종속되는 환경결정론적 입장으로, 사람의 행태에 대해서는 연구대상으로 보지 않으며 사람의 행태에 대해서 연구대상으로 삼는 것은 행태론이다.
③ [O] 역사적 접근방법과 법적 · 제도적 접근방법은 제도와 구조에 보다 초점을 맞춘 것으로 볼 수 있다.
  ⇨ 역사적 접근방법이란, 각종 정치 · 행정제도의 진정한 성격과 그 제도가 형성되어 온 특수한 방법을 인식하는 유일한 수단을 제공해 준다. 반면 법적 · 제도적 접근방법이란, 행정학 연구의 초기 접근방법들 중 하나이며, 오늘날에도 널리 사용되고 있는 것으로서 행정과정의 합법성과 법률에 기반을 둔 제도를 강조한다.
④ [O] 시스템적 방법의 장점은 시스템을 이루는 부분들 각각의 기능과 부분 간 유기적 상호작용을 잘 이해할 수 있다는 데 있다.
  ⇨ 시스템적 접근방법의 장점으로 옳은 내용이다.

생태론적 접근방법 🖊

특징	• 개방체제이론 • 행정을 환경에 대한 종속변수로 파악 (환경 → 행정, 환경 ← 행정) • 중범위 수준의 거시적 분석
주요이론	• 가우스(Gaus)의 생태론: 행정에 영향을 미치는 7가지 환경적 요인[P4SWC(국민, 장소, 물리적 기술, 지도자의 특성, 사회적 기술, 욕구와 이념, 재난)] • 리그스(Riggs)의 생태론 　- 행정에 영향을 미치는 요인: 정치 · 경제 · 사회 · 이념적 요인, 의사소통 　- 사회삼론: 프리즘적 사회의 특징 제시

2023년 지방직 9급

03 정부팽창론   정답 ④

❹ [×] 파킨슨(Parkinson)은 관료들이 자신들의 권력 극대화를 위해 필요 이상으로 자기 부서의 예산을 추구함에 따라 정부예산이 지속적으로 증가한다고 주장한다.
  ⇨ 관료들이 자신들의 권력 극대화를 위해 필요 이상으로 자기 부서의 예산을 추구함에 따라 정부예산이 지속적으로 증가한다고 주장하는 것은 니스카넨(Niskanen)의 예산극대화가설이다. 파킨슨(Parkinson)은 정부조직이 본질적인 업무와 관계없이 부하배증과 업부배증으로 인해서 일정비율(5.89%)로 증가한다고 주장한다.

2020년 국가직 7급

04 정책의제설정모형   정답 ④

① [O] 내부접근형(inside access model)에서 정부기관 내부의 집단 혹은 정책결정자와 빈번히 접촉하는 집단은 공중의제화하는 것을 꺼린다.
  ⇨ 내부접근형(inside access model)은 정부기관 내부의 집단 혹은 정책결정자와 은밀하고 빈번히 접촉하는 집단에 의하여 의제설정이 주도된다는 모형으로 국민에게 알리는 행정PR을 꺼리면서 공중의제화를 하지 않는 모형이다.

② [O] 동원형(mobilization model)에서는 주로 정부 내 최고통치자나 고위정
책결정자가 주도적으로 정부의제를 만든다.

⇨ 동원형(mobilization model)에서는 주로 정부 내 최고통치자(대통령 등)
나 고위정책결정자가 주도적으로 정부의제를 만든다.

③ [O] 외부주도형(outside initiative model)은 다원화된 정치체제에서 많이 나
타난다.

⇨ 외부주도형(outside initiative model)은 민주화가 이루어지고 다원화된
선진국에서 주로 나타난다.

❹ [×] 공고화형(consolidation model)은 대중의 지지가 낮은 정책문제에 대한
정부의 주도적 해결을 설명한다.

⇨ 메이(P. May)는 대중적 지지와 주도자를 기준으로 정책의제설정모형을
분류하였는데 공고화(굳히기)형은 대중적 지지가 높은 정책문제에 대한
정부의 주도적인 해결을 나타내는 모형이다.

2021년 국가직 7급

05 통계적 가설검정의 오류   정답 ④

① [O] 제1종 오류는 실제로는 모집단의 특성이 영가설과 같은 것인데 영가설을
기각하는 경우에 발생한다.

⇨ 제1종 오류는 옳은 귀무가설(영가설)을 기각(배제)하는 오류이다.

② [O] 제2종 오류는 모집단의 특성이 영가설과 같지 않은데 영가설을 기각하지
않는 경우에 발생한다.

⇨ 제2종 오류는 틀린 귀무가설(영가설)을 인용(채택)하는 오류이다.

③ [O] 제1종 오류는 α로 표시하고, 제2종 오류는 β로 표시한다.

⇨ 제1종 오류는 알파 에러(α Error), 제2종 오류는 베타 에러(β Error)라고 한다.
제3종 오류는 문제의 인지나 정의를 잘못 한 것으로 가장 근본적인 메타
에러(Meta Error)이다.

❹ [×] 확률 1-α는 검정력을 나타내며, 확률 1-β는 신뢰수준을 나타낸다.

⇨ 확률 1-α는 신뢰수준이고, 확률 1-β가 검정력에 의미한다. 1-α는 신뢰수
준으로 통계치를 믿을 수 있는 신뢰구간을 말하며, 여기서 α는 유의수준
으로 1-α는 신뢰수준이 되는 것이다. 즉, 유의수준이 0.05이면 신뢰수준
은 0.95가 된다. 1-β는 검정력으로 가설의 참·거짓과 관계없이 귀무가설
(영가설; null hypothesis)을 기각시킬 확률을 의미한다.

신뢰수준과 검정력 🖊

신뢰수준 (1-α)	• 통계치를 믿을 수 있는 신뢰구간 • α는 유의수준으로 제1종 오류를 범할 확률을 의미하는데 유의 수준이 0.05이면 신뢰수준은 0.95가 됨 • 1-α는 신뢰수준으로 옳은 귀무가설을 인용하여 올바른 결정 을 할 수 있는 확률(제1종 오류를 범하지 않을 확률)을 말함
검정력 (1-β)	• 가설의 참·거짓과 관계없이 귀무가설(영가설; null hypothesis) 을 기각시킬 확률 • β는 제2종 오류를 발생시킬 확률 • 1-β란 틀린 귀무가설을 기각하여 올바른 결정을 할 수 있는 확 률(제2종 오류를 범하지 않을 확률)을 말함

2021년 지방직 9급

06 앨리슨모형   정답 ④

① [×] 합리적 행위자모형

⇨ 합리적 행위자는 주인 – 대리인이론의 전제조건 중 하나이다. 주인 – 대리
인이론이 가정하는 행위자는 합리적인 행위자인데, 특히 대리인의 경우
주인의 위임을 받은 사람이지만 자기 이익을 극대화하는 합리적 행위자
이기 때문에 주인의 이익과 배치되는 행동을 하게 된다.

② [×] 쓰레기통모형

⇨ 쓰레기통모형은 조직화된 무질서 상태(무정부 상태)에서 응집성이 매우
약한 조직이 어떤 의사결정행태를 나타내는가에 분석초점을 두고 코헨
(Cohen), 마치(March), 올센(Olsen) 등이 제시한 모형이다.

③ [×] 조직과정모형

⇨ 조직과정모형은 앨리슨(Allison)모형 중 모형Ⅱ에 해당하는 것으로, 국가
또는 정부라는 단일의 결정주체가 아니라 느슨하게 연결된 반독립적인 하
위조직들의 집합체이다.

❹ [O] 관료정치모형

⇨ 제시문은 앨리슨(Allison)모형 중 관료정치모형(모형Ⅲ)의 특징에 해당
한다. 1960년대 쿠바 미사일 사태에서 미국의 해안봉쇄 결정은 대통령의
단일적 결정(합리적 행위자 모형, 모형Ⅰ)이 아닌 여러 대표자들(개인적
행위자, 모형Ⅲ)의 정책대안에 대한 갈등과 타협을 통하여 정책결정을 한
것이 핵심적인 특징이다.

2022년 국가직 9급

07 알몬드와 파웰(Almond & Powell)의 정책유형   정답 ①

❶ [O] 추출정책

⇨ 국민에게 인적·물적 자원을 부담시키는 정책은 알몬드와 파웰(Almond
& Powell)이 분류한 추출정책에 해당한다. 알몬드와 파웰(Almond &
Powell)은 정책의 유형을 분배정책, 규제정책, 상징정책, 추출정책으로
구분하였다.

② [×] 구성정책

⇨ 구성정책은 정부조직의 신설이나 변경, 선거구의 조정, 공무원의 보수와
관련된 것이다.

③ [×] 분배정책

⇨ 분배정책은 정부가 개인, 기업, 대상 집단에게 각종 서비스·지위·이
익·기회 등을 나누어 주는 것으로 수출산업에 대한 재정·금융 지원 정
책과 도로·항만 건설사업 등을 말한다.

④ [×] 상징정책

⇨ 상징정책은 정부 정책에 대한 국민들의 순응을 높이기 위해서 애국가를
제창하고, 국기를 게양하며, 군대 사열식을 거행하는 등 국가적 상징물을
동원하는 정책을 말한다.

2021년 국가직 7급

08   일반적인 조직구조 설계원리   정답 ②

ㄷ은 옳지 않은 지문이고 ㄱ, ㄴ, ㄹ은 옳은 지문이다.

ㄱ. [O] 계선은 부하에게 업무를 지시하고, 참모는 정보제공, 자료분석, 기획 등의 전문지식을 제공한다.
　　⇨ 계선(line)은 상급자가 부하에게 지시와 명령권을 행사하고, 참모(staff)는 정보제공, 자료분석 등의 전문적인 기능을 수행한다.

ㄴ. [O] 부문화의 원리는 일정한 기준에 따라 서로 기능이 같거나 유사한 업무를 조직단위로 묶는 것을 의미한다.
　　⇨ 부문화(departmentation)의 원리는 일정한 기준에 따라 서로 기능이 같거나 유사한 업무를 조직단위로 묶는 것을 말한다.

ㄷ. [×] 통솔범위가 넓을수록 고도의 수직적 분화가 일어나 고층구조가 형성되고, 좁을수록 평면구조가 이뤄진다.
　　⇨ 통솔범위가 좁을수록 고도의 수직적 분화가 일어나 고층구조가 형성되고, 넓을수록 평면구조가 이뤄진다.

ㄹ. [O] 명령통일의 원리는 부하가 한 사람의 상관으로부터 명령을 받게 해야 함을 의미한다.
　　⇨ 명령통일의 원리는 조직의 각 구성원은 누구나 한 사람의 직속상관에게만 보고하고, 또 그로부터 명령을 받아야 한다는 원칙을 말한다.

2020년 국가직 9급

09   조직 내 갈등   정답 ④

① [O] 과업의 상호의존성이 높은 경우 잠재적 갈등이 야기될 수 있다.
　　⇨ 과업 간 상호의존성이 높은 경우 갈등이 야기될 수 있는 상황이 높아지며 이 경우 잠재적 갈등이 야기될 수 있다.

② [O] 고전적 관점에서 갈등은 조직 효과성에 부정적인 영향을 끼친다고 가정한다.
　　⇨ 고전적 관점(인간관계론)에 따르면 갈등은 인간관계에 부정적인 것이므로 해소시키는 것이 바람직하다는 입장이다.

③ [O] 의사소통과정에서 충분한 양의 정보도 갈등을 유발하는 경우가 있다.
　　⇨ 의사소통과정에서 충분한 양의 정보도 정보의 정확성 문제 등으로 인해서 갈등을 유발하는 경우도 있다.

❹ [×] 진행단계별로 분류할 때 지각된 갈등은 갈등이 야기될 수 있는 상황 또는 조건을 의미한다.
　　⇨ 갈등을 진행단계별로 분류할 때 지각된 갈등은 구성원들이 느끼게 된 갈등을 의미한다. 갈등이 야기될 수 있는 상황 또는 조건은 잠재적 갈등에 해당한다. 폰디(Pondy)는 갈등을 진행 단계에 따라 5단계로 구분하였다.

진행단계에 따른 갈등 분류(Pondy) 🖉

잠재적 갈등	갈등이 야기될 수 있는 상황 또는 조건
지각된 갈등	구성원들이 지각하게 되는 갈등
감정적 갈등	지각이 감정으로 연결되는 갈등
표면화된 갈등	감정이 노골적으로 표출되는 갈등
갈등의 결과	갈등에 대응한 후 남는 조건 또는 상황

2023년 군무원 7급

10   공공기관의 규정   정답 ②

① [×] 공기업과 준정부기관의 지정기준은 직원 정원 50명 이상, 총수입액 30억 원 이상, 자산규모 10억 원 이상이다.
　　⇨ 직원 정원 300명, 총수입액 200억 원, 자산규모 30억 원 이상이다(「공공기관의 운영에 관한 법률 시행령」 제7조).

❷ [O] 기획재정부장관은 총수입액 중 자체수입액이 차지하는 비중이 대통령령으로 정하는 기준 이상인 기관은 공기업으로 지정하고, 공기업이 아닌 공공기관은 준정부기관으로 지정한다.
　　⇨ 기획재정부장관은 총수입액 중 자체수입액이 차지하는 비중이 대통령령으로 정하는 기준 이상인 기관은 공기업으로 지정하고, 공기업이 아닌 공공기관은 준정부기관으로 지정한다(「공공기관의 운영에 관한 법률」 제5조 제3항).

③ [×] 기획재정부장관은 필요한 경우 구성원 상호 간의 상호부조·복리증진·권익향상 또는 영업질서 유지 등을 목적으로 설립된 기관도 공공기관으로 지정할 수 있다.
　　⇨ 기획재정부장관은 필요한 경우 구성원 상호 간의 상호부조·복리증진·권익향상 또는 영업질서 유지 등을 목적으로 설립된 기관도 공공기관으로 지정할 수 없다(「공공기관의 운영에 관한 법률」 제4조 제2항).

④ [×] 기획재정부장관은 기타공공기관의 일부만을 세분하여 지정하여서는 아니된다.
　　⇨ 기획재정부장관은 기타공공기관의 일부만을 세분하여 지정할 수 있다(「공공기관의 운영에 관한 법률」 제5조 제3항).

관련법령

「공공기관의 운영에 관한 법률 시행령」상 지정기준

제7조【공기업 및 준정부기관의 지정기준】 ① 기획재정부장관은 법 제5조 제1항 제1호에 따라 다음 각 호의 기준에 해당하는 공공기관을 공기업·준정부기관으로 지정한다.
1. 직원 정원: 300명 이상
2. 수입액(총수입액을 말한다): 200억 원 이상
3. 자산규모: 30억 원 이상

2021년 국가직 9급

11   근무성적평정상의 오류와 완화방법   정답 ③

① [O] 일관적 오류는 평정자의 기준이 다른 사람보다 높거나 낮은 데서 비롯되며, 완화방법으로 강제배분법을 고려할 수 있다.
　　⇨ 강제배분법은 집단적 서열법으로 우열의 등급에 따라 구분한 뒤 분포비율에 따라 강제로 배치하는 것으로, 역산식 평정 가능성이 단점으로 지적된다.

② [O] 근접효과는 전체 기간의 실적을 같은 비중으로 평가하지 못할 때 발생하며, 완화방법으로 중요사건기록법을 고려할 수 있다.
　　⇨ 근접효과는 시간적 오류라고도 하며, 쉽게 기억할 수 있는 최근의 실적이나 능력을 중심으로 평가하려는 데서 생기는 오류이다.

❸ [×] 관대화 경향은 비공식 집단적 유대 때문에 발생하며, 완화방법으로 평정결과의 공개를 고려할 수 있다.
　　⇨ 관대화 경향은 비공식 집단적 유대 등의 이유로 인해서 피평정자에게 좋은 점수를 주는 현상으로, 평정결과의 공개가 아닌 비공개를 완화방법으로 고려할 수 있다. 평정결과를 공개할 경우 피평정자와 불편한 관계에 놓일 것을 우려하여 관대화 경향은 더욱 심화될 수 있으며, 이를 막기 위해서 강제배분법을 활용하는 방식이 보다 효과적이다.

④ [O] 연쇄효과는 도표식평정척도법에서 자주 발생하며, 완화방법으로 피평가자별이 아닌 평정요소별 평정을 고려할 수 있다.
⇨ 연쇄효과(halo effect)는 평정자가 가장 중요시하는 하나의 평정요소에 대한 평가결과가 성격이 다른 나머지 평정요소에도 연쇄적으로 영향을 미쳐 유사한 수준으로 평가결과가 나타나는 것이다. 주로 도표식평정척도법에서 나타난다.

2023년 국가직 9급

12 공직자의 이해충돌 정답 ④

① [O] 우리나라는 2021년 5월 「공직자의 이해충돌 방지법」을 제정하였다.
⇨ 「공직자의 이해충돌 방지법」은 2021.5.18.에 제정되었고, 1년의 유예기간 후 2022.5.19.에 시행되었다.
② [O] 이해충돌은 그 특성에 따라 실제적, 외견적, 잠재적 형태로 분류할 수 있다.
⇨ 이해충돌의 유형은 실제적 이해충돌(과거에도 발생하였고 현재에도 발생하고 있는 이해충돌), 외견적 이해충돌(공무원의 사익이 부적절하게 공적 의무의 수행에 영향을 미칠 가능성이 있는데 부정적 영향이 현재 발생한 것은 아닌 상태), 잠재적 이해충돌(공무원이 미래에 발생할 공적 책임에 관련되는 일에 연루되는 경우)이 있다.
③ [O] 이해충돌 회피에 있어서는 '어느 누구도 자신이 연루된 사건의 재판관이 되어서는 안 된다'라는 원칙이 적용된다.
⇨ 이해충돌 회피의 기본적인 원칙은 "누구도 자신의 사건에 대해 판결할 수 없다."는 것이다.
❹ [×] 「공직자의 이해충돌 방지법」의 위반행위는 감사원, 수사기관, 국민권익위원회 등에 신고할 수 있으나 위반행위가 발생한 기관은 제외된다.
⇨ 「공직자의 이해충돌 방지법」의 위반행위는 감사원, 수사기관, 국민권익위원회뿐만 아니라 위반행위가 발생한 기관도 포함된다.

관련법령

「공직자의 이해충돌 방지법」상 위반행위의 신고

제18조【위반행위의 신고 등】 ① 누구든지 이 법의 위반행위가 발생하였거나 발생하고 있다는 사실을 알게 된 경우에는 다음 각 호의 어느 하나에 해당하는 기관에 신고할 수 있다.
1. 이 법의 위반행위가 발생한 공공기관 또는 그 감독기관
2. 감사원 또는 수사기관
3. 국민권익위원회

2021년 국가직 7급

13 다양성 관리 정답 ③

① [O] 오늘날 개인의 성격, 가치관의 차이와 같은 내면적 다양성의 중요성이 커지고 있다.
⇨ 다양성은 외적인 요소에 의한 표면적 다양성과 내적인 요소에 의한 내면적 다양성으로 구분된다.
② [O] 다양성 관리란 내적·외적 차이를 가진 다양한 조직구성원을 공평하고 효율적으로 활용하기 위한 체계적인 인적자원관리 과정이다.
⇨ 구성원들을 일률적으로 관리하지 않고 다양한 차이와 배경, 시각을 조직업무에 적극 반영시키려는 전략적 인적자원관리(SHRM)이다.
❸ [×] 균형인사정책, 일과 삶 균형정책은 다양성 관리의 방안으로 볼 수 없다.
⇨ 균형인사정책, 일과 삶 균형정책은 다양성 관리방안에 해당한다.

④ [O] 대표관료제를 통한 조직 내 다양성 증대는 실적주의와 충돌할 가능성이 있다.
⇨ 다양성 관리의 관리방안으로는 개인별 맞춤형 관리, 일과 삶의 균형(워라밸), 우리나라의 균형인사정책(대표관료제) 등이 대표적이다.

다양성 관리(diversity management)

개념	• 다양한 속성(성, 연령, 국적, 기타 개인적 차이)이나 다양한 가치·발상을 받아들여 기업의 활성화를 위한 조직문화 변혁을 목표로 하는 전략 • 기업과 고용된 개인의 성장·발전으로 이어지게 하려는 전략
유형	• 다양성(diversity)은 한 집단 내에 개인들이 보유하고 있는 각기 다른 특성, 신념, 상대적 위치 등을 보유하고 있는 상태 • 다양성은 외적인 요소에 의한 표면적 다양성과 내적인 요소에 의한 내면적 다양성으로 구분됨
관리방안	• 구성원들을 일률적으로 관리하지 않고 다양한 차이와 배경, 시각을 조직업무에 적극 반영시키려는 전략적 인적자원관리(SHRM) • 개인별 맞춤형 관리, 일과 삶의 균형(워라밸), 우리나라의 균형인사정책(대표관료제) 등이 대표적인 관리방안

2020년 국가직 9급

14 예산제도의 특성 정답 ①

❶ [×] 품목별예산제도는 일에 대한 정보를 제공하며, 세입과 세출의 유기적 연계를 고려한다.
⇨ 품목별예산제도는 투입을 중심으로 예산을 편성하므로 일(산출)에 대한 정보를 제공하지 못하며 세입과 세출의 유기적인 연계를 고려하지 못한다는 한계가 있다.
② [O] 성과주의예산제도는 업무량과 단위당 원가를 곱하여 예산액을 산정한다.
⇨ 성과주의예산제도는 정부활동을 기능·활동·사업계획에 기초를 두고 편성하되, 업무단위의 원가와 양을 계산하여 편성하는 제도이다. 즉, '예산액 = 단위원가 × 업무량'으로 표시된다.
③ [O] 계획예산제도는 비용편익분석 등을 활용함으로써 자원 배분의 합리화를 추구한다.
⇨ 계획예산제도는 목표달성을 위한 사업계획을 마련할 때 여러 대안을 체계적으로 분석·검토하며, 이를 위해 체제분석, 비용편익분석 등이 사용된다.
④ [O] 영기준예산제도는 예산편성에서 의사결정단위의 설정, 의사결정 패키지 작성 등이 필요하다.
⇨ 영기준예산제도는 의사결정단위의 설정, 의사결정 패키지 작성, 우선순위의 결정, 실행예산의 편성 등의 절차로 이루어진다.

2021년 국가직 9급

15 우리나라 예산제도 정답 ③

① [O] 국회는 정부의 동의 없이 정부가 제출한 지출예산 각 항의 금액을 증가시킬 수 없다.
⇨ 헌법 제57조에 명시되어 있다.
② [O] 정부가 예산안 편성 시 감사원의 세출예산요구액을 감액하고자 할 때에는 국무회의에서 감사원장의 의견을 구하여야 한다.
⇨ 「국가재정법」 제41조에 명시되어 있다.

❸ [×] 정부는 회계연도 개시 전까지 예산안이 의결되지 못한 때에는 전년도 예산에 준해 모든 예산을 편성해 운영할 수 있다.
⇨ 정부는 회계연도 개시 전까지 예산안이 의결되지 못한 때에는 준예산을 편성하는 것은 맞지만 모든 예산이 아니라 헌법 제54조 제3항에 규정된 사항만이 해당한다.
④ [O] 국회는 감사원이 검사를 완료한 국가결산보고서를 정기회개회 전까지 심의·의결을 완료해야 한다.
⇨ 「국가재정법」제61조에 명시되어 있다.

관련법령

준예산 편성

헌법 제54조 ③ 새로운 회계연도가 개시될 때까지 예산안이 의결되지 못한 때에는 정부는 국회에서 예산안이 의결될 때까지 다음의 목적을 위한 경비를 전년도 예산에 준하여 집행할 수 있다.
1. 헌법이나 법률에 의하여 설치된 기관 또는 시설의 유지·운영
2. 법률상 지출의무의 이행
3. 이미 예산으로 승인된 사업의 계속

2020년 군무원 9급

16   조세지출예산제도   정답 ②

① [O] 비과세, 감면 등의 세제혜택을 통해 포기한 액수를 조세지출이라 한다.
⇨ 세금을 비과세, 조세감면, 소득공제, 우대세율 적용, 과세이연 등의 세제혜택을 통해 받지 않은 액수를 조세지출이라고 한다.
❷ [×] 지방재정에는 지방세지출제도가 도입되지 않았다.
⇨ 우리나라의 지방재정에도 이미 지방세지출제도(2011년)가 도입되어 「지방세특례제한법」에 따라 적절한 세금감면을 위한 통제를 받고 있다.
③ [O] 조세지출의 내용과 규모를 주기적으로 공표해 관리하는 제도이다.
⇨ 조세지출예산제도는 조세지출의 내용과 규모를 주기적으로 공표해 관리하고 있다.
④ [O] 「국가재정법」에 따라 조세지출예산서를 작성해 국가에 보고한다.
⇨ 정부는 「국가재정법」에 따라 기획재정부장관이 조세지출예산서를 작성해 국가(국회)에 보고한다.

2020년 지방직 7급

17   행정책임과 행정통제   정답 ③

① [×] 파이너(Finer)는 행정의 적극적 이미지를 전제로 전문가로서의 관료의 기능적 책임을 강조하는 책임론을 제시하였다.
⇨ 파이너(Finer)는 관료의 기능적 책임보다 외재적 책임의 중요성을 강조하였다.
② [×] 프리드리히(Friedrich)는 개인적인 도덕적 의무감에 호소하는 책임보다 외재적·민주적 책임의 중요성을 강조하였다.
⇨ 프리드리히(Friedrich)는 외재적·민주적 책임보다 관료 개인적인 도덕적 의무감에 호소하는 내재적 책임을 강조하였다.
❸ [O] 행정통제를 내부통제와 외부통제로 구분할 경우, 윤리적 책임의식의 내재화를 통한 통제는 전자에 속한다.
⇨ 행정통제는 통제주체에 따라 내부통제와 외부통제로 구분할 수 있는데 공직자의 윤리적 책임의식에 의한 통제는 내부통제에 해당한다.

④ [×] 옴부즈만제도를 의회형과 행정부형으로 구분할 경우, 국민권익위원회의 고충민원처리제도는 전자에 속한다.
⇨ 우리나라 국민권익위원회는 국무총리 소속이므로 옴부즈만제도 중에서 행정부형에 속한다.

2022년 군무원 9급

18   우리나라의 주민참여제도   정답 ③

① [O] 주민은 지방자치단체의 장을 상대로 소송을 제기할 수 있다.
⇨ 주민은 감사청구한 사항과 관련 있는 위법한 행위나 업무를 게을리한 사실에 대하여 지방자치단체의 장을 상대방으로 주민소송을 제기할 수 있다.
② [O] 주민은 지방자치단체의 장 및 지방의회의원(비례대표 지방의회의원은 제외)을 소환할 수 있다.
⇨ 주민소환투표청구권자는 선출직 지방공직자(비례대표의원 제외)에 대하여 관할선거관리위원회에 주민소환투표의 실시를 청구할 수 있다.
❸ [×] 주민은 지방자치단체의 장에게 조례의 제정과 개폐를 청구할 수 있다.
⇨ 「주민조례발안에 관한 법률」의 제정으로 주민은 지방자치단체의 장이 아닌 지방의회에 조례의 제정과 개폐를 청구할 수 있게 되었다.
④ [O] 주민은 지방예산 편성 등 예산과정에 참여할 수 있다.
⇨ 주민참여예산제도에 대한 설명으로 예산편성과정에 해당 지역주민(시민위원)들이 직접 참여하는 주민참여제도의 일종이다.

2022년 지방직 9급

19   지방세의 세목   정답 ③

❸ [O] ㄴ, ㄹ, ㅂ
⇨ 특별시·광역시의 보통세는 자치구세(등록면허세, 재산세)가 제외되고, 도의 보통세는 취득세, 등록면허세, 레저세, 지방소비세이므로, ㄴ. 지방소비세, ㄹ. 레저세, ㅂ. 취득세가 공통적으로 속하는 세목이다.

2023년 군무원 7급

20   국세인 간접세의 종목   정답 ③

❸ [O] 3개
⇨ 국세이면서 간접세인 종목은 부가가치세, 개별소비세, 주세, 인지세, 증권거래세이다. 지문에는 ㄴ. 부가가치세, ㄹ. 주세, ㅁ. 개별소비세가 이에 해당하므로 3개이다. 담배소비세는 간접세이지만 지방세이다.

정답

p. 126

01	①	PART 1	06	④	PART 2	11	①	PART 4	16	④	PART 5
02	③	PART 1	07	④	PART 2	12	④	PART 4	17	②	PART 5
03	③	PART 1	08	③	PART 3	13	②	PART 4	18	②	PART 6
04	④	PART 1	09	③	PART 3	14	③	PART 5	19	②	PART 7
05	④	PART 2	10	③	PART 3	15	①	PART 5	20	④	PART 7

PART 1 행정학의 기초이론 / PART 2 정책학 / PART 3 행정조직론 / PART 4 인사행정론 / PART 5 재무행정론 / PART 6 행정환류론 / PART 7 지방행정론

취약 단원 분석표

단원	맞힌 답의 개수
PART 1	/ 4
PART 2	/ 3
PART 3	/ 3
PART 4	/ 3
PART 5	/ 4
PART 6	/ 1
PART 7	/ 2
TOTAL	/ 20

2021년 지방직 9급

01 정치행정일원론 정답 ①

❶ [O] 행정국가의 등장과 연관성이 깊다.
⇨ 정치행정일원론(공사행정이원론)은 1929년 경제대공황의 발생으로 인한 정부개입을 강조하는 큰 정부로서 현대 행정국가의 등장과 연관성이 깊다.
② [×] 윌슨(Wilson)의 『행정연구』가 공헌하였다.
③ [×] 정치는 의사결정의 영역이고, 행정은 결정된 내용을 집행한다고 보았다.
④ [×] 행정은 경영과 비슷해야 하며, 행정이 지향하는 가치로 절약과 능률을 강조하였다.
⇨ 모두 정치행정이원론(공사행정일원론)에 대한 설명이다.

2022년 군무원 7급

02 탈신공공관리 정답 ③

❸ [O] ㄱ, ㄷ, ㅁ, ㅂ
⇨ 탈신공공관리(post-NPM)의 아이디어는 ㄱ, ㄷ, ㅁ, ㅂ이다. ㄴ. 민간위탁과 민영화의 확대, ㄹ. 정부부문 내 경쟁 원리 도입은 신공공관리론과 관련이 있다.

─ 탈신공공관리론의 주요 내용 ✎ ─
(1) 구조적 통합을 통한 분절화의 축소
(2) 재집권화와 재규제의 주창
(3) 총체적 정부(whole-of-government) 또는 연계형 정부(joined-up government)의 주도
(4) 역할 모호성의 제거 및 명확한 역할 관계의 안출
(5) 민간 · 공공부문의 파트너십 강조
(6) 집권화, 역량 및 조정의 증대
(7) 중앙의 정치 · 행정적 역량의 강화
(8) 환경적 · 역사적 문화적 요소에의 유의 등

2021년 군무원 7급

03 정부개혁모형 정답 ③

① [O] 문제의 진단기준은 계층제이다.
⇨ 참여정부모형은 참여관리를 중시하고, 담론민주주의, 공동체주의와 밀접한 관련이 있다.
② [O] 구조의 개혁방안은 평면조직이다.
⇨ 평평한 구조를 주장하고, 관리개혁을 위해서 참여적 관리를 중시한다.
❸ [×] 관리의 개혁방안은 가변적 인사관리이다.
⇨ 참여정부모형의 관리의 개혁방안은 총체적 품질관리(TQM) 및 팀제 도입이다. 가변적 인사관리는 신축적 정부모형의 관리개혁방안이다.
④ [O] 정책결정의 개혁방안은 협의 · 협상이다.
⇨ 공익의 기준 또한 참여와 협의이다.

2023년 지방직 9급

04 블랙스버그 선언과 행정재정립운동 정답 ④

❹ [×] 블랙스버그 선언은 신행정학의 태동을 가져왔다.
⇨ 신행정학의 태동을 가져온 것은 1968년 12월에 개최된 미노부룩 회의이다. 1980년대의 블랙스버그 선언은 미국 사회에서 일어나고 있는 필요 이상의 관료 공격, 대통령의 반관료적 성향, 정당 정치권의 반정부 어조 따위와 같이 행정의 정당성을 침해하는 정치 · 사회적 문제점을 지적하고 그 원인의 일부가 행정학 연구의 문제점에서 비롯되었음을 주장한 선언이다.

2020년 국가직 9급

05 무의사결정론 정답 ④

① [O] 정치체제 내의 지배적 규범이나 절차가 강조되어 변화를 위한 주장은 통제된다고 본다.
⇨ 정치체제 내의 지배적 규범이나 절차가 강조되어 변화를 위한 주장은 통제된다는 것은, 무의사결정의 수단인 '편견의 동원'에 대한 설명이다.

② [O] 엘리트들에게 안전한 이슈만이 논의되고 불리한 이슈는 거론조차 못하게 봉쇄된다고 한다.
⇨ 무의사결정은 엘리트들에게 안전한 이슈만이 논의되고 불리한 이슈는 거론조차 못하게 봉쇄한다.

③ [O] 위협과 같은 폭력적 방법을 통해 특정한 이슈의 등장이 방해받기도 한다고 주장한다.
⇨ 위협과 폭력은 대표적인 무의사결정의 수단이다.

❹ [×] 조직의 주의집중력과 가용자원은 한계가 있어 일부 사회문제만이 정책의제로 선택된다고 주장한다.
⇨ 조직의 주의집중력과 가용자원의 한계로 일부 사회문제만이 정책의제로 채택된다는 주장은 체제내부능력상의 한계에 대한 설명이다.

2023년 지방직 9급

06 킹던(Kingdon)의 정책흐름모형 정답 ④

킹던(Kingdon)의 정책흐름모형에 대한 설명으로 옳은 것은 ㄴ, ㄷ이다.

ㄱ. [×] 경쟁하는 연합의 자원과 신념체계(belief system)를 강조한다.
⇨ 경쟁하는 연합의 자원과 신념체계(belief system)를 강조하는 모형은 사바티어(Sabatier)의 통합모형(ACF)이다.

ㄴ. [O] 쓰레기통모형을 발전시킨 것이다.

ㄷ. [O] 정책과정의 세 흐름은 문제흐름, 정책흐름, 정치흐름이 있다.
⇨ 킹던(Kingdon)의 정책흐름모형은 쓰레기통모형을 발전시킨 것으로, 정책과정의 세 흐름인 문제, 정책, 정치흐름을 강조하는 흐름모형이다.

2020년 지방직 9급

07 정책평가의 인과관계 정답 ④

수단과 목표 간의 인과관계에 대한 설명으로 옳은 것은 ㄴ, ㄷ이다. 정책평가의 논리모형에서 목표와 수단 간의 인과관계가 성립하기 위한 요건은 시간적 선행성, 공동변화, 비허위적 관계(경쟁가설의 배제)이다.

ㄱ. [×] 정책목표의 달성이 정책수단의 실현에 선행해서 존재해야 한다.
⇨ 인과관계의 3대 요건 중 시간적 선행성에 대한 설명이 반대로 되어있다. 정책수단의 실현(원인변수)이 정책목표의 달성(결과변수)에 선행해야 한다.

ㄴ. [O] 특정 정책수단 실현과 정책목표 달성 간 관계를 설명하는 다른 요인이 배제되어야 한다.
⇨ 특정 정책수단 실현과 정책목표 달성 간 관계를 설명하는 다른 요인이 배제되어야 하는 비허위적 관계(경쟁 가설의 배제)에 대한 설명이다.

ㄷ. [O] 정책수단의 변화 정도에 따라 정책목표의 달성 정도도 변해야 한다.
⇨ 정책수단의 변화 정도에 따라 정책목표의 달성 정도도 변해야 하는 공동변화(상호연관성)에 대한 설명이다.

2020년 지방직 9급

08 탈관료제의 유형 정답 ③

① [×] 팀제조직
⇨ 팀제조직(대국대과주의)은 기존 조직의 최소단위인 계를 폐지하고 과 단위를 기본으로 하여 조직을 편성하고 운영하는 조직구조이다.

② [×] 위원회조직
⇨ 위원회조직은 여러 사람이 결정과정에 대등한 입장에서 참여하여 합의에 의하여 결정을 내리는 조직구조이다.

❸ [O] 매트릭스조직
⇨ 기능구조의 전문성과 사업구조의 신속한 대응성을 화학적으로 통합한 것은 매트릭스조직이다. 매트릭스조직은 기존의 기능부서 상태를 유지하면서 특정 프로젝트를 위해 서로 다른 부서의 인력이 함께 일하는 현대적인 조직설계방식이다.

④ [×] 네트워크조직
⇨ 네트워크조직(network structure)은 조직의 기능을 핵심역량 위주로 합리화하고, 여타의 기능을 외부기관들과의 계약관계를 통해 수행하는 조직구조이다.

2023년 군무원 7급

09 리더십 정답 ③

❸ [×] 행태론의 대표적 연구로 리더십격자모형은 리더의 행태를 사람과 상황의 통합으로 다룬다.
⇨ 리더십격자모형(관리망그리드모형)은 행태론의 대표적 연구로서 리더의 행태가 권위적인지, 민주적인지로 구분하는 모형이다. 상황의 통합과는 관련이 없다.

2021년 군무원 7급

10 ERG이론 정답 ③

① [×] 존재욕구
⇨ 존재(생존)욕구는 ERG이론을 이루는 욕구 중에서 E(existence, 생존)에 해당하며 매슬로우(Maslow)의 욕구단계이론에 의하면 생리욕구와 안전욕구에 해당한다.

② [×] 관계욕구
⇨ 관계욕구는 매슬로우(Maslow)의 욕구 중 사회적 욕구, 존경욕구(타인의 인정)에 해당한다.

❸ [O] 성장욕구
⇨ 앨더퍼(Alderfer)의 EGR이론은 욕구를 단계별로 생존욕구(existence-needs), 관계욕구(relatedness needs), 성장욕구(growth needs)의 3단계로 분류하였고, 그 중에서 존경, 자긍심, 자아실현욕구와 관련된 것은 가장 높은 차원의 성장욕구이다.

④ [×] 애정욕구
⇨ 애정욕구는 사회적 욕구라고도 하며, 이는 매슬로우(Maslow)의 욕구단계이론 중 하나이다. 다수의 집단 속에서 동료들과 서로 주고받는 동료관계를 유지하고 싶은 욕구(사랑, 소속감)를 의미한다.

2022년 국가직 9급

11　직업공무원제　　　정답 ①

❶ [×] 직무급 중심 보수체계
⇨ 직업공무원제도는 계급제, 폐쇄형을 기본으로 하며, 계급제는 공직자의 생계유지를 위한 생활급 중심의 보수체계를 특징으로 한다. 직무급은 직무의 곤란도(난이도)와 책임도를 기준으로 하는 합리적인 보수제도로 직위분류제와 개방형 임용에 적합한 제도이다.

② [O] 능력발전의 기회 부여
⇨ 직업공무원제도는 계급제와 폐쇄형을 기본으로 하므로 재직자들에게 장기적인 능력발전의 기회를 부여한다.

③ [O] 폐쇄형 충원방식

④ [O] 신분의 보장
⇨ 폐쇄형 충원방식은 내부승진을 기본으로 하기 때문에 공직자의 신분보장을 가능하게 하는 직업공무원제의 특징이다.

2021년 지방직 9급

12　공직분류 체계　　　정답 ④

① [×] 소방공무원은 특수경력직공무원에 해당한다.
⇨ 소방공무원은 경력직공무원에 해당한다.

② [×] 국회 수석전문위원은 일반직공무원에 해당한다.
⇨ 국회수석전문위원은 일반직공무원이 아니라 별정직공무원에 해당한다.

③ [×] 차관에서 3급 공무원까지는 특정직공무원에 해당한다.
⇨ 차관은 정무직, 1~3급 공무원은 일반직공무원에 해당한다.

❹ [O] 경력직공무원은 실적과 자격에 의해 임용되고 신분이 보장된다.
⇨ 경력직공무원은 실적과 자격에 의하여 임용되고 신분이 보장되는 공무원으로 일반직과 특정직이 있다.

2022년 국가직 9급

13　공무원 신분의 변경과 소멸　　　정답 ②

① [O] 직권면직은 법률상 징계의 종류로 규정되어 있지 않다.
⇨ 직권면직은 일정한 사유에 의하여 직권으로 면직시키는 처분으로 「국가공무원법」상 징계의 종류에는 포함되지 않는다.

❷ [×] 정직은 징계처분의 일종으로, 정직 기간 중에는 보수의 1/2을 감하도록 되어 있다.
⇨ 정직은 1개월 내지 3개월 동안 보수의 전액을 삭감하고 1년 6개월 간 승급과 승진이 제한되는 징계처분의 일종이다.

③ [O] 임용권자는 사정에 따라서는 공무원 본인의 의사에도 불구하고 휴직을 명해야 한다.
⇨ 본인 의사에 관계없이 임용권자가 직권으로 휴직을 명령하는 경우로서 직권휴직에 해당하는데 공무원 노동조합 전임자나 신병치료자에 대한 휴직명령이 그 예이다.

④ [O] 임용권자는 직무수행 능력 부족을 이유로 직위해제를 받은 공무원이 직위해제 기간에 능력의 향상을 기대하기 어렵다고 인정된 때에 직권면직을 통해 공무원의 신분을 박탈할 수 있다.
⇨ 직무수행 능력 부족을 이유로 직위해제를 거쳐 대기명령을 거쳐서 직권면직처분을 내리는 경우이다.

관련법령

「국가공무원법」상 휴직

제71조 【휴직】 ① 공무원이 다음 각 호의 어느 하나에 해당하면 임용권자는 본인의 의사에도 불구하고 휴직을 명하여야 한다.
1. 신체·정신상의 장애로 장기 요양이 필요할 때
3. 「병역법」에 따른 병역 복무를 마치기 위하여 징집 또는 소집된 때
4. 천재지변이나 전시·사변, 그 밖의 사유로 생사(生死) 또는 소재(所在)가 불명확하게 된 때
5. 그 밖에 법률의 규정에 따른 의무를 수행하기 위하여 직무를 이탈하게 된 때
6. 「공무원의 노동조합 설립 및 운영 등에 관한 법률」 제7조에 따라 노동조합 전임자로 종사하게 된 때

2022년 국가직 9급

14　성립시기에 따른 예산의 분류　　　정답 ③

❸ [O] 수정예산, 본예산, 추가경정예산
⇨ 예산의 성립시기를 기준으로 할 때 성립 전에 예산을 수정하는 수정예산, 국회의결로 성립된 본예산, 성립 후에 예산을 변경하는 추가경정예산의 순서대로 이루어진다. 즉, 성립시기를 기준으로 할 때 시기적으로 가장 빠른 순서는 수정예산 → 본예산 → 추가경정예산의 순서가 된다.

예산의 성립시기에 따른 분류

수정예산	국회제출 후 의결 전에 정부가 수정하여 편성·제출한 예산
본예산	국회에서 최초 제출되어 정상적으로 의결·확정된 당초 예산
추가경정예산	예산이 국회에서 의결되어 성립된 후 추가·변경된 예산

2021년 군무원 9급

15　예산 관련 이론　　　정답 ①

❶ [×] 욕구체계이론
⇨ 매슬로우(Maslow)의 욕구체계이론은 행정조직론의 동기부여이론으로, 예산과는 관련이 없는 이론이다. 다중합리성모형, 단절균형이론, 점증주의는 예산결정과 관련된 주요 이론이다.

② [O] 다중합리성 모형
⇨ 서메이어(Thurmaier)와 윌로비(Willoughby)는 예산결정과정의 참여자 중 중앙예산기관의 예산분석가들에 초점을 맞추고, 이들이 예산을 결정하는데 있어 다양한(정치·경제·사회적) 합리성을 내포하고 있으며, 이를 위해서 다중합리성, 의사결정의 복잡성, 조직의사결정, 예산기관의 정향(orientation of budget office), 미시적 예산결정(micro-budgeting decisions) 등을 예산결정의 핵심으로 보았다.

③ [O] 단절균형이론
⇨ 바움가트너(Baumgartner)와 존스(Jones)가 주장한 이론이다. 이는 예산재원의 배분형태가 항상 일정하게 유지되는 것이 아니라 특정 사건이나 상황에 따라 균형상태에서 급격한 변화가 발생하는 단절현상이 발생하고, 이후 다시 균형을 지속한다는 예산이론이다.

④ [O] 점증주의
⇨ 점증주의는 의사결정자의 분석능력 및 시간이 부족하고 정보도 제약되어 있으며, 대안비교의 기준마저 불분명한 상태에서는 현존 정책에서 소폭적인 변화만을 대안으로 고려하여 정책을 결정할 수밖에 없다고 본다.

2021년 지방직 9급

16 균형성과표(BSC) 정답 ④

① [O] 조직의 장기적 전략 목표와 단기적 활동을 연결할 수 있게 한다.
➡ 조직의 장기적 전략 목표와 단기적 활동을 연결할 수 있는 효율적인 성과
관리도구이다.

② [O] 재무적 성과지표와 비재무적 성과지표를 통한 균형적인 성과관리 도구라
고 할 수 있다.
➡ 재무와 비재무, 과정과 결과 등의 성과지표를 균형적으로 고려한다.

③ [O] 재무적 정보 외에 고객, 내부절차, 학습과 성장 등 조직운영에 필요한 관
점을 추가한 것이다.
➡ 기존의 재무적 정보 외에 고객, 내부절차, 학습과 성장 등 조직운영에 필
요한 관점을 추가한 것이다.

❹ [×] 고객 관점에서의 성과지표는 시민참여, 적법절차, 내부 직원의 만족도, 정
책 순응도, 공개 등이 있다.
➡ 정책순응도는 고객 관점에서의 성과지표이지만 시민참여, 적법절차, 공
개 등은 내부절차 관점의 성과지표이며, 내부 직원의 직무만족도는 학습
과 성장 관점의 성과지표에 해당한다.

2021년 국가직 7급

17 예산의 이용과 전용 정답 ②

① [×] 이용은 입법과목 사이의 상호 융통으로 국회의 의결을 얻으면 기획재정부
장관의 승인이나 위임 없이도 할 수 있다.
➡ 이용은 국회의 의결을 얻은 후 기획재정부장관의 승인 또는 위임으로 할
수 있다.

❷ [O] 기관(機關) 간 이용도 가능하다.
➡ 입법과목 간의 이용은 장·관·항 간에도 가능하지만 기관 간에도 가능
하다(「국가재정법」제47조).

③ [×] 세출예산의 항(項) 간 전용은 국회 의결 없이 기획재정부장관의 승인을
얻어서 할 수 있다.
➡ 항 간의 융통(용도변경)은 전용이 아니라 이용에 해당하며, 국회의 의결
을 거쳐야 한다.

④ [×] 이용과 전용은 예산 한정성 원칙의 예외로 볼 수 없다.
➡ 이용과 전용은 한정성 원칙 중 질적(목적) 한정성의 예외가 된다.

관련법령

「국가재정법」상 예산의 이용과 이체

제47조 【예산의 이용·이체】 ① 각 중앙관서의 장은 예산이 정한 각 기관 간 또
는 각 장·관·항 간에 상호 이용(移用)할 수 없다. 다만, 다음 각 호의 어느
하나에 해당하는 경우에 한정하여 미리 예산으로써 국회의 의결을 얻은 때에
는 기획재정부장관의 승인을 얻어 이용하거나 기획재정부장관이 위임하는 범
위 안에서 자체적으로 이용할 수 있다.

2023년 국가직 9급

18 롬젝(Romzeck)의 행정책임유형 정답 ②

❷ [×] 법적 책임 - 표준운영절차(SOP)나 내부규칙(규정)에 따라 통제된다.
➡ 표준운영절차(SOP)나 내부규칙(규정)에 따라 통제되는 것은 계층적 책
임이다. 법적 책임은 주어진 법적 의무사항을 준수하는지에 대한 것으로
통제의 원천이 외부에 있다.

2020년 국가직 9급

19 지방자치단체의 사무 정답 ②

① [O] 지방의회는 기관위임사무에 대해 조례제정권을 행사할 수 없다.
➡ 기관위임사무는 국가사무이므로 지방의회가 관여할 수 없어 조례로 제정
할 수 없다.

❷ [×] 보건소의 운영업무와 병역자원의 관리업무는 대표적인 기관위임사무이다.
➡ 병역자원의 관리 업무는 대표적인 기관위임사무이지만 보건소의 운영 업
무는 단체위임사무이다.

③ [O] 중앙정부는 단체위임사무에 대해 사전적 통제보다 사후적 통제를 주로
한다.
➡ 단체위임사무는 국가와 지방자치단체의 공통 사무로 사전예방적 통제보
다 사후교정적 통제(합법적 감독, 합목적적 감독)를 주로 한다.

④ [O] 기관위임사무의 처리를 위한 비용은 국가가 부담한다.
➡ 기관위임사무는 국가사무로서 비용은 국가가 부담한다.

2021년 국가직 7급

20 분권화 정리 정답 ④

ㄱ. [×] 중앙정부의 공공재 공급 비용이 지방정부의 공공재 공급 비용보다 더 적
게 든다.
➡ 오츠(Oates)의 분권화 정리(The Decentralization Theorem)는 티부가
설의 전제조건과 유사한 모형으로 어떤 특정한 지역 내의 사람들에게 재
화나 서비스의 소비가 한정되는 공공서비스의 경우 이것을 중앙정부가 공
급하는 것은 바람직하지 않고 지방정부가 공급하는 것이 더 효율적이라는
것이다. 즉, 주민들의 소비가 특정지역에 그치는 경우, 그 지역을 행정구역
으로 하는 지방정부가 공급하는 것이 비용도 절감되고 자원배분의 효율성
도 높아진다는 것이다.

ㄴ. [O] 공공재의 지역 간 외부효과가 없다.
➡ 티부가설과 같이 지역 간 외부효과(파급효과)는 없는 것으로 전제한다.

ㄷ. [O] 지방정부가 해당 지역에서 파레토 효율적 수준으로 공공재를 공급한다.
➡ 지방공공서비스는 지방정부가 공급하는 것이 자원의 효율적 배분(파레토
최적)을 구현할 수 있다고 전제한다.

오츠(Oates)의 분권화 정리

전제조건	지역 간 외부효과는 존재하지 않음
의의	• 지방정부의 규모는 작을수록 효율적임(소규모 자치정부에 의한 행정이 효율적이라는 티부가설과 유사한 맥락) • 중앙정부는 지역 고유의 특성을 잘 알지 못하므로 공공재를 획일적으로 공급하나, 지방정부는 지역의 특성과 수요에 대한 정보를 가지고 있으므로 지방공공재를 공급함에 있어서는 보다 효율적임
결론	중앙정부가 획일적으로 모든 지역에 지역공공재를 공급하는 것보다는 선호의 차이를 반영할 수 있는 지방정부가 공급하는 것이 더 효율적임

▶ 정답
p. 132

01	① PART 1	06	② PART 2	11	② PART 3	16	③ PART 5
02	④ PART 1	07	③ PART 2	12	③ PART 3	17	② PART 5
03	① PART 1	08	③ PART 2	13	② PART 4	18	② PART 6
04	④ PART 1	09	④ PART 3	14	② PART 4	19	① PART 7
05	① PART 2	10	① PART 3	15	② PART 5	20	③ PART 7

PART 1 행정학의 기초이론 / PART 2 정책학 / PART 3 행정조직론 / PART 4 인사행정론 / PART 5 재무행정론 / PART 6 행정환류론 / PART 7 지방행정론

▶ 취약 단원 분석표

단원	맞힌 답의 개수
PART 1	/ 4
PART 2	/ 4
PART 3	/ 4
PART 4	/ 2
PART 5	/ 3
PART 6	/ 1
PART 7	/ 2
TOTAL	/ 20

2023년 군무원 9급

01　신공공관리론　정답 ①

❶ [○] 시장원리 도입으로서 경쟁 도입과 고객지향의 확대이다.
⇨ 신공공관리론(NPM)은 신관리주의와 시장주의를 기반으로 하며 경쟁원리와 고객지향주의를 강조한다.
② [×] 급격한 행정조직 확대로 행정의 공동화가 발생하지 않는다.
⇨ 정책(결정)과 집행의 분리로 인한 행정의 공동화가 발생한다.
③ [×] 정부, 시장, 시민사회의 평등한 관계를 중시한다.
⇨ 정부, 시장, 시민사회의 평등한 관계를 중시하는 것은 뉴거버넌스이다.
④ [×] 결과보다 과정에 가치를 둔다.
⇨ 신공공관리론은 투입보다는 산출(결과)을 더욱 중시한다. 결과보다 과정에 가치를 두는 것은 뉴거버넌스의 특징이다.

2020년 국가직 7급

02　예산극대화 이론과 관청형성이론　정답 ④

① [○] 니스카넨(Niskanen)에 따르면 최적의 서비스 공급 수준은 한계편익(marginal benefit)과 한계비용(marginal cost)이 일치하는 수준에서 결정된다.
⇨ 니스카넨(Niskanen)에 따르면 최적의 서비스 공급 수준은 한계편익(marginal benefit)과 한계비용(marginal cost)이 일치하는 최적화된 수준에서 결정된다고 본다.
② [○] 두 이론 모두 관료를 자신의 이익과 효용을 추구하는 인간으로 가정한다.
⇨ 두 이론 모두 경제학적 관점에서 관료를 자신의 이익과 효용을 추구하는 경제적 인간으로 가정한다.
③ [○] 던리비(Dunleavy)에 따르면 관청형성의 전략 중 하나는 내부 조직 개편을 통해 정책결정 기능과 수준을 강화하되 일상적이고 번잡스러운 업무는 분리하고 이전하는 것이다.
⇨ 던리비(Dunleavy)에 따르면 관청형성의 전략 중 하나는 내부 조직 개편을 통해 정책결정 기능과 수준을 강화하되 일상적이고 번잡스러운 업무는 참모조직 형태나 책임운영기관으로 분리하고 이전하는 것이다.
❹ [×] 니스카넨(Niskanen)에 따르면 예산극대화 행동은 예산유형과 직위의 관계, 기관유형, 시대적 상황 등의 측면에서 다양하게 나타날 수 있다.
⇨ 예산극대화 행동은 예산유형과 직위의 관계, 기관유형, 시대적 상황 등의 측면에서 다양하게 나타날 수 있다는 것은 니스카넨(Niskanen)이 아니라 던리비(Dunleavy)의 관청형성이론이다.

2021년 국가직 9급

03　신공공관리와 뉴거버넌스　정답 ①

❶ [○] 뉴거버넌스가 상정하는 정부의 역할은 방향잡기(steering)이다.
⇨ 신공공관리론이나 뉴거버넌스가 상정하는 정부의 역할은 방향잡기(steering)이다.
② [×] 신공공관리의 인식론적 기초는 공동체주의이다.
⇨ 신공공관리의 인식론적 기초는 신자유주의이다.
③ [×] 신공공관리가 중시하는 관리 가치는 신뢰(trust)이다.
⇨ 신공공관리가 중시하는 관리 가치는 경쟁(competition)이다.
④ [×] 뉴거버넌스의 관리 기구는 시장(market)이다.
⇨ 뉴거버넌스의 관리 기구는 연계망(network)이다.

2021년 국가직 7급

04　사회적 자본　정답 ④

① [×] 사회적 자본이 증가하면 제재력이 약화되는 역기능이 있다.
⇨ 사회적 자본이 증가하면 사회적 규범이 형성되기 때문에 구성원들의 일탈에 대한 제재력이 강화되는 순기능을 가진다.
② [×] 타인에 대한 신뢰는 사회적 자본의 구성요소가 아니다.
⇨ 구성원 간 신뢰나 믿음은 사회적 자본의 구성요소이다.
③ [×] 호혜주의는 사회적 자본에 영향을 미치지 않는다.
⇨ 사회적 자본의 구성요소로서 규범은 호혜적 성격을 갖는 것으로, 개인적 이기주의나 이타적인 무조건적인 봉사가 아닌 호혜주의적인 규범이다.
❹ [○] 사회적 자본은 거래비용을 감소시키는 순기능이 있다.
⇨ 사회적 자본은 구성원 간 신뢰와 협력을 바탕으로 하기 때문에 거래비용을 감소시키는 순기능이 있다.

2022년 지방직 7급

05 정책학의 발전과정 정답 ①

❶ [O] 드로어(Dror)는 정책결정의 방법, 지식, 체제에 관심을 두어야 한다고 주장하고, 정책결정체제에 대한 이해와 정책결정의 개선을 강조하였다.

⇨ 드로어(Y. Dror)는 정책학이 보다 나은 정책결정을 위한 방법을 다루는 학문으로, 설정된 목표를 보다 효과적·능률적으로 달성하는 데 주안점이 있다고 보며, 정책학의 목적은 사회지도체제, 즉 정책결정체제에 대한 이해를 증진시키고 이를 정책결정의 개선을 강조하는 것이라고 파악한다.

② [×] 정책의제 설정이론은 정책의제의 해결방안 탐색을 강조하며, 문제가 의제로 설정되지 않는 비결정(non-decision making) 상황에 관하여는 관심이 적다.

⇨ 문제가 의제로 설정되지 않는 비결정(무의사결정, non-decision making)은 신엘리트이론에서 엘리트가 자신의 이익에 반하는 의제를 설정하지 않는 상황을 의미하므로 비결정에 대하여 관심이 적다고 보기는 어렵다.

③ [×] 라스웰(Lasswell)은 정책과정에 관한 지식보다 정책에 필요한 지식이 더 중요하다고 보았으며, 사회적 가치는 분석 대상에서 제외해야 함을 강조하였다.

⇨ 라스웰은(Lasswell)은 1951년 『정책지향』이라는 논문에서 정책과정에 관한 지식과 정책과정에 필요한 지식을 모두 중요시하였으며, 규범적 접근(기술성)과 실증적 접근(과학성)을 동시에 강조하였으므로 사회적 가치를 분석 대상에서 포함시켰다.

④ [×] 1950년대에는 담론과 프레임을 통한 문제구조화에 관심이 높아 OR(operation research)과 후생경제학의 기법 활용에는 소홀하였다.

⇨ 1950년대 정책학은 의사결정을 합리적으로 하기 위하여 OR(Operation Research)과 후생경제학의 기법을 활용하는 과학적·실증적 연구방법을 통하여 사회문제해결을 강조하였다.

2021년 국가직 9급

06 공공사업의 경제성분석 정답 ②

공공사업의 경제성분석에 대한 설명으로 옳은 지문은 ㄱ, ㄹ이다.

ㄱ. [O] 할인율이 높을 때는 편익이 장기간에 실현되는 장기투자사업보다 단기간에 실현되는 단기투자사업이 유리하다.

⇨ 할인율이란 장래 투입될 비용이나 장래 발생할 편익을 현재가치로 표시하기 위한 교환비율이다.

ㄴ. [×] 직접적이고 유형적인 비용과 편익은 반영하고, 간접적이고 무형적인 비용과 편익은 포함하지 않는다.

⇨ 경제성분석에서 비용과 편익을 산정할 때, 간접적이고 무형적인 비용과 편익도 모두 포함되어야 한다.

ㄷ. [×] 순현재가치(NPV)는 비용의 총현재가치에서 편익의 총현재가치를 뺀 것이며, 0보다 클 경우 사업의 타당성을 인정할 수 있다.

⇨ 순현재가치(NPV)는 편익의 총현재가치(TPB)에서 비용의 총현재가치(TPC)를 뺀 것이며, 0보다 클 경우 타당성이 인정되어 능률적이다.

ㄹ. [O] 내부수익률은 할인율을 알지 못해도 사업평가가 가능하도록 하는 분석기법이다.

⇨ 할인율을 알지 못하는 경우 사용하는 일종의 예상수익률로서 가장 안정적이고 우수한 기준으로 국제기구에서는 가장 많이 활용된다.

2020년 지방직 9급

07 정책결정모형 정답 ③

정책결정모형에 대한 설명으로 옳은 것은 ㄴ, ㄷ이다.

ㄱ. [×] 만족모형에서는 정책결정을 근본적 결정과 세부적 결정으로 구분한다.

⇨ 정책결정을 근본적 결정과 세부적 결정으로 구분하는 것은 혼합주사모형이다.

ㄴ. [O] 점증주의모형은 현상유지를 옹호하므로 보수적이라는 비판을 받고 있다.

⇨ 점증주의모형은 기존 정책을 유지하면서 소극적인 변화만 이루기 때문에 보수적이라는 비판을 받고 있다.

ㄷ. [O] 쓰레기통모형에서 의사결정의 4가지 요소는 문제, 해결책, 선택기회, 참여자이다.

⇨ 쓰레기통모형은 문제, 해결책, 선택기회, 참여자의 요소가 조직화된 무정부 상태에서 흘러 다니다가 우연히 한 곳에 모이게 되면 정책이 결정된다고 본다.

ㄹ. [×] 갈등의 준해결과 표준운영절차(SOP)의 활용은 최적모형의 특징이다.

⇨ 갈등의 준해결과 표준운영절차(SOP)의 활용은 연합모형의 특징이다.

2021년 국회직 8급 변형

08 내적 타당도의 위협요인 정답 ③

① [×] 호손효과

⇨ 호손효과란 자신이 관찰되고 있다는 인식으로 평상시와 다른 행동을 하는 경우로서 주로 진실험에서 발생한다.

② [×] 검사요인

⇨ 정책실시 전과 정책실시 후에 사용하는 효과측정방법이 달라지거나 측정도구가 변화하는 것이다.

❸ [O] 역사적 요인

⇨ 제시문은 청년소득 정책과 그 정책의 효과 간의 인과관계를 측정하려는 것으로 정책의 투입과 효과의 발생 사이에 경기불황이라는 역사적 요소(사건)가 외부에서 발생하여 내적 타당도의 측정을 어렵게 만든 것이므로 이는 역사적 요인 또는 사건효과에 해당한다.

④ [×] 회귀인공요인

⇨ 회귀인공요인이란 실험 직전의 측정결과를 토대로 실험집단을 구성할 때, 평소와는 달리 유별나게 좋거나 나쁜 결과를 얻은 사람들이 선발된 후, 본래의 모습이나 성격으로 회귀하는 현상이다.

2021년 국가직 9급

09 조직목표 정답 ④

① [O] 조직구성원들이 목표로 인해 일체감을 느끼기 때문에 구성원들의 동기를 유발해준다.

⇨ 그 외에도 조직목표는 조직의 권위에 대한 근거를 제공하며, 정당화 기능을 수행한다. 또한 조직의 통제와 행정개선의 기능을 수행한다.

② [O] 조직의 구조와 과정을 설계하는 준거를 제공하고 성과를 평가하는 기준이 되기도 한다.

⇨ 조직목표는 조직의 성공여부 및 능률성, 효과성을 평가하는 기준이 된다.

③ [O] 미래의 바람직한 상태를 밝혀 조직활동의 방향을 제시한다.

⇨ 조직목표는 조직의 활동에 대한 방향과 지침을 제공해 준다.

④ [×] 조직이 존재하는 정당성의 근거가 될 수는 없다.
⇨ 조직목표는 조직이 나아가야 할 방향으로 조직이 존재하는 정당성의 근거가 될 수 있다.

─ 조직목표의 기능 🖊 ─────────
(1) 조직의 활동에 대한 방향과 지침을 제공해 준다.
(2) 조직의 성공여부 및 능률성, 효과성을 평가하는 기준이 된다.
(3) 조직의 정당성에 대한 근거를 제공하며 권위의 정당화 기능을 수행한다.
(4) 조직의 통제와 행정개선의 기능을 수행한다.

2021년 군무원 9급

10 동기부여이론의 학자   정답 ①

❶ [O] F. Herzberg
⇨ 동기부여를 위생요인과 동기요인으로 이분화하여 설명하는 학자는 욕구충족요인이원론의 허즈버그(F. Herzberg)이다.
② [×] C. Argyris
⇨ 아지리스(Argyris)는 한 개인이 미성숙인에서 성숙인으로 발전하기까지는 일곱 가지 국면의 성격변화를 거쳐야 한다고 주장하면서, 고전이론에서 강조하는 공식적 조직은 인간의 미성숙상태를 고정시키거나 조장한다고 지적하였다.
③ [×] A. H. Maslow
⇨ 매슬로우(Maslow)는 욕구단계이론을 주장한 학자로, 욕구는 5단계(생리적 욕구 - 안전욕구 - 사회적 욕구(애정욕구) - 존경욕구 - 자아실현욕구)로 이루어져 있다고 주장하였다.
④ [×] V. H. Vroom
⇨ 인간이 행동하는 방향의 강도는 그 행동이 일정한 결과로 이어진다는 기대의 강도와 이어진 결과에 대한 매력에 달려 있다고 주장한다. 즉, 동기부여의 정도(M)는 기대감(E), 수단성(I), 유인가(V)에 의해 결정된다고 보았다.

2022년 국가직 9급

11 목표관리제(MBO)   정답 ②

목표관리제(MBO)에 대한 설명으로 옳은 설명은 ㄱ, ㄷ이다.
ㄱ. [O] 부하와 상사의 참여를 통해 목표를 설정한다.
⇨ 목표를 부하와 상사 간의 참여를 통하여 설정한다.
ㄴ. [×] 중·장기목표를 단기목표보다 강조한다.
⇨ 중·장기 목표보다 단기목표를 강조한다.
ㄷ. [O] 조직 내·외의 상황이 안정적이고 예측가능한 조직에서 성공확률이 높다.
⇨ 폐쇄적이므로 유동적이고 불확실한 상황보다 안정적이고 예측가능한 상황하에서 성공확률이 높다.
ㄹ. [×] 개별 구성원의 직무 특수성을 반영하기 위하여 목표의 정성적, 주관적 성격이 강조된다.
⇨ 목표관리제(MBO)가 추구하는 목표는 정성적·주관적 성격보다는 정량적·객관적 성격의 목표이다. 정성적 목표는 질적이고 추상적인 목표를 의미한다.

2020년 지방직 9급

12 조직구성의 원리   정답 ③

① [O] 분업의 원리 - 일은 가능한 한 세분해야 한다.
⇨ 분업의 원리는 직무를 성질별로 나누어 한 사람에게 한 가지의 업무를 분담하는 것이다.
② [O] 통솔범위의 원리 - 한 명의 상관이 감독하는 부하의 수는 상관의 통제능력 범위 내로 한정해야 한다.
⇨ 통솔범위의 원리는 한 사람의 상관이 효과적으로 통솔할 수 있는 적절한 부하의 수를 나타내는 원리이다.
❸ [×] 명령통일의 원리 - 여러 상관이 지시한 명령이 서로 다를 경우 내용이 통일될 때까지 명령을 따르지 않아야 한다.
⇨ 명령통일의 원리는 조직의 각 구성원은 누구나 한 사람의 직속상관에게만 보고하고 또 그로부터 명령을 받아야 한다는 것이다.
④ [O] 조정의 원리 - 권한 배분의 구조를 통해 분화된 활동들을 통합해야 한다.
⇨ 조정의 원리는 공동목적 달성을 위한 집단노력을 질서정연하게 배열하는 것이다.

─ 조직의 일반적 원리 🖊 ─────────

전문화의 원리 (분업의 원리)	직무를 성질별로 나누어 한 사람에게 한 가지의 업무를 분담하는 것
계층제의 원리	권한과 의무와 책임의 정도에 따라 상하의 계층을 설정하는 것
명령통일의 원리	구성원은 오직 한 사람의 상관으로부터 명령을 받고 보고하는 것
통솔범위의 원리	한 사람의 상관이 효과적으로 통솔할 수 있는 적절한 부하의 수
조정의 원리	공동목적 달성을 위한 집단노력을 질서정연하게 배열하는 것
부처편성의 원리 (부성화의 원리)	부처별 목적·과정·대상·장소에 의한 분류

2023년 지방직 9급

13 대표관료제   정답 ②

❷ [×] 다양한 집단의 이익을 반영하는 실적주의 이념에 부합하는 인사제도이다.
⇨ 대표관료제는 다양한 집단의 이익을 반영하는 집단주의·사회주의적 성격의 제도로서, 개인의 능력이나 성적을 중시하는 개인주의·자유주의적 성격의 실적주의와 충돌하는 인사제도이다.

2020년 국가직 7급

14 직무분석과 직무평가   정답 ②

① [×] 직무분석은 직무들의 상대적인 가치를 체계적으로 분류하여 등급화하는 것이다.
⇨ 직무분석이 아니라 직무평가에 대한 설명이다.

❷ [O] 직무자료 수집방법에는 관찰, 면접, 설문지, 일지기록법 등이 활용된다.
⇨ 직위분류제 수립절차로서 직무분석(Job Analysis)과 직무평가(Job Evaluation)가 있는데 직무분석에서 직무자료 수집방법에는 관찰, 면접, 설문지, 일지기록법 등이 있다.
③ [×] 일반적으로 직무평가 이후에 직무분류를 위한 직무분석이 이루어진다.
⇨ 일반적으로 직무분석을 먼저 실시한 후에 직무평가를 실시한다.
④ [×] 직무평가 방법으로 서열법, 요소비교법 등 비계량적 방법과 점수법, 분류법 등 계량적 방법을 사용한다.
⇨ 직무평가방법 중 서열법과 분류법은 비계량적 방법이고 점수법과 요소비교법은 계량적 방법이다.

2022년 지방직 9급

15 국가재정의 이해 　　　　정답 ②

① [O] 일반회계는 조세수입 등을 주요 세입으로 하여 국가의 일반적인 세출에 충당하기 위하여 설치한다.
⇨ 일반회계는 조세수입 등을 주요 세입으로 하여 국가의 일반적인 세출에 충당하기 위하여 설치한다(「국가재정법」 제4조).
❷ [×] 특별회계와 기금은 예산총계주의 원칙의 예외이다.
⇨ 특별회계와 기금은 단일성과 통일성의 원칙에 대한 예외이며, 특별회계는 예산총계주의(완전성) 원칙의 예외는 아니다.
③ [O] 일반회계, 특별회계, 기금 모두 국회로부터 결산의 심의 및 의결을 받아야 한다.
⇨ 일반회계, 특별회계, 기금 모두 재정민주주의에 따라서 국회로부터 결산의 심의 및 의결을 받아야 한다.
④ [O] 일반회계와 특별회계는 전쟁이나 대규모 재해가 발생한 경우 추가경정예산을 편성할 수 있다.
⇨ 「국가재정법」 규정에 따라 전쟁이나 대규모 재해가 발생한 경우 추가경정예산을 편성할 수 있다(「국가재정법」 제89조).

관련법령

「국가재정법」상 국가재정
제4조 【회계구분】 ① 국가의 회계는 일반회계와 특별회계로 구분한다.
② 일반회계는 조세수입 등을 주요 세입으로 하여 국가의 일반적인 세출에 충당하기 위하여 설치한다.
제89조 【추가경정예산안의 편성】 ① 정부는 다음 각 호의 어느 하나에 해당하게 되어 이미 확정된 예산에 변경을 가할 필요가 있는 경우에는 추가경정예산안을 편성할 수 있다.
1. 전쟁이나 대규모 재해(「재난 및 안전관리 기본법」 제3조에서 정의한 자연재난과 사회재난의 발생에 따른 피해를 말한다)가 발생한 경우
2. 경기침체, 대량실업, 남북관계의 변화, 경제협력과 같은 대내·외 여건에 중대한 변화가 발생하였거나 발생할 우려가 있는 경우
3. 법령에 따라 국가가 지급하여야 하는 지출이 발생하거나 증가하는 경우

2023년 지방직 9급

16 정부예산의 종류 　　　　정답 ③

❸ [×] 특별회계예산은 일반회계예산과 달리 예산편성에 있어 국회의 심의 및 의결을 받지 않는다.
⇨ 일반회계와 특별회계인 예산뿐만 아니라 기금에 대해서도 재정민주주의에 의해서 국회의 심의 및 의결을 받아야 한다.

2023년 지방직 9급

17 품목별예산제도 　　　　정답 ②

❷ [×] 정부활동에 대한 총체적인 사업계획과 우선순위 결정에 유리하다.
⇨ 품목별예산제도(LIBS)는 특정 사업의 투입만을 알 수 있고 산출을 모르기 때문에, 사업의 지출성과를 파악하기 어렵고 정부활동에 대한 총체적인 사업계획과 우선순위 결정에 불리하다.

2022년 국가직 7급

18 전자정부 구현사례 　　　　정답 ②

① [O] 'G2B'의 대표적 사례는 '나라장터'이다.
❷ [×] G2C'는 조달 관련 온라인 서비스를 통합적으로 제공하는 것이다.
⇨ 조달 관련 온라인 서비스를 통합적으로 제공하는 것은 G2B(Government to Business)이며 대표적 사례는 '나라장터'이다. G2C(Government to Citizen)는 정부와 민간 개인 또는 주민 사이의 전자 상거래 방식이다.
③ [O] 'G4C'는 단일창구를 통한 민원업무혁신사업으로 데이터베이스 공동활용시스템 구축을 내용으로 한다.
⇨ G4C(Government for Citizen)는 단일창구를 통한 민원업무 혁신사업으로 데이터베이스 공동활용시스템 구축을 주요내용으로 한다.
④ [O] 'G2G'는 정부 내 업무처리의 전자화를 내용으로 하고 있으며 대표적 사례로는 '온-나라시스템'이 있다.
⇨ 온-나라시스템은 정부의 전자업무처리를 담당하는 것으로 G2G(Government to Government)의 대표적 사례이다.

2020년 국가직 7급

19 지방의회 의원의 징계 　　　　정답 ①

❶ [×] A 의원은 45일간 출석정지를 내용으로 하는 징계를 받았다.
⇨ 「지방자치법」상 지방의회 의원의 징계유형에는 공개 사과, 공개 경고, 30일 이내의 출석정지, 제명 등이 있다. 출석정지는 45일이 아니라 30일 이내이다.
② [O] B 의원은 공개회의에서 사과를 하는 징계를 받았다.
⇨ 「지방자치법」상 공개사과에 해당한다.
③ [O] C 의원은 재적의원 3분의 2 이상 찬성에 따라 제명되는 징계를 받았다.
⇨ 지방의원에 대한 제명은 「지방자치법」상 가장 강력한 징계수단으로 재적의원 3분의 2 이상의 찬성이 있어야 한다.
④ [O] D 의원은 공개회의에서 경고를 받는 징계를 받았다.
⇨ 「지방자치법」상 공개경고에 해당한다.

지방의회 의원에 대한 징계의 종류 🖊
(1) 공개회의에서의 사과
(2) 공개회의에서의 경고
(3) 30일 이내의 출석정지
(4) 제명(재적의원 3분의 2 이상 찬성)

2020년 국가직 7급

20   부담금   정답 ③

① [O] 특정의 공공서비스를 창출하거나 바람직한 행위를 유도하기 위해 사용된다.
   ⇨ 부담금은 재화나 서비스의 제공과는 관계없이 특정의 공공서비스를 창출하거나 바람직한 행위를 유도하기 위해 사용된다.

② [O] 수익자 부담의 원칙이 적용된다.
   ⇨ 부담금은 이용자나 수익을 얻는 자가 비용을 부담하게 되는 수익자부담의 원칙이 적용된다.

❸ [×] 「지방세법」상 지방세 수입의 재원 중 하나이다.
   ⇨ 부담금은 「지방세법」상 지방세가 아니라 세외수입이다. 부담금은 재화나 용역 제공과는 관계없이 국가나 상급자치단체로부터 지급받는 재원으로 세외수입의 일종이다. 특정의 공공서비스를 창출하거나 바람직한 행위를 유도하기 위하여 주민이나 기업으로 하여금 수익자부담주의에 의하여 부담을 하게 하는 각종 부담금(고용부담금, 개발부담금 등)을 말한다.

④ [O] 부담금에 관한 주요 정책과 그 운용방향 등을 심의하기 위하여 기획재정부장관 소속으로 부담금심의위원회를 둔다.
   ⇨ 부담금에 관한 주요 정책과 그 운용방향 등을 심의하기 위하여 기획재정부장관 소속으로 부담금운용심의위원회를 둔다(「부담금관리기본법」 제9조).

관련법령

「부담금관리기본법」상 부담금

제2조 【정의】 부담금이란 중앙행정기관의 장, 지방자치단체의 장, 행정권한을 위탁받은 공공단체 또는 법인의 장 등 법률에 따라 금전적 부담의 부과권한을 부여받은 자가 분담금, 부과금, 기여금, 그 밖의 명칭에 불구하고 재화 또는 용역의 제공과 관계없이 특정 공익사업과 관련하여 법률에서 정하는 바에 따라 부과하는 조세 외의 금전지급의무(예치금이나 보증금은 제외)를 말한다.

제9조 【부담금운용심의위원회】 ① 부담금에 관한 주요 정책과 그 운용방향 등을 심의하기 위하여 기획재정부장관 소속으로 부담금운용심의위원회를 둔다.

MEMO

공무원 교육 1위* 해커스공무원
모바일 자동 채점 + 성적 분석 서비스

한눈에 보는 서비스 사용법

Step 1.
교재 구입 후 시간 내 문제 풀어보고
교재 내 수록되어 있는 QR코드 인식!

Step 2.
모바일로 접속 후 '지금 채점하기'
버튼 클릭!

Step 3.
OMR 카드에 적어놓은 답안과 똑같이
모바일 채점 페이지에 입력하기!

Step 4.
채점 후 내 석차, 문제별 점수, 회차별
성적 추이 확인해보기!

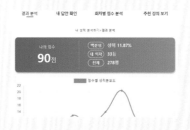

☑ 모바일로 채점하고 **실시간 나의 위치 확인하기**

☑ 문제별 정답률을 통해 **틀린 문제의 난이도 체크**

☑ 회차별 점수 그래프로 **한 눈에 내 점수 확인하기**

해커스공무원 **gosi.Hackers.com**

바로 이용하기 ▶

해커스공무원 **단기 합격생**이 말하는
공무원 합격의 비밀!

해커스공무원과 함께라면
다음 합격의 주인공은 바로 여러분입니다.

대학교 재학 중,
7개월 만에 국가직 합격!

김*석 합격생

영어 단어 암기를 하프모의고사로!

하프모의고사의 도움을 많이 얻었습니다. **모의고사의
5일 치 단어를 일주일에 한 번씩 외웠고,** 영어 단어
100개씩은 하루에 외우려고 노력했습니다.

가산점 없이
6개월 만에 지방직 합격!

김*영 합격생

국어 고득점 비법은 기출과 오답노트!

이론 강의를 두 달간 들으면서 **이론을 제대로 잡고 바로
기출문제로** 들어갔습니다. 문제를 풀어보고 기출강의를
들으며 **틀렸던 부분을 필기하며 머리에 새겼습니다.**

직렬 관련학과 전공,
6개월 만에 서울시 합격!

최*숙 합격생

한국사 공부법은 기출문제 통한 복습!

한국사는 휘발성이 큰 과목이기 때문에 **반복 복습이
중요하다고 생각**했습니다. 선생님의 강의를 듣고 나서
바로 **내용에 해당되는 기출문제를 풀면서 복습**
했습니다.